寰宇智慧投資
374

股票作手回憶錄 完整版

Reminiscences of a Stock Operator

Illustrated Edition

Edwin Lefèvre 著
M. L. Blumenthal 插畫／魯樂中 譯

寰宇出版股份有限公司
WILEY

Reminiscences of a Stock Operator / Edwin Lefèvre

Published by John Wiley & Sons, Inc., Hoboken, New Jersey.

目錄
Contents

作者簡介

愛德溫・勒菲佛 ***Edwin Lefèvre (1871 - 1943)***

美國記者、作家及政治家。他最為人所稱頌的是有關於華爾街的著作。他在一九〇九年時，曾受美國總統威廉・霍華德・塔夫托（William Howard Taft）任命為美國大使，出使過義大利、法國及西班牙等數個國家。一九一三年結束外交生涯後，勒菲佛回到他位於佛蒙特的家鄉重拾寫作，作品有小說及一些為《星期六晚郵》(The Saturday Evening Post) 和麥克盧爾雜誌 (Maclure's) 所寫的短篇故事。《股票作手回憶錄（完整版）》即是一九二〇年代出自於《星期六晚郵》的故事所集結而成。勒菲佛因為這些作品而聲名大噪，成為了一個知名的財經作家。在他五十三年的寫作生涯中，共出版了八本書，而集勒菲佛短篇小說傑作之大成的《華爾街 1901》（寰宇出版 F264）更被大多數人公認為他最令人懷念的作品。

發行人的話

「讀書的目的，是為了讀更好的書。」這句話時常浮現我的腦海。每當走入誠品書店，我都期待能發現好書，滿足我讀書的目的與渴望。曾幾何時自己搖身成為出版人，「出好書是你的責任」這句話反成了我的棒頭喝。我出身於金融操作領域，早期市場沒有多少投資書籍可讀，更不知何謂經典，無奈之下興起自己尋書翻譯與大眾共享的念頭。我們這群算是初代的財務顧問，從事金融投資的夥伴，原是為反對老闆發行雜誌刊物，才另起爐灶自立門戶，怎料自己會踏入出版的泥坑。

從一開始的外行走到行內，從委銷轉為自銷、常銷，一路走來與典型出版業大相逕庭；其中秉持兩項理念：一是要尋最好的經典之作出版，二是我們不靠出版來養活自己。有人曾說：「打架最懼不怕死的，賭博就畏不怕輸的。」此中最能道出寰宇存續的硬道理，怎知一路走來竟愈行愈順，不斷朝著專業之路邁進。雖說時代在改變，科技在進步，但書仍是書；書是作者思想靈魂的結晶體，科技再進步也只能改變閱讀的方式，無法取代人的思想與靈魂。

寰宇出版已累積近三十年的珍貴資產，也形成一代接一代的傳承記憶；縱有人已退隱江湖不問世事，仍有人身在場內奮戰不懈，我相信寰宇始終陪伴著這些前輩後進。不要忘了好書絕對值得一讀再讀，它能在每場投資戰役中提供新的能量、扮演最佳參謀，讓參與者不再覺得孤軍奮戰。

我想寰宇存在的目的，無非是希望在浩瀚的出版界中，開拓出一塊純屬財經投資人的淨土，它不該淪落為一般出版商的小配角。對任何愛好投資又熱愛閱讀者，我可以這麼說，寰宇本該是屬於諸位的出版公司，我們何其有幸，能創設擁有這樣的出版公司。

回首我三十年的投資操作生涯，雖不盡完美，但也未劃下句點，當中我很少後悔苦惱，自我反思原因在於，無論面臨什麼狀況，我皆能安然地處於當下，即使身陷困境，我也堅持做對的事，不問結果，盡我所能。我常與年輕朋友分享，投資陷入困境屢見不鮮，如何脫困則是一種技能，不是常識亦非知識；知而不做、不會做都是枉然。若有智慧，絕不要讓自己陷入萬劫不復的境地，這是我從書裡經常得到的啟示。凡事覺得對就要確切執行，多做多經驗，對判斷力有絕對的幫助，要知道，判斷力是投資成敗的關鍵。

在此，我想建議投資者，藉著讀好書來共勉：

第一，提高投資的品質。

許多投資者都認為，投資的本質就是賺與賠，過多的思慮會導致分心，反讓投資失去焦點；然而，單只聚焦於輸贏，不知不覺中會使你成為賭徒！投資操作若持平常心，身段可以安然優雅，如同圍棋高手執子對弈，論策略、談佈局、思突破、慎收官，輸贏倒是兵家常事。

談到投資，如李佛摩所言：「機會是靠等待來的。」但出場時別忘了邱吉爾的名言：「酒店關門時，我一定會離開。」日本經營之聖稻盛和夫亦有句令人無法忘懷的語錄：「人存在的意義，就是不斷地提升內在的品格，直到你離開世界的那一天。」對投資者而言，要鍥而不捨地提升投資品質，日復一日，直到你揮別這個市場。我相信這得依靠不斷閱讀才可能進行。

第二，讓投資的過程更顯豐富、獲利更具說服力。

如果有人中了樂透成為億萬富翁，一輩子不愁吃穿，緊接著卻不知為何而活；捫心自問即使你願意，但這真的是你所渴望？若是我，沒有因由與過程的財富，我毫無興趣，也不想取得；理由很簡單，投資的樂趣在於過程，有過程才有成就感，跳過這一關，任何財富都將失去意義。

金融投資就是歸納別人的成敗經驗，搭配自己的分析研究，進而創造出甜美的果實，經歷這過程才足以吸引人，而閱讀是其中最不可或缺的環節。我常與朋友提起，如果擁有這麼多的財富，卻無法在兒女面前道出掙來的過程，倒不如平淡一生好。有人在股市中散盡家產還負債累累，憤而立誓不許兒女操作股票，在我看來，這既可憐又矯枉過正，真正重點應是奉勸多讀些投資書籍，知曉專業者如何面對股市，以培養正確心態。

第三，讓投資成為分享的人生。

一本好的財經書藉，大都出自願意分享的操作者或系統研究者。成功的投資者，除擁有傲人的財富外，更擁有豐富的操作經驗。我看過許多國外經典的投資操作回憶錄或自傳，作者無不把畢生功力展露無遺，猶如大方捐贈舉世名畫的收藏家。

分享代表一個人的自信與富足；物質的豐富不表示內心的富有，投資者窮其心力追逐財富，不經意間卻讓心靈陷入貧乏之境，內外落差易使人成為「有錢的窮人」；分享則是身心靈平衡的要素，也是快樂的泉源。

我要感謝前寰宇出版總經理，也是我的至好同學陳志鏗先生，協助我掌理近十年的出版業務，也分擔了許多行政工作，讓我安心於投資領域。更要感謝一群財經界的朋友，不吝分享他們的大作，使寰宇出版的資源得以聚沙成塔。對於長期支持寰宇的忠實朋友們，我們獻上最誠摯的感謝！

我們會繼續努力，將更好的內容與服務呈現給各位，再次謝謝你們！

寰宇出版發行人　江聰亮

推薦序

無論投資老手或新手，《股票作手回憶錄》都是所有投資人必讀的經典名作。這本書談到傑西・李佛摩（Jesse Livermore）彌足珍貴的知識和經驗。李佛摩這位市場投機客，從一九〇〇年到一九三〇年代，賺過也賠過數百萬美元。一九六〇年，由於《股票作手回憶錄》絕版，我花了五十美元，好不容易才買到一本。後來，我送了一本給富達公司（Fidelity）那時的頂尖共同基金經理蓋里・蔡（Gerry Tsai）。蓋里向我表示，《股票作手回憶錄》是他的老闆、設在波士頓的富達基金創辦人愛德華・強森（Edward Johnson Sr.）的投資聖經。

李佛摩是他那個時代最傑出的行情研判者之一。下面是他說過的一些名言：

- 華爾街上根本沒什麼新鮮事。不管今天股票市場發生了什麼事，以前都發生過，將來也會再度發生。
- 歷史一再重演。

- 我之所以能夠賺進大錢，靠的是我能縮手不動，而絕不是靠我的想法。既能看得對，又能縮手不動的人，並不多見。
- 重點不在於儘量買得便宜，或者儘量在高價放空，而是在正確的時間點買進或賣出。
- 我絕對不和行情走勢爭吵。
- 我花了五年時間，才學會怎麼玩才夠聰明，能在做對的時候賺大錢。
- 沒有什麼比失去一切，更能教會你什麼事不能做。等你知道了什麼事不能做，你才會開始明白，應該做什麼事。
- 市場上只有兩種情緒：希望和害怕——唯一會出問題的地方，是你在應該害怕的時候滿懷希望，應該滿懷希望的時候卻感到害怕。
- 要好好認識自己，預防自身的弱點壞了大事。
- 應該在回檔之後賣出，而不是反彈時賣出。
- 李佛摩引用老羅思柴爾德男爵（Baron Rothschild）的話說，他的賺錢祕密，就是「我絕不在底部買進，而且總是賣得太早。」

《股票作手回憶錄》一書，智慧語錄俯拾皆是。這些智慧來自多年來每天親身體驗市場實際上如何運作的現實，以及人性如何不斷阻礙投資人遵循穩健和證明可行的守則、系統與方法。

這本投資經典的完整版，不只包含有趣的插畫，也收進了初版所遺漏、作者一九二〇年代在《星期六晚郵》（Saturday Evening Post）所發表的一篇文章。我手上的《股票作手回憶錄》初版，多年來一讀再讀，書頁折損不堪，不同顏色的註記寫得到處都是。幾年前，我一口氣買了超過一千本股市和投資的著作。但是根據我在這一行打滾四十五年的經驗，我發現只有十到十二本擲地有聲——《股票作手回憶錄》就是其中的一本。

對大部分投資人來說，投資股票相當困難，因為它和正常的聰明人常見的思考與反應方式恰好背道而馳。人總是想買價格下跌的便宜貨。但是這種做法很少能夠建功，因為通常股價之所以會下跌，都有很好的理由。一般人也不知道，不管他們有多聰明，屢屢犯錯在所難免。因此投資人必須養成習慣，每次發生虧損，都應該儘速認賠出場，把犯下的所有錯誤縮減到最小，避免虧損愈滾愈大。也有人想要輕輕鬆鬆賺錢，不做任何功課，只依賴別人給的小道消息、傳聞或建議。這簡直可以說是國家之恥。美國這塊機會絕佳的土地，擁有無限的新創意，以及百折不撓的新創業家、投資人和企業人。每一年，都有衝勁十足的新創業家經營的獨特企業，首次公開發行股票。其中一些企業遲早會成為絕佳的投資。任何人只要存一點錢，讀一些優良的投資著作，都可以好好掌握那些投資機會。這些好書都是身經百戰、已經學會如何選購一流企業並且獲利的人寫的。一般來說，任何東西只要是最好的，價格都會比較高。

《股票作手回憶錄》可以幫助你著手建立本身穩健的投資守則，把你推向大贏家之林。如果你真的想要到達那裡，一定辦得到。

《投資人商務日報》（***Investor's Business Daily***）
創辦人兼董事長　威廉・歐尼爾（***William O'Neil***）

導讀

華爾街漫長悠久的歷史長河，從來不缺傳奇逸事。交易人只憑自己的本能直覺和過人的膽識勇氣，最後腰纏萬貫的故事俯拾即是。十九世紀這樣的故事特別多，主角一開始總是囊空如洗，最後卻總能穿金戴銀退隱江湖，過著豪奢的生活，滿屋名畫骨董。這些故事吸引無數胸懷壯志的百萬富翁，也渴望能名留青史。

類似的故事，鼻祖當推霍雷席歐・艾爾傑（Horatio Alger）。他在南北戰爭結束後，寫下窮小子狄克（Ragged Dick）的故事，描寫身無分文的平凡年輕人，如何胼手胝足，冒險進取，再加上幸運之神的眷顧，搖身成為巨富名流的過程。艾爾傑的著作十分暢銷，成為十九世紀美國的知名作家之一。雖然這些書並沒有提到股票市場，卻為以後的類似書籍定了調。艾爾傑大學畢業後，就在當時名聞遐邇的賽利格曼銀行家族中，當起約瑟夫・賽利格曼（Joseph Seligman）孩子的家庭教師。他筆下許多白手起家的故事，追本溯源應該是來自賽利格曼家的一頁發跡史。而賽利格曼家族的投資銀行事業，是在阿拉巴馬經商成功所奠下的基礎，雖然過程有點不名譽。

經濟學家和社會理論家索斯坦・范伯倫（Thorstein Veblen）一八九九年發表《Theory of the Leisure Class》（有閒階級論），更是火上加油。這本書不講年輕人爭名逐利的故事，但是范伯倫和艾爾傑有個相同特質。書中所提炫耀性消費（conspicuous consumption）的觀念，都是根據作者觀察那個時代最有名的兩個炫耀性消費者而得。奧古斯特・貝爾蒙特（August Belmont）和他的兒子奧古斯特・貝爾蒙特三世，他們兩人豪奢的生活，成了紐約人茶餘飯後的話題。他們舉辦宴會，出手之闊綽令人咋舌。光是葡萄酒的花費，就足以讓其他的金融家嫉妒不已（如果沒臉紅的話）。到了二十世紀初，金融業和這個行業中的富裕生活，顯然成為各種傳聞逸事的題材和惹人豔羨的目標。

如果只是寫寫別人的故事，再怎麼說也只是一些傳聞逸事。但如果是真槍實彈操作股票、縱橫於金融圈的人，把自己和別人的故事講出來，那才是真的擲地有聲，引人注目。這些故事往往被認為是「內線」材料，總能吸引廣大的讀者群閱讀。讀者對這些著作的反應，表現出美國人心理面的一大矛盾。一方面，二十世紀初，大部分人對華爾街和芝加哥商品市場十分反感，因為這些地方，什麼卑鄙齷齪的手段都有，而且有許多不可告人的交易持續進行著。另一方面，這些地方卻同時能創造出巨大的財富，而在美國，人人見錢眼開。這類故事廣為流傳，因為讀者都想從他們所鄙視的人身上，瞭解那些人如何賺到自己也很想擁有的財富。作家和出版商很快就看到這個商機。

一九〇〇年，流氓惡棍之流已在華爾街出沒，而其中有許多人富甲一方。這些人早在南北戰爭之前就涉足華爾街。雅各・利圖（Jacob Little）就是個非常有名的放空交易人（short seller），一直在留意有沒有好機會，可以從價格下跌走勢中獲利。丹尼爾・朱魯（Daniel Drew）是另一名股市炒手，依賴的是詐騙手法與一些經常出入紐約證券交易所（New York Stock Exchange；NYSE）的人抬轎。傑伊・古爾德（Jay Gould）繼之而起，他的行事風格更贏得了「美國最令人咬牙切齒的人」的綽號。查爾士・維里修佛（Charles Woerishoffer）也是放空交易人，或者稱做「棒槌」（plunger），他因為放空股票而出名。後來他們被人稱為「作手」（operators）。大部分作手並不是只賣股票或者只買股票。他們會視狀況，穿插作多或放空。但他們的綽號，經常會因為某次最有名的操作而固定下來。

這些作手當然會招致批評，但這反而使他們聲名大噪。漫畫家湯瑪斯・芮斯特（Thomas Nast）和佛烈瑞克・歐普勒（Frederic Oppler）曾經多次以傑伊・古爾德為對象作畫。漫畫刊登在《哈潑週刊》（Harper's Weekly）和《小妖精》（Puck）等期刊上面，渲染誇大那些人早就十分可怕的聲名。畫作出現之後，記述這些引人側目人物的文字也開始流傳。不久，他們就被描繪成撼動市場的力量，不再只是多頭或空頭而已。

十九世紀末，更有許多華爾街回憶錄問世。大部分的回憶錄，都是談作者在股市打滾的經驗，以及他們一路走來所遇到的股市流氓惡棍。亨利・克魯茲（Henry Clews）一九〇八年為紀念他自一八五八年起涉足股市，出版了《Fifty Years in Wall Street》（華爾街五十年）一書。那段時期，一些華爾街老兵也相繼發表許多著作，但這些書籍並不像雜誌文章那麼受歡迎。其中有不少文章，大談交易人靠股市維生的事蹟，但極少有交易人願意揭露自身的操作祕密。或許就因為裹著神秘面紗，於是各種傳聞逸事開始流傳。當時的一些熱門週刊雜誌，也並沒有揭露這些人的天才手法（有些甚至是不擇手段的天才手法）給所有的讀者閱讀。

當代讀者會發現，十九世紀末和二十世紀初的市場文獻，有個明顯的特徵—巨額財富的流進和流出，似乎與交易股票本身的好壞沒有關係。傑伊・古爾德和他的死黨吉姆・費斯克（Jim Fisk）騙過勁敵康尼留斯・「准將」・范德比爾特（Cornelius "Commodore" Vanderbilt），從伊利鐵路（Erie Railroad）的股票中大賺了一票。維里修佛（Charley Woerishoffer）對亨利・維拉德（Henry Villard）所持有的北太平洋鐵路公司（Northern Pacific Railroad）股票發動空頭摜壓攻勢，獲利可觀，並且重創維拉德。那時的評論家把這類股票操作，說成是交易人之間的私人對決。股票的基本面有可能會引來某些交易人大舉放空，尤其是在他們的價格過高時，但最後總是變成多空交易人之間的私人對決。

許多股票的財務表現，特別是鐵路和重工業公司，並不是當時許多投資人關心的主要因素。他們只是跟著群眾走。如果詹姆斯・吉恩（James R. Keene）正在敲進股票，其他人也就會一窩蜂跟進，因為這類大人物顯然曉得他們不瞭解的某些事。吉恩曾在美國鋼鐵（U.S. Steel）於一九〇一年創立之後，為摩根（J. P. Morgan）成功哄抬了它的價格。小額投資人一窩蜂跟進，到頭來反而吃足苦頭。漫畫家一再把小額投資人畫成被拉進華爾街，任人宰殺的角色。等到小額投資人發現應該賣出時，往往為時已晚，因為錢已經被別人賺走了。

一九〇〇年，各證券交易所跨出了大步，讓投資人可以把他們的錢拿到這裡來投資。但這些投資人們依然像是驚弓之鳥，隨時準備迅速脫手，拔腿就跑。大作手炒作市場時，需要小額投資人抬轎。雖然在紐約證券交易所掛牌交易的股票多於以往，三不五時還是會有空頭發動攻擊和軋空的狀況發生。一些知名的交易人，有可能是單槍匹馬，也有可能找來一群人，一起哄抬或摜壓股價。這些行為小額投資人全都看在眼裡，但是為了賺錢，只好繼續跟著知名交易人走。因此多頭和空頭對決的傳統，一點都沒有減弱的跡象，而且現在的競技場甚至比以前更加寬敞了。

股市給人的感覺就像是賭場，有許多投資人願意放手一賭，買賣他們認為可以致富的股票。但是一百年前，他們缺少了一樣東西─市面上幾乎找不到一本教人如何避開市場陷阱、如何聰明投資的書。華爾街上的作手把一般投資人稱作「冤大頭」（suckers）。他們手上能夠運用的少數資金，很快就會因為本身的無知或缺乏紀律，而被一掃而空。

當時談論華爾街的各種書籍，實際上一點幫助也沒有。亨利・克魯茲在文章中描述某些問題時，經常帶有強烈的個人觀點。譬如他認為，一八八四年查爾斯頓（Charleston）的地震，可能是礦業公司探採地下礦藏所引起的。我們現在知道，這種說法純屬無稽之談，但這種說法仍舊可能會影響到礦業股的價格。這種類似的傳言，在當時十分流行。一般作者在寫一些關於市場的文章時，其文章本身不免會對市場表現造成影響。既然如此，那麼最好就是在下筆之前，能夠先掌握充分的資訊，尤其在談某支股票或某個產業時，即使作者並不具備特殊的專業知識，也應該盡可能做好求證的工作。有不少愛惜羽毛的報紙，確實開始擬定政策，而不去發表那些試圖影響股價的文章。但還是有更多的報紙為了推廣發行量，當然也就不會去採行那樣的政策。

一九二九年股市崩盤之前，要取得股票的內線消息，最好的做法就是花錢去買。那些「消息靈通人士」（agents）宣稱，他們掌握了股票的內線情報，有興趣的人可以花錢向他們購買。一九三〇年代以前，這種行為並不違法，但是這顯然可被用來操縱股價。專業交易人如果想要推高或摜壓股價，而且需要「散戶」（retail）幫忙時，就會把消息透過「情報販子」（tipser），傳到小額投資人手中。小額投資人一接獲消息，就會配合買進或賣出某支股票，提供更多的流動性以協助大作手的操作。

但是，當時許多小額投資人實在「玩」不起股票。不少股票的價格很高，每股交易價格動輒上百美元，而當時平均一年的薪水，只有一千美元左右。小額投資人往往並不是拿錢投資購買真正的股票，而是到空桶店（bucket shop）中一試身手。這些地方看起來就像是經紀公司的營業處，但說穿了也不過就是賭場。「投資人」可以在這裡花幾美元，賭某支股票的價格會上漲。這些「投資人」

下的單子，會被放在櫃檯後面的桶子裡面（空桶店的名稱由此而來），而不像一般經紀商那樣，傳送到交易所。「投資人」實際上是和「空桶店」對賭，而且通常只輸不贏。

空桶店會告訴賭客，他的幾美元能夠買進或賣出多少股。當賭客想要兌現賭注時，空桶店就會依自動報價機（ticker）的下一個價格付錢（如果有自動報價機的話）。有些空桶店會在這個過程中捏造價格。但是規模比較大的空桶店，的確能夠取得即時報價，並依下一個價格和賭客結清買賣單。空桶店不會長期忍受賭客不斷贏錢，因為只有賭客賠錢，他們才有賺頭。

在主要的金融和商品中心，可以找到數十家空桶店。其中最複雜的一種，稱作空殼證券商（bucketeer），地方主管機關和交易所很難抓到他們。他們擁有合法經紀商的所有設備，黑板和自動報價機一應俱全。他們的價格數字是怎麼來的？有時難免叫人懷疑其中必有詐。芝加哥期貨交易所（Chicago Board of Trade；CBOT）所指控的一件著名案件中，有一家空桶店花錢找了一名男孩，坐在緊鄰交易所的一棟建築物屋頂上，用雙筒望遠鏡讀交易所張貼出來的價格。男孩接著向下面的空殼證券商喊價，然後寫在黑板上。

當時的股票市場已有不少汙點，空桶店再添一樁，這其中還有另一個原因。一些規模比較大的空殼證券商，會彙集他們的資金，在市場上建立相反的部位，確保他們的顧客絕對贏不了錢。他們本身就有可能會形成一股龐大的力量，而他們會利用這股力量，在他們放空某一支股票時，讓顧客以為他們在買進。這是市場上的黑暗面，但在紐約或芝加哥，卻很少有人會討論這個議題。CBOT一位高階幹部曾經透露，空桶店會將顧客身上所彙集到的一千萬美元資金投入到市場中，經過財務槓桿放大後（視交易所規定的保證金比率而定），就可以發揮價值高達一億到五億美元的市場力量，因此小額投資人幾乎不可能從空殼證券商身上賺到錢。

一九二〇年代，華盛頓的證券交易法規付之闕如，不曾通過任何聯邦證券法。但是各州都竭盡所能，努力遏阻詐欺和炒作的行為。各州和交易所早在一八九〇年代，就向空桶店宣戰，但是戰事進行得相當緩慢。一九〇五年，CBOT在與空桶店的官司中取得了大勝，因為在指控堪薩斯市一家大型空桶店的官司中，最高法院裁決CBOT勝訴。CBOT要求禁止那家空桶店，在它的營業處使用CBOT的價格（由西聯電訊公司負責傳送），冒充它是真正的交易所經紀商，實際上處理的卻是空桶單（bucketing orders）。法院的裁決對CBOT有利，空桶店大敗。不過空桶店還是能繼續生存。賭客仍然願意下幾美元的賭注，期望自己能和那些傳奇性的交易人一樣腰纏萬貫。前後數十年內，賭博成了美國人的日常消遣活動，因此禁止空桶店透過電子線路取得即時資訊，並沒有導致他們的顧客流失。

還是有一些小賭客，能在莊家占優勢的賭博中贏得空桶店的錢，但他們能夠贏錢，並不表示他們就懂得投資。小賭客們可以從情報販子那邊買到資訊，但那些資訊通常一開始就作假，目的是誘使小賭客和投資人上鉤。第一次世界大戰後，各州加強法令規定，但只逐案處理詐欺和操縱股市的行為。紐約加強舉發經紀商和空殼證券商洗稅賣出（wash sale）的做法。許多案件都獲得勝訴，但是詐欺和炒作依然層出不窮。有時州政府課以罰款，有時則判以徒刑，尤其是針對空殼證券商。空桶店裡那些聰明的顧客，往往對系統十分瞭解，並且能用很快的速度進行操作。可是一旦他的祕密被同行揭露，很可能一夜之間就會頓失優勢。

在追求明牌和小道消息求知若渴的市場上，揭露知名作手實際操作技巧的「內線」情報也相當受到歡迎。一九二二年，《星期六晚郵》（Saturday Evening Post）刊登了十二篇系列文章，向大眾介紹了一位具有傳奇性的交易人。這些文章是由財金新聞工作者艾德溫・勒菲佛（Edwin Lefévre）所寫的。勒菲佛是資深新聞工作者，以擅長撰寫財金小說聞名。他的文章緊緊抓住廣大讀者的想像力，一年後這些文章結集成冊，書名就叫做《股票作手回憶錄》（Reminiscences of a Stock Operator）。投資大眾渴望多年的心願終於得到滿足，如今終於可以一窺如何在市場大賺一票的內幕。

勒菲佛從一八九七年就開始寫華爾街的種種。他的祖先是胡格諾派教徒（Huguenots），在十七世紀末逃離法國。父親在南北戰爭期間，擔任聯邦海軍軍官。雖然勒菲佛一直想當作家，父親卻堅持要他接受高等教育，所以只好先學工程再執筆桿。一八八七年到一八九〇年，他在理海大學（Lehigh University）攻讀礦冶工程。投入職場的第一件工作，就是當財金新聞工作者，閒餘時間寫些短篇故事。十年後，他發表了第一本小說《Sampson Rock of Wall Street》（華爾街的山普森・

洛克）。從事新聞工作期間，他曾經服務於《紐約太陽報》（New York Sun）、在《哈潑週刊》當財金編輯，並且為《星期六晚郵》寫些文章。他發現華爾街是個十分理想的故事背景，因為就像他所說的：「人有兩大鞭策力量：愛和貪」。

勒菲佛的職場生涯，也反映了當時人們對財金新聞工作的看法——財金新聞工作也屬於華爾街的一部分。他常在接受訪問時，談起自己的寫作生涯，尤其是「我到華爾街之前」的那段時期。如今我們已經不會再這麼說，因為好一段時間以來，新聞工作者和採訪對象之間，都會保持一段相當大的距離。但是在十九世紀和二十世紀交替之際，兩者之間的關係卻相當密切，因此財金作者可以說他是金融舞台的一員。這種不分彼此的關係，有助於勒菲佛在具備充分知識的情況下，撰寫股票市場的種種；一九二二年令他聲名大噪的系列文章發表之前，他的寫作信心已經展露無遺。

《星期六晚郵》的第一篇文章發表於一九二二年六月十日，後來一直持續到隔年五月。這並不是勒菲佛第一次為《星期六晚郵》寫財金故事。一九一七年初，他就寫過一系列的文章，題為「一個星期超過兩百萬美元」，同樣也廣受好評，內容是談投資人可能會如何被捲入市場的漩渦。這一系列文章是以傳統的記敘文寫成，穿插對話，但是後來的系列，文體卻相當不同。

一九二二年的故事，表面上是勒菲佛陸續訪問傳奇性股票和商品交易人勞倫斯・李文斯頓（Lawrence Livingston）的結果。李文斯頓是一位白手起家的創業家，在第一次世界大戰之前的幾年內名利雙收。從訪問內容提到的大略年表推算，李文斯頓和勒菲佛差不多同齡，因此，經驗豐富的作者和這位傳奇性的交易人應該相談甚歡，不過勒菲佛對他的讀者做了一個務實的要求。他在文章之初，對於受訪者的身分背景並沒有多作介紹，只說他請求這位平常不多話的股票作手接受訪問，並且獲得首肯。一九二九年股市崩盤之前，股市作手和知名銀行家都是名人，一般人知之甚詳，並不需要贅述他們的身分背景。而那些想在市場上致富的人，更關心的則是這些故事的背後所涉及的技術層面內容。

由於實際上並沒有一位名叫勞倫斯・李文斯頓的傳奇性交易人，因此讀者很快就知道這是個假名，受訪者一定另有其人。一年後，勒菲佛把結集成冊的書獻給傑西・李佛摩（Jesse Livermore），一切盡在不言中。李佛摩是在市場之外，極少數為人所熟知的一位重量級股票和商品投機客之一。財金新聞媒體給他取了個綽號，叫「棒槌男孩」（Boy Plunger），因為他最為人津津樂道的一次操作，是一次非常成功的放空操作。由於李佛摩和許多功成名就的同行一樣，口風一向很緊，所以人們的懷疑格外顯得有趣。

文章刊出時，市場剛從嚴重的衰退中回升。由於戰後工業產品和商品的需求減退不少，景氣在一九二〇年和一九二一年大幅下挫。舉例來說，通用汽車公司（General Motors）因為營業額滑落，不得不調整組織結構。同時，許多規模比較小的製造商被迫歇業。從行銷的觀點來看的話，此時在全國性的雜誌上發表一系列的訪談文章，時機再壞不過了。但事實上，讀者的反應竟好得出奇。勒菲佛很早就以擅長為雜誌寫短篇故事而出名，而且比較輕鬆的財金題材，不管景氣好壞，總有人愛看。不久之後，讀者才終於恍然大悟，發現勒菲佛並不是在寫小說。李文斯頓談到的事太過專業，不能單純視之為虛構的短篇故事。

雖然勒菲佛從沒說過李文斯頓其實就是李佛摩，但不久之後人們便開始認為，兩者根本就是同一個人，而傳奇也就這樣開始建立起來了。如今，終於有一位交易人的祕密被攤開在陽光底下，而故事的發展，就和霍雷席歐・艾爾傑筆下的人物如出一轍。李文斯頓十五歲離家到波士頓，馬上就在波士頓一家經紀公司找到差事，負責把價格抄上黑板。他很快就迷上市場，躍躍欲試，可惜身上沒錢。後來有位朋友問他，要不要一起湊點小錢，到空桶店放手一搏。他們合資10美元下注，竟然一舉成功。從此李文斯頓愛上市場，因為在這裡，什麼事都不必做，只要盯著自動報價機報出的一連串數字，加以解讀，就有無數有趣的事可能發生。

他們第一次下注的故事，深深烙印在人們的腦海，因此《紐約時報》（The New York Times）一九四〇年登出李佛摩去世的消息時，就把那件事說成是他的第一次進場操作。《紐約時報》報導：「李佛摩分得了3.12美元的利潤。他從此找到了自己的事業生涯。」（一九四〇年十一月二十九日）。勒菲佛在文章中還提到，李文斯頓接著辭去辦事員的工作，全心全力投入股票的投機買賣。不過李文斯頓並不認為那是投機；他認為自己設計出一套系統，產生利潤的次數多於發生虧損的次數。這套系統花了許多年的時間才發展起來，但是很快就使他聲名鵲起。

雖然勒菲佛所記述的年表有幾個地方略有出入，不過李佛摩第一次放手投入的時間確定是在一八九三年。接下來，虛構的李文斯頓和李佛摩之間的關係開始契合。八年內，李文斯頓和李佛摩都成了百萬富翁。不過，李佛摩的名聲只在市場間流傳，市場之外的人對他並不熟悉。一九〇一年，他和太太從歐洲旅行回來，海關發現他太太攜帶了一萬兩千美元的珠寶首飾，結果李佛摩還被罰了七千兩百美元的關稅。《紐約世界報》（New York World）報導了這件事，並且開始探究為什麼默默無聞的一名投機客會惹上這種麻煩。當時《紐約世界報》也指出，他已經在市場上賺得了三百萬美元。該報導想要知道的是，這個人到底是何方神聖？這時的李佛摩，不過二十三歲左右。

李文斯頓接受訪問所透露的內情，成為了傳奇逸事的題材。他在事業生涯之初，並不是證券交易所的會員，也不是過著有錢又有閒的生活。他的致富之路，是從自動報價機摸索出來的；一連串的數字，使他成為了巨富。剛開始，李文斯頓是在空桶店賺進很多錢。他發現可以在空桶店下賭後，迅速結清部位，「搶到帽子」。他可以根據交易行情的資訊，研判一支股票的價格是不是就要上漲。一發現這樣的股票，他馬上就會放手買進，然後在價格上漲途中賣出。這件事說起來簡單，做起來並不容易，因為空桶店的價格不見得都是正確的，而且在空桶店中，並不是那麼容易取得報價。不過，他賺錢的次數還是多於賠錢的次數，也因此惹惱了空桶店業主。

有些空桶店禁止他進門操作，他只好轉移陣地到中西部交易，再重回紐約。在這段期間，他一直與真正的證券交易所隔了一段距離，結果賺了很多錢，不過有時也會賠錢。如果用當代的語彙來說，李佛摩可說是發明了今天所謂的當沖交易（day trading）。這件事說起來很有意思。依賴報價行情操作時，買進之後賺點蠅頭小利就跑，是在空桶店居於優勢的遊戲場中，想要勝過他們唯一的方法。如果把場景換到證券交易所，這顯然也是小額投資人能夠成功的唯一辦法。在證券交易所中，場內交易員（floor trader）也能做到相同的事，但他們的資金雄厚多了。

第一次世界大戰之前，市場上已有不同類型的交易人存在。其中有些和李文斯頓一樣，並不是交易所的場內會員。他們一直隱身在自己的辦公室，專心研讀報價行情，根據親眼所見，下單交易。有些場內交易員，遠比前面那些人貼近「戰鬥」現場，因此能夠獲悉外人無從得知的市場內部祕密。不管他們在哪裡，所用的技巧都相同，圍繞著他們的傳聞逸事也很類似。

這些年來，《股票作手回憶錄》激起了人們濃鬱的懷舊情緒，一大部分原因在於它所描述的那段股市時期已經不復存在。李文斯頓賺進數百萬美元和賠掉數百萬美元的故事，發生在一九三〇年代銀行法和證券法通過實施之前。證券管理委員會（Securities and Exchange Commission；SEC）創立之後，情報販子銷售資訊屬於違法行為，而且李文斯頓所詳細描述、人們習以為常的一些操作手法也遭到禁止。後來的股票交易人只能緬懷過去，想像那段時日，小男孩和年輕人只憑一雙眼睛，研讀一連串的數字，加上藝高人膽大的動作，就能搖身成為百萬富翁。

《股票作手回憶錄》引人入勝的另一點，是它寫成於一九二〇年代多頭市場開始狂飆之前。這波市場激漲行情要到一九二四年才展開，直到一九二九年十月崩盤為止。李佛摩和已經是傳奇人物的其他交易人，大力介入這段上漲行情，使得已有的名聲更加錦上添花。但是他們並不只在股票市場畫地自限。大部分人穿插操作股票和商品期貨，但是一九二〇年代的期貨市場並沒有狂漲。期貨市場也有一些傳奇性交易人，其中有一些在一九二〇年代中期轉進股票市場。

一九二〇年代，李佛摩的主要勁敵，是芝加哥的期貨交易人亞瑟・卡頓（Arthur Cutten）。卡頓在第一次世界大戰期間及之後幾年內操作得十分成功，據稱他在期貨市場賺到七千五百萬美元的財富。一九二二年，國會通過穀物期貨法（Grain Futures Act），於是他將注意力轉移到紐約和證券交易所。這套新法律代表聯邦政府首度嘗試管理期貨交易所。當時的期貨交易所，交易的主要商品是穀物。卡頓認為這是政府干預市場的行動，決定將部分資金撤出，轉移到紐約證券交易所操作。此時的李佛摩，卻是反其道而行。

紐約證券交易所是股票作手的主要堡壘，芝加哥期交所則是期貨交易人的大本營。那時期貨交易看起來好像會因為政府的管理而式微，但是李佛摩聽說卡頓靠商品操作大賺特賺，因此也開始在芝加哥期交所操作期貨，手筆之大，超過以往。等到股票市場崩跌十餘年之後，國會才有所反應，開始管理股市；那時穀物期貨法剛通過實施，交易人都認為那是一段最美好的日子。當時山雨欲來風滿樓的氣氛，可能就是勒菲佛發表這一系列文章的原因。也許李文斯頓認為，終於到了可以揭露個人操作祕密的時候了，因為政府立法管制呼之欲出。如果這位交易人不能再施展他那賴以獲利的操作手法，至少也要把名聲留傳下來。

李文斯頓向勒菲佛坦承，他進出期貨市場的次數，和操作股票市場一樣多。這兩個市場並非格格不入，因為就像李文斯頓接受訪問時所說的，他就像今天的巨波交易人（macro trader）一樣，希望從小麥的國際需求高漲或愛荷華州久旱不雨等總體經濟消息中獲利。操作股票時，他也使用相同的方法，但是訪談時所提到的主要內容，有很多與第六感、直覺本能有關，卻和基本面無涉。李文斯頓真的提起心理因素以外的東西時，通常是談可能影響某支股票價格的股市類股或整體經濟事件。即使他曾經用過基本面分析，也沒有向勒菲佛透露。李文斯頓給人的印象，是他愛用技術面分析，也會稍微注意周遭的世界。

雖然李文斯頓表示，政治和經濟世界發生的事件，對他的操作影響很大，但他卻沒對當時一些比較有趣的市場情勢提出什麼樣的看法。其中一個例子，是第一次世界大戰期間，威爾遜、（Woodrow Wilson）總統的和平提案。威爾遜提議，由美國居中協調協約國和同盟國之間的和平談判，進而結束戰爭。通訊社比實際宣佈早了幾個小時發出這項消息，市場應聲重跌。令批評者大感憤怒的是，市場比外界早幾個小時得知消息。交易人當然視之為黃金機會。戰爭對美國經濟是利多，和平一旦到來，商品和工業製品出口就會減退。股票和商品市場會因此大跌。不過，威爾遜遞出的橄欖枝最後被拒絕。但空頭（short sellers）已因為這則消息而大獲其利。李文斯頓受訪時只蜻蜓點水，略微帶到這件事。

第一次世界大戰結束後，戰爭期間發行的數十億美元「自由」（Liberty）債券到期，股票市場開始上漲。投資人發現自己手上抱著一堆現金，難免想到股票市場中投機。經紀商和投資銀行看到這個機會，便開始向新的一群投資人招手。有史以來漲勢最為凌厲的多頭市場，種子就這樣埋下。不久之後，華爾街財源滾滾。勒菲佛的故事，讓我們看到大眾對於好故事和快速致富無止盡的需求，而它對於市場泡沫的形成，更起了推波助瀾的作用。隨後幾年，市場就進入了一九二〇年代最精彩的一段行情。

查爾士・蓋斯特（***Charles Geisst***）

二〇〇四年七月

Chapter 1

華爾街有史以來最大的棒槌

這是在《星期六晚郵》上所連載的第一篇文章，一開始並未收錄在一年之後所出版的書籍中。勒菲佛在這篇文章裡，向讀者介紹了後續十二篇系列文章的主角勞倫斯．李文斯頓（Lawrence Livingston）。雖然根據後面的訪問內容可以看出，李文斯頓既長於放空股票，也長於作多，但這第一篇文章卻把他描述成華爾街最大的「棒槌」（plungers）之一。十九世紀末二十世紀初，這個名詞是用來指空頭（short seller）的意思。

《證券交易法》（Securities Exchange Act）通過實施之前，放空（short selling）股票遠比今天自由。如果交易人認為一支股票的價格就要下跌，隨隨便便就可以開始賣出。這一賣，價格果然下跌，於是跌勢就成了自我實現的預言。跌勢一旦展開，就有可能一發不可收拾，很難叫停，因為和如今不一樣的是，空頭可以在下檔放空（down tick），而不需要等到價格上跳時才能放空，也就是說，不必先買再賣，因此空頭掀起的下跌動能，可能既快且急，獲利可觀。

這種技巧也可以有效應用在空頭摜壓（bear raid）的攻勢中。這是市場上慣用的一種做法，指的是空頭有志一同，集中火力，放空某支股票，目的是要壓低它的價格。為什麼要壓低它的價格？原因往往只有那群空頭知道。市場其他人對此的看法，大多是負面的。政治人物和評論家表示，企業往往會因此而任由投機客宰割，股票也會變得一文不值。股票遭到空頭摜壓時，價格當然會變得十分便宜，於是潛在的買家或債權人輕而易舉就能把那家公司吃下來。人們認為有心人可以透過放空，摧毀企業的價值，並從合適而正當的所有權人那邊把公司偷走。

勒菲佛這篇故事一開始的場景，是在一家經紀公司的營業處所，當時市場一片愁雲慘霧。他詳細描述一則市場傳言，說有個身手特別敏捷的空頭，名叫勞倫斯．李文斯頓。用當時特有的用語來說，這個人正是「市場挫跌」（market break）的禍首。「市場挫跌」的意思是指在特別強勁的市場漲勢過後價格下跌，而文中所描寫的是一九二二年的事，當時市場規模已經很大，參與者的層面十分廣泛，不可能僅靠著一個人、尤其是以放空聞名的一個人，就對市場產生呼風喚雨的影響。成交量太大，投資人的基礎太廣，單單一名交易人，很難對價格產生那麼深遠的影響。

但傳奇性投機客的存在，不能等閒視之。當傳言說像李文斯頓那樣的棒槌決定放空某支股票時，其他的小額投資人也會一窩蜂搶著落井下石。這些小額投資人就是傳說中的「冤大頭」（suckers）。他們來自各行各業，對於市場從來沒有自己的一套看法，只知道跟在別人屁股後面走。等到冤大頭開始放空相同的股票時，李文斯頓或其他的交易大戶十之八九早已軋平他們的部位，脫身而出。走在前面的人賺到大錢，冤大頭自然只有賠錢的份。

雖然李文斯頓因為他的放空行為，而被人稱為「棒槌男孩」（Boy Plunger），但他其實也會買進許多股票。他曾說，他「……寧可作多。因為那是比較有建設性的操作手法，而且和別人分享你的財氣，這樣的做法好多了。一般人對放空行為都不會給好臉色看。」先把不屬於自己的東西賣掉，再用比較低的價格買回來，這樣的觀念在二十世紀初，仍被許多人視之為異端。在期貨市場中放空是很正常的，但很多人（尤其在中西部）還是對放空抱持著反對的看法。十九世紀末以來，不少人做了許多嘗試，千方百計想要關閉掉期貨市場（他們認為這是個聲名狼藉的市場），但最後它還是存活了下來。不過，市場作手心裡十分清楚，一般人對於他們和他們的特殊操作手法，都感到十分地反感。

儘管一九二〇年代初期，美國鄉村地區都很厭惡操作和賭博，但紐約和芝加哥卻沒有這種反感。李文斯頓（李佛摩），以及邁可・米恩（Michael Meehan）、約瑟夫・甘迺迪（Joseph P. Kennedy）、伯納德・巴魯克（Bernard Baruch）、亞瑟・卡頓（Arthur Cutten）、班・史密斯（Ben Smith）等著名的交易人，就靠著在這些地方操作，而過著優裕的生活。另外，為數眾多的冤大頭也開始閱讀這類文章，發現自己根本贏不了他們所玩的遊戲。不過，故事終究只是故事，阻止不了他們繼續嘗試。而勒菲佛所講的故事，證明市場永遠不會沉悶乏味，也永遠不缺想要賺大錢的新投機客。

查爾士・蓋斯特

股票作手回憶錄：一九二二年六月十日

股市疲弱無力，你可以聽到顧客們都在哀聲嘆氣，心裡默數著曾經絕望了多少次。他們就要進入世上最淒慘的帳面紀錄第二階段——從帳面損失轉變成實際的虧損。但是第一步比較艱難，因為股市裡的賭徒經常心存僥倖，總是抱著那麼一絲希望。辦事員走過大廳時，幾乎是踮起了腳尖，而且看起來有點罪惡感——彷彿那些要命的多頭小道消息，是他們傳出去害客戶買進的，而現在就要算總帳了。但如果你現在隨便抓一位顧客，問外面的天氣如何，他會告訴你：「現在還不到三點鐘。」

兩個男孩正在看板上張貼報價，把綠色的卡片插進去時，會發出輕微但叫人心驚的劈啪聲。這些小小的卡片，用慘不忍睹的數字，訴說著戰況。滿載著渴望的船隻正在下沉，吃水線以下千瘡百孔。那些帳面利潤全都消失

Awake and hungry

了！那些帳面歡樂如今又在何方？

放眼望去，都在下跌！

先敗下陣來的是投機性股票，譬如像是暹邏石油（Siam Oil）或頂好汽車（Acme Motors）。但是現在的畫面，就好像一頭魔王高舉著火炬，穿過草料場，沿路放火。火舌已將半邊天燒得通紅！

黑煙正在往上衝！

管報價的小弟，像火燒屁股般忙了起來。你可以看到自動報價機的收訊速度，把他們遠遠拋到後頭。有些股票開始一口氣跌掉整整好幾點。站在報價機旁邊的人高喊「T.M. 51! 50 1/2! 1/4! 49!」就在這個時候，突然好像有一條看不見的線，拉著所有人的頭，轉過一邊，望向一個尖鼻薄唇、戴著玳瑁框眼鏡的傢伙。然後，他們移開視線，好像只要看到他的臉，就會玷辱自己似的。那個人敲進那支股票五千股，而他過去就經常取笑其他人只敢賭些小錢。

這樣的情景，勾起了我的回憶，讓我想起以前的日子。不騙你！我又聽到空頭打贏勝仗，在營業廳裡耀武揚威的歡呼。我再次見到贏家和輸家群情激昂的景況——贏家想要乘勝追擊，輸家大喊救命，只求不要再賠得更多。只見一方狂歡不已，貪婪寫滿臉上，另一方則有六百隻喉嚨齊聲發出恐懼的哀號。我還記得一九〇一年北太平洋（Northern Pacific）所造成的恐慌，當時我看到、聽到——

「我想起從前，比爾，」我對那家公司的老闆說。

他緊緊靠著我，可能是怕我搞不清楚狀況，問出一些叫人不知如何啟齒的問題——我問他是否認為跌幅已經夠深了？但他卻搖了搖頭。

「時代不同了！」他心不在焉的咕噥著，彷彿覺得納悶，怎麼報價機又犯上多年前的老毛病似的。

當時的情形是，股市已經連跌了幾個星期，氣氛十分陰沉。多頭開始告訴自己，最糟的時刻已經過去。兩個星期以來，股市每天失血一點。他們只期望跌勢能止住，就不需要完全截肢。接著——股市崩盤了！和以前一樣，那些一心想贏，已經忘掉其他一切事情的人，此時只能瞠目結舌地面對眼前始料未及的事實。

我再看一眼大廳內的顧客。老中青三代、高矮胖瘦齊聚一堂。這些人我全都不認識。幾年前，我在那個營業處還有戶頭時，在那裡交易的幾十個人都離開了。前仆後繼進來的這些人，給我一種怪異的似曾相識感覺。我想肯定是因為他們的眼神——就是那種茫然而受傷害，害怕承認自己錯了的眼神。

營業處裡有個待了很久的職員，穿著十分考究。這個人和所有能說善道的推銷員一樣，總覺得有必要緊緊抓住他們的飯碗。他在營業廳裡來回穿梭，技巧熟練地安慰著顧客，傾聽他們的滿腹苦水。「行情實在太壞了，但四月間也有可能會突然來陣喜雨！當然，如果你打算趁著假日打場高爾夫，到時候那場滂沱大雨可是會掃興得很。」他表現得十分稱職。有練習果然有差！

一位顧客開口講話了。在別人聽來，他像是鼓足了勇氣，然後用一種盡可能輕快的語調問道：「佛烈德，說吧，有什麼消息？」

「沒什麼消息，」無所不知的佛烈德這麼回答。如果是在天氣比較暖和的日子裡，他每次講話，第一句總是：「我聽說」。

李文斯頓空殺多

也許那位顧客還記得他的習慣，於是又問：「你沒聽說什麼事嗎？」

「什麼都沒有，」佛烈德答道。那位顧客皺了皺眉頭。公司花錢請佛烈德，可不是要他緊閉尊口。所以他接著說：「這時候你聽到的事情愈少愈好，因為現在全都是空頭放出的謠言。如果去打聽消息，只會聽到大難臨頭之類的話。」他話鋒一轉，緩緩但振振有詞地說：「我是打死不退的多頭。不管你再怎麼說，也沒辦法叫我相信二十四小時後，農田就會荒蕪、泉水就會枯竭、太陽不再運行。我再怎麼絞盡腦汁去想，也想不透農作物或鋼鐵貿易會起什麼變化——」

「股市這種跌法，一定有原因的！」那位顧客忍不住打岔。

「原因？」佛烈德語氣中帶點挖苦。但是他看到那位顧客的神情，很快便接著說：「我去傑姆森（Jameson）那裡晃晃，聽聽他們怎麼說。」一說完，他便轉身離開了。

其他一些顧客表情冷漠地聽他們一問一答。他們已經不再抱任何指望了。如今只有奇蹟才能拯救他們；而他們祈禱奇蹟出現，已經祈禱得筋疲力盡。

營業處職員佛烈德回來了。

「果然沒錯！」他還沒進門就大聲嚷嚷。「我早就知道了！和我說過的一樣！」

顧客嫌惡地看著他走到大廳內講話最引人注意的位置——瘋狂轉動的報價機旁邊。如果他早就知道，也曾經說過，他們卻偏偏沒聽過，所以沒在股價下跌之前脫手，那麼一切都該怪他。

「勞倫斯・李文斯頓正在摜壓市場！」

頓時之間，時光彷彿倒流了幾年，我再次年輕，熱血澎湃，生命對著我微笑，即使是在華爾街。心底湧起的幸福快樂感，令我不禁笑出聲來。

佛烈德猛然轉身看我，皺著眉頭。他一定立刻想起我是老闆的朋友，所以有可能是公司的顧客，皺起的眉頭立即鬆開。不過他還是忍不住滿臉脹得通紅。顧客們全都盯著我，因為這是那一天，在那個營業處裡，他們第一次聽到的笑聲。

我的朋友是個好好先生，很能容忍別人的放肆無禮，而且處理事情的手腕既專業又圓熟。他看著我，滿臉關心地問：「你被什麼東西咬到了嗎？」

「消逝的過去，」我輕快的回答。

顧客們很有禮貌地轉頭望向別處；他們只會在有求於人的時候，才會堆起笑臉。

「這話聽起來比平常難懂一些。我想，我老了，聽不懂你話中有話的含意，」我的朋友說。

「我嘛！每次聽佛烈德講話，每一分鐘倒是都會更年輕一些，」我請他放心。

我這位朋友由於職責所在，對待顧客總是抱著息事寧人的態度。他知道我這個人相信，沒有人能夠經常只賺不賠，而且他察覺到我可能觀察到什麼叫人不愉快的事，擔心別人無意中聽到我講些什麼。為了避免多惹事端，所以他很聰明地先下手為強，親切地笑著對我說：「跟我來，老弟。」

我跟著他走進專用辦公室，關上隔音門。他示意我坐下，於是我坐了下來。他看起來萬念俱灰。

「我並沒有責怪你們讓顧客待在多頭市場那麼久的意思，」我安慰他。

「這我倒不擔心，但我猜，你會寫一篇談華爾街專業人士糊塗行為的文章。我沒辦法給你一個肥皂箱，讓你侃侃而談，但我聽說羅伯．錢伯斯（Robert W. Chambers）倒很願意讓你暢所欲言。好啦，我會忍著點。告訴我吧，剛剛你為什麼笑？」

「貴公司的年輕小伙子佛烈德，負責的工作好像是要叫顧客別思考似的。在他那麼斬釘截鐵地宣佈，勞倫斯．李文斯頓放空摜壓就是造成股市跌勢的原因時，讓我覺得自己好像再度置身於一八九〇年代末或一九〇〇年代初的華爾街。那時我在一家晚報寫華爾街的專欄。」

「但是，李文斯頓那個時候並沒有進場操作啊，」我的朋友語帶抗議，他這個人做事不只一板一眼，也是紐約證券交易所最幹練的理事之一。

「他一直都在華爾街，」我說。

他一臉迷惑，接著看起來有點不耐煩，所以我趕緊解釋：「他不是股票作手。他只是個股票藉口——只是名字有點改變罷了。這個名字以前是吉姆・吉恩（Jim Keene）；在他之前，是查理・維里修佛（Charley Woerishoffer）；再之前，則是丹尼爾・朱魯（Daniel Drew）。你們這些抽手續費的經紀商，很早就發現，一般的冤大頭——也就是你們的一般顧客——要的不是原因，而是藉口——好讓他們能拿來當作操作的藉口，拿來當作他在遊戲場中胡亂冒險的藉口，拿來當作市場走勢不如人意時的藉口，拿來當作他自己和營業員低能愚蠢的藉口。他們寧願找藉口，卻不願意面對事實的真相，而最顯而易見的真相，就是那些顧客全都蠢得像頭驢子。他明明賠了錢，卻還是必須繳手續費給你們。就是因為如此，所以當多頭市場結束時，顧客如果沒賺到錢，賺取手續費的營業員就必須找藉口，解釋為什麼他們沒料到走勢會反轉。」

「等等！」我朋友打岔。「你也知道，告訴顧客要他們出場，說了也等於白說。倒不如省省口舌，讓那些老騾子自討苦吃。」

「這一點，我沒什麼意見，」我說。「我看不下去的是，每當市場自然下跌，證明多頭市場已經結束時，你們總是習慣告訴投資大眾，說有個大作手正在摜壓市場。所以，當佛烈德說，李文斯頓正在摜壓市場時，你應該知道為什麼我會笑出來了吧？」

「那麼，你怎麼敢百分之百肯定李文斯頓沒在摜壓市場？」我的朋友用客氣得叫人受不了的語氣問，就像不懂幽默的人把朋友逼問得啞口無言那樣。那可不是不帶任何感情的問法。

但是我報以一個愉快的笑容，說：「根據常識，我敢百分之百這麼說。這是個空頭市場，卻有太多意志不堅的人仍在作多股票。跌勢太過猛烈和痛苦，那些保證金快用完的人，這時候絕對笑不出來。不過我必須說，它只是正常的跌勢——我的意思是說，跌得有道理。懷疑李文斯頓在這種價位大賣股票，對他實在是一種很大的侮辱。你們把他講成好像是以前的營業廳交易員似的，只懂得四處搜尋哪裡有停損單，然後再一一觸發他們。你們到底為什麼不告訴顧客真實的情形？」

「你認識李文斯頓？」我那可憐的朋友問道。

我很樂意讓他因為我的無知而高興，所以馬上說：「不認識。」

他果然笑了起來。

「我想也是！」他說。「你可能認為，從你十五年前收手以來，華爾街一點都沒改變，但我可十分清楚它的確變了。」

「見鬼，老兄！我每年寫一篇文章證明它沒有變，」我回嘴。「我已經寫很多年了。」

「是的，沒錯！我曉得。不過我看了都會發笑。」他無疑是指我的文章。

「有什麼不對的地方嗎？」我問，但不咄咄逼人。

「原則錯了。你挑的題材都是沒變的——」

「我挑的是證券營業員、他們的顧客、每個地方所有投機客的心理面、投機理論、眼光短淺得叫人驚訝的證券交易所理事，以及沒有人贏得了的證券投機遊戲，依然還是像從前一樣，沒有人贏得了。經紀公司的衣食父母——那些顧客們，現在鬍子都刮得十分乾淨，六十年前則留著大鬍子或者一小絡鬍鬚。但他們還是為了同樣的目的來到華爾街，而且一樣賠個精光出場，這和從前並沒有什麼不同。如果你們這家公司可以當作合理的抽樣樣本，我敢說經紀商也沒變。這件事，你怎麼說呢？」

「我只知道一件事：李文斯頓正在摜壓市場。」

「你是怎麼知道的？」

「我就是知道！」他笑著說，一副十分有把握的樣子——好像把我當成了他的顧客。

「你們是他的主要往來經紀商？」

「不是，但是他的經紀商正在大量賣出。」

誰是華爾街最大的棒槌？

「像你這樣的人經常有一種幻想，以為精明的作手，買進和賣出的動作一定會被察覺。在佛勞爾州長（Governor Flower）那個時代，他買進的時候，大家都知道，因為他本來就希望搞得大家都知道。但是沒人曉得他何時賣出。你再想想看，像你們這樣的人，自認為很清楚吉恩在做什麼，可是怎麼會想像不出他實際上是怎麼做的呢？」

「李文斯頓肯定正在賣出，這絕對不會錯，」我朋友堅持。看了我的表情之後，他又補上一句：「我判斷得出來。」

「哦，如果能讓你判斷得到，那他一定笨得像頭驢子，」我說，像真心的朋友那樣苦口婆心。

「不過我聽說他是個智多星，我想你也知道。」

「他的確是那樣的人。所以我才知道他又捲土重來。他是華爾街上前所未見最大的棒槌——」

「你又來了！」我忍不住打岔。「沒有人真的是華爾街前所未見的最大棒槌。不管是誰，此時此刻進出最活躍的人，都會被當作傳說中擯壓市場的傳奇性英雄。我記得有個人說過，查理・維里修佛是最大的棒槌。狄肯・懷特（Deacon S.V. White）在他當紅的時代，出手闊綽。如今他也還在市場上。他曾說過，吉恩的操作規模或執行之漂亮，華爾街上無人能出其右。後來，四十九歲的老史密斯（Smith）也來插上一嘴說，這些傢伙和千塞勒維爾（Chancellorsville）戰役那個時代崛起的英雄安東尼・莫斯（Anthony W. Morse）比起來，都屬小巫見大巫——我想他說的是一八六四年的事。他也提到人稱沉默者威廉（William the Silent）的亨利・基普（Henry Keep）；還有比爾・崔佛（Bill Travers）[1]，另外還有同姓傑勒姆（Jerome）的艾迪生（Addison）和雷納德（Leonard）兩個人，甚至還有你沒聽過的其他人，在他們當紅時，都曾經是股海中的拿破崙。」

註1 比爾・崔佛（Bill Travers）素有口吃的毛病，他有一次盯著連體雙胞胎看了很久，慎重其事的問巴勒姆（P. T. Barnum）：『我…我想，他…他們應該…應該算…兄弟吧？』

「我知道。但是這個國家現在比以前富有，操作規模也水漲船高，」他說的時候帶著點憐憫的表情，好像我不知道這回事似的。

「是的，」我提醒他，「沒多久以前，芝加哥一個有名的傢伙告訴我，出手最大的玩家，是比約翰・蓋茨（John W. Gates）還闊氣的萊雅爾・史密斯（Loyal Smith），可是在他當初還活著的時候，甚至他死了之後，你們大部分經紀商甚至都還不知道有這號人物。就算他們所提到的人物，不盡確實可靠，但有個值得信賴的人，十五年前曾向我打包票，說威廉・洛克斐勒（William Rockefeller）曾經操作過一百萬股股票——也就是說，他具有這種投機實力。如果是真的話，他無疑是自漢德利克・哈德遜（Hendrik Hudson）來到華爾街之後，實力最強的一個人。」

「對你說那些話的人，我不相信他知道自己在胡說些什麼。」

「他並沒有經手洛克斐勒先生的帳戶，就像你沒有經手李文斯頓先生的帳戶那樣。但是我想，你對李文斯頓的猜測是錯的。如果你真的那麼想知道的話，我可以去認識他，專程問問他。」

「他才不會告訴你！」他語帶嘲笑地說。

「為什麼不會？」

「他什麼都不會講的，」他回答。

「他總得跟服務生說要上什麼菜吧？我知道你的意思是說，他不會隨便跟別人說些什麼。不過有報導指出，他將一、兩百萬美元存入信託，以防這場遊戲有天害他囊空如洗，就像貴公司的每一位顧客最後的下場那樣，所以，我更想和他見上一面了。我知道，他從不給人股票小道消息，但卻不吝於表示他看好還是看淡後市，以及為什麼的理由。而且他絕對不會說一套做一套——沒人做得到這一點，除非他對自己的大手筆操作瞭解得很透徹。我覺得李文斯頓會同意我的看法：人們持續不斷投入股票投機遊戲，但它根本就是個沒有人贏得了的遊戲。」

「那當然！他一定百分之百同意這一點。他玩這種遊戲，賺了好幾百萬美元。」

「你根本不知道，他是不是像一般投機客那樣玩這種遊戲。此外，他曾經賺進和賠掉無數的財富，而且顯然認為自己會再度賠個精光，否則不會挪出百萬美元放進信託，期望股市行情給他的錢，不會再被拿走。我曉得他一定有很好的操作理由；那個理由會證明我的理論。」

「他也許會談談市場，但不會談自己，」我的朋友堅持這一點。

「如果要談市場，一定會談到他的操作方法；而一旦談到他的市場哲學，勢必就會談到他自己。」我說。

經紀商從來不聽抽象的東西。如果他們肯聽的話，有些顧客可能就會賺到錢。我的朋友很認真的說：「他總是獨來獨往，而且我曉得他是出手很重的交易人。他是有朋友沒錯，但並不像以前的作手一樣，都有一大堆抬轎的人，而你過去喜歡談的，都是後面這一種人。」

李文斯頓這個人

「看來他很厲害，也很誠實，所以才會顯得那麼突出。老哥，談到放空，你說作手必須找對抬轎的人。但是我認為，你又錯了。就我記憶所及，以前唯一真正有人抬轎的作手是佛勞爾州長，而嚴格說來，他也不是作手，他只是在一段不尋常時期從事操作的炒作集團經理人和財團推廣人而已。以前從來沒有像他那樣的人，將來也不會再有了。他在一般人心目中的地位，以及能讓他發揮領導力的外在環境，已經不會再出現了。如果以吉恩的操作方法來看，他可說是最像李文斯頓的前輩，因為他也是個獨來獨往的人。但是必要時，他並不排斥有人一起操作。可是他的炒作集團對他造成了很大傷害，也因為那個炒作集團，使得他在華爾街所寫下的最後一章非常不光采。不過，我必須感謝你一件事，而且非常感謝。」

「謝什麼？」他滿腹狐疑。

「激起我渴望一見李文斯頓的念頭。也許他能證明我的理論合情合理。」

「你的理論！」我的朋友笑著說。

「是啊，我的理論。」我心平靜氣的說。

透過一位共同的朋友居間拉線，我向李文斯頓傳達了我想見他的意願。我不知道這位朋友說了些什麼，不過他曾是個新聞界人士，應該很有辦法才對。暫且不管這些，總之，李文斯頓傳話給我，說如果我可以在星期天到他家共進午餐，他就可以給我比較多的時間。用完餐之後，整個下午都可以談。

我依照指定的時間到達。那真是一棟豪宅——大廳裡有穿制服的僕人，牆上掛著古代大師的名畫。豪宅的主人，這輩子除了投機之外，不曾做過其他的事，而且現在顯然日正當中。那些僕人與名畫，並不是百萬富翁新貴用來向人炫耀的財富，而是在股票市場中賭對的明證。就算「股票投機遊戲是沒有人贏得了的」這種說法還沒被這個人推翻，但至少現在看起來，這種說法在他面前也已經快有點站不住腳了。根據華爾街的傳聞，他曾在幾年之內，好幾次賺進和賠掉不少財富。顯然他並沒有賠掉最後的財富——至少是還沒有！但是我不得不承認，光是他的豪宅，規模之大所透露的訊息，就給了我視若至寶的理論重重一擊。

他的外表人高馬大，體格壯碩，腰桿挺直，就像是個西點軍校的學生，而且氣色好得出奇——也就是說，他顯然是個聰明人。從他的長相看不出年齡或者所從事的行業。臉上沒有皺紋，找不到煩惱或焦慮的痕跡（華爾街上許多專業人士都有未老先衰的跡象），也看不到生活不知檢點的證據。但是他給我的主要印象，是在沉悶無趣的環境中，能夠憑藉習慣把事情做到最好。

他出來歡迎我時，既不拒人於千里之外，也不是十分熱情。我猜想他這種適可的態度，不純然只是因為他眉毛陰影透露出一種凡事小心謹慎的習慣，而且他所從事的行業，也經常必須面對無所不在的敵意，所以他必須時時防衛自己。相當清楚的是，光看他的外表，實在無法讓我聯想起他在市場的大日子裡，以迅雷不及掩耳般的速度做決定的情形——那些決定，可是動輒高達數百萬美元的輸贏。

尖銳的問題

我們握手，依然是恰如其份。我開門見山，說出來訪的目的。

我邊說邊盯著他的表情，想要知道他聽了我的話有什麼反應，但實在看不出他內心在想些什麼，也無法判斷他到底有沒有在想什麼。他的眼神綻放著一種難以理解的智慧；有時你可以在一些嬰兒的眼睛中看到那樣的智慧。他們是那樣的乾淨、清澈、藍灰、穩定，給我留下不只是視覺器官的印象，好像這雙眼睛對他的聽覺也有很大助益似的。

李文斯頓並不像亨利・佛雷格勒（Henry M. Flagler）那樣難以分析，也不像已故的詹姆斯・史提爾曼（James Stillman）諱莫如深。情況比較像是他的心理無線電發送裝置沒在運作。他的臉孔散發著天才般的冷靜沉著，而不是刻意的自我控制所顯現出造作而不自然的靜止狀態。要不是那雙彷彿會聽話的眸子，你可能會以為那是一尊雕像。

我告訴他，關於投機遊戲，以及大小投機客的心理面，我有一些理論想要請教他。

「我看過你寫的一些文章。」

他語氣十分平淡，我只能回以一聲「哦？」。

「沒錯，你這位作者，不怕把事實真相講出來，即使這樣一來，經紀商的生意會受到傷害。」

「但那些事實的真相，並沒有傷害到經紀商的生意，」我說。

他只是點點頭。

「我想請教你一些問題，」我說。

「你問的任何問題，我都會回答，」他很有把握的說。

「如果是談你自己呢？」我問。

他的臉上閃過一絲遲疑。不過那只是因為，他並不想把所有的話一股腦講完。當一個人曉得，他不只是被人瞭解得十分透徹，而且還被人一眼看穿時，才會有這樣的表情。這時多說已經沒有必要，取而代之的是認真思考。

我曾經從報業人士那邊聽說（當然沒有公開發表），李文斯頓接過一些怪人的威脅信；報導指稱他放空摜壓市場，當然會有人心生不滿。股價重跌後，投資大眾慘賠的可怕故事屢見不鮮。我想，他和家人住在這棟屋子裡面，不管他多麼勇敢，也無法漠視有人揚言投擲炸彈的威脅。所以我得想辦法誘導他打開話匣子，先對某件事侃侃而談，然後他才會滔滔不絕，暢談其他所有的事。

所以我單刀直入：「我想見你的主要原因，是每個人都說，上個星期五股市走軟，是你放空摜壓所造成的。我聽說你經常把賣單分散到一百家經紀商，讓人以為是一般投資大眾賣出的。對於這種說法，你有什麼要解釋的呢？」

他的臉果然脹紅起來。

「我從不曾摜壓市場，」他很快就把話接過去。「摜壓市場是沒有用的。當許多人突然發現，他們實在應該在價格比現在高十點時出清持股，或者當許多內部人士（insider）拋售的持股沒有投資大眾承接，或者當經紀商向投資人追回融資時，市場就會摜壓自己。但是人們總是怪到空頭身上。事實上，空頭市場是百分之百正常的發展。空頭市場不需要有人炒作或放出謠言，就會自行展開，而且不需要有人費心照料，也會持續下去。沒有一個人或一群人能夠日復一日地打壓市場。假設我真的去摜壓市場好了，但這對我又有什麼好處呢？如果那並不是空頭市場，它就不會繼續下跌；如果它是空頭市場，我也不需要去摜壓，不是嗎？」他皺著眉頭看著我。

「是的，你不需要，」我說。

華爾街的商人

「我個人寧可作多。因為那是比較有建設性的操作手法，而且和別人分享你的財氣，這樣的做法好多了。一般人對放空行為都不會給好臉色看。舉一件事來說，人比較容易感到樂觀，比較相信讓自己感到高興的事。就像我所說的，每個人都喜歡炒熱多頭市場，不論是銀行家，還是冤大頭都是如此。沒人會談多頭有哪些惡劣的行為，或者內部人士對自己的公司發表了哪些不實的說法。散播多頭消息的人，大多隱姓埋名。我有個想法，如果報紙只發表有人署名的多頭情報，那麼投資人損失的錢肯定會少得多。既然敢說，就應該敢負起責任。但是請不要一談起空頭摜壓，就覺得好像他們真的是造成股價下跌的原因。」

「我想，被貪婪沖昏頭的人，沒人幫得了他們，」我說。

他點了點頭——是那種心不在焉，對你說的話根本不感興趣，不會要求你再說一遍的敷衍了事點頭法。他接下來說的話，果然證實了我的感覺。

「我聽膩了，」他說，「民眾和報紙總愛怪罪華爾街，害他們這些傻瓜和他們的錢說再見。其實最大的輸家，並不是那些賭小錢的冤大頭。這些人只是賠上了他們拿去冒險的一點小錢。真正的大輸家，是那些事業有成的精明商人。他們才是最大的冤大頭。他在自己的事業上賺了大錢，不是嗎？怎麼賺的？多年來，他們一直守著自己的事業；學習所有該學的事；冒合理的風險；運用自己的知識和經驗研判機率。然後，他們突然開始想要花比較少的力氣，用更快的速度增加財富。他們決定用錢滾錢的方式，賺取很高的報酬。他們會告訴自己，由於拿出去的每一分錢都有可能賠掉，風險那麼高，所以必須賺到高於平常的利潤才公平。這種一廂情願的想法，有道理嗎？其實他們的錢，並不是在華爾街裡賠掉的，而是在他們自己的辦公室裡賠掉的。他們並不是被市場打敗，而是被自己打敗了。我說得對嗎？」

他兩眼盯著我，好像真的想聽我的意見，所以我說：「對極了！」那是我喜歡的論點之一。

「那些人期望在華爾街賺錢，但所採用的方法，卻絕對不敢用在自己的事業上。這就是即使制定了法律幫助也不大的原因，因為你無法阻止一個人想要不勞而獲。如果所有所謂不知檢點的行為都遭到制止，民眾因此受到保護，而不被騙子以及他們自身的貪婪、無知牽著鼻子走，那還有誰能賺到錢？如果每個人都要買到最低點，那他們該向誰買？誰會賣給他們？」

「說得一點也沒錯。那是所有調查委員會都忽略的一點，」我說。

他繼續熱切的說：「冤大頭玩遊戲的方法永遠都一樣：總想要不費吹灰之力賺錢。這就是為什麼投機永遠不會改變的原因。誘惑人心的東西始終相同：貪婪、虛榮、懶惰。精明的商人從來不會聽信傻瓜的建議，隨便就放手買賣長襪和薄紗，但他們到了華爾街，卻興致勃勃地一聽別人怎麼說，就拿自己的錢去冒險，問題是那些別人真正感興趣的，根本不是他們的利益。又或者，他們會聽信傳播小道消息的人所報出的明牌，問題是那些人根本不曾致富，卻不停鼓勵他們到遊戲場中一試身手。這些冤大頭們竟然以為自己的勝算，可以取代頭腦、願景、知識、經驗和明智的自我反省。不管股票市場的走勢對他們有利還是不利，他們的期望總是妨礙他們做出正確的判斷——期望賺更多的錢，害他們不肯在應該獲利了結時落袋為安；期望少賠一點，害他們不肯在虧損還不算多時出場。人性的弱點，在此暴露無遺！」

「沒錯，」我說。「就連老丹尼爾・朱魯，也無法忍受虧損。如果他操作的幾支股票裡面，有一支股票發生虧損，他就會把損失算進某個帳戶，讓自己看起來獲有利潤。他會用這種方式告訴自己，他並沒有賠錢、他並沒有做錯！他已經算是他那個時代所有股票作手中最狡猾的一個，卻連虧損都無法忍受，而他根本不是那種一毛不拔的守財奴，更何況是一般的冤大頭！」

「是的，他就是那種相信『股價下跌是因為有人摜壓市場』的那種動物，」李文斯頓說。

到目前為止，李文斯頓很明顯一直只顧著大吐苦水，而他本人也在聽我吐著相同的苦水，但我並不是那麼想聽商場上的大道理。我比較想聽的是，他談自己怎麼操作成功——這棟豪宅是怎麼來的，還有他是在何時運用那些市場智慧的。

於是我請教他操作的方法——稍後還會再請他談談自己——結果發現他在確定大波動方向與研判趨勢持續時間所花的心思，遠多於關心特定股票的特定波動。如果操作的部位是對的，要賺大錢並不難。例如在空頭市場中，所有的股票都下跌。隨著空頭市場的態勢更加明顯，操作者可依照各行各業在艱苦狀況下發展與變化的方式，挑選出所要操作的股票。每個類股都有輪到上場表演的機會。李文斯頓隨時都在研究情勢的演變，那是他每天工作的一部分。早在用早餐之前，他就已經先看過日報和專業刊物上的各種市場報導。

他跟我說的故事，很能突顯華爾街的觀點——在經紀公司內，自以為聰明的笨蛋如何犯下錯誤，以及真正的聰明人如何賺到錢。

當之有愧的名聲

資本額一億美元的美國世界貿易公司（United States World Trade Corporation），營運活動遍及許多國家。它旗下有輪船，航線通往每個地方，在巴西有電車，在瓜地馬拉有咖啡園，在玻利維亞有水力發電廠，在秘魯有銀行，此外還經營龐大的出口業務。大戰結束後，世界各地的業務齊步下滑，但美國世貿公司的股價依然堅挺。其他股票的價格緩緩下跌，但是投資大眾認為這家公司的業務遍及世界各地，因此可以分散風險。此外，該公司的董事

都是美國最有錢的金融家，而且公司每一季仍繼續派發股利。

空頭市場持續進行，證券價格紛紛重跌，一個個炒作集團被迫出清持股。美國世貿公司的股價也以高貴尊嚴而從容不迫的方式下跌，很能彰顯它那些散發貴族氣息董事們的身分。有一天，市場上的其他股票展現跌深反彈的基調，美國世貿公司的股票卻出乎意料下跌五點，而且交投量放大到幾個月來的最大量。

如同往常一樣，人們需要解釋。一位財金編輯受同業推舉，打電話給該公司的總裁。

「外面傳說，貴公司的董事將在下一次會議中取消發放股利，」新聞編輯問道。這沒什麼好丟臉的；由於營運備感吃力，其他的公司早都這麼做了。

「這倒是我第一次聽到的新聞，」總裁表示。

這句話，對經驗豐富的財金編輯來說一點意義也沒有。他不死心，繼續發問：「是不是有過任何正式或非正式的討論，談論到停止發放股利的事？」

「沒有！」

「或者是降低股利？」

「其實我大可這麼回答：我們的董事正式或非正式討論過什麼事，根本與你們無關。不過我可以告訴你，根本沒人談過這件事，也沒有降低或停止發放下一次股利的想法或打算。但願我們永遠不會做那種事。」

「我也但願相同的事不會發生。謝謝！」編輯說。

所有的報紙都刊出那家公司最高權威（也就是總裁）的談話，否認將調低或停止發放下一次股利的傳聞。這麼一來，許多持股人吃下定心丸，不再賣出股票。那家公司的總裁一向以為人正直和值得信賴著稱，連財金記者都深表敬重。在專用辦公室裝有報價機的其他各企業總裁，財金記者則很少對他們存有任何幻想。

不過，隔天股價不漲反跌，而且跌幅比以前更嚴重，只隔一天，它就成了市場上眾所矚目的弱勢股。報界不懂為什麼價格會疲弱不振，因為公司總裁斬釘截鐵否認之後，很難相信股利會縮水。但是聰明的華爾街總是準備相信最糟的事，臉上當然還是帶著笑容，然後一口咬定：「行情會說話！只要你高興，正式的否認要多少有多少，但這支股票的確正因為內部人士賣出持股而下跌！」

打電話訪問該公司總裁的那位財金編輯，那時告訴我，這件事對他是很大的震撼，因為他一直對那位總裁高潔的人品抱有最高的敬意，而那位總裁碰巧是我特別要好的朋友。

「可是，為什麼你認為他對你說謊？」我問。

「看價格就知道了！」財金編輯回答。

我沒話可說。我曉得說了也沒用。因為我也看到了價格。

果然，兩天後，美國世貿公司的董事召開會議，並在市場收盤後宣佈，有鑑於世界各地的金融、商業和工業情況渾沌不明，公司決定保有現金資源，下一季不再發放股利。

內幕大公開

華爾街上總是充滿著自作聰明的人發出的嘲笑聲。

「一點都沒錯！那些董事不但拋出持股，更進一步放空。這肯定是這幾年來最殘酷無情的買賣！」

訪問那家公司總裁的財金編輯，如今憤恨地將那位總裁，選為華爾街亞拿尼亞[2]俱樂部的一員。

我剛好和那位總裁非常熟。我在上城區無意間碰到他，當然，我像個真心朋友那樣，不講客套，馬上就責備他。

「你幹嘛要否認公司打算停發股利？」

「我說的話一點都不假！」他非常堅定的回答。顯然我不是第一個這麼問他的人。

「嗄？」

「那是真的！我在說那些話時，根本沒人談過股利的事。我向你保證，投票前兩分鐘，根本沒有一位董事敢說董事會將採取什麼行動。」

註2 亞拿尼亞〔Ananias〕是聖經中的人物，因為撒謊，欺騙聖靈而死。

「你曉得，我是你的朋友，」我說，「是那種講義氣的朋友。不管你在監獄裡面，還是外面，我都會強烈支援你。」

「什麼意思？」

「你不必告訴我，說你是無辜的。你知道我相信你。但現在這狀況就像鱈魚的肝臟一樣，聞起來超噁心。你告訴我，股票究竟是誰賣的？」

「我沒賣；運氣真是背到家了！」

他講話的口氣非常懊惱，所以我又看了他一眼。

接著我壓低嗓子：「那究竟是哪位董事，呃，有先見之明，所以賣出了股票？」

「所有的董事都發誓自己十分清白。」

「不管是誰，當然都會那麼說，」我表示意見。「難不成還能希望他們自己認罪？」

「聽著，」總裁神色凝重的說，「這一次，沒有任何一位董事有錯。在我向記者說過話之後，我們的業務確實變得更糟了。我們的產品在某些市場突然整個消失；有兩個地方發生革命，整個南美洲無數銀行和企業紛紛倒閉；情況慘不忍睹。我們需要許多錢，因為還有漫漫長路需要奮鬥，所以我們當然會決定儘可能保有最多的現金。雖然反對停發股利的力量相當強，但最後保守派還是贏了。」

「嗯，你這個故事，華爾街永遠不會相信，」我神情愉快的向他保證。

「我曉得，」他說，接著氣往上沖：「喂，股價第一次重跌的時候，我可是買了五千股。此時此刻，我賠了十五點。」

「你實在不應該對記者說那些話，」我向他表示。

「這次之後，再也不敢了，」他一臉誠懇的保證。

「你不必擔心下一次的事了，」我安慰他。「他們以後絕對不會再問你問題。就算他們問了，也不會把答案寫出來。這一次之後，他們再也不會那麼做了。」

這些事就發生在我打電話給李文斯頓之前的幾個星期。他告訴我，他一直在注意南美和遠東的出口貿易及情勢。未來一片黯淡，接下來的情況勢必變得更糟。根據他平常的做法，他會密切留意哪些股票能夠堅定並證實他對基本情況的看法。他發現美國世貿公司的價格愈漲愈高，因此他要來這家公司三年的年報。當他把這家公司的財務狀況、以及每一種業務的根本狀況瞭解透徹之後，便在 110 美元放空了一萬股股票。隔天早上，他看到那位總裁的聲明，便決定再放空一萬股。後來價格跌得很慘，他大受鼓舞，第三天又放空了一萬股。放空三萬股之後，價格是 80 多美元。公司內部沒有人出面支撐，營業廳的場內交易員看到那種跌勢，也拼命賣出。後來股價因為空頭回補，漲回不少。再下來就是最後一記重擊。董事會召開會議後隔天開盤，李文斯頓掌握大跌的走勢，最後在略高於 60 美元的價位回補。

「我靠那支股票大賺了一票。我根本不需要任何內線情報，」他總結道。

「這件事最妙的地方是，」我說，「華爾街怪罪的卻是那些董事，認為肯定是他們自己投機買賣公司的股票。你還記得，在那家公司的總裁發表聲明，說他們不會停發股利之後，股價卻重跌，報紙發出的尖叫聲嗎？他們根本不知道，當時賣的人其實是你。而董事們是到了投票之前兩分鐘，才做成停發股利的決定。」

「可不是嗎？」他露出邪惡的笑容。「我是在他們投票之前兩個星期，就替他們做好決定了。後來我也看了那家公司總裁的談話內容。我不認為他們可以永遠不停發股利。我曉得他們非停發不可；就算這次不停發，下一次也會停發。要是他們照常發放股利，我會再放空二萬股，因為如果他們這麼做，等於擺明了根本不懂自己的業務，或者他們會因為對股市許下的承諾，而非得做出錯誤的事不可；我知道他們的出口業務逐漸萎縮，所以我會繼續放空，直到他們放棄自己的持股為止。我知道那些董事都是美國最有錢的銀行家，但我也知道，沒有任何一個人或一群人能夠對抗基本情勢。」

研究輪盤

這是一次典型華爾街事件的內幕故事。後來我把李文斯頓告訴我的話，原原本本地說給那家公司的總裁聽。他的回應是：「很有趣；但我可不想當個昧著良心的股票賭徒，賠上自己的聲譽。」

李文斯頓也和我談到了其他的市場主題。他講了許多買賣時機不對的精彩故事，也詳細說明他如何研究行情紙帶和數字，以及如何解讀他們的意義，因此他可以根據所謂的股價行為去進行操作。時間和行為！他十分留意這些東西。

「不只股票，世界上幾乎每一件事都是如此。有一次，我到南方一座賭場玩，幾個朋友帶我去葛麗萊（Gridley's）。我沒玩過輪盤，但是稍後研究一下就會玩了。」

「你贏了？」我問。

「是的，」他用理所當然的口吻回答。

我的心開始往下沉，我幾乎都快要聽到下沉的聲音了。我本來相當佩服這名股票作手。這個用所賺的錢買下這棟豪宅的人，曾經使我對所有股票玩家命運所持的看法更加堅定。我眼中的他，是華爾街永遠沒完沒了精彩奇譚中的真正英雄。而現在，他在我心中的地位卻頓時崩壞了！

「你的意思是說，」我用不經意的語氣問，「你有一套系統，能夠擊敗輪盤？」

太糟了，尤其是在他讓我那麼崇拜之後！

「沒有，」他慢慢答道，「我並沒有能夠擊敗輪盤的一套系統。我只是在某些特定的時候，玩某些特定的輪盤時，才會根據一套方法去玩。」

「你的意思是？」

「我告訴你是什麼意思。我會站在一張桌子旁邊，觀察輪盤轉動的情形。我在筆記簿記下每一個出現的數字。我沒辦法告訴你，我看了多長時間。但是我記下的數字有幾百個之多。研究這些數字之後，我發現有些數字出現的次數遠多於其他的數字，而且有些數字很容易在其他的某些數字後面跟著出現。長話短說，總之，我發現了一些規則。因此我會等到合適的時機，才在某張賭桌，根據我的觀察結果玩！我相信勝算對我有利；果然，我就贏了。」

「你每次都贏嗎？」

「哦，不！每當情況不像應該出現的那個樣子時，我就退出不玩。這種事沒什麼好爭的，一定有什麼事不對勁。我可以以後再找原因，但是眼前的當務之急，就是在錯了的時候趕快退出。我去過葛麗萊許多次，研究過那裡的賭桌。我發現規則不只隨著輪盤而變，更會隨著莊家而變。有時即使是同一個輪盤和同一個莊家，也不一定會依循過去的行為模式。也許那天下午，他們剛給機械上過油，或者做了其他什麼事而改變了條件。說穿了，這不過就是個別輪盤的某種機械行為，以及每位莊家的舉止特質所造成的。我會觀察反覆出現的行為。而且我說過，情況不對時，我總是趕快認賠。沒有一個輪盤能從我身上贏走兩百美元以上。如果我真的賠了那麼多錢，我就會十分肯定某些事情變了，於是我以前的觀察就會變得一文不值。但我經常贏不少錢。到那一季結束時，我以小贏家的姿態收手，最後贏了大概三、四千美元。但是重點不在這裡。我之所以會去玩，是因為想要知道自己的觀察正不正確。」

訪問技巧

用英語講話的這個人，有著沉默寡言的傳統習性。他很少坦率無隱地談論自己，或者充滿人情味地提起自己的期望。訪問他的人需要克服的主要問題，就是要設法引導他，別把傾聽者想成是傾聽者。不希望說出的話被引用的人，你得說服他，他的話絕對不會被胡亂引用；而要做到這一點，最好的方法就是讓他相信，你比他還瞭解他自己，因為瞭解人是你的專長——而他的專長，則是當個和別人不一樣的人。

坐而言的人，通常不喜歡起而行；但起而行的人，往往也喜歡高談闊論。如果一個喜歡捲起袖子做事的人，相信你不會把知識的必然性和個人獨斷的見解混為一談，或者你冰雪聰明，對他喜愛的嗜好與成就深感興趣，他就會把你看成是另一個自己。神秘莫測的女人不正是如此？功成名就的人，在他不被瞭解的那一面往往最為脆弱。當然，在他肯定你的瞭解有其價值之前——他並不渴望別人的讚美——他會先研究你，試著看清你的真面目，即使你也正想看清他到底是怎樣的一個人。要打贏這場仗，你必須真正瞭解他才行。要讓他留下這種印象，最好的做法就是聽得準確，而不只是表示深有同感，因為如果他是大人物，根本就不需要你深有同感。若要證明你確實瞭解他，有時不必等他把話說完，可以搶在他前頭替他講完。如果你能把他的想法，用更精闢的語句表達出來，而他無法說得那麼漂亮時，你就會發現他總是在你講完之後複述一遍，好像他能瞭解你似的！他不會輕描淡寫帶過你的話，而是會再加以強調！甚至你可以打斷他的話，催他說得快一點。他會原諒你的無禮，因為他從這裡就可以看出你很感興趣，等不及要趕快聽他所講的每一件事或精彩的故事。

思緒敏捷的人，如果必須慢下腳步，等你趕上來，那是一件非常痛苦的事。對羅斯福（Theodore Roosevelt）總統、詹姆斯・希爾[3]（James J. Hill）或尼爾森・歐德里奇[4]（Nelson W. Aldrich）等人來說，在你證明有能力趕上他們極其快速的思緒之後，不管問什麼問題，你都能夠得到答案。為了建立這樣的對話關係，不管他如何遣詞用字，或者他的想法如何一個接一個湧出，或者他如何從某個主題飛跳到另一個主題，你都要設法讓他不再對你講話。相反的，他會變成是在那邊自言自語，而你只是在一旁傾聽而已；即使是最會壓抑自己的工業大亨、銀行家或詩人，如果他發現你展現出罕見的理解力，他們也會樂於看到你在一旁聽他講話。他往往會發現，自己終於第一次能把本身的行為具體表示出來。做大事的人，比較不怕被人怪罪，但卻很怕別人誤解他的意思。他不會要求你鼓掌喝采，他只希望你能瞭解他，就像他瞭解他自己一樣；如此一來，你就會發現他自然而然表現出真實的一面。而他也可以看到，自己最真實的那一面！

註3 James J. Hill，1838~1916，美國大北方鐵路公司（Great Northern Railway Co.）的創辦人。

註4 Nelson W. Aldrich，1841~1915，美國參議員和金融家。

岔離正題談這件事，是為了說明本來很少談論自己的人，有時也會侃侃而談。政治人物有必要談自己，也有可能沒必要。他可以是像羅斯福那樣的人，或者像馬休・奎伊[5]（Matthew S. Quay）那樣的人。但是股票作手只應該談市場，而且只在談話對自己有幫助時才談。李文斯頓並不需要新聞媒體替他大肆宣傳。他不需要有人抬轎——不需要別人投票支援他。他不需要談自己的成功，滿足本身的虛榮心，更何況詳細的故事一旦發表，還可能引來更多的威脅信，甚至是炸彈，或者午夜的拜訪。我最想洗耳恭聽的，不是他的操作哲學，而是談他的生活——為什麼會有那些名畫掛在牆上，為什麼會有那些精美的珍珠，掛在他妻子優雅的頸項——用他的自白描繪出自己的形象。一輩子習慣於獨來獨往的人，當然不會喋喋不休。吃午飯時，我一直在想這個人在股票市場中的日子是怎麼過的，以及如何引導他開口向我述說這一切。

前面說過，除了意志堅定得叫人不解之外，我對李文斯頓的個性並沒有什麼特別的印象。他的心理面諱莫如深。但是我很快就察覺到他在試探我這個人——面對許多對手的人，接受訪問時都會這麼做。所以訪問人最好馬上揭露自己是怎麼樣的一個人，而不要等著受訪人掂量自己；受訪人可不是長於分析別人個性的專家。

註5 Matthew S. Quay，1887 年當選聯邦參議員，向選民保證，將來一定「為你們猛搖梅子樹！」〔Shake plum trees for you！〕，也就是「為你們猛搖黃金樹！」的意思，從此成了汙染政治的代名詞。

李文斯頓的秘書帶了一些文件進來。我正準備起身迴避，他卻說：「沒關係，這不是什麼祕密資料。」

秘書離開後，我想起李文斯頓並不認識我，所以我說：「看你的心思怎麼運作，非常有趣。」

「你的意思是？」他嚴肅的問。

「哦！就這樣看著你，我便可以判斷一些事情。」我說。

把事情做對

我向他說明，當他從我們的談話轉移到別的事務時，他看起來是什麼樣子——他看起來全神貫注，彷彿可以忘掉其他事，注意力只集中於他正在專注的事情上。接著我告訴他，我如何從他這樣的行為回溯，研判出他的想法，然後根據我的想法，去理解他為什麼要去做那些他告訴秘書打算要去做的事。

他聽得十分專注——見過大風大浪的人，在你十分坦白地談論他們時，經常會表現出這樣的行為——並且點頭。在此之後，他的態度開始有了明顯的轉變。他變得相當有興趣開口講話，也樂意有我傾聽。十秒鐘的交心，相當於他和別人認識一年。

李文斯頓打開話匣子之後，你再聽他娓娓道來，就不難發現他所具備的心思，促使他成為了他那一代所有股票大作手中最優秀的行情研讀高手，進而成為了最優秀的技術面交易人。他有一副擅長算術的頭腦——這並不是說，他的計算能力像電子計算機那樣疾如閃電，而是他在研讀行情紙帶上面的數字時，就像天文學家在看天上的星星一樣。而且，他的記憶力驚人，不只記得數字，也記得他們在特定的時空環境中的意義。他的這個特質是那麼地明顯，加上他遠離商業區的生活和每天五小時待在商業區的生活是那麼地單調乏味，所以我們難免有點懷疑，他究竟懂不懂得人性和人的一般情緒。因為我們非常清楚，他對於一般人，不管是屠夫還是詩人，都不感興趣。只有別人都在玩、而他也能獨自一人玩的那種遊戲，對他來說才重要。既然大家都在玩同一個遊戲，因此無論是棒槌還是投機小戶，都屬於他會去關注的範圍。而對於其他人的人性弱點，他既不同情，也不認為有錯。這些股票投機客對他的計畫可能有幫助，也可能形成阻礙；或者講得更精確一點，他們有可能會推遲或加快他打贏勝仗的時間。

後來他談論到自己的經驗時，不只一次沒有主動提及他對交手對象的印象，而我一點也不意外。對於那些在他事業生涯中佔有一席之地的人，他並沒有特別去描述他們的身心特徵。他要不是不關心，就是認為那些事不值得記憶。對他來說比較重要的是，當時他做了什麼，或者是他們說了些什麼——也就是說，他會一直記得，當時他為什麼會去做某些事。他對自己的買賣細節，記得一清二楚，甚至包括二十年前買賣股票的確切股數和價格。也就是說，他只記得自己在意的事——在股票市場中，事情該怎麼做才對。

幾個小時的談話，慢慢變成像是私底下的閒聊，而我也從他的話中，得出一些印象；無數小小的自我剖析，產生了累積的效果。比方我輕而易舉就判斷出，他具有出色棋手那般不同尋常的心思。那是他生來就有、也是他憑本能就知道該怎麼做的原因。他擁有異常敏銳的行情感（ticker sense），這像傑克・鄧蒲賽[6]（Jack Dempsey）擁有搏鬥的本能，新聞記者擁有新聞感一樣。他根本就是為了這種遊戲而生，就像莫劄特是為音樂而生，泰・柯布（Ty Cobb）是為棒球而生一樣。他帶著這種天賦來到這個世界，並且像保羅・墨菲（Paul Morphy）發展棋藝那樣發展他的天賦。他既下工夫研究，也花時間練習。但是他本身的成功，以及數百萬美元的財富，終究只是再次證明，連他也無法擊敗那沒有人贏得了的市場。這一點，以後你會知道。他所做的事，並不是賭博或投機。我所說的「投機」（speculation），是指持續不斷買賣股票，期望從價值的變化中賺得利潤。而他所做的事，就和所有成功的商人、製造商、鐵路大亨、拳賽推廣人、拓荒者一樣，其實都是在研判機率。這並不是賭博的委婉說法；他們之間的涵義可說是天差地遠。

註6 Jack Dempsey，1895~1983，美國拳擊史上第一個傳奇人物。

各種類型的交易人

從他口中經常聽他談到，即使具備與生俱來與後天培養的作手技能，但每當他想從股票市場中不勞而獲，或是聽信小道消息而去操作，或者聽從別人建議踏進其他市場時，最後他總是會像個冤大頭那樣賠錢，這樣的故事十分有趣。他玩起冤大頭的遊戲，也賠了好幾百萬美元，對此他毫不隱瞞，完全坦承這些事。要不是犯下這些錯誤，他現在肯定是世界上的巨富之一——這點許多人肯定也有同感！

他和很多同類型的人一樣，具有非凡的記憶力。即使是很久以前的數字和價格波動，他也一樣牢牢刻印在腦海裡。他可以告訴你，十五年前他看漲或看跌某一支股票時，它的價格是多少。職業棋手也會記得，多年前一盤複雜棋賽的每一步。就在寫這段文字之前幾天，有一位我不確定他是否曾拿過世界冠軍的撞球選手，當時他十分精確地描述賽前一次錦標賽中的某一回合，有一桿他失手，就此結束比賽時，當時每一顆球的位置在哪裡。那樣的記憶，對股票交易人來說十分寶貴，因為他們會記得，綿延幾哩長的行情紙曾帶給他們什麼樣的教訓。

華爾街上只有極少數大人物，稱得上是優秀的股票交易人。傑伊・古爾德（Jay Gould）是十分出色的金融天才，但他只是把市場看成是達成目的的手段。他投機買賣股票，賠了好幾百萬美元，但他為了取得企業的經營權而炒作股票，這方面做得比較成功，不過那是相當不同的遊戲。他有一位主要往來經紀商曾告訴過我，他一年之內從古爾德先生身上，賺得了十萬美元的手續費收入，而且他相信，古爾德先生同一年的淨獲利應該不到五萬美元。其實，他懷疑古爾德先生最後很可能是輸家。而他所講的那一年，發生了很有名的西北（Northwest）軋空行情。

准將范德比爾特（Commodore Vanderbilt）會買進他認為不錯的股票，並且牢牢抱住這些股票。他的做法其實叫做投資，而不是操作。他曾發動哈林（Harlem）的兩次軋空行情，但是動機主要是為了懲罰那些叛徒和騙子。此外，他曉得自己的財務實力，而且總相信未來是明亮的。但是，老丹尼爾・朱魯（old Daniel Drew）不只一次在股票市場上勝過他。

已故的摩根（J. P. Morgan）對於到股票市場中交易，從來不感興趣，不過，已故的湯瑪斯・希區考克（Thomas Hitchcock，人稱「馬休・馬歇爾」，Matthew Marshall）和其他人曾跟我講過一些摩根的故事，說他年輕時在父親底下工作，曾經大手筆進出股市。他父親經常向朋友表示，擔心他永遠成不了銀行家！他創立美國鋼鐵公司（United States Steel Corporation）後，曾把數量不詳的股票，託交給詹姆斯・吉恩（James R. Keene）操作，而我聽說他因為必須為那些股票發展出一個投機性市場，因此他一直深感遺憾。摩根先生的伙伴中，我不曾聽過有任何特別出色的股市交易人，但是已故的喬治・伯金斯（George W. Perkins）倒是個例外。伯金斯的能力和想像力都不同凡響，是個天生的賺錢高手，也對股市抱有好感，因為他能在這裡充分善用他的各種資源。

詹姆斯・希爾（James J. Hill）對於他所感興趣的股票，操作得十分成功，但是他並不經常交易，也和一般交易人不同。他是我在華爾街認識的人當中，個性最多采多姿的一個人。相形之下，赫里曼（E. H. Harriman）可說是一個非常優秀的交易人。但他在短短幾個黃金年頭所積攢的巨大財富，並不是靠股票交易而從市場得到的。他是投入了全部的資本，再運用高超的金融操作技巧，而獲得那些巨大的財富。不過他也擅長研讀行情紙帶。早年在證券交易所營業廳的生涯，給了他必要的經驗。

行情感

我記得曾經在某個營業處，看到一位十分出色的股票作手面露憂色。

「出了什麼事？」我問道，因為察覺到似乎有什麼事不對勁——是那種可以上報紙頭條的事。

「哦，我不得不改變原本的一些計畫。前幾天我告訴一位朋友，說我打算怎麼做，結果他就買進了二萬股的——呃，某支股票。現在我不曉得，是不是應該馬上告訴他，還是晚一點再說。」

「等你全部出清以後再說？」我說——帶著笑，以免他翻臉。

「不是，」他講得很坦白，「要等其他一些朋友先出場。」

「買二萬股的那個人，是很好的朋友嗎？」

「沒有那麼要好。」

「有錢嗎？」

「有錢。那個人就是赫里曼，」他說。

我笑了出來，告訴他：「那你不用替他操心。他已經出場了。」

「你怎麼知道？」

「看看行情紙帶就知道了；如果還嫌不夠，你可以打電話問他。」

結果，行情紙帶果然還不夠，這位華爾街有史以來操作最出色的炒作集團經理，還是決定要打個電話找赫里曼。

「你只要問他，」我建議，「什麼時候賣出股票的。」

「不！」

「那你問他手上是不是還有股票。」

我的朋友決定這麼問。後來他告訴我，赫里曼答道：「前天我就賣掉了。我不喜歡市場的樣子。」市場何時反轉，他料得一絲不差。

詹姆斯・吉恩（James R. Keene）當然是炒作股票的行家，也是終極的行情紙帶研讀高手。他後來主要的興趣放在進擊單一股票上。這種方法在南北戰爭時期，約翰・托賓（John M. Tobin）就曾經在證券交易所率先採用。托賓會仔細研究一家公司的經營狀況，然後根據他看出的事情採取行動。一八六四年，在著名的哈林軋空行情中，托賓是准將范德比爾特的主要營業員。他和傑勒姆（Jerome）當時採用了拿破崙集中攻擊一點的原則——操作一支股票就夠了。當然，吉恩操作許多股票，也高度具備我所說的行情感；那種奇怪的本能，不只救過他一次。他是十分出色的炒手，也是大膽的棒槌。他並不關心一家公司的經營狀況，但卻有能力像專業會計師一樣，十分準確地分析公司所發表的年報，而且速度快上十倍。

李文斯頓與生俱來就有這種美妙的才能，我忍不住拿他和想到華爾街輕鬆賺錢的一般人相互比較。下面彙總了一般投資大眾賠錢的主要原因。

投機客的弱點

◎動機

冤大頭們總希望能不費吹灰之力賺到錢。他們會被盲目的貪婪或賭博的激情所驅動。李文斯頓則只關心如何獲勝、把事做對。錢只是做好這些事的證明。他會張開眼睛觀察，然後以實際的操作，證實觀察得沒錯。圍棋高手下棋時，表面冷靜沉著，內心卻燃燒著熊熊的熱情；那是一股無法抗拒的驅動力，鞭策他們尋找出問題的答案。李文斯頓所面對的，則是股票市場上的種種問題。

◎操作時機

李文斯頓賠掉好幾百萬美元，才學會要等待正確的時機才行動。太早或太晚都不好。

◎希望

一般的冤大頭不管給別人或自己的理由說得多麼冠冕堂皇，說穿了也就只是抱著希望而已。李文斯頓絕不抱希望，而是用腦筋思考。他犯過錯，但相同的錯誤從不犯兩次，因為他面對這種遊戲時，既保有自己的個性，又像藝術家面對自己的作品那般全然不帶個人的感情，而形成一種奇妙的組合。他的一句名言是：「我絕對不和行情走勢爭吵。」他有可能做對，也有可能做錯，但全都和希望無關。即使意外的發展，使他賠了錢，也不能證明他是錯的。因此他的態度始終沒變，他對自己的信心也毫不動搖。這樣的態度與信心，讓他賺進了數百萬美元！

◎缺乏市場知識

一般投資大眾缺乏知識，不瞭解市場的波動、整體的交易狀況、影響特定股票的特殊狀況、價值、資金狀況，因此導致賠錢。李文斯頓瞭解這些事，也時時都在研究這些事。他閱讀專業刊物，也請專家幫忙，索閱報告，而且對他所做的事永遠全心投入。

◎在股票市場缺乏經驗

李文斯頓從十四歲起就在市場中打滾，這一行他太熟悉了。

◎性向不合

這是許多人失敗的原因。但是李文斯頓有豐富的經驗、驚人的記憶力、能夠準確迅速地協調，而且具備行情感——這是玩這種遊戲必須具備的一種本能，擁有這種本能才有可能成為高手。有時這種行情感比他的推理還可靠，因為一個人的推理能力，有可能會因為身體不適、緊張或者特殊的狀況而受損，但本能卻絕對不會蟄伏不動。

不過，李文斯頓還是賠了錢。一九一五年時，他欠下幾百萬美元的債務，宣告破產。兩年後，他連本帶利還清所有的債務；再兩年後，他又成了百萬富翁。

他是怎麼辦到的？

一九〇七年時，他是如何賺到第一個百萬美元的？

一九一五年，他又如何賠掉了全部好幾百萬美元的財富？

他如何東山再起？

更有趣、更有價值的是—他如何賺到第一塊錢？

Chapter 2

交易金童擊敗空桶店

李文斯頓的回憶，是從如何踏進股票操作這一行開始談起。最初他在一家經紀公司當辦事員，那時他就已經開始在空桶店交易股票，而且在十五歲時，就賺進了第一個一千美元。他的父母親曾試著勸阻他不要用這種投機的方式賺錢，因為他們無法理解，為什麼不必工作就能賺到那麼多錢。那筆錢在當時差不多是一個人一整年的薪資。

但是，這個男孩已經迷上了市場。隨著故事展開，他迅速遊走於各家空桶店，因為每當他被人認出來時，就只好轉移到另一家空桶店繼續操作。這些故事之所以有趣，是因為我們可以從中看出一位交易人的性格與心理面的發展歷程。這些故事也告訴了我們，空桶店是如何營運的；關於空桶店的營運方式，很少有人談過。空桶店的樣貌和規模不一，但都有一個共同的特質，那就是都有「冤大頭」涉足其中。他們絕對不是到那裡從事投資，而只不過是下賭注罷了。不過空桶店依然堅持收取交易保證金的觀念，也訂有其他的遊戲規則。

一般的空桶店都採店面式設計，擁有和經紀公司相同的一些設備，裡面掛著一塊黑板，辦事員站在櫃檯後面向顧客收錢。空桶店會雇用辦事員不斷更新價格，以表示他們充分掌握價格的變動。比較有規模的空桶店，也有可能會真的安裝自動報價機，至少在一九〇五年最高法院裁決不准這麼做之前確實是如此。甚至規模最大的一些空桶店，還冒充是證券交易所——他們取的名稱會讓人以為他們就是股票交易市場。芝加哥期貨交易所（CBOT）就曾經槓上一家取名為聯合農產品暨股票交易所（Consolidated Produce and Stock Exchange）的一家空桶店。這家空桶店開在CBOT的芝加哥營業廳附近，所有的配備都像是合法的交易所，甚至包括雇用假冒的交易員彼此對喊價格，讓人覺得他們真的是在執行交易業務。

李文斯頓告訴我們，並非所有空桶店都只侷限於一地。許多空桶店和全國各地其他空桶店之間會互通聲息。他們一發現李文斯頓賺多賠少，他的形貌很快便在許多空桶店之間流傳。他向勒菲佛表示，在交易小戶眼裡，這些空桶店比合法的經紀商還要好。因為交易人在空桶店裡賠掉的錢，絕對不會多於交易之初所投入的本錢（也就是不會有追繳保證金的情況）。

這是空桶店非常吸引人的地方。李文斯頓回憶往事說，他只賭知名的大型股票，像是百靈頓（Burlington）、美國糖業（American Sugar Refining）或美國鋼鐵。這些股票經常有人交易，而且行情紙帶上面一定有他們的資訊，因此要確定他們的動能，比試著解讀那些較不知名中小型股票的交易型態要容易得多。一九二〇年代初之前，華爾街和布洛德街（Broad Street）有戶外市場或者街頭市場（curb market），後來才改到室內進行交易，名稱為紐約場外交易所（New York Curb Exchange）。這就是美國證券交易所（American Stock Exchange）的前身。李文斯頓幾乎沒有提起過這個市場；因為在那種地方，不容易進行純粹的交易。

空桶店在一九二〇年代逐漸沒落，因為正規的經紀商發現，只要降低顧客的保證金規定，就可以吸引到一些投機性零售業務。很遺憾的是，這樣的做法更助長了投機的泡沫，而這個泡沫就在一九二九年十月爆破了。此時小額投資人才發現，他們的投資有可能會被經紀商追繳保證金，而過去在空桶店的賭客，卻根本不必擔心這個問題。

查爾士・蓋斯特

股票作手回憶錄：一九二二年六月十七日

我在李文斯頓的辦公室及家裡，和他見過幾次面。大部分時候，他都像哲學家那樣談論市場。現在，我希望少聽一點成熟的智慧，多聽一些拉利・李文斯頓[7]（Larry Livingston）早年的故事。這對我瞭解全盛時期的他有幫助。有一天下午，我提到他閱讀行情紙帶的能力難得一見，他只管點頭，卻不吭聲。

我不死心：「那是你與生俱來的能力。但你是如何把它激發出來的呢？」

「我早年的訓練。源自於我的第一份工作。」

「我想聽聽，」我說。

儘管我們已經相當親近，卻顯然還不夠。要讓一個人開口講話並不

註7 拉利・李文斯頓就是勞倫斯・李文斯頓。拉利是勞倫斯的暱稱。

難，但如果要讓他娓娓道來，就必須在他心情剛好的時候，推他一把。任何職業小說作家都知道，有時說起故事來，就是比其他時候要容易得多。

「沒有太多東西可談，」他說。

但是我看著他的眼睛，我知道他從我的眼睛也可以看出，我正全神貫注準備洗耳恭聽。接著，我知道故事就要來了。他用平鋪直敘的語氣，毫不遲疑，以只談事實、不談人的方式，細數前塵往事。有時我打岔發問，他回答時絲毫沒有不耐煩的表情，然後就這樣繼續說下去，彷彿像機器那般穩定而不帶感情。有些問題我忍住不問，好讓他繼續說下去。

學習研判行情

「剛離開語文學校，還是小毛頭的我，就出來工作了。我在一家股票經紀公司找到差事，負責更新報價行情板。我對數字反應很快，在學校一年就學完三年的數學課程。我尤其擅長心算。行情板小弟的工作，是在營業廳的大黑板張貼數字。通常有位顧客會坐在自動報價機旁邊，把價格喊出來。他喊得再快，我都處理得來。我總是能記得那些數字，完全沒有問題。

營業處裡有其他許多員工。沒錯，我也和很多人交朋友，但如果市場交投熱絡，我的工作就會讓我從早上十點忙到下午三點，沒辦法和別人講太多話。不過在上班時間內，我倒不會很在意這種事。

但是，不管市場再怎麼熱絡，我都不至於忙到不去思考自己的工作內容。在我看來，那些報價並不代表股票價格，他們對我來說只是數字而已。當然，這些數字經常在變，而我認為，他們肯定具有某種意義。我只對這些數字的變動感興趣，至於為什麼會變？我不知道，也不在意。我不會去想那種事。我只看到他們一直在變。每天五個小時，加上星期六的兩個小時，我一直都在思考的是：為什麼這些數字總是變個不停？

我就這樣第一次對價格走勢產生了興趣。我的數字記憶力很強，能夠記得價格上漲或下跌的前一天走勢如何的細節。我喜愛的心算，這時用起來特別得心應手。

我注意到，股價上漲和下跌之前，往往會顯現出某種重複發生的走勢。類似的狀況不勝枚舉，而這些過去的先例，成為了我的指引。那時我才十四歲，但在觀察了數百次之後，我發現自己忍不住測試起他們的準確性，開始拿今天的股價走勢和以前的日子做比較。沒多久，我就開始研判起價格走勢。就像剛剛所說的，我唯一的指引，就是他們過去的表現。我把那些對行情的研判放在心上，然後努力尋找出現某種型態的股價。我會去量測他們的種種數字。你應該懂我在說什麼吧。

例如，你可以觀察買盤在什麼地方會略高於賣盤。你會看到走勢慢慢克服阻力，或者守勢慢慢增強。股票市場正在廝殺戰鬥，而行情紙帶就是你的望遠鏡。十次裡面有七次，你可以依賴它做判斷。

我很早就學到的另一個教訓，是華爾街根本沒什麼新鮮事。這裡不可能有什麼新鮮事，因為投機自古以來就有。不管股票市場今天發生什麼事，以前一定都發生過，而且將來也一定還會再度發生。我永遠不會忘記這一點。」

「當然，」我說，「只要是發生過的事，你就不會忘記。而且你還記下了事情發生的時間與細節。你把這些發生過的事，全都記了下來，然後再加以運用。而你所記得的這些事實，也就成為了你的經驗。」

「難道我不應該記住嗎？」李文斯頓冷冷的問。

「沒什麼理由不該記住，」我講得十分肯定，同時想起保羅・墨菲（Paul Morphy）的記憶力。接著我又想到，這與一般股票投機客的心思似乎有些不同。這也難怪！

李文斯頓繼續說：「我對這種遊戲非常感興趣，也急著研判所有交投熱絡股票的漲跌，所以我準備了一本小冊子，把觀察到的事全都記在裡面。我並不像許多人那樣，只記錄一些虛擬的交易，因為如果是這樣的話，不管是賺到或賠掉數百萬美元，都不致於樂昏頭或者淪落到收容所去。我會在本子裡記下自己擊出安打和揮棒落空的情形，也會寫下我最感興趣的股票可能的波動，然後確定自己的觀察是不是準確；換句話說，我記的是自己有沒有看對走勢。

假設我研究過糖業公司一整天的每一個波動之後，我做成結論：這支股票在重跌八或十點之前，總是會先出現某種走勢。那麼我就會把這支股票和星期一的價格記下來，然後根據我記憶中的過去表現，寫下星期二和星期三它應該會怎麼走，之後再拿行情紙帶的實際情形來進行比對。

就這樣，我對行情紙帶的訊息產生了興趣。我會先拿價格的波動，和腦海中所研判的漲跌相互比較。價格的波動當然總有它的原因，但行情紙帶並不關心為什麼會有那樣的波動。它並不會解釋原因。十四歲時，我不會去問行情紙帶為什麼那樣波動，四十歲的今天，我也一樣不會去問。一支股票今天波動的原因，很可能要等兩三天、幾星期或幾個月後才知道。不過那又有什麼關係？你從行情紙帶看到的是現在的行情，不是明天的。理由可以以後再找，但你現在就必須馬上行動。我一而再再而三地看到這種事發生。你或許還記得，前幾天市場大漲，只有空管公司（Hollow Tube）股價下跌三點。這是當天所發生的事實。到了下個星期一，你才看到消息說那家公司的董事決定停發股利。下跌的原因就在這裡。他們早就曉得自己該怎麼做，就算他們沒有賣出股票，但至少也不會進場去買進股票。少了內部人士的買盤，價格不跌才怪。

李文斯頓的第一個小道消息

我一直在那本小冊子裡記東西，可能記了六個月左右。每天下班之後，我並沒有馬上回家，而是在本子裡寫下我要的數字，並且研究價格的變化。我總是在尋找重複和類似的走勢——學習研讀行情，只是那時候我並不知道自己正在學習研判行情。

有一天，正在吃中飯時，有個比我年長的營業處小弟來找我，悄悄問我有沒有錢。

『為什麼要問這種事？』我說。

『是這樣子的，』他說，『我聽人家介紹一支好得不得了的明牌，說百靈頓這支股票可以買。如果能找到人合伙，我打算去玩一把。』

『去玩一把？什麼意思？』我問。我一直以為，只有顧客——那些袋中多金的老手——才會聽小道消息玩股票，或者有能力玩股票。玩這種遊戲得花好幾百美元，甚至需要好幾千美元，家裡有馬車和馬車夫的人才玩得起。

『沒錯，我就是打算去玩一把！』他說。『你有多少錢？』

『你需要多少？』

『唔，我可以用五美元買賣五股。』

『你要怎麼玩？』

『我打算找一家空桶店，用這筆錢當保證金，看最多能買多少，就買多少股的百靈頓股票。』他說。『價格絕對上漲。這就好像從地上撿錢那麼輕鬆。轉眼之間我們就會賺上一倍。』

『等等！』我邊說，邊抽出我那本行情研判小冊子。

賺一倍錢這件事，並沒有引起我的興趣。真正令我感興趣的是，他說百靈頓的股價就要上漲。如果真是這樣，我的筆記本應該會顯現出來才對。我看了一下。果然沒錯，根據我所推算的數字，百靈頓目前的走勢，就是過去上漲之前通常會有的走勢。長這麼大，我還不曾買賣過什麼東西，也不曾和其他的孩子一起賭博。但我發現這是一次大好的機會，可以用來驗證我的研究，看看我的嗜好是不是正確。我馬上就聯想到，如果我的行情研判小冊子付諸實際應用失靈，那麼它的理論也就不會引起任何人的興趣了。所以我把身上全部的錢全都交給了他。他拿我們兩人湊出來的錢，到附近一家空桶店，買進了一些百靈頓股票。兩天後，我們賣掉股票，我分到的利潤是 3.12 美元。」

我打斷李文斯頓的話。「你還記得？數字一點不差？」我問他。

「當然記得！」

「因為那是你的第一筆交易？」我不死心。

「因為我就是記得，」他說。

後來我才知道，李文斯頓根本忘不了數字。他就好像是隨身攜帶了很多照片，把整塊行情板或者幾哩長的行情紙帶全都拍在裡面了。

「第一筆交易做完之後，」李文斯頓繼續說道，「我開始獨自一人到空桶店裡做投機買賣。我會利用午餐時間到那裡買進或賣出——買或賣，對我來說根本沒有差別。我是在測試一套系統，而不是買賣自己喜歡的股票，也不是為了支持自己的看法而做買賣。我只知道股票上的數字。事實上，我用的方法可說是在空桶店操作的理想方式，因為交易人在那邊所做的事，其實就是賭報價機紙帶上所列印出來的價格波動。

沒多久，我從空桶店賺到的錢，就遠多於經紀公司的薪資。於是我辭去了那邊的工作。同事們全都反對，但知道我賺了那麼多錢之後，他們也就沒再多說什麼了。我還只是個孩子，而且營業處小弟的薪資並不高。可是我在自己感興趣的事情上，倒是做得有聲有色。」

我再次打斷李文斯頓。「你難道不曾想過會賺那麼多錢嗎？」

「沒想過。為什麼我應該想過？」他反問。

「沒什麼特別的理由，」我又說。

「當然沒有想過，」他繼續說道。「錢根本不算什麼。哦！我還記得賺到第一個一千美元時，把錢拿給母親看的那一幕。」

「那時你多大？」

「十五歲。」

「全部都是從空桶店賺到的？」

「對！」

「短短幾個月之內？」

「沒錯！而且我後來又帶回更多的錢。我母親想到一些可怕的事。她要我把錢存進儲蓄銀行，以免受不了誘惑用光。她說，她從沒聽過一個十五歲的小孩，能從一無所有賺到那麼多錢。她並不十分相信那是真的錢。她甚至還為此感到操心和煩惱。至於我呢？哦，除了繼續證明自己的數字推算是對的之外，我什麼事也不想。這就是我全部樂趣之所在——用自己的頭腦證明自己是對的。如果自己的信念用十股股票測試是正確的，那麼交易一百股股票，也就是十倍正確的意思。對我來說，那只是需要比較多的保證金而已——這麼一來，只要我的看法正確，就會得到更有力的證明。但是，交易一百股需要更多的勇氣嗎？不！根本沒有差別！如果我只有十美元，全部都拿去冒險，和我先把一百萬存起來，再拿另外一百萬美元去冒險，這兩種做法相比之下，把十美元全部拿去冒險才會需要比較多的勇氣。」

擊敗空桶店

「總之，十四歲的我，已經在股票市場討生活。我先在規模比較小的空桶店操作。在那裡，如果一口氣交易二十股，就會被人懷疑是約翰・蓋茨或摩根化名執行的交易。那時的空桶店不會吃顧客的錢。他們不必那麼做，因為還有別的方法讓顧客和他們的錢分手，即使顧客猜對也一樣。他們的生意十分賺錢。他們只要正正當當地——我的意思是規規矩矩——做生意，光靠著市場的波動，就能把他們的小本生意照顧得很好。市場並不需要有太大的波動，只要行情往不利的方向波動3/4點，顧客的保證金就會慘遭斷頭。而想賴賬的人，就再也別想回來玩了。

市場上並沒有人跟著我做。我都是獨自一人操作。這是一個人玩的遊戲。我靠的完全是自己的頭腦，不是嗎？如果價格往我研判的方向走，肯定不是靠朋友或伙伴幫忙；如果往另一個方向走，也沒有人能幫我制止它的走向。我看不出有必要把我所做的事告訴任何人。我當然有朋友，但我所做的事一直都是——個人秀。這也就是為什麼我總是獨來獨往的原因。

果然，沒多久，空桶店就因為我經常從他們那裡贏錢，而把我視為眼中釘。後來的情形是，就算我走進店裡，把保證金丟過去，他們也只看個一眼，卻不伸手去拿。他們告訴我，門都沒有，別想在他們那裡交易。這時他們開始叫我棒槌小子（Kid Plunger）。我只好不斷更換經紀商，從一家空桶店換到另一家空桶店。我也不得不用上假名。我從比較少的數量做起，一次只交易十五或二十股。有時要是他們開始懷疑，我就會先故意賠錢，然後再適量的捅他們一下。然而過了一段時間，他們就會覺得跟我這個顧客做生意太花錢，於是便會開口要我到別的地方去買賣，不要干擾老闆做生意賺錢。有一次，我在操作了幾個月之久的一家大型空桶店吃了閉門羹，於是我決定從他們那裡多撈一點錢。這家空桶店在全市各地、旅館的大廳、附近的城鎮設有幾處分店。我選上某個開在旅館裡的分店，問了經理幾個問題，然後就開始操作。但是正當我用自己獨特的方式，交易一支交投熱絡的股票時，他就接到了總店來的電話，問到底是誰在交易。經理把他們問他的話告訴我，於是我向他說，我的姓名是愛德華・羅賓遜，從劍橋來的。他打電話把這個好消息告訴大老闆。但是電話那一頭還想要知道我長什麼樣子。經理又把這件事告訴我，於是我說：『你就跟他講，我這個男人又矮又胖，黑髮，留了一嘴大鬍子。』但他沒照我的話去說，反而據實以告，結果他聽著對方講話，臉慢慢脹紅，最後掛上電話，對我說：『滾吧！』

『他們跟你說了些什麼？』我非常客氣的問。

他告訴我，他們說的是，『你這個該死的笨蛋，我們不是告訴過你，別接拉利・李文斯頓的單子嗎？你竟然讓他從我們這裡削走了七百美元！』除此之外，他就沒有再告訴我他們還講了些什麼了。

我試了其他一家又一家的分店，但他們全都知道我這號人物，好像我的錢在他們的營業處裡不管用似的。甚至連我進去看個報價，都有人來找碴。我試著跟他們溝通，讓我輪流到不同的店面操作，每家店我都久久才來交易一次，結果他們也不答應。

最後，我只剩下一家空桶店能玩，那就是所有空桶店裡面規模最大、最有錢的四海股票經紀公司（Cosmopolitan Stock Brokerage Company）。

四海公司得到的評等是A1，生意做得非常大。它在新英格蘭的每個工業城鎮都設有分公司。他們一口就答應我去交易，於是我便在他們那裡買賣股票，幾個月內，有賺也有賠，但是到最後，他們也一樣覺得受不了。他們並不像小空桶店那樣，直截了當拒絕我去交易。那倒不是因為他們覺得這麼做有失風度，而是怕萬一消息傳出去，說他們只因為某個人碰巧賺了點小錢，就拒絕那個人在他們那裡交易，他們面子會掛不住。但他們所做的是對我來說第二糟的事——他們規定我必須要交3點的保證金，並且要求我支付0.5點的溢價，後來又改為1點，最後則是1.5點。這不就像打高爾夫的讓桿嗎？怎麼說？很簡單！假設美國鋼鐵公司現在的賣價是90美元，而你決定買它。一般來說，你的單子上面會寫『90 1/8買美國鋼鐵十股』。如果你交1點的保證金，只要價格跌破89 1/4美元，你就會自動斷頭。一般來說，空桶店不會強迫顧客補繳保證金，顧客也不需要痛苦地告訴營業員，只要賣得出去，什麼價格都可以。

但當四海公司加收溢價，那就是一種非常不公平的待遇了。這個意思是說，如果我買的時候，價格是90美元，我的單子上面並不是寫『90 1/8買美國鋼鐵十股』，而是必須寫『91 1/8買美國鋼鐵十股』。這麼一來就算我買進之後，價格漲了1 1/4點，如果此時我軋平這筆交易，我還是賠錢。再加上他們還強迫我一開始就要交3點的保證金，更使我的交易能力降低了三分之二。不過，我只能接受他們的條件，否則就沒辦法做交易了。」

「這麼不公平的遊戲，你還是贏了？」我問李文斯頓。這實在非常有趣，簡直叫人難以置信；真是神乎其技的演出。

「沒錯。當然我有起有落，但總而言之，我賺了錢。不過，四海公司的人對於加在我身上那麼可怕的『讓桿』卻還不滿意。那麼大的『讓桿』，理當足以擊敗任何人才對。後來，他們還想要騙我，不過還好終究瞞不過我。我最後靠著第六感，才沒讓他們得逞。」

神乎其技的行情研判能力

以前我們見過幾次面，也曾經談到人們所說的第六感。李文斯頓把它稱作來自行情紙帶的獨特訊息。那條小小的紙帶，會讓他產生某種感覺，知道自己何時應該出場，待在場外等到天氣晴朗再說。後來，他還講了六個故事，向我說明他的意思，然後我才慢慢做成結論，瞭解到那其實就是我所說的，奇妙的行情本能（ticker instinct）。李文斯頓擁有的這種本能，比我認識的其他任何作手都要多。但詹姆斯・吉恩也具有相同的第六感；雖然他總是否認自己會因為一時的盲目衝動而採取行動，但我相信惠特尼—萊恩（Whitney-Ryan）集團在兩次具有歷史性的事件中都沒有逮到吉恩，原因正是在於吉恩察覺其中有詐而躲過了好幾劫。像吉恩和李文斯頓那種天生的作手，經常都能夠即刻做出正確的事，因為本能幫了他們很大的忙。

李文斯頓繼續說道：「四海公司是我最後希望之所繫。它是新英格蘭最有錢的空桶店，而且照例不對交易設限。我想，我應該是這家公司每天穩定的顧客群中，出手最大的個別交易人。他們有一座漂亮的營業處，我從來沒見過那麼大那麼完整的行情板，足足有整個大房間那麼長，在上面任何想像得到的每一種東西，都有報價。我的意思是說，包括在紐約和波士頓證券交易所交易的股票、棉花、小麥、穀物、金屬，也就是說，在紐約、芝加哥、波士頓、利物浦買賣的每一樣東西，應有盡有。

你曉得空桶店是怎麼交易的嗎？到了那裡，你把錢交給辦事員，告訴他你想買賣什麼。他會看紙帶或行情板，寫下價格——當然是最新的價格。他也會在單子上面記下時間，因此看起來就和一般經紀商的單子沒有什麼差別。單子上記得清清楚楚：他們在某日某個時間，以某個價格，為你買進或賣出某支股票多少股，以及他們收你多少錢。等你想要軋平這筆交易時，一樣是找辦事員（每家空桶店的規定不一定相同，有可能是原來那位辦事員，也有可能是另一位辦事員）告訴他，你要結清交易。他會以最新一筆的價格為準。如果那支股票的交投不是很熱絡，他就會等紙帶打出下一個報價。他會將價格和時間寫在你的單子上，註明交易完成，把單子退還給你。然後你就可以拿單子到出納那邊，依上面的數字領錢。當然，如果市場走勢對你不利，價格波動的程度超過保證金的限制，你的交易就會自動軋平，而你手上的單子就會變成另一張廢紙。

在規模沒那麼大的空桶店中，交易人可以只買賣五股，買賣單是一張小紙條，買單和賣單的顏色不一樣。空桶店有時候也會大賠，例如多頭市場沸騰時，由於所有顧客都作多，大家都押對邊，空桶店就會大受打擊。所以，空桶店會收買賣手續費。如果你用二十美元的價格買一支股票，買單上面就會註明 20 1/4，如果股票上漲一點，你也就只能賺到 3/4 點。

四海是新英格蘭地區最好的公司。它的顧客數以千計，不過我想，我應該是他們唯一感到害怕的顧客。即使他們針對我設了那要命的溢價以及三點保證金的規定，但是對我的操作能力，損傷不大。我還是在他們允許的範圍內，繼續買進和賣出。」

「他們允許你作多大？」

「你是說曾經嗎？」

「對。」

「喔，五千股，」李文斯頓說。

「在一家空桶店，用三點的保證金，這不是大得不像話嗎？」

他點點頭，繼續說：「接下來就要講，有一天發生了一件事情。那一天，我放空三千五百股糖業公司的股票。我拿到七張粉紅色大單子，每張各五百股。四海公司用的是大單子，上面留有空白，可以寫下額外需要補繳的保證金。不過空桶店絕對不會要求補繳保證金。他們希望你的保證金愈少愈好，因為他們的利潤就是從你被斷頭賺得的。在比較小的空桶店，如果你想要多繳保證金執行你的交易，他們就會另開一張新單子，這樣才能向你收買進手續費，而且你的保證金還是只能承受 3/4 點的跌幅，超過的話還是會被斷頭，然後他們又可以向你收取賣出手續費了。

心驚膽顫的時刻

這一天，我記得我拿出了超過一萬美元的保證金；對外表看起來比實際年齡小幾歲的一個孩子來說，那可是不少錢。」

「那時你幾歲？」

「大約二十一歲。」

「那時，你賺的錢已經超過一萬美元？」我問。

「對，我賺的錢第一次累積到一萬美元現金時，當時才二十歲。你應該聽聽我母親怎麼說！當時除了老洛克斐勒（John D. Rockefeller）之外，大概沒有人身上會帶著一萬美元的現金。母親經常對我說：『人要知足，做點正當的事。』我費盡唇舌，還是很難說服她相信我並非賭博，而是在用腦筋思考去賺錢。在她眼中，一萬美元是一筆巨款，但在我眼中，我知道這一萬美元可以拿去當保證金，賺更多的錢。

我在 105 1/4 美元放空三千五百股糖業股票。當時大廳中還有另一個人，叫亨利・威廉斯（Henry Williams），他也放空了兩千五百股。我一向坐在自動報價機旁邊，向更新行情板的小弟喊報價。價格走勢和我的預期一樣，馬上就下跌二點，暫時喘息後，又展開了另一波跌勢。大盤相當疲軟，一切看起來大有可為。接下來，我突然覺得自己不喜歡糖業遲疑不決的走勢。我開始感到不安，認為應該出場。這時它的價格是 103 美元。這雖然是當天的低點，然而我非但不是更有信心，反而覺得更加沒有把握。我知道有某個地方某件事不對勁，卻察覺不出到底是哪裡出錯。但如果某件事就要來臨，而我卻不知道它會從哪裡來，那麼根本就無從防衛。既然如此，我還是出場為妙。

你知道，我從來不盲目做事。即使年幼時期，也總是必須知道為什麼應該做某些事，我才會去做。但是這一次，我沒辦法給自己明確的理由，而且我當時是那麼地不安，再也無法忍受。於是我找來認識的一個人，叫戴夫・懷曼（Dave Wyman），跟他說：『戴夫，你來接我的位置，幫我做一件事。糖業的下一次報價，你稍等一下再喊出來。總之，最後才報，好嗎？』

他跟我說好，於是我站了起來，將報價機旁邊的位置讓給他，好讓他把價格喊給小弟聽。我從口袋裡掏出那七張糖業的單子，走向櫃檯。那裡有個辦事員，如果你要軋平交易，他就會在單子上面註明。但我真的不知道自己為什麼應該出場，所以只是站在那邊，傾身靠著櫃檯，幾張紙捏在手裡，辦事員根本看不到。很快我就聽到電報機的卡嗒聲，辦事員湯姆・本恩（Tom Burnham）迅速轉頭傾聽。這時我彷彿感覺到某個陰謀正在醞釀之中，於是決定不再等下去了。就在這時，坐在報價機旁邊的戴夫・懷曼開始喊：『糖──』，而我則用快如閃電的動作，把手上的單子啪一聲放在辦事員前面的櫃檯，並且大喊『軋平糖業！』接著，戴夫才喊完報價。因為是我先把單子遞了出去，所以空桶店必須用上一次的報價，軋平我的糖業部位。不過戴夫喊出來的報價，結果還是103美元。

他們如何搞鬼

根據我的預測，糖業現在應該已經跌破103美元了才對。看來引擎並沒有正確運轉。但我感覺到身邊有陷阱。總之，電報機接著就像瘋了那般敲打了起來。我注意到，辦事員湯姆・本恩並沒有在我的單子上面作註記，只顧著聽滴嗒聲，好像在等什麼似的。於是我再次對他大吼：『嘿，湯姆，你到底在等什麼？在這些單子上面註明價格──103！動作快點！』

大廳裡面每個人都聽到了我的聲音，開始轉頭看向我們這裡，詢問發生了什麼事。你知道，雖然四海公司不曾騙過顧客，但是將來會怎麼樣，實在說不準，而如果有顧客因為空桶店有問題而撤離，結果就會像銀行擠兌一樣嚴重。只要有一位顧客心生懷疑，其他人就會跟進。因此，湯姆雖然緊繃著一副臭臉，還是過來在我的單子上面註明『103 軋平』，再把七張單子推給我。他當時的臉色確實很難看。

你知道嗎？從湯姆所站的位置，到出納的窗口，不超過八呎。但是我並沒有馬上走向出納領錢，因為這時坐在報價機旁邊的戴夫・懷曼激動的大喊：『天哪！糖業，108！』價格大漲，不過已經太遲了；所以我帶著笑，對湯姆說：『剛才可不是這個價格，對吧，老兄？』」

李文斯頓停了下來，看著我，我也看著他——二十年前在空桶店的他，灰色頭髮，藍灰色眼睛，嘲弄著神情狼狽的空桶店員。從李文斯頓的聲音，我聽不出他對四海公司的員工有什麼特別的不滿。這個遊戲是他自己選擇要玩的，他當然希望這是個公平的遊戲，而他也十分勤於練習。不過他終究必須認清，自己是置身於什麼樣的狀況。他繼續說道：

「當然，那是動過手腳所製造出來的行情。亨利・威廉斯和我總共放空糖業六千股。空桶店除了收了我和亨利的保證金之外，大廳裡面可能還有其他許多人放空糖業，全部加起來也許有八千股或一萬股之多。假設他們收到的糖業保證金有二萬美元。這筆數字足夠驅使他們在紐約證券交易所變個戲法，讓我們每個人全都被斷頭出場。過去每當有一家空桶店發現某支股票的多頭太多時，通常他們就會找個營業員摜壓那支股票的價格，導致它跌得夠深，讓所有作多的顧客個個斷頭。空桶店這麼做所需要付出的成本很低，卻能賺進好幾千美元。

四海公司當時就是在對我、亨利・威廉斯和其他的糖業空頭做出那樣的事。他們在紐約的營業員把價格推高到108美元，沒多久價格就回跌了，但是亨利和其他許多人已經因此慘遭斷頭。每當股價重跌後出現不明原因的立即回升，那時候的報紙總是說，空桶店又在作價了。

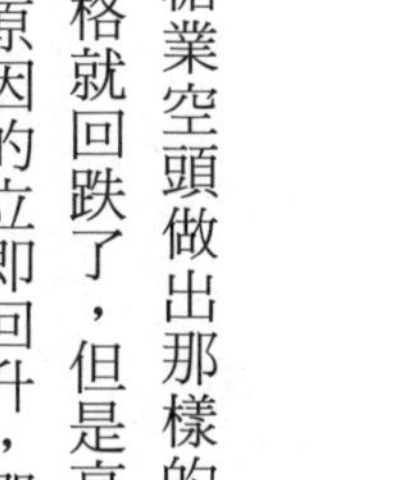

最有趣的是，四海公司的人想作價害我斷頭之後不到十天，紐約一名作手就設計他們，撈走了超過七萬美元。這個人是紐約證券交易所的會員，在他當紅時，是左右市場的一股重要力量。他在一八九六年的布萊恩（Bryan）恐慌期間，因為放空一舉成名。他經常抨擊證券交易所的一些規定，因為那些規定約束他不能執行一些做法，佔其他會員的便宜。有一天，他突然想到：如果從空桶店取走一些不義之財，交易所或警政機關應該不會有異議才對。在我要講的這個案例中，他派出了三十五個人扮成顧客，前往空桶店的總店或規模比較大的分店。在某一天的某一個約好的時刻，這些人同時買進某支股票，數量則看各店經理允許他們最多買多少而定。他們接到的指示是，賺到一定程度的利潤之後，大家再不動聲色地出場。他所做的事，當然是在他的好友之間，散播那支股票是必漲明牌的消息，然後他再進到證券交易所的營業廳，在認為他行事光明正大的營業廳交易員協助之下喊高價格。他小心翼翼地選了一支合適的股票，價格不難哄抬個三、四點。而他派往空桶店的代理人，最後也全都依照事先的安排獲利了結。

有個同行告訴我，發起這件事的那個人淨賺了七萬美元，而他的代理人也另外賺到了一些錢。他在全國各地玩這種遊戲玩了好幾次，目的是為了要懲罰紐約、波士頓、費城、芝加哥、辛辛那提和聖路易等地規模比較大的幾家空桶店。西聯電訊公司（Western Union）是他最喜歡操作的一支股票，因為要把這種交投不冷不熱的股票推高或壓低幾點相當容易。他的代理人會在某個數字買進，賺個二點的利潤就跑，然後放空，再多賺個三點。順便提一下，前幾天我看到這個人去世的消息，他死時既貧窮又無名。如果他是在一八九六年去世，紐約每一家報紙的頭版，應該都至少會用一整欄的篇幅加以報導，但如今他們只用兩行字就帶過了。

初到紐約的幾個星期

四海股票經紀公司先是利用三點保證金和一點五點的溢價，想要阻止我獲利不成，接著又企圖利用下三濫的手法訛詐，後來更暗示我，他們根本不想做我的生意。不久，我便下定決心前往紐約發展。我想我可以到紐約證券交易所的某些會員營業處交易。我不想到波士頓的分處，因為那邊的報價必須用電報傳遞。我希望貼近股票交易的源頭。於是我到了紐約……」

「那時你幾歲？」我打斷他的話。

「二十一歲多一點。」

「外表看起來沒有那麼大？」

「我想沒有。」

「你帶了多少錢去？」

「全部都帶去；兩千五百美元。」

「但是你賺的錢，不是遠不只這個數目嗎？二十歲時，你就有了一萬美元，而且糖業股票的交易，你押下去的保證金超過一萬美元。」

「我不是每次都贏，」李文斯頓說。

「但是你的系統怎麼會時贏時輸？」

「不能這麼說。我的操作計畫穩健程度夠，而且贏的次數遠多於輸的次數。要是我確實遵照計畫做，十次裡面做對的次數也許可多達七次。其實如果我還沒動手之前就肯定自己是對的時候，結果總是會賺錢。我之所以會被擊敗，是因為不夠聰明，不懂得謹守自己的遊戲規則——也就是說，我應該只在有先例可循而且預期狀況對我有利時，才進場去玩才對。萬物皆有時令，但我當時還不懂。這正是華爾街上許多人被打敗的原因，而這些人可不是一般的冤大頭。世界上有十足的笨蛋，不管在什麼地方，每次都做錯，但華爾街上還有一種笨蛋，總認為自己必須操作個不停。事實上，沒有人能夠找到適當的理由，非得每天買賣股票不可——也沒有人真正具備充分的知識，能夠每次都玩得聰明。

我可以見證這一點。每當我運用經驗閱讀行情紙帶時，我通常都會賺錢，但當我想要玩冤大頭的遊戲時，我就會賠錢。連我也不例外，不是嗎？」

李文斯頓用近乎憤憤不平的神情問我。

「的確沒有例外，」我用爽快的語氣安慰他，同時間我想起了我寫過，這是一種沒有人贏得了的遊戲。「你並沒有等待好時機，然後才去操作。」

李文斯頓帶點歉意說：「那裡有一張巨大的行情板盯著我，自動報價機動個不停，交易人看著自己的買賣單變成現金或廢紙。在這樣的情境下，我放任內心對激情的渴望，結果壓倒了自己的判斷。在空桶店，你的保證金只是一點小錢，你玩不了太久，不需要多久工夫，你很快就會斷頭。不理會基本情勢，一心一意只想不斷行動，就是華爾街上許多人發生虧損的原因，連專業人士也不例外。他們總認為每天都必須帶點錢回家，就好像他們和一般人一樣，是為了賺取薪資而工作的。別忘了，我當時年紀還小，那時我還不懂後來才學會的事情。我當時不像十五年後那樣，願意等漫長的兩個星期，看著我十分看好的一支股票上漲三十點，之後才覺得安全而放手買進。我曾經賠光一切，當我試圖東山再起時，我才知道不能再魯莽輕率地操作。我必須做對才行，所以我學會了耐心等候。」

「那是什麼時候的事？」

「一九一五年。說來話長。你要聽嗎？」他問。

操作金童賠個精光

「當然要聽，不過晚一點再說。我們先回到你剛剛沒講完的地方。你帶著那卓然出眾的數學頭腦和驚人的記憶力，再加上非常喜歡這種遊戲的性向，以及多年來的練習，你這個『空桶店的恐怖小子』就靠它維生，可是卻讓他們把你贏得的錢又取走了一大部分？」我問。

李文斯頓點點頭。「沒錯！而且我還是眼睜睜地看著他們拿走我的錢！這也不是我這輩子唯一賠錢的時期。一名股票作手必須和內心許多代價高昂的敵人打仗。總之，我帶著兩千五百美元到了紐約。這裡已經沒有可以信任的空桶店。證券交易所和員警已經把他們收拾得相當乾淨。此外，我想找個地方，希望我在那裡操作唯一所受到的限制，是自己本錢的多寡。我當時還沒有太多的本錢，不過我不認為會永遠這個樣子。一開始最重要的事，就是找個不必擔心交易公不公平的地方。於是我到了紐約的一家經紀商，它在我老家設有分處，我認識裡面的一些辦事員。那家經紀商後來歇業了。我不喜歡裡面的一位合伙人，所以在那邊也沒待多久。接著我到富勒頓公司（A. R. Fullerton & Co.）操作。一定是有人把我以前的經歷告訴他們，因為沒多久，他們都管我叫操作金童（Boy Trader）。我的外表一直看起來很年輕。從某些方面來說，那也是一種讓桿。太多人想占我年輕的便宜，而我只能獨自一人苦戰。不過空桶店的那些人剛開始見到我年紀輕，總認為我是想到那裡賭運氣的傻子，而那正是我經常擊敗他們的唯一原因。

結果，不到六個月，我就賠光了。我操作得相當積極，贏家的名聲不逕而走。我想，我被抽掉的手續費一定很多。我的帳戶曾經一度增加了不少錢，但最後全都賠掉了。我玩得非常小心謹慎；到頭來卻非輸不可。原因出在：我在空桶店驚人的成功，反而害了我。

我只能在空桶店中，用自己的做法在這種遊戲中獲勝，因為我在那裡賭的是價格波動，而那只和我的行情研讀能力有關。我買進時，價格就在行情板上，看得一清二楚。即使我還沒買進，也知道確切的價格是多少。那是我必須支付的價格。我也總是能夠馬上就賣出。我可以搶帽子（scalp）搶成功，因為我的動作快如閃電。運氣好的時候，我會一直操作下去，否則的話，一秒之內我就會認賠出場。舉例來說，有時我十分肯定某支股票至少會動個一點。我不必太貪心，只要拿出一點的保證金，轉眼之間就能賺上一倍，要不然的話，有個半點的利潤也可以出場。一天操作一、兩百股，一個月下來獲利倒也不差，不是嗎？

這種做法實際上遭遇的困難，在於空桶店雖然擁有雄厚的資本，能夠忍受經常性的大損失，但他們當然不肯經常吃這種虧。他們無法忍受顧客在店裡，養成每次都賺的壞品味。

總之，在空桶店操作起來十分完美的系統，到了富勒頓的營業處卻不管用。我在那裡是真的買賣股票。行情紙帶上的糖業股票價格可能是105美元，而我可能研判它就要下跌三點。事實上，在自動報價機把105印到紙帶上的那一刻，交易所營業廳的真正價格可能已經是104或103美元了。我如果將賣出一千股的委託單，送到富勒頓的營業廳給營業員執行，也許成交的價格還會更低。在收到辦事員的成交回報之前，我不知道那一千股股票到底會賣到多少錢。同一筆交易，我在空桶店絕對能賺進三千美元，而在一般的經紀商那裡，卻有可能一毛錢也賺不到。或許我說得太過極端，但事實就是如此。換言之，在富勒頓的營業處，對我的操作系統來說，行情紙帶講的都是歷史，而我卻不知道這一點。

另外，還有一件事。如果我的委託單相當大，我自己賣出的數量往往會進一步壓低價格。在空桶店，我不必考慮交易本身所造成的影響。我在紐約會賠錢，是因為那是完全不同的遊戲。我並不是因為從事合法操作才賠錢，而是因為我在操作時懵懂無知。你向我說過，你認為我是你所見過，非紐約證券交易所會員中，最優秀的行情紙帶研讀高手。」

李文斯頓看著我，我點了點頭，說：「你的確是。」

他繼續說道：「雖然我可以像個專家那樣研讀行情紙帶，但終究還是無濟於事。要是當時我在營業廳當交易員，親自操作，狀況可能會好一點；我也許會根據眼前的狀況，修正我所使用的系統。但即使如此，如果我操作的規模像現在一樣那麼大，我當時的系統一樣會失靈，因為交易的本身，會對價格造成滑價的影響。

簡單的說，我對股票投機遊戲懂的還不夠多。我只懂得其中的一部分，雖然那是相當重要的一部分，對我來說一直相當受用，但終究還是不夠。如果連像我這樣盡力而為的人都輸了，那些容易受騙上當的冤大頭，哪有機會贏呢？

轉移陣地

沒多久，我就發現自己的操作不對勁，但究竟哪裡出了差錯，卻說不上來。有時我的系統運作得十分美妙，然後突然之間，一記又一記的重擊就緊接而來。別忘了，當時我才二十二歲，我並不是冥頑不靈，不想知道自己到底哪裡錯了，但是在那個年紀，實在沒有人懂那麼多事情。

營業處的人對我非常好。受制於保證金規定，我無法再像自己所期望的那樣大手筆進場，但是老富勒頓和公司其他的人對我一直很好。經過六個月的積極操作之後，我不只賠掉帶來的所有的錢，也賠掉在那邊賺到的全部利潤，甚至還欠公司好幾百美元。

我只是個孩子，不曾離開過家鄉一步，這時卻已經身無分文。當然我只剩下一件事可以做，那就是回老家操作。我想研究清楚，自己為什麼不能在富勒頓的營業處操作成功。雖然我已經一文不名，但是對任何人發怒有什麼用？我曉得自己沒有錯，錯的只是我的操作方法有問題。我不知道我說得夠不夠清楚，但我從來不對股票市場發脾氣；我從不曾對行情紙帶表示異議。責怪市場並不能讓你得到任何東西。

我急著要恢復交易，所以跑去找老富勒頓，對他說：『老富，借我五百美元。』

『做什麼用？』他說。

『我得有一點本錢。』

『做什麼用？』他又問了一遍。

『當然是要當作保證金，』我說。

『五百美元？』他說，皺起眉頭。『你曉得，他們會要你交百分之十的保證金，一百股的話就需要一千美元了。倒不如給你一筆信用融資額度——』

『不，』我說，『我不要這裡的信用融資額度。我已經欠公司一些錢了。我要的是你借我五百美元，好讓我出去賺點錢回來。』

『你打算怎麼做？』老富勒頓問。

『到空桶店操作，』我告訴他。

『留在這裡操作吧，』他說。

『不要，』我說。『我還沒把握能在這個營業處玩贏這種遊戲，但我十分肯定能從空桶店撈錢出來。那種遊戲我懂。我有個隱約的感覺，曉得我在這裡什麼地方錯了。但現在我要的是那五百美元。』

他把錢借給了我，於是我這個空桶店的恐怖小子，離開了那個讓我賠個精光的營業處所。我知道不能回家鄉，因為那裡沒有任何一家空桶店會接我的單子。紐約就更別提了，那時根本沒人開那種店。他們告訴我，九〇年代[8]時，布洛德街和新街（New Street）多的是這種店，但是在我需要他們操作時，卻連一家都沒有。因此經過一番思考，我決定前往聖路易一試。我聽說有兩家空桶店，在整個中西部生意做得很大，數十個城鎮都設有分店。他們的利潤一定很高。還有人告訴我，在東岸找不到交易量能和他們匹敵的空桶店。他們公開營運，一流的人才都在那裡交易，絲毫沒有什麼顧忌。甚至有個同行向我表示，其中一家公司的老闆，是商業總會的副會長，但在聖路易不可能有那樣的事。總之，我帶著五百美元到了那個地方，想要把本錢撈回來，以便回到紐約證券交易所會員公司之一的富勒頓營業處，用作交易保證金。

註8 指十九世紀末。

聖路易的冒險

到了聖路易，我先找了一家旅館，洗個澡，然後上街找空桶店。其中一家叫杜蘭公司（J. G. Dolan Company），另一家叫泰勒公司（H. S. Teller & Co.）。我確定，我能夠贏他們的錢。我準備用十分安全的方式來玩——小心翼翼、保守謹慎地玩。我擔心的是，有人可能會認得我，叫我滾蛋，因為各地的空桶店都聽說過操作金童的故事。他們就像賭場一樣，各種流言蜚語都有。

杜蘭比泰勒近一點，所以我先去了那裡。我希望在他們叫我滾到別的地方去之前，能在那裡操作個幾天。我走了進去。那個地方大得驚人，恐怕至少有兩百個人盯著行情板。我很高興，因為人多的地方，比較不會被認出來。我站著看行情板，仔細觀察行情的變動，直到我選定要先操作的股票為止。

接著我轉頭四顧，看到窗口有個接單員，可以在那邊交錢取單。他正看著我，所以我走了過去，問：『你們這裡交易棉花和小麥嗎？』

『是的，小老弟，』他說。

『我可不可以也在這裡買股票？』

『如果你有現金的話當然可以，』他說。

『喔！我剛好有，沒問題，』我像個愛炫耀的孩子般說著。

『你有？真的有嗎？』他笑著說。

『一百美元可以買多少股票？』我裝出不高興的樣子。

『一百股；如果你有一百美元的話。』

『我有一百美元；而且不只，總共有兩百美元！』我告訴他。

『天哪！』他說。

『那就麻煩你幫我買兩百股，』我十分正經的說。

『兩百股什麼？』他問，現在可是相當嚴肅。生意上門了。

我轉頭再次看著行情板，裝出想猜準一點的樣子，然後告訴他，『兩百股奧馬哈（Omaha）。』

『好！』他收了我的錢，數一數，寫了一張單子。

『貴姓大名？』他問，『賀瑞斯・康特。』我答。

他把單子交給我之後，我轉身離開，混在顧客群中坐著，等候錢愈滾愈大。我動作很快，那一天交易了幾次。隔天也是一樣。兩天總共賺進兩千八百美元，心裡不時盼望著他們能讓我做完這個星期。按照這種賺錢的速度，情況還不壞。接下來我就要到另一家空桶店，如果在那邊也一樣幸運，就可以帶著一筆鉅款回紐約，做點什麼事。

第三天上午，我裝出靦腆的樣子，走到窗口，想買五百股B. R. T.，辦事員對我說：『康特先生，老闆想見你。』

我心想，遊戲結束了，但還是問他：『見我做什麼？』

『我不知道。』

『他在哪裡？』

『在他的專用辦公室。從那邊走。』他指了一道門。

我走了進去。杜蘭坐在桌子後面。他轉了過來，說：『坐，李文斯頓。』

他指著一張椅子。我最後的希望煙消雲散。我不知道他是怎麼發現我的身分；也許是從旅館的登記簿查到的。

『你找我有何貴幹？』我問。

『聽著，小老弟。我還沒那麼老，懂嗎？一點都不老。懂嗎？』

『不，我不懂，』我說。

他從旋轉椅站了起來，塊頭好大。他對我說：『過來這裡，李文斯頓，請？』他走到門邊，打開門，指著營業廳裡的顧客。

『看到他們了嗎？』他問。

『看到什麼？』

『那些傢伙。看看他們，老弟。那裡有三百個人！三百個冤大頭！他們養活我和我的家人，懂嗎？三百個冤大頭！然後你來了，兩天之內從我這邊挖走的錢，比我兩個星期從這三百個人身上賺到的錢還多。生意不是這麼做的，老弟——我不會做這種賠本生意！我還不到老得不中用。你已經賺到的，儘管拿走。但如果想要更多，沒有。你別想再從這裡挖錢了！』

『為什麼，我——』

『不用再說了，就這樣。前天我看到你進來，第一眼就不喜歡你的樣子，一看就知道你是個老手。我把那邊那個呆瓜叫了進來，』他指著那個犯了大錯的辦事員，『問他你做了什麼事，他告訴我之後，我就對他說：「我不喜歡那個傢伙。他肯定是個老手！」那個傻蛋竟然說：「騙不了我的眼睛的，老闆！他叫賀瑞斯‧康特，只是個乳臭未乾的毛頭小子，卻偏偏愛玩大人的遊戲。他沒問題的啦！」嗯，聽了他這麼說，我就隨他去吧。結果這個渾蛋害我白白損失兩千八百美元。老弟，我不怪你，但是我的金庫已經對你上鎖。』

『聽我說——』我想辯解。

『聽好，李文斯頓，』他說。『我聽過你所有的事。我靠那些冤大頭所下的賭注賺錢，而你並不屬於這裡。我會盡量表現出風度和雅量，你已經從我們這裡挖走的錢，就儘管拿走吧。但現在既然我已經知道你是誰，如果我還讓你拿更多，那我豈不是成了冤大頭？所以，小子，到別的地方混吧！』

在泰勒公司的遭遇

我帶著兩千八百美元的利潤離開了杜蘭。泰勒的店在同一個街區。我打聽到泰勒很有錢，也開了很多家賭場。我決定到他的空桶店試試看。我心裡盤算著，先小做，再操作到一千股，這樣的做法是不是明智，還是要一開始就猛撲而上，因為我也許沒辦法在那裡操作超過一天以上。他們賠錢時，很快就會變聰明，而且我真的想買一千股的B. R. T.。我非常有把握能夠賺個四點或五點。但是如果他們起了懷疑之心，或者太多顧客作多那支股票，他們可能就根本不會讓我操作。我想，一開始或許最好還是化整為零，從小做起。

到了那裡之後，我發現那個地方並不像杜蘭那麼大，不過設備卻比較好，而且顧客群的素質顯然比較高。這再適合我也不過了，因此我決定買一千股B. R. T.。我走到窗口邊，對辦事員說：『我想買一些B. R. T.。有什麼限制嗎？』

『沒有限制，』辦事員說。『你愛買多少就買多少——如果你有錢的話。』

『那麼就買一千五百股，』我說，從口袋裡掏錢出來，辦事員也開始寫單子。

接著我看到一名紅髮男子把辦事員從櫃檯推開。他傾身向前，對我說：『喂！李文斯頓，回杜蘭去。我們不做你的生意。』

『等我拿到單子再說，』我說。『我剛買了一點B. R. T.。』

『在這裡，你拿不到單子，』他說。這時其他的辦事員全都站到了他後面，大家都看著我。『永遠不要來這裡交易。我們不接你的生意。懂嗎？』

發脾氣或者和他們爭吵都沒有意義，所以我回到旅館，付清房費，搭上第一班火車回紐約。真難得手。我想賺回一點大錢，泰勒卻連一次交易也不肯給。」

李文斯頓停了下來，可能是想要我安慰他一兩句。但我卻說：「嗯，你可不能怪他。」

「為什麼不能？」

「他也需要過生活，」我回答。

「哦，我也需要過生活，」李文斯頓有點委屈的說。這是他第一次表現出情緒。

「接下來你怎麼辦？」我說。

「我回到紐約，把五百美元還給富勒頓，然後拿聖路易賺到的錢，再次開始操作。操作成績時好時壞，但總算比打平要好一點。畢竟我沒有太多需要忘掉的東西；只要知道一件事就夠了，那就是股票投機這種遊戲，比我到富勒頓的營業處交易之前所想的，需要學的東西更多。我就像那些喜歡玩字謎遊戲的人一樣，一心想解開星期天報紙特刊上的縱橫字謎。除非完全解出來，否則絕不死心。是的，我知道我的字謎遊戲，一定有解答。」

「不見得，」我表示異議，打斷他的話。

老麥戴維給的小道消息

李文斯頓盯著我看，然後說：「如果價格上漲或下跌得有道理，那麼依據上漲或下跌的事先研判來賺錢，這種問題應該可以找到答案，只是也許沒那麼容易找到答案。總之，我在空桶店操作的日子算是玩完了。」

「在那之後，你就不曾再踏進空桶店一步？」我問。

「哦，有的，」李文斯頓笑了起來。

「你又賠了個精光？」

「不，不是那個原因。我回到紐約之後大約兩個月，有個老傢伙來到富勒頓的營業處。他認識老富勒頓，有人說他們曾經共同擁有一群賽馬，不過顯然他今不如昔。透過介紹，我認識了老麥戴維（McDevitt）。他正向一群人談起西部有一幫賽馬場騙子，剛在聖路易搞完一場騙局。他說，帶頭大哥是賭場老闆，叫做泰勒。

『哪個泰勒？』我問他。

『大塊頭泰勒，H. S. Teller。』

『好傢伙，我認識他，』我說。

『他不是好人，』麥戴維說。

『他壞透了，』我說，『我跟他有個小小的過節需要算一算。』

『怎麼說？』

『要整這種癟三，我唯一能做的事，就是拿走他們錢包裡面的錢。我沒辦法在聖路易動他，但是總有一天碰得到的。』我把一肚子牢騷告訴麥戴維。

『我想到一件事，』老麥說，『他曾經想把觸角伸進紐約，卻沒有成功，因此他在霍博肯

（Hoboken）設了點。據說操作不設限制，而且店裡的錢足以讓直布羅陀巨岩（Rock of Gibraltar）小巫見大巫。』

『那是什麼樣的地方？』我以為他指的是賭場。

『空桶店，』麥戴維說。

『你確定那裡已經開張了？』

『是的；我見過幾個同行，是他們告訴我這件事的。』

『那只是馬路消息，』我說。『你能不能確認它確實在營業，還有他們允許一個人可以操作得多大？』

『沒問題，小老弟，』麥戴維說。『明天早上我就親自跑一趟，再回來這裡告訴你。』

他真的去了。看來泰勒的生意已經做得很大，卻還不知足，只要是看得到的都想拿。那天是星期五，市場在那一整個禮拜漲個不停——別忘了，那是二十年前的事——照例來說，銀行週末的報表應該會顯示出剩餘準備金（surplus reserve）急劇減少的狀況。進出手筆大的營業廳交易員因此有了很好的藉口，可以撲向市場，將經紀商裡意志不堅的交易人沖洗出場。臨收盤前半個小時，市場上一如往常地熱絡，投資大眾交投最熱絡的股票更是如此。那些股票當然也是泰勒的顧客們作多數量最多的股票，所以這家空桶店如果在這時候看到有人放空，應該會覺得很高興才對。這樣一來一往兩邊賺這些冤大頭的錢，實在沒有什麼能比這更美妙的了；而且，也沒有什麼比這種賺錢方式（只需要一點點的保證金）更容易的了。

那個星期六上午，我趕到霍博肯，踏進泰勒的空桶店。他們佈置了一間很大的營業廳，掛上漂亮時髦的行情板，還有一群辦事員，以及一位穿灰色衣服的特別警衛。裡面大約有二十五名顧客。

我找上了經理。他問，能為我做什麼事，我沒說什麼，只向他表示，如果是在賽馬場，我就可以只靠著賠率，輕鬆賭上身上所有的鈔票，然後在幾分鐘之內，便能賺進幾千美元，而不必像股票那樣，只賺點蠅頭小利，還必須等上幾天才看得到錢。於是他開始跟我說，股票市場要安全得多，而且他的一些顧客在這裡賺了多少多少錢——你聽到他這麼說，一定會相信他是個正規的營業員，真的在交易所替你買賣股票——他還告訴我，只要交易數量夠大，也有可能可以賺到很多的錢。他一定以為我本來是要前往賭場，所以想在那些小馬賺走我的錢之前，先狠狠敲我一筆。他說，我動作必須快點，因為每逢星期六，市場到十二點就收盤了。這麼一來，我還有一整個下午的時間，愛做什麼就做什麼。說不定我可以帶著更多的賭金到賽馬場去——如果我選對股票的話。

我裝出不相信他的樣子，但他還是不斷地慫恿我。我不時瞄一眼時鐘，到了十一時十五分，我才說：『好吧。』然後就開始寫給他各種股票的賣單。我總共拿出兩千美元的現金，他興高采烈地收下了。他說，我一定會賺很多錢，希望我以後常來。

股價的走勢果然不出我所料。交易人猛賣股票，他們一定認為，這樣可以觸發大部分的停損點。沒錯，價格果然滑落了。通常到了最後五分鐘，那些交易人才會開始執行回補動作，而我就在反彈行情展開之前不久，軋平了所有的交易。

我賺了五千一百美元，拿著單子要去兌換現金。

『我很高興無意間進來了你們這裡，』我對經理說，並把單子交給他。

『嘿，』他說，『我沒辦法把全部的錢都給你。我沒料到會有人要提領這麼多的錢。星期一上午我在這裡恭候大駕，一言為定。』

『好吧，但是店裡有多少錢，你得全部給我才行，』我說。

『我得先給完那些小戶才行，』他說。『我會退還你的保證金，然後再看剩多少全都給你。你先等一下，讓我把其他的單子兌現。』於是我等在一旁，等他把錢分給其他的贏家。太好了！我知道我的錢很安全。泰勒這個營業處生意做得那麼好，應該不會賴帳不給才對。而且就算他真的要耍賴，我現在除了馬上拿走他所有的錢之外，還有什麼更好的辦法？結果，我拿回了自己的兩千美元，以及另外的八百美元左右。他的營業處就只剩下這麼多錢了。我告訴他，星期一上午我會再來。他保證會準備好，等我來拿。

算清舊帳

星期一快到十二點時，我到了霍博肯。我看到有個人正在和經理談話。在聖路易的營業處，泰勒要我回杜蘭的那一天，我見過這個人。

『我來領剩下的錢，』我對經理說。

『就是這個人嗎？』聖路易來的那個傢伙問道。

『沒錯，』經理說，並從他的口袋裡掏出一疊黃背紙鈔。

『等等！』聖路易來的那個傢伙對他說，然後轉向我。『喂，李文斯頓，我們不是告訴過你，我們不接你的生意嗎？』

『先把錢給我再說，』我對著經理說，他推過來二張千元鈔，四張五百元鈔，以及三張百元鈔。

『你剛剛說什麼？』我對聖路易那個傢伙說。

『我們告訴過你，不希望你到我們的地方操作。』

『是的，』我說，『所以我才到這裡來。』

『好了，別再來了。給我滾遠一點！』他對著我咆哮。穿著灰色衣服的私家警衛，這時狀甚悠閒地走了過來。聖路易那傢伙對經理揮舞著拳頭，大吼：『你應該放聰明點，你這個大笨蛋，不該讓這個傢伙來找你的。他是李文斯頓。這是命令。』

『你聽好，』我對聖路易那傢伙說。『這裡不是聖路易。你可不能像你老闆對付伯爾發斯特男孩（Belfast Boy）那樣，在這裡耀武揚威。』

『你離這個營業處遠一點！你不能在這裡交易！』他大吼。

『如果我不能在這裡交易，別人也不會來了，』我告訴他。『在這裡，你可不能如此張狂，要不然肯定會自食惡果。』

聽我這麼一說，聖路易那傢伙馬上改變語氣。

『聽著，老兄，』他用一種過分做作的態度說，『幫我們一個忙。講點道理好嗎？你曉得我們沒辦法每天忍受這種事。老闆一聽說是誰做的，簡直快氣炸了。行行好吧，李文斯頓！』

『我下手會輕一點，』我向他保證。

『講講道理，可以嗎？看在聖彼得的面子上，離我們遠一點！我們才剛開業，給我們個機會，好嗎？』

『下次再來的時候，我可不希望再看到你們這副盛氣凌人的嘴臉，』我說完轉頭就走，只聽到他用連珠炮式的速度對著經理大罵。這全都是因為，他們之前在聖路易那樣對待我，現在我已經從他們身上撈走了一點錢，沒有理由把場面弄得太火爆，或是把他們逼到關門大吉的地步。我回到富勒頓的營業處，告訴麥戴維所發生的事。接著我對他說，如果他願意的話，要麻煩他到泰勒的營業處，一開始只先交易二、三十股，讓他們慢慢習慣他。等我看到好機會，可以大作一票時，再打電話給他。

泰勒又被海削一次

我拿了一千美元給麥戴維，要他到霍博肯，照我的話做。他在那裡成了常客。後來有一天，我預見價格即將大跌，於是我傳話給老麥，要他在他們允許的範圍內大舉賣出。那一天，扣掉我給老麥的分紅和費用，我淨賺了兩千八百美元。我懷疑老麥自己也賭了一點小錢。這件事之後不到一個月，泰勒就收掉了霍博肯的分店。雖然我在那邊只操作了兩次，但他們經營那家分店其實也不划算。當時正好進入了瘋狂的多頭市場，股價回檔的幅度一直不夠大，他們連一點的保證金也吃不到。而且所有的顧客都是多頭，大家不但賺錢，還不斷加碼。結果全國各地的空桶店紛紛倒閉。

那是我最後一次在一般的空桶店中操作。我想，如今不管在哪裡，都找不到還在經營的空桶店了；我說的是老式的那一種。」

「他們的遊戲規則改了，」我向李文斯頓說。「在老式的空桶店操作，和在信譽良好的經紀商營業處投機，兩者相較之下，空桶店具有一些明顯的優勢。比方說，保證金到達耗竭點（exhaustion point）時，空桶點就會自動軋平你的交易，這可以說是一種最好的停損單。無論如何，你的損失絕對不會超過你所押下的保證金，而且也沒有委託單執行不可靠的危險。在紐約這裡的號子，就不像我所聽到的西部作風那樣，對主顧如此寬宏大量。在這裡，他們經常會針對一些炙手可熱的股票，將單子的獲利限制在二點以內。美國糖業和田納西煤鐵（Tennessee Coal and Iron）就是這樣的股票。

不管這些股票是不是在十分鐘內上漲了十點，反正每張單子你最多就只能賺二點。他們認為如果不這麼做，顧客的勝算太高了；他有可能賠一美元，卻賺十美元。另外，有些時候，包括規模最大的號子在內，所有的號子都拒絕接受某些股票的委託單。譬如一九〇〇年總統大選的前一天，當時麥金利（McKinley）勝選已成定局，那時就沒有任何一家號子允許顧客買股票做多。那次選舉，一般認為麥金利的勝算是三：一。星期一買股票的話，你勢必可以賺個三到六點，甚至更多。你也有可能賭布萊恩會贏而買進股票，但結果還是穩賺不賠。那一天，空桶店根本就拒絕接受任何單子。」

「但他們是完全拒接我的單子，」李文斯頓說。「要不是這樣的話，我絕對不會停止在他們那裡操作，也絕對不會知道股票投機的遊戲，遠不止於賺幾點的波動而已。」

「這麼說，拜他們之賜，你才有了很好的轉機，」我說。

李文斯頓只是聳聳肩，而我則是遊目四顧，瀏覽那豪華的房間。

Chapter 3

我準得要命，卻賠掉每一分錢

股票作手的一生，有起有落，有浮有沉。李文斯頓談起他在剛過弱冠之年的二十三歲時，如何在合法的經紀帳戶中累積到五萬美元，卻又在短短兩天之內化為烏有的過程。在華爾街找一家正規的經紀商從事操作，和在空桶店操作當然不一樣。

在空桶店操作的速度比在證券交易所操作要快，但是金額比較小。兩者主要的不同點，在於空桶店不會有經紀商的時間落差。不管行情紙帶顯示出趨勢可能如何發展，從你遞單到執行，時間可能會拖得相當久，而在這段期間，價格很有可能出現快速的變動。李文斯頓的五萬美元，大多數正是因為這種落差而賠掉，同時這也為他上了寶貴的一課。

在證券交易所的整個歷史上，時間落差一直是造成許多交易人發生虧損的主因。一九〇七年的恐慌期間，紐約銀行業者由於資金枯竭，幾乎沒有活期借款可以借給經紀商。經紀商缺少資金，只好撤離市場。許多委託單，尤其是賣單，根本無法成交。後來這個問題演變成嚴重的恐慌，能夠成交的委託單，成交價格都非常低，而交易人僅剩的銀行餘額，也很快就被一掃而空。

另一種狀況是，時間落差純粹是因為資訊流通速度緩慢所造成。一九二九年股市崩盤期間，刷新紀錄的龐大成交量淹沒了紐約證券交易所，許多委託單因為遺失或者登錄到很低的價格，以至於投資人立即遭受到慘不忍睹的損失。委託單遞送的問題，加上營業廳交易員不願向投資人購買股票，引發了嚴重的信心危機，這個問題在崩盤後的幾年內，仍舊一直困擾著交易所。除了訂定法規來管理交易所和交易員之外，一九三四年的證券交易法（Securities Exchange Act），也試著要恢復崩盤後消失殆盡的股市誠信。

一九六〇年代末也發生類似的問題，而且一直延續到一九七〇年代初期。當時處理顧客委託單的後檯作業，沒辦法在成交量高得異常的期間撮合委託單。紐約證券交易所和其他的交易所因此同意自動休假，以利經紀公司清理亂得一塌糊塗的行政管理作業。很遺憾的是，這個問題後來更因為若干經紀商盜用證券而雪上加霜；在員工缺乏訓練的情形下，幾家經紀商被迫歇業。問題嚴重到國會終於介入，成立證券投資人保護公司（Securities Investor Protection Corporation，SIPC），目的是在經紀商倒閉時，保障顧客的帳戶。此次又是因為誠信問題，再次導致投資人紛紛逃離市場，直到政府採取有效的矯正行動，情況才得以改善。

查爾士・蓋斯特

李文斯頓所遇到的問題，後來也終於解決了。他在經紀商那裡所進行的交易，總算能夠獲得與空桶店相同的成果，而這個轉變也使他的傳奇色彩更加濃厚。

股票作手回憶錄：一九二二年七月一日

我在李文斯頓的辦公室等市場收盤。他在主要的往來經紀商威廉森布朗公司（Williamson & Brown）那裡設有個人的操作大本部。他們佈置了兩個房間，專供這位明星顧客使用。他一年操作幾十萬股股票，能給他們帶進可觀的手續費收入；除了他本身的交易所直接帶進的收益之外，更因為他操作成功的名氣遠播，也吸引其他的交易人上門。

比較大的房間中，有一塊正式的行情板，和你在一般經紀商營業廳所看到的完全相同，只是在別的地方，很少有人只看行情板就能夠獲利。房間的角落有具自動報價機，一個小弟在那邊讀不斷印出的紙帶，並且把報價張貼到板子上面——就像李文斯頓二十五年前在家鄉所做的事一樣。行情板小弟臉上點點雀斑，紅褐色的頭髮，手腳俐落——但是眼神空洞。看得出來，他只知道自己的工作需要快手快腳一點；由於那是機械化的工作，所以他也就像機械般地持續工作著。年輕的李文斯頓看的可就多得多了——所以他才能成為百萬富翁。房間的中央是另一具報價機——專供李文斯頓使用。行情板的對面放了幾張高腳桌，供他十分信任的辦事員使用，並有三座隔音效果非常好的電話亭。

比較小的房間是私人辦公室，傢俱包括一張小平面桌，擺放著兩個銀框相架，李文斯頓家人的照片就放在裡面。桌上看不到任何一張紙。有兩張椅子，一張李文斯頓自己坐，另一張給訪客坐。他是獨行俠，很少一次必須和超過兩個人以上談事情。

桌子旁邊，有一具坐式報價機。這種報價機之所以長成那個樣子，是為了方便人們坐著看紙帶——這倒不是因為他們懶得站，或者身體虛弱，而是因為他們必須看報價看上一整天，彷彿像妻子在床邊照顧受傷的丈夫那般專注。

但是李文斯頓很少待在私人辦公室。那具報價機之所以會放在那裡，是因為這麼一來放眼所及，隨處都能看到紙帶。如果他走來走去，這三具報價機都派得上用場。他從年少起，就已經習慣在市場交易時間內，時時看著行情板，因此大房間內有張行情板給他看。這一輩子的習慣，他不敢稍加改變，以免影響操作成果。

回想詹姆斯・吉恩

行情板就好比他的軍事地圖。他也經常把行情紙帶比喻成望遠鏡，透過它，可以看清自己贏到什麼地步——或者他有什麼地方不夠努力。他習慣站在中間的那具報價機旁邊，嘴裡叼著雪茄，灰色的眼睛眨也不眨，緊盯著眼前的作戰地圖。很明顯的，他能看到絕大多數人所沒看到的事。這很奇怪。有時我可以看得出他在讀取某種訊息。他時時低頭看著行情紙帶——往往在行情板小弟把行情的變動張貼到板子之前，他就已經先知道發生了什麼事，行情的主要動向是什麼，他顯然了然於心。

偶爾，行情紙帶可能透露了某些事，他會猛一轉身，像箭一般衝進身後的電話亭。沒有聲音從裡面傳出來。他可能在買或賣，或者打聽消息。房裡沒有人知道他在做什麼。

這個人總是全神貫注在他的工作上。他不會皺一下眉頭，但你知道沒有一個波動逃得過他的眼睛。他的臉孔不會變得很僵硬，給你的印象比較像是，暫時對外面的冷熱失去知覺。從早上十點到下午三點，他就站在那裡，全心全意地投入他的工作。

以前我見過許多有名的股票作手在市場交易時間內的行為，但除了詹姆斯・吉恩（James R. Keene）之外，從來沒有人那麼徹底的埋首在工作上。那件事發生在難忘的一九〇一年春天，吉恩為還沒有經過考驗證明可行的美國鋼鐵公司證券，創造了一個世界性的市場。有個愛爾蘭人把美國鋼鐵公司稱作水栓頭怪獸（hydrant-headed monster）。吉恩像個劇作家那般，審慎地規劃他在倫敦和阿姆斯特丹市場所造成的影響，並且每天分派工作給他在紐約的經紀商做。他傳話給我，說想見我。隔天早上，市場還沒開盤，我就到了他的辦公室。他抬頭看我，感覺上卻好像是視而不見。然後他慢慢走向我，伸出手，嘴裡不曉得在呢喃什麼，接著停了下來——他的整個心思已經不知道飄到了哪裡去，而他找我究竟是為了什麼，理由彷彿已經完全從他的腦海中消失了。

但是李文斯頓根本不會被外界的干擾打斷。辦事員進到房間，對著站在報價機旁邊，一點表情也沒有的他低語。他雖然聽著，卻沒皺一下眉頭，也不點頭或搖頭，只是馬上回頭看他的紙帶。

那種冷靜沉著不是刻意裝出來的。我發現一件事，令我驚訝不已：他的神經可能根本就不存在，所以他根本就不需要把它們控制得死死的。

那是非常寶貴的資產。為了測試這件事，我走到他身邊，突然對他說：「我來量量你的脈博。」

他的眼睛還是盯著行情板，好像看到了很多我看不到的東西，令人覺得相當可怕。他沒看到我走近，但是當我開口講話時，他也沒有吃驚。他只是伸出左手手腕。我也許數錯了，但他的脈博是一分鐘六十下！

要讓這個人失去鎮定，得花很大的工夫。難怪他從不和紙帶爭吵，也不會對那些害他損失金錢的人或市場波動表示不滿。

我回到自己的椅子上，而他則繼續看行情板，不發一語。他的好奇心——如果有任何好奇心的話，簡直是不費吹灰之力就被壓制得無影無蹤。他的心裡只有市場。

我所坐的窗邊，可以看見聖三一教堂的墓園（Trinity Chruchyard）。往東，穿過鐵柵欄的尖椿，可以看到百老匯（Broadway）的人行道上，黑壓壓一片追逐財富的芸芸眾生，但是這些人最後難免鎩羽而歸。西邊是高架鐵路，轟隆隆的聲音令人心煩，而且那時火車進進出出，不曉得在忙些什麼——這簡直可說是當時當地庸俗生活的縮影。南邊，褐色的老教堂面對著錢財滾滾的大街。教堂和當今最成功股票作手的辦公室之間，有不少名人紀念碑和雕像，他們在其他領域的成就更大。

我並沒有要說教的意思。但不停轉動的報價機，讓我想到了股市像墓園的比喻。我想起小詹姆斯・費斯克（James Fisk Jr.）的故事。生平經常被人拿來當茶餘飯後聊天話題的這位伊利王子（Prince of Erie），當時正和一位朋友穿過百老匯走向證券交易所。

快到華爾街時，那位朋友說：「費斯克先生，你對市場有什麼看法？」

「我想起那個，」費斯克答道，手指向墓園。

「噢，」那位朋友帶著笑，掩飾想聽小道消息卻落空的失望之情。「你是說，那麼地安靜？」

「不！股市像那個，是因為在裡面的人出不來，在外面的人不想進去。」

他的意思是說，股票都掌握在炒作集團手裡，投資大眾並不打算進場。

費斯克這個人傳奇色彩濃厚，詼諧逗趣，勇於大膽冒險，卻也是個謎樣人物。他早年是新罕布夏（New Hampshire）的商販，父親也從事同一個行業，經營得相當成功。他不只比康乃狄克州的北佬們精明，也擁有像藝人般製造戲劇效果的本能。他的馬車由四匹高頭大馬拖拉，就像馬戲團那麼炫麗。他的機智妙語，更使他像小丑惹人發笑般受人歡迎。有一天，有一位婦女向他吐苦水，說他父親騙她買了一些印花布。

「多少印花布？」小詹姆斯帶著同情的神色問。

「一碼。」

「一碼多少錢？」

「十二分半，」她回答。

小詹姆斯搖搖頭。

「是真的！他騙了我，」婦女十分憤怒。

但是他慎重其事的告訴她：「我十分清楚家父的為人。我和他做過生意，敢向你保證，他絕對不會為了十二分半說一個謊。」然後他加重語氣說：「他會為一塊錢說八個謊，但是說一個謊，絕對不會。真的，他不會。」

鐘敲三響

他和傑伊・古爾德（Jay Gould）五十多年前所做的事，如今應該已經做不到，而且也不應該再去做了。摩根和赫里曼雖然類型不同，但他們幾年前所做的一些事，如今也同樣不應該再去做，只是也沒有人想過要去譴責他們就是了。金融業所使用的一些方法，這些年來經歷了一些有益的變化，而且也有了更多的法律和限制，可以進一步保護投資大眾。不過投資大眾還是和以前一樣，輕而易舉就把錢給賠掉了。這是因為方法雖然變了，法律也增多了，財富的掠奪也受到了遏阻，但冤大頭還是冤大頭。投資大眾雖然受到了保護，可以比較不容易受到別人的傷害，但是這樣的保護，卻無法阻止你被自己所傷害，也無法阻止你被賺錢容易的錯覺所傷害。

聖三一教堂的鐘敲了三下。一兩分鐘後，紙帶就會印出「收盤」，而李文斯頓也會停止繼續當一名股票作手，因為到明天上午十點之前，不會再有股票市場了。我以為他的主要營業員會來找他，就像吉恩或過去大部分出色的股票作手那樣。但是並沒有。三點以後，他就把股票市場整個拋到腦後。就像是賽跑比賽結束了，或者雪茄抽完了一樣。這種對於無可避免之事馬上認命接受的態度，是一種非常罕見的能力。所有偉大的將領，都有必要具備這種能力，因為他們不能只顧著數死傷人數；所有出色的政治家，也不能只想到今天；所有傑出的股票作手，都關心打贏勝仗甚於實際賺得多少錢。可以肯定的是，那一天的交投並不是非常熱絡。

「請到辦公室裡來，」他說。於是我走了進去，坐到訪客椅上。報價機的音調變了，只在那邊像應付了事似的印出買價和賣價。下次你到經紀商的營業處時，不妨注意一下這件事。

李文斯頓坐在桌子旁邊，面無表情的看著我，但我覺得他的眼神有詢問的意思。

我點了點頭說：「你從聖路易帶了新的本錢回來之後，有沒有大幅翻修你的操作系統？」

「當然有，」李文斯頓答道。然後補充說：「不過，是過了一陣子之後。」

「你已經看到原來的做法並不成功，為什麼沒有馬上說改就改？」

「哦，一個人經常得花很長的時間，才能從他所有的錯誤中，學習到所有的教訓。人們說，凡事都有兩面。但是股票市場只有一面；不是作多的那一面，也不是放空的那一面，而是正確的那一面。在股票投機遊戲中，如果和大部分比較偏向技術層面的東西比較起來，我確實是花了比較長的時間，才讓這個比較一般性的原則，在我的心裡留下根深蒂固的痕跡。

我聽過有人在股票市場中，執行虛擬的操作，然後用虛擬的獲利，證明自己做得有多正確，也讓自己覺得很高興。有時候這些影子賭徒會在虛擬交易中賺進好幾百萬美元。如果要當個投機者，用這種方式一點也不難。不過，這讓我想起一個老掉牙的故事。有個人隔天就要與人決鬥。

他的幫手問他：『你槍法準嗎？』

『準得很，』準備決鬥的人說，『我可以在二十步之外，快速打斷高腳酒杯的腳。』他看起來挺謙虛的。

『很好，』這個幫手嘴巴上這麼說，卻毫不動容，『但如果有一把子彈已上膛的手槍對準著你的心臟，你還是能準確打斷高腳酒杯的腳嗎？』

就我來說，我就一定非得用錢來驗證自己的看法可不可行。以前發生過的損失教會了我，在我還沒確定找好退路之前，就絕對不會開始前進。只要是不能前進，我就絕對不會動。講這些話的意思，並不是說一個人犯錯時，不應該去限制他的虧損。人們確實應該限制自己的虧損，但不應該因此而猶疑不決。我這一輩子犯過不少錯誤，但是在賠錢方面，我已經累積了不少經驗，知道很多不該做的事，這些知識十分寶貴。我曾經好幾次賠得一文不名，但那些損失並不完全是損失，否則我現在也不會在這裡了。我始終覺得，總還會有另一次的機會，而且我不會再犯相同的錯誤。我相信自己。

如果想要靠這種遊戲維生，就必須相信自己的判斷。這也就是為什麼我不聽信小道消息的原因。如果我根據某個史密斯給的小道消息買進股票，我就必須再根據史密斯的小道消息賣出這些股票，於是我只好一切都靠他了。要是該賣的時候，史密斯剛好去度假，那怎麼辦？先生，這行不通的，沒有人能靠別人告訴他怎麼做而賺大錢。我從經驗中得知，沒有人能夠給我一個或一連串的小道消息讓我賺錢，結果能多於靠我自己判斷所賺到的錢。」

我趁李文斯頓講話的空檔問他：「你回到紐約之後，過了多久才賺到大錢？比方說，什麼時候賺到第一個一百萬美元？」

「我不得不承認，大約是過了五年。」

「那可是很長的一段時間。」

「有些人花的時間比這長得多，」李文斯頓淡淡的說。

「我的意思是，對於像你這種擁有天賦，一開始就叫人刮目相看的人來說，那應該算是很長的一段時間。怎麼會那麼長呢？」

「因為我必須玩得夠聰明才行。我花了五年學習。如果只能用五個字來形容，那就是：學如何操作。」

「你要說幾個字都行，」我客氣的說。

測試對錯

「我並不像你所想像的那樣，有許多有趣的經驗可談。我的意思是說，過了那麼久，再來談學習如何投機的過程，好像也不是那麼有趣。我曾經有好幾次賠到一無所有，那種事並不愉快。但是我賠錢的方式，也正是每個人在華爾街賠錢的方式。投機這種事做起來既辛苦又艱難。投機客必須時時堅守自己的工作崗位，否則很快就沒有工作可以做了。

我第一次在紐約賠光之後，就瞭解到我的任務其實很簡單：我必須從另一個角度來看投機這件事才行。但我當時並不知道，玩這種遊戲需要學習的東西，比我在空桶店所學到的還要多得多。在空桶店裡，我自以為已經戰勝了這種遊戲，但事實上，我只不過是打贏空桶店而已。不過在空桶店操作時，我所培養出來的行情紙帶研讀能力，以及自己對於記憶力的訓練，都是極其寶貴的資產。這兩件事對我來說易如反掌，而身為交易人，我早期的成功全都得歸功於這兩件事，而不是歸功於頭腦或知識。我當時的心志，還沒有受到足夠的訓練，甚至可以說是愚昧無知到無以復加的地步。而這個遊戲本身，教懂了我怎麼去玩這種遊戲，只是在教導的過程中，不惜動用棍子侍候。

我還記得在紐約第一天的情形。我跟你說過，由於空桶店拒絕接我的生意，我只好另外去找信用可靠的經紀商。我第一次工作的地方，有個小弟是在哈丁兄弟（Harding Brothers）做事。這家公司是紐約證券交易所的會員。我上午抵達這座城市，下午一點前就在那家公司開了戶頭，準備操作。

很自然地，我在那裡的操作方式，就和在空桶店的操作方式完全相同。我在空桶店所做的事，也就只是賭價格的波動，賺取絕對會有的一點小差價。那時沒有人告訴我，基本上這兩個地方並不相同，而且也沒有人從一開始就導正我錯誤的觀念。不過就算有人告訴我，說我的方法行不通，我還是會想要嘗試看看，靠自己去確定這件事，因為當我做錯時，只有一種方式能夠說服自己，那就是賠錢。而且，只有在我賺錢時，我才會認為自己是做對了。對我來說，這就是投機。

花大錢買來的經驗

那段期間，有些日子相當活潑而有生氣，市場也十分活躍。這種情形總是令交易人士氣大振。我很快就有如魚得水的感覺；眼前有非常熟悉的行情板，而人們所講的話，我在十五歲以前早就學會了。我看到有個小弟所做的事，和我當初在營業處裡所做的第一份工作完全相同。顧客們同樣是一些老傢伙，他們還是盯著行情板，或者站在報價機旁邊喊出價格，並且談論著市場的狀況。所有這一切氛圍，包括人們所呼吸的空氣，全都和我當初在百靈頓賺到3.12美元時完全相同。報價機相同，交易人也相同，所以對我來說，這肯定是相同的遊戲。別忘了，當時我才二十二歲。我自認為自己已經把這種遊戲，從裡到外摸得再透徹也不過了。難道不是這樣嗎？

我看著行情板，很快就發現好機會，走勢也如我所料，於是我用 84 美元的價格買進一百股。不到半個小時，我就以 85 美元的價格出場。接著我又看到另一支自己喜歡的股票，於是再做一次同樣的事；很短的時間內，我就淨賺了 3/4 點。起步很順利，不是嗎？

現在，重點來了。我在知名的經紀商當顧客的第一天，才不過兩個小時，我就搶進殺出，交易了一千一百股股票。一整天操作下來，結算之後，我剛好就賠掉了一千一百美元。也就是說，我第一次的嘗試，就讓我近一半的本錢化為烏有。而且不要忘了，其中有一些交易還是獲有利潤的。但是一整天下來，我還是少掉了一千一百美元。」

「你會擔心嗎？」

「不會，我不擔心，因為我看不出自己哪裡做錯了。我所採取的行動，做對的次數夠多，如果是在以前的四海公司操作，我一定有賺才對。我那消失不見的一千一百美元，說得很清楚：一定是我的機器沒有善盡它的本分運轉。但只要機械師是對的，就沒必要著急。顯然我二十二歲當時的愚昧無知，完全看不出那是結構上的缺陷。

幾天後，我心想：『在這裡，似乎不該再用這種方式操作。報價機並不像它應有的表現那樣幫得上忙！』但我實際上並沒有打破砂鍋問到底，還是放任它繼續那個樣子。結果我的操作時好時壞，直到賠了個一乾二淨，我只好去找老富勒頓，向他借了五百美元。後來的事我跟你說過了，我到了聖路易，最後帶著在空桶店所賺到的錢又回來了。在空桶店，我總是能贏。

後來我玩得更小心謹慎，有一陣子，成績有比較好一點。手頭一寬鬆，我的日子就開始過得比較優裕，也交了一些朋友，享受了一些美妙的日子。不要忘了，我還不到二十三歲；獨自一人落腳紐約，口袋裡有輕鬆賺來的錢，並且打從心底相信，我已經開始瞭解這部新機器了。

我有把委託單在交易所營業廳實際執行過程的時間落差納入考慮，行動時也更加小心。不過我仍然會看行情紙帶——也就是說，我依然忽視一般性的原則；而我只要繼續這麼做，就沒辦法察覺這種遊戲真正的問題點在哪裡。

一九〇一年景氣大好，我賺進了很多錢——尤其是對一個孩子來說。你還記得那段日子吧？美國的繁榮前所未見。我們不只進入了一個新時代，工業整併和資本的結合盛況超越從前，民眾也掀起股票投資的熱潮。我聽說，在過去的繁華盛世中，華爾街總是吹噓一天就能成交二十五萬股，如果依面值來算，也就是有高達兩千五百萬美元的證券換手。但是一九〇一年時，我們一天就能成交三百萬股。每個人都賺錢。搞鋼鐵的那幫人擁進了城裡，他們任意揮霍錢財，比喝得醉醺醺的水手好不到哪裡去。唯一能夠滿足他們的遊戲，就是股票市場。一些出手之大前所未見的豪客，也現身華爾街，像是以開口閉口『和你賭一百萬美元』出名的約翰・蓋茨和他的朋友，或是約翰・德瑞克（John A. Drake）、萊雅爾・史密斯（Loyal Smith）以及其他人等。里德—李茲—莫爾（Reid-Leeds-Moore）集團僅靠著賣出一部分美國鋼鐵公司的持股，就以售股所得在公開市場買下了岩島（Rock Island）系統的大多數股份。另外，還有史華伯（Schwab）、費普斯（Phipps）和匹茲堡幫。更別說還有那些在錢財換手過程中賠錢，但之前曾被稱為大棒槌的許多人。那時候，任何人都可以買進或者賣出市場上任何的股票。吉恩（Keene）也是在那時候，為美國鋼鐵公司股票創造了一個市場。當時由於他的大力炒作和投資大眾的瘋狂買進，一九〇一年四月三十日時，優先股的價格是101 7/8美元，普通股則是55美元。粗略估計，公司的股票增值超過一億美元，而且還有著一個彷彿無限大的市場。一家經紀商在幾分鐘之內，就賣出了十萬股美國鋼鐵公司的股票。那真是個美好的時光！當時不但獲利好得令人嘖嘖稱奇，賣出股票的收入還不必繳稅！當時大家的眼中，根本就看不出有什麼潛在的危機。

很難想像，當時我要是已經很懂得玩這種遊戲，而且擁有像現在一樣多的資金，那結果會賺多少錢。不過，現在想這些又有什麼用呢？事實上我要告訴你的是，當時我犯下了可怕的錯誤，結果令我懊悔不已。我當時的操作只懂得搶進殺出，而不是縮手不動，讓市場替我賺錢。

過了一陣子，我就開始聽到許多災難即將來臨的說法，而且那些老手表示，每個人——除了他們自己以外——全都瘋了。但是，當時除了他們以外，每個人全都賺了錢。我當然曉得，漲勢一定有它的極限，什麼東西都瘋狂買進的日子一定會結束，因此我也同樣看壞後市。但是我每一次賣都賠，要不是手腳俐落，有可能還會賠得更慘。我總是在留意市場是不是就要大跌，但我採用了一種比較安全的方式來玩，結果總是在買的時候賺錢，卻在放空時一點一滴賠了出去。因此，我在那段榮景期間，賺的錢並不如你想的那麼多。你可能會以為，即使只是個孩子，但以我的操作數量之大來看，那段期間想必賺進了很多錢。

有一支股票，我並沒有放空，那就是北太平洋（Northern Pacific）。我的行情紙帶研讀能力，當時輕而易舉派上了用場。當時我認為大部分股票都已經買到盡頭，後繼乏力，但是這個小賴皮（Little Nipper。因為北太平洋鐵路的股票代號是NP，所以當時有些投資人就這麼叫它）的走勢看起來還會漲得更高。我們現在知道，當時普通股和優先股都被庫恩—勒伯—赫里曼（Kuhn-Loeb-Harriman）集團穩定吸進。當時，我作多一千股北太平洋普通股，而且不顧營業處內每個人的忠告，緊抱著它不放。後來價格漲到110美元左右，我賺了三十點的利潤，然後獲利了結。我在經紀商的帳戶餘額因此增加到將近五萬美元，那是我當時所積攢下來最多的一筆錢。對於幾個月之前，在同一個營業處賠掉每一分錢的年輕小伙子來說，這樣的成績可說不賴。

如果你還記得，赫里曼那幫人曾經通知摩根和希爾，說他們希望介入百靈頓—大北方—北太平洋集團的經營，而摩根陣營則是指示吉恩買進五萬股的北太平洋股票，把控制權牢牢抓在手中。我聽說吉恩告訴羅伯・貝肯（Robert Bacon），單子寫十五萬股，羅伯・貝肯照做了。此外，吉恩還派出了他的一位營業員，叫艾迪・諾頓（Eddie Norton），也買進了十萬股北太平洋的股票。接著，又有另一張買單。我想，吉恩又買了五萬股，於是，一段著名的軋空行情就此展開。一九〇一年五月八日市場收盤後，全世界都知道金融巨擘之間展開了一場龍爭虎鬥。過去美國不曾有過資金那麼雄厚的兩個集團相互槓上。赫里曼對上摩根——彷彿一股排山倒海而來的力量，遇上了一塊不動如山的巨岩。

高得驚人的虧損

五月九日上午，我有大約五萬美元的現金，但手上沒有任何股票。我跟你說過，我已經看淡後市好幾天了，現在機會終於來臨。我曉得會發生什麼事——價格會大跌，然後就有便宜貨可撿。然後行情會迅速回升，為那些撿到便宜貨的人創造出可觀的獲利機會。就算你不是福爾摩斯（Sherlock Holmes），也會這麼研判。我們將有機會來回賺上絕對可以到手的大錢。

所有事情的發展正如我所料。我的研判準得要命，結果卻賠掉了每一分錢！我被不同尋常的事給沖洗出場了。如果這個世界上從來不會發生那種不同尋常的事，人和人之間就不會有什麼差別，人生也就沒什麼樂趣可言了。這場遊戲會變成只是加法減法的遊戲，而我們則會變成像是只知埋頭苦幹的記帳員一樣。相反地，唯有不斷推測，才能培養人的腦力。你只要想想，如果你非猜對不可，你必須做哪些事，這樣你就知道這句話的意思了。

市場如我所料，沸騰了起來。交易量十分龐大，震盪幅度前所未見。我按市價遞進大量賣單。一看到開盤價，我心裡就有數了。這次的跌勢會很猛烈。我的往來經紀商十分忙碌。他們十分能幹，認真負責；但是等到他們執行我的委託單時，股價已經跌了二十點。行情紙帶打出來的行情，遠遠落在市場實際交易之後，而且由於成交量高得嚇人，回報來得很慢。我發現我在行情紙帶上價格比如說是100美元時下單賣出股票，結果他們幫我賣掉時，卻只能以80美元成交，比前一晚的收盤價足足下跌三十到四十點。在我看來，他們幫我放空的價位，正好是我本來打算買回股票的便宜水準。我認為市場不會再一瀉千里，因此我決定馬上回補空頭部位，轉而作多。

我的經紀商替我買進股票時，成交價格同樣不在我決定反空為多的那個價位，而是按照他們營業廳營業員接到我的委託單時，證券交易所當時的價格執行。結果他們所支付的價格，又比我想要的水準平均高出十五點。一天之內來回損失三十五點，任誰都承受不起。

行情紙帶遠遠落在市場之後，把我給擊敗了。我已經習慣於把行情紙帶視為最好的朋友，因為我是根據它告訴我的事下注。但是這一次，行情紙帶騙了我。印出來的價格和實際價格之間的差異，害我損失不貲。完全相同的事情也曾經擊敗我，而同樣的失敗，這一次達到了極點。現在一切似乎已經很清楚了，那就是不管經紀商的執行過程如何，只會看行情紙帶是遠遠不夠的。我現在想起來有點不解，為什麼當時沒早一點看出我的問題點和矯正辦法。

有缺陷的操作方法

我當時的表現，比沒有看出問題還糟糕；我持續搶進殺出，不理會執行過程有時間落差。你曉得，我沒辦法用限價單操作。我必須以市價單掌握機會。我想擊敗的是市場，而不是特定的價格。在我認為應該賣時，我就賣。在我認為股價會上漲時，我就買。堅持這個一般性的投機原則，總是能救我一命。如果用限價單操作，那麼我以前在空桶店所使用的老方法，改到合法經紀商營業處繼續使用的話，成果一定會大打折扣。要不是因為賠錢，我永遠不會學習去認識股票投機到底是什麼，只會繼續根據有限的經驗，繼續賭十拿九穩的事。

每當我想要採用限定的價格，好把行情紙帶交易資訊落後所造成的價格操作劣勢降到最低，結果總是發現市場離我而去。這種事一再發生，因此我後來就不再嘗試了。我沒辦法告訴你，為什麼我花了那麼多年的時間，才曉得自己的玩法不應該只是下下小賭注，賭接下來的幾個報價，而是應該去研判即將發生的大波動。

五月九日栽了大筋斗之後，我仍然十分賣力，繼續使用修正過的方法，但那種方法還是有缺陷。要是我一直沒賺到錢，反而可能會比較快學到市場上的智慧。但我賺進來的錢還算夠多，可以

過相當不錯的生活，而且我喜歡結交朋友，享受相聚的美好時光。那年夏天，我和華爾街上數以百計的有錢人一樣，住在澤西海岸（Jersey Coast）。但其實我所賺的錢，並不太能夠支應虧損和日常的生活開銷。

我並不是因為個性頑固，才一直持續使用以前的方式操作。我只是因為沒辦法靠自己指出問題到底出在哪裡，更不用說要設法加以解決了。這件事我反覆講了那麼多次，是為了說明我在真正能夠賺錢之前，所必須走過的一段路。我的那把舊獵槍和BB彈，用來打大陣仗，根本比不上火力強大的連發步槍。

那年初秋，我不只再次遭到沖洗出場，也厭倦再玩這種無法取勝的遊戲，所以決定離開紐約，試著到別的地方做點其他的事情。我從十四歲以後就一直在操作；十五歲，賺到第一個一千美元；不到二十一歲，就賺到第一個一萬美元。我不只一次地賺進、賠掉一萬美元。在紐約，我賺了好幾千美元，又把這些錢全部賠光。我曾擁有過五萬美元的資金，卻又在兩天之內化為烏有。我沒有其他的工作，也不懂其他的遊戲怎麼玩。幾年後，我又回到了原點。不，應該說是更糟，因為我已經養成了習慣，過著需要花錢的生活；不過，這一部分令我煩惱的程度，還是比不上經常操作錯誤的問題。

我回到了家鄉。可是我一回到家，馬上就知道自己這一輩子只有一個使命，那就是弄點本錢，重回華爾街。噢，理由可多了！比方說，華爾街是我唯一能夠大手筆操作的地方。如果有一天，我的玩法正確了，那麼我就會需要這麼一個地方。當一個人能夠做對的時候，就會需要可以悠遊其中的環境，讓他發揮所長。

我並沒有抱著太大的希望，但我還是想盡辦法要再度踏進空桶店。那時空桶店的數目已經比較少了，不過其中有一些是陌生人所經營的。還認得我的那些人，絕對不會讓我有捲土重來的機會。我把自己的實際遭遇告訴他們——我在紐約把家鄉所賺到的錢全都賠光了，顯然我所懂得的東西，並不如想像的那麼多；如果現在能再讓我到他們那裡操作，對他們來說未嘗不是一個好買賣。但是無論怎麼說，他們就是不肯。而另一方面，新的地方也不可靠。總之，業主如果有理由懷疑顧客會猜對，那就絕對不願意讓他們買到二十股以上。

我實在迫切需要用錢，我想規模比較大的空桶店，應該希望、也能夠從他們的顧客身上賺進很多錢才對。我有個朋友在某個營業處交易。我曾經逛進去看他們怎麼交易。我再次使用連哄帶騙的功夫，想要說服接單員接下才五十股的小單子，但他還是不肯。於是我和一位朋友設計了一套暗號，請他依照我所說的時間，買進或賣出我所指定的股票。但是這種方法只能賺點小錢，後來那個營業處也開始對我朋友所下的單子發起牢騷。最後，有一天，當他想要賣出一百股聖保羅（St. Paul）時，他們終於拒絕了他。

我們後來才知道，原來有位顧客看到我們在外面講話，跑去向營業處告密。因此當我的朋友向接單員下單賣出那一百股聖保羅時，接單員說：

『我們不接聖保羅的賣單，你的單子不接。』

『為什麼？出了什麼事，喬？』我朋友問。

『不想接，就這麼簡單，』喬說。

新的朋友

『這些錢是假的嗎？看清楚，錢不都在這裡了嗎？』我朋友遞出十張百元鈔票——那其實是我的百元鈔票。他試著裝出生氣的樣子，而我則是一副事不關己的神情；但是其他大部分的顧客全都圍了上去。每次只要有人高聲談話，或者空桶店和顧客之間似乎有了什麼爭執，人們總會圍攏過去看好戲，同時想探聽一些消息，以便判斷空桶店是不是還有償付能力。

接單員喬有點像是助理經理，他從櫃檯後面走了出來，走到我朋友面前，先看看他，再看看我。

『真有趣，』他慢慢地說，『真是有趣得很，你的朋友李文斯頓不在時，你就什麼事也不做。

你只是呆坐在那邊看著行情板，一看就是幾個小時，從來沒有露出過馬腳。但是等到他進來，你就突然之間忙了起來。也許你的確是自己在操作，但現在你不能再在這個營業處做了。我們可不想冒李文斯頓傳消息給你的險。』

我只靠著看行情板賺錢的日子，就這樣結束了。但是總算我所賺到的錢，還是比花出去的錢多了幾百美元。我轉著念頭要怎麼用這些錢，因為一賺進夠多的錢，可以重回紐約的心情就變得更加急迫。我覺得下一次我一定會做得更好。我已經有時間冷靜下來，思考自己一些愚蠢的操作；而且站在稍微遠一點的地方來看，整幅畫面就看得更加清楚了。眼前立即的問題，就是撈到新的本錢。

有一天，我在一家旅館大廳和幾個認識的同行聊天。他們都是相當穩健的交易人。大家都在談股票市場。我說，沒有人能夠贏得了這種遊戲，因為經紀商的執行過程不牢靠，尤其是像我這樣依市價交易的時候。

有個人抬頭看了我一眼，問我講的是哪一種經紀商。

我說：『這塊土地上最好的經紀商。』他問，可能是哪些經紀商。看得出來，他並不相信我曾和一流的經紀商往來。

但是我說：『我指的是紐約證券交易所的任何會員公司。他們並沒有蓄意欺騙或粗心大意，而是當一個人依市價下單買進時，在收到經紀商的回報之前，他並不知道那支股票會花他多少錢。價格波動一、二點的次數，多於波動十或十五點。但是就因為這個執行上的問題，使得交易人沒辦法抓到小漲或小跌的行情。我寧可在空桶店操作，如果他們允許交易人大手筆操作的話。』

和我講話的那個人，我並不曾見過。他的名字叫羅伯茨（Roberts），人看起來很友善。他把我拉到一邊，問我是不是曾在其他的交易所操作，我說沒有。他說他曉得有些經紀商是棉花交易所（Cotton Exchange）、農產品交易所（Produce Exchange），以及比較小的證券交易所的會員。這些公司做事很小心，而且特別注意執行的問題。他說他們和紐約證券交易所規模最大最聰明的經紀商有良好的關係，而且他們保證每個月都有數十萬股的業務量，因此他們所得到的服務，遠比個人顧客要好得多。

『他們真的很照顧小客戶，』他說。『他們的專長是經營外地的生意，而且對於十股的委託單和一萬股的委託單，全都一樣會費心照顧。他們十分能幹，也很誠實。』

『是。但如果他們要支付證券交易所正常的 1/8 點手續費，那他們的利潤從哪裡來？』

『哦，他們理論上是該支付 1/8 點的手續費。不過——你知道實際上並不是那麼一回事！』他眨眨眼。

『沒錯，』我說。『但是證券交易所公司絕不會做的一件事，就是拆分手續費。那些公司的主管寧可殺人放火、犯重婚罪，也不會願意以低於 1/8 點的手續費替人執行交易。證券交易所之所以能夠存活，就是因為他們從不違背那條規定。』

他一定聽出我曾經和證券交易所的人談過，因為他說：『哎呀！偶爾總有一家表面上規矩的經紀商，因為違反那條規定，而遭到暫停營業一年的處分，不是嗎？不過，實際上總是有辦法給個回扣，封住別人的口。』他可能看到我臉上露出不相信的表情，所以接著說：『更何況，針對特定業務，我們──我是說這些電訊號子（wire house）──除了 1/8 點的手續費之外，還會多收 1/32 點的費用。不過關於這一點，他們的做法很漂亮。他們只針對特殊狀況，也就是顧客操作不多的情況下，才會多收手續費。你曉得的，如果顧客不經常操作，這對他們來說並不划算。他們經營業務可不是只為了造福這些小戶的。』

這時，我終於聽懂了。他推銷的其實就是某些冒牌的地下經紀商（phony brokers）。

『你認識比較可靠的那種號子嗎？』我問他。

『我知道的都是一些美國最大的經紀公司，』他說。『我自己也在那裡操作。他們在美國和加拿大七十八座城市設有分公司。他們的生意做得很大。如果他們不夠可靠，也不可能年復一年經營得那麼好，你說不是嗎？』

『當然不可能，』我同意他的說法。『他們交易的股票，和紐約證券交易所是一樣的嗎？』

祕密的地下證券商

『那當然；而且和場外及美國、歐洲其他任何交易所都一樣。他們可以交易小麥、棉花、穀物，任何你想要的東西都有。他們在每個地方都與一些經紀商有生意往來，也會用自己的名稱或匿名的方式，在所有的交易所中取得會員資格。』

說到這裡，我恍然大悟，但我想再多套一些話。

『話是沒錯，』我說，『不過這並沒有改變委託單必須由某人執行的事實，而且沒有人能夠保證市場會怎麼走，或者保證報價機所打出的價格，能與交易所營業廳的實際價格有多接近。一個人在這裡得到報價，遞進委託單，再用電報傳到紐約，這裡頭總有一些寶貴的時間就這樣過去了。也許我最好還是回紐約，在信用可靠的公司裡賠錢還好一些。』

『我不懂什麼叫做賠錢。我們的顧客可沒有養成那種習慣。他們只知道賺錢。我們把這件事照顧得很好。』

『你們的顧客？』

『哦，我在那家公司入了一點小股，所以當然很樂於幫他們拉點生意，因為他們待我不錯，我也透過他們賺了很多錢。如果你想要的話，我可以幫你介紹認識那裡的經理。』

『那家公司叫什麼名字？』我問。

他把名字告訴了我。這家公司我聽過。他們在所有的報紙上面刊登廣告，吹噓只要是依照他們的熱門股內線情報操作的顧客，全都賺了大錢。這是那家公司的專長。他們並不是一般的空桶店，而是不折不扣的冒牌地下證券商（bucketeer），他們也就是騙顧客下委託單，並且透過精心設計的幌子，矇騙全世界相信他們是正常的經紀商，經營合法的業務。他們是那類公司中最早的一種。

今年倒了十幾家同類型的經紀商，他們正是從那個時代開始出現的。他們運用的一般原理和方法都一樣，只是詐取投資大眾錢財的手法略有不同。當他們的老把戲為人所熟知之後，其中的一些細節就會翻新。

這些人經常發出買進或賣出某支股票的小道消息——仿效賽馬情報販子的老招術，拍出幾百通電報，建議某些顧客立即買進某支股票，同時另外拍出幾百通電報，建議其他顧客賣出同一支股票。接下來買單和賣單就會湧進。公司會透過一家信用可靠的經紀商進行買進和賣出，比方說，買賣一千股的那支股票，並且取得正規的報告。如果有哪些不識好歹的張三李四說他們欺騙顧客下單，他們就會拿出那張成交報告給這些人看。

他們也常在營業處任意成立炒作集團，而且把它當做很大的恩惠，允許顧客用書面的方式，授權他們拿顧客的錢，用顧客的名義，在他們判斷最合適的時機進行操作。這麼一來等到錢全沒了，大部分愛吵鬧的顧客也沒辦法循法律途徑把錢要回來。他們會在帳面上作多某支股票，把顧客的錢投進去，然後運用空桶店的老手法，把數以百計的小額保證金一掃而光。他們從不放過任何人，婦女、學校老師、老人，都是他們最喜歡的下手目標。

『我討厭所有的經紀商，』我向講得口沫橫飛，一直在推銷的那個人說。『我必須仔細想想。』一講完我轉身就走，不讓他再有機會說些什麼。

誘人入彀

我到處打聽這家公司的內幕，很難找到曾有任何人在那種地方賺過錢；但是我確實贏過。我認識的一個人告訴我一個故事。他說，有一次，他曾看過公司發出六百通電報，建議顧客敲進某支股票，另外又發出六百通電報給其他的顧客，強烈敦促他們立即賣出同一支股票。

『是的，我懂那套花招，』我對那個人說。

『沒錯，』他說。『但是隔天，他們又發出電報給同一批人，建議他們出清手上所有的股票，並且買進或賣出別的股票。我問剛好在營業處的一位資深合伙人：「你們為什麼要那麼做？前面那種做法我懂。雖然所有人最後都會賠錢，但有一些顧客至少在某一段短暫的時間內，帳面上看起來會是賺錢的。但是像後面那樣再次發出電報的做法，只會害死所有的人而已。這裡面到底藏有什麼名堂？」

「哦，」他說，「無論如何，不管顧客買什麼、如何買、在哪裡買，或者什麼時候買，他們都註定要賠錢。他們一賠錢，我們就會失去這些顧客。因此，我當然儘可能從他們身上刮錢——然後再找下一批新顧客。」』

說真的，我承認自己並不關心這家公司的經營道德。我跟你說過，我討厭泰勒那家公司，以及如何用計報一箭之仇。現在，我對這家公司並沒有那樣的感覺。他們可能是騙子，也可能不像他們被描繪的那麼黑。我並不想讓他們替我執行任何操作，或者照他們給的小道消息操作，或者相信他們的謊話。我一心一意只想籌到一筆本錢，可以重回紐約，用更多的資金進行操作。

總之，我決定看看這家公司，相對於合法的經紀商來說，究竟能提供哪種操作優勢。我並沒有太多錢當保證金，不過這些騙人下單的公司，在這方面當然隨意得多，所以幾百美元的錢就可以操作相當大的規模。

我到他們的地方，找經理一談。當他知道我是個操作老手，在紐約的經紀商開過帳戶，並且賠光了身上所有的錢之後，便不再提起他們可以拿我的儲蓄投資，並且能夠在一分鐘之內就幫我賺上一百萬美元這樣的話了。他一定認為我是那種只知道追逐行情，屢玩屢輸，永遠的冤大頭。這種人是經紀商可以指望收入源源不絕而來的衣食父母，不管他們是那種騙你下單的證券商，還是滿足於賺取手續費的經紀商，這一方面他們想的事情倒是全都相同。

我告訴那位經理，希望執行品質要好，因為我總是依市價操作，不想收到回報時，發現成交價和報價機打出來的價格差上半點或一整點。

他向我指天畫地保證，他們會做好所有我認為應該做對的事。他們希望我來交易，因為他們要讓我知道，什麼才叫做一流的經紀業務。他們擁有這一行最優秀的人才。事實上，他們正是以執行品質之佳聞名遐邇。如果報價機的價格和回報單之間有任何差異，那他們一定會選擇對顧客有利的這一邊，只是他們不能保證這種事。他說我只要在他們那裡開戶，我就可以依照電訊傳來的價格買進和賣出。他們對自己的營業員深具信心。

這當然也就表示，我又可以像在空桶店那樣，愛怎麼操作就怎麼操作了——也就是說，他們允許我依照下一個報價操作。我不想露出迫不及待的樣子，所以故意搖搖頭，告訴他，我想當天我還是不會開戶，至於到底要不要開戶，我一定會讓他知道。他強烈催促我馬上行動，因為那時正是賺錢的好市場。的確沒錯——不過那是對他們來說。當時市場其實是沉悶乏味，價格只是來回微幅波動，正是要顧客進場，然後在放出小道消息的股票大動後，害他們斷頭出場的好時機。他纏著我，一時之間要脫身也不容易。

所以我把姓名和地址給了他，同一天，就開始收到已經交了預付款的電報和信件，催我趕快買這支或那支股票。他們說有內部資金正在運作讓那些股票上漲五十點。

我此時則是忙著四處打聽，盡全力尋找同樣那種類型的其他幾家經紀公司。在我看來，如果我真的想賺錢，當下看來只能透過他們，所以唯一的做法，就是多找幾家這種像空桶店的地方來操作。

矇混騙錢

等我弄清楚所有該懂的事之後，便在三家公司開了戶頭。我找了一間小辦公室，直接拉線到那三家經紀商。

我從少量做起，以免一開始就把他們嚇跑。賺了一點錢之後，他們忙不迭的告訴我，希望直接拉線到營業處的顧客能把量做大。他們對小賭客不是那麼有興趣。他們一定在算計，我做得愈大，賠得愈多，愈快被洗出場，他們就賺得愈多。這些人玩的是平均數的遊戲，也就是一般的顧客，錢一定撐不久。想到這一點，你就知道他們的理論有多美好。玩爆的顧客，當然無法再操作。只有那種要死不活的顧客會賴在那邊哀號，暗中破壞一些事，製造種種麻煩，對公司的業務很不利，所以他們寧可讓你玩大一點，早一點爆掉。

我也和一家在地的正規經紀商建立關係，它直接連線到紐約的經紀商，他們也是紐約證券交易所的會員。我裝了一架股票報價機，剛開始操作得很保守。我跟你說過，那很像在空桶店操作，只是速度慢了一點。

這是我能夠打贏的遊戲，也確實打贏了。我從來沒嚐過這麼好的甜頭，玩十次，賺十次。總之，我贏了！週復一週都賺錢。我的生活又再度回到相當好的狀態，不過我總會存點錢，以增加可以帶回華爾街的老本。我又多拉了兩條線到另兩家地下經紀商，因此總共有了五家往來經紀商——當然還有那家正規的公司。

有時我的計畫也會出差錯，股票並沒有依照過去的模式走，而是反其道而行。但我並沒有因此受到很大的創傷——我下的保證金很少，所以不可能造成很大的傷害。我和經紀商的關係相當友好，不過他們的帳戶紀錄並不見得和我相同，而且差異部分總是碰巧對我不利。這是奇怪的巧合嗎？才不是！通常我都會據理力爭，最後也多半能夠如願以償。他們當然想把我從他們那裡拿走的錢再拿回去。我想，他們是把我所賺進的錢，看成是給我的臨時貸款。

他們所從事的行業，是靠圈套和欺騙來賺錢，因此絕不滿足於莊家抽成，所以行事作為談不上光明磊落。由於冤大頭賭股票總是賠錢（這從來都不是真正的投機），因此你也許會認為，這些人經營的雖然是非法業務，但一定會規規矩矩地做才對。事實不然。『靠客戶賺錢而富有』這句古老的箴言，他們似乎從沒聽說過，所以他們會一直在那邊騙取顧客的錢。

有幾次，他們試著用老把戲蒙混騙我。其中有兩次，我一不注意，竟被他們得逞。我的操作數量多於平常的水準時，他們總是會做那種事。當我指責他們作弊或者說出更嚴厲的話時，他們一概否認，到最後，我還是會一如往常地在他們那邊繼續操作。和騙子打交道的一個好處，就是即使抓到他們的小辮子，只要不停止和他們繼續做生意，一切都好商量。在他們看來，那也沒什麼大不了的。他們總會願意多讓步一點的。他們的氣量還真大啊！

小小的懲罰

我下定決心，不能讓騙子所玩弄的招術，損害到我的本錢正常增加的速度。因此我決定稍稍教訓他們一下。我選了一支股票，它在成為投機性炒作的目標之後，交投已轉為清淡。如果我選的是交投從來不曾熱絡的股票，他們一定會懷疑我在搞鬼。我向五家地下經紀商同時下這支股票的買單。他們接下買單，等待下一個報價從紙帶印出來時，我就透過我的正規經紀商下單，依市價賣出那支股票一百股，而且我還急著要他們趕快行動。你可以想像，當那筆賣單到達交易所營業廳時，會發生什麼事；和外地有往來關係的某個經紀商，急著賣出某支市況呆滯、交投薄弱的股票。一定會有人因此買到便宜貨。但如此一來，印在紙帶上面的這筆交易，其價格也就正是我的五張買單所要支付的價格。買賣相抵，我就等於是在低價作多那支股票四百股。電訊號子如果問我，是不是聽到了什麼消息，我就回答說，有人給我作多的小道消息。然後在市場收盤前不久，我會遞出一張單子到那家正規經紀商，買回一百股股票，而且告訴他們不要浪費時間；不管在什麼情況下，我都不想抱著空頭部位；我完全不在意他們用多少錢成交。因此他們連線到紐約，想要儘快買進那一百股股票的單子就會造成價格激漲。於此同時，我當然已經在地下經紀商那裡，遞出了那五百股股票的賣單。最後的成績，可說是相當令人滿意。

他們面對這種狀況，並沒有修改做法，所以我又玩這種手法玩了好幾次。不過，我也不敢過度懲罰他們。雖然一百股股票很少賺超過一點或二點。不過這對我下次的華爾街冒險，要多存下一點小錢這件事不無小補。我有時也會稍微改變程序，先放空一支股票，但數量也不會太大。每次只要能賺進六百美元或八百美元，我就已經很滿意了。

有一次，這種手法所得到的收穫遠遠超過了我的預期，竟然出現十點的波動。我萬萬沒料到會這樣，事實上，之所以會發生這種事，是因為我在正規經紀商買賣的數量不是平常的一百股，而是兩百股，但在其他幾家地下經紀商還是只各下一百股的單子。這種事實在好得讓人受不了，尤其是對他們而言。他們氣急敗壞，開始透過電訊說一些難聽的話。於是我跑去見那位經理，就是當初希望我趕快開戶，後來還被我抓到動手腳，每次都會讓步的那個人。他講了一些在他那個職位來說很重的話。

『那肯定是有人炒作那支股票，所製造出來的假市場，我們半毛錢也不會付給你的！』他咬牙切齒的說。

『在你們接下我的買單時，它可不是假市場。那時候，你們讓我買，好吧！現在你們總必須讓我賣才行。你們不能那麼不講理，可以那麼做嗎？』

『是的，我可以！』他吼道。『我可以證明有人在炒作。』

『誰在炒作？』

『某個人！』

『炒作的人到底是誰？』我問。

『一定是你的某些朋友在搞鬼，』他說。

但是我告訴他：『你非常清楚，我一個人獨來獨往在玩。這座城市裡的每個人都知道這件事。從我開始操作股票以來，他們就知道。現在我要給你一個友情的忠告：把錢找來給我。我不想惹人討厭。照我的話去做就是。』

『我不會付錢的。那是有人搞鬼的交易，』他吼道。

我聽膩了他的話，所以就跟他說：『你現在馬上就得付我錢。』

他繼續怒氣沖沖地講了一會兒，一口咬定我搞鬼騙他，不過最後還是把錢推了過來。其他的經紀商倒是沒有那麼粗暴。某個營業處的經理一直在研究我所操作的那些冷門股，接到我的委託單時，除了幫我買股票之外，他自己也在美國證券交易所（Little Board）買一些，賺了一點錢。這些人不怕被顧客指控詐欺，一狀告上法庭，因為他們通常早就做好技術上的法律防護措施。但是他們害怕我申請查封事務設備。他們存在銀行裡面的錢，我動不了，因為他們很小心，不會讓錢暴露在那種危險之中。他們這麼精明狡猾，對他們不會有傷害，但是如果賴帳不還的名聲一旦傳出去，那他們就死定了。顧客在經紀商操作賠錢的事時有所聞。可是賺了錢卻拿不到，在投機客看來，是最嚴重的罪行。

我從所有的經紀商那邊，全都拿到了錢；但由於這次價格躍漲了十點，從騙子身上騙錢的有趣娛樂也就結束了。他們從此開始提高警覺，留意我是不是暗地裡在玩弄什麼花樣，學了他們那些騙取數以百計可憐顧客錢財的做法，要弄一些名堂。我恢復了以前的正常操作方法，但是市場並不是一直都適合我的系統——也就是說，我還是受限於他們願意接受的委託單大小，而無法海撈一票。

半路停下來賺一筆

我在那裡待了一年多，使用各種我想得出來的辦法，在那些電訊號子裡操作賺錢。我日子過得十分寬裕，買了一輛汽車代步，也不限制自己平常的花費。我雖然必須積攢本錢，但卻也必須過活。如果我在市場上的部位是對的，我花的錢也不能比賺進來的錢多，這樣才能存下一點錢。如果我是錯的，那就賺不到任何錢，當然也就沒有錢可花了。最後，我存了不少錢，而那五家電訊號子也並沒有那麼多錢可賺，所以我決定回紐約。

我自己有車，於是我邀了一位也是交易人的朋友共乘，往紐約的方向走。他同意一道走，於是我們動身，中途在紐海文（New Haven）停車吃晚飯。我在旅館遇見操作圈的一位舊識，談了一些事。他告訴我，市內有一家電訊空桶店，生意做得相當不錯。

隨後我們離開了旅館，準備繼續奔向紐約，但是我故意繞到那家空桶店所在的街道，看看它的外觀長得什麼樣子。我們找到了之後，忍不住停車，逛了進去。雖然不是挺氣派，但還是有張舊黑板，也有一些顧客，遊戲顯然正在進行中。

經理看起來好像當過演員或者競選演說家，給人留下非常深刻的印象。他跟你道早安的方式，就好像經過十年的尋尋覓覓，終於用顯微鏡找到早晨之美似的，而且他還彷彿想要把他的發現，連帶藍天、太陽，以及該公司的一堆鈔票，當成禮物一起獻給你。他看到我們開著時髦的車子過來，而且兩人都相當年輕，舉止輕鬆隨便——我可沒說我看起來像二十歲——自然而然地，他就把我們當成是耶魯大學的學生。我沒告訴他我們不是，因為他沒給我機會說話，就開始滔滔不絕發表演說。他很高興見到我們，問我們要不要找個舒適的椅子坐下？他說那天早上，市場非常寬大仁慈；事實上，它正等著要發零用金給我們這些大學生；自盤古開天闢地以來，聰明的大學生零用錢總是不夠用。但此時此地，由於報價機大發慈悲，只要一點小小的投資，就能賺進好幾千美元。股票市場正渴望發給你們零用錢，怎麼花也花不完。

我想，空桶店的這個好人，急著要我們去做的事，不做實在可惜。因此，我跟他說，就聽他的話去做，因為我聽說許多人都在股票市場中賺了很多錢。

於是我開始非常保守地操作，然後隨著贏錢，慢慢加大操作規模。我那位朋友也跟著我做。

我們當天晚上在紐海文過夜，隔天早上九點五十分，又到那家好客有禮的空桶店報到。演說家看到我們很高興，心裡一定在想，今天換他們把錢贏回去了。但是到最後，我又賺了將近一千五百美元。又隔一天早上，我們到那位偉大的演說家前面，遞給他一張委託單，賣出五百股美國糖業股票，他有點遲疑，但還是接下了——這次他倒是一句話都沒說！那支股票下跌一點多之後，我軋平交易，就把單子交給了他。我剛好淨賺五百美元的利潤，再加上五百美元的保證金。於是他從保險箱拿出二十張五十美元的鈔票，非常緩慢地數了三遍，又到我面前數了一次，看起來就好像是他的手出汗，把鈔票給黏住了。最後他終於把錢交給我，然後兩手抱胸，咬著下唇，一直咬著，盯著我後方的窗戶上面看。

重返華爾街

我跟他說，我還想放空兩百股美國鋼鐵公司的股票。但是他沒有回過神來。他沒聽到我說的話，於是我把話再講一遍，只是這次換成了三百股。這時他的頭動了起來。我等著他發表演說，但是他只看著我，接著咂咂嘴，嚥下一口口水——好像反對黨就要開始抨擊五十年來的貪汙腐化所造成的政治亂象。

最後，他向著我手上的黃背紙鈔揮揮手，說：『帶走那些騙小孩子的玩意兒吧！』

『帶走什麼？』我說，不太懂他到底是什麼意思。

『同學，你們要去哪裡？』他非常認真的問。

『紐約，』我對他說。

『那就對了，』他說，點了大約二十下頭。『好得很。你們就要離開這裡，太好了，因為現在我知道了兩件事——兩件事，同學！我知道你們不是什麼人，也知道你們到底是什麼人了。對！對！對！』

『就這樣？』我很客氣的說。

『是的，你們兩個——，』他突然打住；然後不再像是置身國會殿堂，開始怒罵起來：『你們兩個是美國最大的兩條鯊魚！學生？哼，你們一定是新生！哈！』

我們把他一個人留在那邊喃喃自語。他也許不是那麼在意那些錢。沒有一位職業賭徒會在意錢。反正一切都從賭局裡求，運氣總會反轉的。他在意的應該是他對我們兩人看走眼，傷害到他的自尊。

這是我第三次想要回到華爾街一試身手的過程。當然，我一直都在研究，想要確定我的系統到底是哪裡出了問題，所以才會在富勒頓公司的營業處慘遭挫敗。二十歲那年，我賺到第一個一萬美元，後來賠掉了。但是我曉得錢是怎麼賠的，還有為什麼會賠錢——因為我的操作時機一直不對；因為我沒有依照自己的系統操作，反而在號子裡賭了起來。我的系統是根據研究和經驗所建立起來的。我只期望能贏，卻不知道應該在時機恰當時贏。到了大約二十二歲，我的操作本錢累積到了五萬美元；五月九日那天，又全部賠掉了。這次我也十分清楚那些錢是怎麼賠掉的，也知道理由是什麼。那是因為行情紙帶上面的數字落後，而且可怕的那天，震盪之激烈前所未見。但是我並不知道，為什麼我從聖路易回來之後，或者五月九日的恐慌之後，為什麼還是會賠錢。我心中有一些理論——也就是說，我認為我發現了自己操作上一些錯誤的補救辦法。但是，我需要實地練習。

沒有什麼比失去一切，更能教會你什麼事不能做。你得先知道什麼事不能做，這樣才不會賠錢，然後你就會更明白，應該做什麼事才會賺錢。你聽懂了嗎？如果聽得懂，你就真的開始在學習了！」

Chapter 4

二十五萬美元的第六感

技術面分析者應該可以瞭解勒菲佛這篇文章的大部分內容，因為它談的是研讀行情紙帶和使用走勢圖的優缺點。它之所以有趣，也是因為它和李文斯頓談操作紀律的其他故事不同。它談的是讓李文斯頓大賺特賺的第六感。

報價機紙帶（ticker tape）自一八六七年發明以來，就成了傳送股票價格的主要工具，後來再經愛迪生（Thomas Edison）改良。在那幾年，使用中的報價機紙帶共有兩種，傳送的都是紐約證券交易所的價格。第一種是把經紀公司的分支營業處與紐約證券交易所營業廳連接起來。顧客透過線路，把委託單送到營業廳去執行；成交之後，再將成交價回報給顧客。使用這種報價機紙帶的銀行和經紀商，稱作「電訊號子」（wire houses）。經紀商和交易所，以及經紀商彼此之間，都用報價機連線。勒菲佛的文章發表後幾年之內，紐約國家市民銀行（National City Bank of New York）的子公司國家市民公司（National City Company）搖身一變成為美國最大的電訊號子，在美國各地賣股票給投資人，其顧客主要都是投資散戶。

第二種報價機紙帶會把交易所執行的價格，傳送給全國各地的股票經紀商和其他合格的訂戶。這也是空桶店想要的資訊，但是西聯電訊公司（Western Union）拒絕了他們的要求。接收價格資訊的列印機稱作報價機（ticker）。李文斯頓在內文中所提到的就是第二種報價機紙帶，因為他和其他紙帶閱讀者需要藉此判斷一支股票在交易所成交時，究竟是顯現出強勢還是弱勢。

許多交易人也會使用能呈現出一支股票過去價格的走勢圖（charts），和今天交易人所使用的方式其實很像。技術面分析之所以被人愛用，是因為用起來比瞭解一家公司的業務基本面或它的財務報表要容易得多，尤其在財務報表的統一格式還沒有建立起來之前更是如此。一般公認的會計原則（generally accepted accounting principles；GAAP）是直到一九三四年證券管理委員會（Securities and Exchange Commission）設立後才引進。這個事實使得走勢圖的研讀和行情紙帶的研讀（李文斯頓稱研讀行情紙帶的人是「紙帶蟲」〔tape worms〕）更顯得有道理，因為不少財務資訊不見得可信。有時交易人與其相信一家公司所揭露的財務資訊，還不如相信價格趨勢。

李文斯頓也開始談到一些胸懷大志的交易人樂於拜讀的故事。這些故事中提到，他並非一直都是贏家，同樣必須在操作方法上養成紀律才行。李佛摩在他的事業生涯稍後，發展出一套投機系統，多年來仍一直有許多賭客和交易人在使用。

查爾士・蓋斯特

股票作手回憶錄：一九二三年七月十五日

我再次和李文斯頓見面，是在他家裡。我們坐在他的圖書室。他遞來一根雪茄。

「我不抽，」我向他說。「但是我想用它來換你的故事。」

他點點頭，點燃雪茄，一聲不吭。我也不打擾他。

過了半晌，他終於開口講話：「我想，一般的報價機迷——或者像人家常說的紙帶蟲——都錯了，因為他們過度沉迷其中，以至於有點太鑽牛角尖。他們的行為缺乏彈性，因此必須付出很高的代價。不管主要的法則多麼嚴格，投機遊戲畢竟不是只涉及數學或一定的規則。即使我在研讀紙帶時，也有不屬算術或重複型態的東西會進入到腦海中。這些就是我所說的一支股票的行為。那種行為有助於你研判它是不是會依照你以前所觀察到的先例走。如果一支股票的行為不對勁，千萬不要碰它。因為你無法指出到底是哪裡錯了，你就無法研判出它會往哪個方向走。不作診斷，就無法作預測。沒有預測，就沒有利潤。

注意一支股票的行為和它過去的表現，是一種非常古老的做法。它就相當於在賽馬場上預測比賽成績[9]（dope sheets）。我剛到紐約時，有一家經紀商的營業處有個法國人，經常談到他的走勢圖。起初我以為他是那家公司特別找來服務顧客的人，因為他們對顧客很好。後來我發現他講話很具說服力，叫人嘆服不已。他說，數學是唯一不會說謊的東西，因為它根本沒辦法說謊。利用他所畫的曲線，他可以預測市場的動向。他也能分析那些線條，例如，為什麼吉恩在他有名的艾奇森（Atchison）優先股多頭行情炒

註9 《股票作手回憶錄》一再提到這個名詞，除了此處，為適用於股市，其他地方譯為「行情研判」。

作一事中做對了，以及後來為什麼他的南太平洋（Southern Pacific）炒作集團做錯了。不同的時期，總有一些專業交易人試用那位法國人的系統——然後又回頭使用原本那些不科學的謀生方式。他們說，他們那種見機而作的系統比較便宜。我聽說那位法國人表示，吉恩承認走勢圖百分之百正確，但他認為這種方法在交投熱絡的市場中，用起來速度太慢。

走勢圖相對於行情紙帶

後來有個營業處，會貼出每天的價格波動走勢圖。乍看之下，圖上只是每一支股票幾個月來的波動情形。但是只要比較個股的曲線和大盤的曲線，並且記住一些規則，顧客就可以研判他們根據不科學的小道消息買進的股票，會不會上漲。他們會把走勢圖當作另一種輔助性情報。如今你可以在不少經紀商看到這種交易走勢圖。統計專家會把這些走勢圖畫出來，不只包含股票，也有商品的走勢圖。

我必須要說明的是，走勢圖對那些看得懂的人有幫助，看了之後能夠吸收消化的人受益更大。我個人喜歡研讀行情紙帶。但是一般的走勢圖閱讀者過分沉迷於走勢圖的觀念，以為那些急跌和高峰，就是玩這種遊戲所需要的一切。如果他把那樣的信心推到邏輯上的極

限，最後勢必賠個精光。曾經有個非常能幹的人，是某家知名經紀商的合伙人，畢業於一所著名的技術學校，受過嚴謹的數學訓練。他設計出一些走勢圖，不只合乎理性，而且非常詳盡。他們非常仔細、無微不至地研究很多市場的行為，例如：股票、債券、穀物、棉花、貨幣等等。他回溯過去許多年，追蹤相關性和季節性的波動——喔，應該說是每一件事都不放過。幾年內，他一直利用這些走勢圖操作股票。他所作的事，其實是根據某種非常聰明的平均數操作。有人告訴我，他經常獲利——直到後來發生了世界大戰，也推翻了他所有的先例。我聽說，他和他的廣大追隨者賠了好幾百萬美元，最後一蹶不起。但是即使發生世界大戰，在有利後市上漲的情況中，也無法阻止股市竄奔榮途，或者在後市看壞的情況中，也無法阻止空頭市場展開。想要賺錢，我們需要知道的事，應該是評估基本的情勢才對。

我不是故意岔題談這些事，而是想到我在華爾街的前幾年，便忍不住要講。我現在知道一些以前所不知道的事，而且我想到了一些因為我的無知所犯下的錯誤，因為那也正是一般股票投機客年復一年不斷重複犯下的錯誤。

回到紐約之後，我在一家經紀商第三次想要嘗試擊敗市場，這次我操作得相當積極。我不敢期待做得和我在空桶店的表現一樣好，但是我想，經過了這段期間，我應該會做得比以前好得多才對，因為這一次我可以用遠比以前多的數量進行操作。還有，我現在已經曉得自己主要的問題，在於未能理解股票賭博和股票投機之間的重要不同點。不過由於我有研讀行情紙帶長達七年的經驗，以及喜歡這種遊戲的天生性向，因此我投下本錢賺到的其實不只是財富，而且是越來越高的獲利率。我還是跟從前一樣，時賺時賠，但是整體而言有賺。我賺得愈多，花得也就愈多。大部分人都會如此，不見得只有賺錢容易的人才有這種傾向，只要不是守財奴，每個人都會這樣。當然還是有一些人，譬如像老羅素・謝吉（Russell Sage），他就能把賺錢和守財的本能發展得一樣好。不過，他們死的時候，也留下了一大堆帶不走的財富。

每天從早上十點到下午三點，擊敗市場的遊戲，盤踞了我的整個心思；三點以後，我則只顧著享受生活。不要誤會我的意思。我絕對不會任憑玩樂干擾工作。如果我賠錢，那肯定是因為我做錯了，而不是因為我放蕩不羈或者縱慾無度。我從來不會因為精神不濟，或者宿醉未醒，四肢無力，而傷害到操作。我不會讓任何事害我身心失調，使我變得不適合操作。即使是現在，通常我也在十點以前就寢。年輕時，我從不晚睡，因為如果睡眠不足，我就沒辦法把工作做好。我賺多賠少，所以我不認為有必要剝奪自己享受生活中的美好事物。市場一直在那邊供應這一切，而我就像是那些用專業、冷靜的態度面對世界的人一樣，相信本身所採用的方法，能夠供給自己麵包和奶油。

從沒出現的回檔

我在操作上所做的第一項改變，和時間有關。我不能像在空桶店那樣，等候十拿九穩的事發生，然後賺取一、兩點的利潤。如果我想在富勒頓的營業處抓到行情走勢，採取行動的時間就必須提前很多才行。換句話說，我必須研究接下來會發生什麼事，也就是研判股票的動向。這話聽起來像是陳腔濫調，但是你應該懂我的意思。改變自己對待這種遊戲的態度，對我來說極為重要。它一點一滴教會我懂得去賭波動，去研判不可避免的漲跌，以及賭博和投機之間根本上的不同。

現在我研究市場時，都必須再往前推一個小時以上——過去即使是在世界上最大的空桶店，我也絕對不會去學做這種事。我開始對產業報告、鐵路公司的盈餘，以及財務和商業統計數字發生興趣。當然，我總喜歡大手筆操作，所以才被人稱作棒槌小子；但是，我也喜歡研究價格的波動。凡是能夠幫助我操作得更加聰明的東西，我從來都不會覺得討厭。在我能夠解決一個問題之前，我都必須先把這個問題說明清楚給自己聽。在我認為已經找到解決方法之前，我都必須先證明自己是對的。我知道只有一種方法能夠證明；那就是用自己的錢去證明。

現在我的步調似乎變得比較緩慢，但是我認為我已經盡了全力，而且算是學得很快，因為整體而言我還是有賺錢。要是我更經常賠錢，說不定會更刺激我持續學習。如果經常賠錢，我也許會察覺到更多的錯誤，但我還是不能肯定賠錢的真正價值，因為如果賠得太多，就會缺乏資金測試自己的操作方法有沒有改善。

研究過我在富勒頓營業處的獲利操作之後，我發現到，雖然我經常百分之百看對市場——也就是我對基本情勢和大趨勢所作的判斷是正確的——可是實際上賺到的錢，卻不如看對市場時所應該賺到的那麼多。為什麼賺不到那麼多呢？

從應該大勝卻只獲得小勝的情況中所能學到的東西，和從挫敗中可學到的東西一樣多。比方說，我在多頭市場展開之初，就看好後市的發展，也用買進股票的行動支持自己的看法。市場果然上漲，正如我的預測。到目前為止，一切都很好。但是接下來我做了什麼事？我聽從圈內老手的話，要克制自己年少輕狂的衝動。我下定決心放聰明點，盡可能玩得謹慎保守一點。每個人都知道，這也就表示你應該早點獲利了結，在回檔時買回股票，而我正是這麼做，或者應該說是盡可能試著這麼做。但是我經常在獲利了結之後，苦苦等候不到可以再次買進的回檔。我經常看到想買的股票飛漲十幾點以上，而我那保守的口袋裡，卻只取得其中四點的利潤。人們經常說，獲利了結絕對不會害你變窮。沒錯，你不會變窮。但在大多頭市場中，只賺取四點的利潤，也絕對無法讓你變得富有。

在我應該賺二萬美元時，我卻只賺進兩千美元。這就是我的保守作風所帶來的結果。在我發現自己只賺到小部分的利潤之際，同時也察覺到了另一件事，那就是所謂的冤大頭，可以依經驗的多寡，區分成幾種不同的類型。

新手什麼都不懂，而且包括他自己在內，大家都知道這件事。但是次一級的人，總認為自己懂很多，也讓別人這麼覺得。他是有經驗的冤大頭，研究過一些東西，但研究的不是市場本身，而是更高一級冤大頭針對市場所講的一些話。這種第二級的冤大頭曉得，不能像新手那樣，因為做某些事而賠錢。這種半生不熟的冤大頭，比起百分之百的冤大頭來說，更是經紀商真正的長年衣食父母。這種人平均能存活三年半左右，比起那些在華爾街通常只能活三個禮拜到一季的菜鳥們要長得多。這些半生不熟的冤大頭，總愛引用各種有名的操作格言和各種遊戲規則。他曉得所有不該做的事，但偏偏就漏掉了一件事──『不該當冤大頭！』。

這種半生不熟的冤大頭，往往認為他已經很懂事，因為他喜歡逢跌買進。他會等候價格下跌，並且用價格從高點下跌多少點，來衡量股價是不是便宜。在大多頭市場中，這些如假包換的冤大頭全然不懂規則和先例，只是根據自己盲目的希望，盲目地買進股票──直到行情出現一次穩健的回檔，轉眼之間就把所有的利潤全吐了回去。即使是小心翼翼的冤大頭，也會像我當初認為自己玩這種遊戲很厲害一樣，不知道自己其實是根據別人的智慧在玩。我知道自己必須調整在空桶店所使用的做法，但我以為調整之後問題就會解決，更何況，我是根據那些經驗豐富的交易人所提供的寶貴意見進行調整的，難道這樣不對嗎？

大部分人——我們姑且稱他們為顧客——其實都一樣。你會發現，只有極少數顧客會發自內心地說華爾街沒欠他們錢。富勒頓的顧客們和其他地方並沒有什麼差別，各種等級的冤大頭都有！不過有個老傢伙似乎和別人有點不同。首先，他的年紀大得多。另外，他絕對不主動提供建議，也絕對不吹噓自己賺了錢。他總是非常專注聽別人講話。他看起來不會十分急切想要打聽小道消息——也就是說，絕不會問講話的人，他們聽到或者知道什麼事。但如果有人給他小道消息，他也總是很客氣地道謝。有時他還會謝第二次——當小道消息果然正確時。萬一小道消息不正確，他也絕對不會發牢騷，因此沒有人知道他究竟有沒有照小道消息說的做，還是聽過就算了。營業處內傳說這名老手是個有錢人，一出手就可以是龐大的數目。但是他貢獻給公司的手續費並不多；至少沒有人知道究竟貢獻了多少。他姓帕崔吉（Partridge），但是大家都在背後管他叫火雞，因為他的胸部渾厚，而且習慣昂首闊步到不同的房間裡閒逛，下巴彷彿就貼在胸口上似的。

艾爾默自討沒趣

那些喜歡被人牽著鼻子走、經常被迫做某些事的顧客，總喜歡把操作失敗怪罪到別人的頭上。他們經常找上老帕崔吉，把內部人士朋友的某個朋友建議他們買賣某支股票的消息告訴他。他們會跟他說，他們還沒照小道消息所說的做，想請他給個建議，告訴他們應該怎麼做才好。但是不管他們所聽到的小道消息，究竟是建議他們買進還是賣出，老傢伙的答案總是一樣。

當那些顧客講完自己不知如何是好的情況之後，接著就會問：『你認為我應該怎麼做？』

這時老火雞會昂起頭，側向一邊，給他的同行一個慈父般的微笑，然後說出非常令人難忘的一句話：『大家都知道，現在是多頭市場！』

我一而再、再而三地聽到他說：『哦，現在是多頭市場，大家都知道！』就好像是把一個無價的護身符，包在一張百萬美元的意外險保單內一樣。不過，我並不懂他的意思。

有一天，有個名叫艾爾默・哈伍德（Elmer Harwood）的老兄，衝進營業處寫了一張委託單，交給了辦事員，然後又衝到帕崔吉先生身邊。帕崔吉正在很有禮貌地聽約翰・費寧（John Fanning）談起往事，說他曾經無意間聽到吉恩給他的營業員一張委託單，於是就跟著去買，可惜一百股股票只賺到區區三點，結果約翰賣出後，三天內那支股票又漲了二十四點。這個叫人扼腕的故事，約翰至少跟帕崔吉講了四遍，但老火雞還是帶著同情的笑容聽著，彷彿是第一次聽到的樣子。

艾爾默擠到老先生身邊，也沒對約翰・費寧說聲抱歉，就開口對老火雞說：『帕崔吉先生，我剛剛賣出了頂好汽車（Climax Motors）。給我消息的人說，市場就要回檔，到時候我就可以在更便宜的價位再把它買回來。你最好也比照辦理。我的意思是說，如果你還持有那支股票的話。』

艾爾默帶著懷疑的表情看著老先生。先前也是他把應該買進頂好汽車的小道消息告訴老先生的。

這個業餘提供免費服務的小道消息家，總認為只要是聽他小道消息的人，身體和靈魂就歸他所有，即使他還不知道小道消息最後的結果會如何，也是一樣。

『是的，哈伍德先生，我手上還有那支股票。當然還有！』火雞感激地說。艾爾默能把老先生放在心上，做人真好。

『哦，現在應該獲利了結了，等到下一波的跌勢再買。』艾爾默這麼說，就好像他剛替老先生寫好存款單似的。但是艾爾默並沒看到受惠人臉上閃現感激之情，所以緊接著說：『我已經賣掉手上的每一股股票了！』

從他的聲音和動作，你彷彿可以保守估計出他至少賣掉了一萬股。

可是帕崔吉先生卻猛搖頭，狀甚抱歉，不好意思地說：『不！不！我不能那麼做！』

『什麼？』艾爾默大聲嚷嚷。

『就是不能！』帕崔吉先生說。好像遇到很大的困難。

『我不是給你了買進它的小道消息嗎？』

『是啊，哈伍德先生，非常謝謝你。真的很感謝。但是——』

『等等！讓我先說！那支股票不是在十天內漲了七點嗎？是不是？』

『沒錯，而且我不知道要如何謝你才好，小老弟。但我就是不能去賣出那支股票。』

『你不能？』艾爾默問，開始懷疑自己聽錯了。傳出小道消息的人，對聽取小道消息的人，總是有這種習慣。

『是的，我不能。』

『為什麼不能？』艾爾默靠得更近。

『唉，因為這是個多頭市場！』老傢伙好不容易說完，好像他給了一個又長又詳細的解釋似的。

『沒錯，』艾爾默因為失望而生氣地說，『我知道這是個多頭市場。不過你最好還是先賣掉你的股票，等回檔再買回來。這樣你就可以替自己省下一些成本。』

『小老弟，』老帕崔吉用十分苦惱的語氣說，『如果我現在賣掉那支股票，我就會失去我的部位；接下來萬一繼續上漲，那我接下來該怎麼做？』

艾爾默無奈地張開雙手，搖搖頭，往我這邊走了過來，想要尋求慰藉。『你相信世界上竟有這等奇事？』他低聲問我。『我問你，你相信嗎？』

我不答腔，所以他繼續說：『我給了他頂好汽車的小道消息，他買進五百股，賺了七點的利潤，我建議他先脫手，等回檔再買回來，而現在賣出恐怕都嫌太晚了。你知不知道，我告訴他這件事，他怎麼說？他說，如果賣掉，他就會丟掉他的工作。你知道那是什麼意思嗎？』

『對不起，哈伍德先生；我並沒有說我會丟掉工作，』老火雞插嘴進來說。『我說的是，我會失掉我的部位。等你到了我這把年紀，像我一樣經歷那麼多榮景和恐慌之後，你就會曉得沒有人經得起失去部位；連約翰・洛克斐勒（John D. Rockefeller）也承受不起。先生，我希望股價能夠回檔，以便讓你在便宜很多的價位買回來。但是我自己只能依照多年來的經驗操作。我為了這些經驗，付出了很高的代價，我可不想再交第二次的學費。不過我還是很感謝你，讓我的股票賺了錢。別忘了，現在是多頭市場，大家都知道。』說完，他就抬頭挺胸走掉了，只留下艾爾默在那邊錯愕不已。

老帕崔吉先生的智慧

直到我開始思索為什麼自己曾有那麼多次看對了大盤，卻未能賺到應得的那麼多錢之後，才開始發覺老帕崔吉先生講的話含意深遠。我愈是深入研究，愈是覺得這個老先生深具智慧。他年輕時，一定受害於相同的毛病，而他也很清楚自己的人性弱點。他不打開大門讓誘惑站在門口引誘他：經驗告訴他，那種誘惑很難抗拒，一旦受不了誘惑，付出的代價將會十分慘痛，就像我一樣。

老帕崔吉先生不斷告訴其他的顧客，『哦，大家都知道這是個多頭市場』。其實他是要告訴他們，大錢並不是靠個別的波動賺到的，而是必須從主要走勢裡面去求——也就是說，靠研讀行情紙帶辦不到，必須掂量整個市場和它的趨勢才行。當我終於領會到這一點時，我想，我的操作教育便又往前跨進了一大步。

談到這裡，容我再講一件事。在華爾街打滾這麼多年，賺進和賠掉數百萬美元之後，我要告訴你這件事：我之所以能夠賺進大錢，絕不是靠我的想法。我能賺大錢，靠的是我能縮手不動。懂嗎？縮手不動！看對市場沒什麼了不起。你總是可以發現，在多頭市場中，很多人早就在作多，而在空頭市場中，也有很多人早就在放空了。我認識許多人，他們都可以在正確的時點，看得十分正確，一絲不差，並且在可望獲得最高利潤的價位開始買進或賣出股票。可是他們的經驗總是和我雷同——沒賺過什麼大錢。既看得對，又能縮手不動的人，並不多見。我發現那是最難學的事。股票操作者真正體會這一點之後，才有可能賺到大錢。在交易人懂得如何操作之後，想要賺個幾百萬美元進袋，比他懵懂無知時，想要賺個幾百美元還容易。這話一點不假。

個中原因在於，一個人有可能看得十分準確和清楚，但如果市場並沒有馬上按照他的預測演出，他就會失去耐心或者感到懷疑。華爾街上有許多人，即使根本不是冤大頭，甚至不屬於第三級的冤大頭，但他們仍然賠錢的原因就是出在這裡。市場並沒有擊敗他們，而是他們擊敗了自己，因為他們雖然有頭腦，卻沒有縮手不動。老火雞所說的話、所做的事十分正確。他不只有勇氣堅持自己的信念，也很聰明，曉得要耐性守候，縮手不動。

不理會大趨勢，只不斷試著搶進殺出，對我來說是個致命傷。沒人能夠抓住所有的波動。在多頭市場中，你應該買進後抱牢，直到你相信多頭市場已經接近尾聲為止。要做到這一點，你就必須研究整體情勢，而不是留意小道消息或者影響個股的特殊因素，然後急著出清所有持股獲利了結，落袋為安！你要耐心等候，直到你看到（或者你認為你看到）市場反轉，也就是整體情勢開始反轉之時。你必須運用你的大腦和眼光來做這件事；不這麼做的話，即使我勸你買低賣高，說了也等於白說。任何人都可以學到很有用的一件事，那就是不要想抓住最後的1/8點波動，或是最初的1/8點波動。那可能是世界上最昂貴的1/8點。整體算下來，股票交易人為了追逐那1/8點，所付出的代價很可能可以鋪一條橫貫大陸的混凝土公路。

我研究了我在富勒頓營業處開始比較聰明地操作之後所作的交易，結果注意到另一件事：我的操作一開始都很少出現虧損。這當然會促使我決定開始大手筆進出。這給了我信心，更相信自己的判斷。可是，後來我卻隨意根據別人所提供的建議，甚至有時是因為失去耐性，而傷害了操作的成果。如果一個人對自己的判斷缺乏信心，在這種遊戲中就不會有太大的收穫。我學到的也就是這些——研究整體的情勢，建立部位，然後緊緊守住它。我可以耐心等待，不因為一時的急躁而破壞好事。我能在見到價格挫跌時不為所動，因為我知道那只是暫時性的走勢。我曾經放空十萬股股票，但是研判價格即將大幅反彈。我認為這種反彈是不可避免，甚至對後市發展有幫助。我當時估計（而且估計得很正確）價格的反彈，會使我的帳面利潤減損一百萬美元。不過我依然聞風不動，眼睜睜看著一半的帳面利潤化為烏有，也不曾想過要先回補空頭部位，等反彈時再放空。我知道要是這麼做了，我可能就會失去部位，也會失去將來肯定會有的巨額獲利。實際上，只有大行情才能讓你賺大錢。

如果說我這段期間進步相當緩慢的話，那應該是因為我總是犯了錯之後才懂得去學習，而且從犯錯到發現錯誤之間，經常得經過一段時間，而從發現錯誤到確定錯誤，又要花更長的時間。於此同時，我這段日子過得其實相當優裕，年紀也很輕，所以我更缺乏迫切需要改正的動機。當時我大部分的獲利，仍然有一部分是靠研讀行情紙帶，因為我當時所置身其中的市場，相當適合我所使用的方法。我不再像當初在紐約剛起步時那麼常賠錢或者賠得那麼慘了。也許你還記得，我曾經在不到兩年的時間內賠光三次。這沒什麼好自豪的，不過賠光一切這件事，可說是一種效率很高的教育催化劑。

市場的教訓

我的本錢並沒有增加得很快，因為我一直在盡情享受生活。像我這種年紀和品味的人，如果有想要的東西，我都不會吝惜去買來犒賞自己。我有車子代步，而且我覺得既然錢財取之於市場，就沒有理由節衣縮食過日子。報價機只有在星期日和假日才停止轉動，所以我的財富可說是源源不絕而來。每一次只要我發現賠錢的理由，或者瞭解到自己如何犯下另一個錯誤，我總會在我的操作法則清單上，加進一個全新的『不要做某件事』的項目。譬如，如果要讓我的資產與日俱增，最好的方法就是不要縮減生活花費。當然，我曾經歷過一些有趣的經驗，還有一些沒那麼有趣的經驗，但如果把他們全部詳細說出來，那會沒完沒了。事實上，我唯一不必特別花力氣就能記得的，是我在操作上所學會的一些非常有價值的東西；這些東西擴展了我的知識，讓我更瞭解這種遊戲，也對自己更加瞭解！

一九〇六年春，我在大西洋城度過了一個短暫的假期。我把手上的股票全都出清了，只想透透氣，好好休息一下。途中我順道去了我的第一家經紀商哈丁兄弟，在那裡做了些積極的操作。我一次大概都進出三、四千股左右，這並不比我二十幾歲在四海股票經紀公司那家老空桶店操作時多出許多。我當初在空桶店操作所需要的保證金，和經紀商所規定需要的保證金比例，畢竟有點不同。

你還記得嗎？我跟你說過，我曾在四海公司放空三千五百股糖業公司的股票，突然有個第六感，覺得有什麼事不對勁，最好軋平交易？是的，我經常有那種奇怪的感覺。通常我都會根據那種感覺行事。但是，有時我也會漠視心裡所產生的某種想法，並且告訴自己，根據那種突然產生的盲目衝動反轉部位，實在愚不可及。我會把那種第六感的產生，歸因於抽太多雪茄、睡眠不足、肝功能遲鈍，或者諸如此類的事，導致神經狀態異常。但是每當我克制自己，不理會那些衝動時，事後總是懊悔不已。曾經有十來次，我沒有按照第六感賣出股票，隔天到市中心，發現盤勢很強，甚至還上漲，我就會告訴自己，要是根據一時的盲目衝動賣出，那是多蠢的一件事。但是往往再隔一天，市場就會跌得相當嚴重。那種情況下，肯定是有某件事在某個地方出了差錯；要是我沒有那麼自作聰明和理智，一定會賺到錢。如果要解釋這種狀況，其理由應該和生理狀態無關，而是和心理狀態有關。

神秘的第六感

我想告訴你其中一件事，因為它給我帶來意想不到的結果。這件事發生在一九〇六年春天，在大西洋城那次小度假期間。有個朋友和我同行，他也是哈丁兄弟的顧客。那時我對市場一點興趣也沒有，只想好好休息。我一向都可以把操作抛到腦後，只顧享受玩樂，當然，除非我的部位做得相當大，市場的交投又非常熱絡時，偶爾也會有例外。我記得當時是個多頭市場，整體景氣展望相當亮麗，股市往前衝刺的腳步雖然有點減慢下來，但是基調依然堅穩，而且所有指標都顯示價格還會漲得更高。

有一天早上，我們用完早餐，看完紐約所有的早報之後，跑去看海鷗叼起蛤蜊，向上飛二十呎，再往堅硬的潮濕沙地一丟，就可以打開蛤殼，把裡面的肉當早餐吃掉。看了好一會兒膩了，我和朋友就開始走上木板路（Boardwalk）。那是我們白天經常做的事。

時間還不到中午，我們緩緩往前走，消磨時間，也呼吸著鹹濕的空氣。哈丁兄弟在那附近設有分處，通常每天早上我們都會逛到裡面，看看開盤走勢如何。那只是一種習慣，別無其他目的，因為我們也沒什麼別的事可做。

那天，我們發現市場很強，交投也非常熱絡。我的朋友很看好後市，他之前在低幾點的價位買了一些股票。他告訴我，持股抱牢，等價格大漲，顯然是聰明人該做的事。我沒注意聽他說些什麼，沒辦法附和他的話。我兩眼在行情板上面轉動，留意變化情形——大多數股票都在上漲——然後我看到聯合太平洋（Union Pacific）。我心裡產生了一種感覺，認為應該放空這支股票。我沒辦法跟你多說些什麼，我就是覺得手癢，想要放空它。我也想知道為什麼會有那種感覺，但就是找不到放空聯合太平洋的任何理由。

我盯著行情板上的最新一筆報價，再也看不到其他任何數字、行情板或者任何東西。我只知道自己想放空聯合太平洋，卻不知道為什麼想這麼做。

我的表情看起來一定相當古怪，因為站在身邊的朋友突然輕輕推我一下，問：『喂，怎麼了？』

『我不曉得，』我回答。

『想睡覺？』他說。

『不是，』我說。『不是想睡覺。我想做的事，是放空那支股票。』我靠第六感操作，總是賺錢。

於是我走到一張桌子前面，那裡有一些空白的委託單本子。我朋友跟著我。我寫了一張委託單，依市價賣出一千股聯合太平洋，交給經理。我在寫委託單並把委託單交給他時，他臉上一直帶著笑。等他看了委託單的內容後，他的笑容瞬間消失，並且抬頭看我。

『沒寫錯嗎？』他問我。但我只看著他，不說話，於是他馬上衝到電報操作員那邊去了。

『你做什麼？』我朋友問道。

『賣啊！』我告訴他。

『賣什麼？』他提高分貝問我。如果他作多，我怎能當空頭？一定有什麼事弄錯了。

『一千股聯合太平洋，』我說。

『為什麼？』他問我，情緒激動。

我搖搖頭，意思是沒有任何理由。但他一定認為我聽到了什麼小道消息，因為他拉著我的手臂，帶我到走廊，那裡不怕被其他的顧客和閒雜人等看到和聽到。

『你聽到什麼風聲了嗎？』他問我。

他相當激動。聯合太平洋是他很喜歡的一支股票，因為它的盈餘和展望都不錯，所以他很看好它的後市。但他也願意聽聽空頭的小道消息當作參考。

『什麼都沒有！』我說。

『你沒聽到什麼？』他的懷疑寫在臉上。

『我沒聽到任何事。』

『那你究竟為什麼要賣？』

『我自己也不知道，』我告訴他。我是說真的。

『噢，拉利，少來了，』他說。

他知道我的習慣，我總是很清楚知道自己為什麼要操作。現在我面對那麼強勢的市場，卻賣出了一千股的聯合太平洋，我一定有很好的理由，才會賣出那麼多股票。

『我不知道，』我又說了一遍。『我只是覺得有什麼事就要發生。』

『什麼事會發生？』

『我就是不知道。我沒辦法給你任何理由。我只知道自己想賣那支股票。而且我還想要他們再幫我賣一千股。』

接著我就走回營業處，又遞出一張委託單，賣出第二筆一千股。如果賣出第一筆一千股是對的，我就應該再多賣一點。

潛意識的驅力

『可能會發生什麼事嗎？』朋友不死心，他還拿不定主意，不知道要不要跟著我做。要是我告訴他，我聽說聯合太平洋就要下跌，他一定會賣出，也不會問我聽誰說的或者為什麼。『可能會發生什麼事嗎？』他又問了一遍。

『可能會發生的事有一百萬種，但我無法跟你明說到底是哪一種。我無法給你任何理由，也無法預卜未來，』我對他說。

『那麼你一定是瘋了，』他說。『瘋到家了，你竟然沒有任何想法或理由，就賣出那支股票。你真的不知道自己為什麼要賣它嗎？』

『是的，我不知道為什麼要賣它。我只知道自己就是想賣，』我說。『我就是想要賣這支股票。』我內心的驅力是那麼地強烈，所以我又賣了一千股。

朋友再也受不了，他抓住我的手臂說：『喂，我們快走吧，免得你把那家公司的股票全都給賣光了。』

我已經賣得夠多，多到能夠滿足自己的感覺，所以就跟著他走了，也沒等最後兩千股的回報單。過去即使我有最好的理由賣出股票，也不像這次那麼爽快。

沒有任何理由就放空，看起來似乎太過莽撞，尤其當時整個市場那麼強勢，而且放眼所及，沒有任何事會讓任何人想到股市即將由多翻空。但是我記得以前曾有過幾次，心裡也同樣催促我賣，但我沒賣，後來懊悔不已。

我曾把這些故事告訴一些朋友，其中有一些人對我說，那不是第六感，而是潛在意識在運作。那是一種創造力，能讓藝術家創造出偉大的作品，自己卻不知道是怎麼辦到的。對我來說，那可能是許多小事日積月累之後所產生的效果。這些小事分開來看微不足道，集合起來卻能激發出很大的力量。也許是我覺得朋友看漲的情緒不夠聰明，激起了我的否定心理，而我會選聯合太平洋，是因為太多人看好它。我無法告訴你，第六感的成因或動機究竟是什麼。我只知道自己離開哈丁兄弟的大西洋城分處時，在漲勢市場放空了三千股聯合太平洋，而且一點都不擔心。

我想知道後面兩千股的成交價格，因此在中午過後，我們又走進了那個分處。我很高興看到大盤仍然呈現強勢，聯合太平洋也漲得更高了。

『我看你完蛋了，』我的朋友說。你可以看得出來，他因為沒賣任何股票而喜形於色。

隔天，大盤又漲了一些，我聽到同行的朋友們興高采烈地發表意見。但是我覺得，賣出聯合太平洋做對了。當我覺得自己是對的時候，絕對不會失去耐性。這有什麼道理呢？那天下午，聯合太平洋就不再攀升，到了近收盤時開始下跌，價格很快就掉到比我那三千股的平均賣價低一點的位置。我比先前更加相信自己站在對的一邊，而我既然有那種感覺，當然就必須多賣一點。因此，臨收盤時我又加碼再賣出了兩千股。

行情紙帶會說謊嗎？

就這樣，我憑第六感放空了五千股聯合太平洋的股票。那是我在哈丁的營業處，用我的保證金所能賣出的最多數量。我沒辦法判斷可能會發生什麼事，所以我覺得自己最好守在一旁隨時等待機會上門。

在度假期間，放空這支股票這麼多的數量，對我來說實在太多了，所以我放棄了休假，那個晚上就回到了紐約。在紐約，只要是有需要，我就可以立即出手。

隔天我們就聽到了舊金山大地震的消息。那是一場可怕的災難。但是市場開盤只下跌了幾點。多頭並沒有敗退，投資大眾亦不為所動。你經常可以看到這種情形。比方說如果多頭基礎穩固，那麼就算報紙有些壞消息傳出，還是無法產生華爾街看壞後市時的相同效果。

當時的人氣狀態就是那個樣子。這一次，華爾街並沒有立即去評估那場天災到底嚴重到什麼地步，因為它並不想去評估。那一天收盤前，價格回升了。

我放空了五千股股票。然後，災難發生了，我的股票卻沒有下跌。我的第六感一向很準，可是銀行戶頭裡面的錢卻沒有增加；連一點帳面上的利潤都沒有。我在放空聯合太平洋時，和我同在大西洋城的那位朋友，不免心中竊喜，卻也替我惋惜。

他對我說：『那是不錯的第六感，老弟。但是，如果人氣和財氣都站在多頭那一邊時，和他們對抗有什麼用呢？他們終將占盡上風。』

『給它一點時間吧，』我的意思是指價格。我並不想回補空頭部位，因為地震所造成的傷害十分巨大，而且聯合太平洋是最大的受害者之一。華爾街竟然視而不見，實在叫人惱怒。

『再給它時間，你的皮就會和其他熊皮一樣被攤開在陽光底下曬乾，』他向我保證。

『要不然你會怎麼做？』我問他。『明明就看到南太平洋和其他地方遭受到千百萬美元的損害，難道還是要去買進聯合太平洋的股票？等他們花錢彌補所有的損失之後，配發股利的盈餘要從哪裡來？你頂多只能說，問題也許不如人們所說的那麼嚴重，不過難道可以根據這個理由，就去買進那些大受影響的鐵道類股票嗎？麻煩你回答這個問題。』

但是我的朋友只說：『沒錯，你講得有道理。但是我告訴你，市場並不同意你的看法。行情紙帶不會說謊，不是嗎？』

『它並不是每次都馬上說實話，』我說。

於是他告訴我，『講個故事給你聽。有個人在黑色星期五之前不久，向吉姆・費斯克（Jim

Fisk）列舉了十個很好的理由，說為什麼黃金勢必跌個不停。那個人愈說愈興奮，講完之後，他告訴費斯克，說他要賣出幾百萬美元的黃金。費斯克只是看著他，說：「去吧！儘管放空去吧！不過可別忘了邀請我，要去參加你的葬禮喲。」』

『是啊，』我說。『但你有沒有想過，當時那個人如果真的去放空，他可就賺翻了！所以，我覺得你也應該賣點聯合太平洋才對。』

『才不呢！我可是那種靠著不違背趨勢而賺錢的人。』

隔天，更完整的報告進來了，市場開始下滑。但即使如此，跌勢也不像應有的那麼猛烈。我認為世界上再沒有什麼事能擋得住大跌的走勢，所以我又加碼賣出了五千股。這時大部分人對於眼前的狀況，都已經看得十分清楚了，我的經紀商也很願意配合我，他們和我一樣，都不至於會魯莽行動。再隔一天，市場就開始堅定下跌，惡魔終於開始討債了。一逮到好機會，我當然會不遺餘力好好掌握利用，於是我再次加倍放空了一萬股。此時若不這麼操作，還能怎麼操作？

我除了認為自己是對的——百分之百正確，以及這是上天掉下來的機會之外，並沒有想到其他任何事。要不要好好利用這個機會，完全操之在我。我真的賣出了非常非常多的部位。難道我沒想過，這麼大的放空數量，只要出現小小的反彈走勢，就足以將我的帳面利潤一掃而光，甚至連本金也侵蝕一空？我不知道自己有沒有想過這件事，但即使有想到，也不是很在意。我並不是輕率魯莽地一頭栽進去，其實我玩得相當保守。我從行情紙帶看得很清楚，任何人都沒辦法做什麼事，把這次地震所造成的損害一筆勾消。有可能嗎？他們絕對無法一夜之間就修復毀損的橋樑，什麼錢都不用花就恢復舊觀，辦得到嗎？就算拿來全世界的錢，接下來幾個小時內也不會有太大的幫助，不是嗎？

好心示警

那並不能算是不顧一切，一頭就栽了進去。我並不是盲目一賭，也不是操作得很莽撞。我並不是瘋狂的空頭，也沒有被成功沖昏頭。我也沒有想到，福雷斯科（Frisco）相當大的一部分整個從地圖上消失，整個地區頓成廢墟。並不是這樣的，真的。我並沒有在等待恐慌發生。隔天我就軋平了部位，結算下來，總共賺進了二十五萬美元。那是我到當時為止，最大的一筆獲利操作，而且是在短短幾天之內就落袋。第一、第二天，華爾街並沒有特別注意地震的消息。有人說，那是因為剛發出來的消息並不是那麼令人驚慌，但我認為真正的原因是，當時需要很長的時間，才能改變投資大眾對證券市場的看法。即使是專業交易人，他們大多也是行動遲緩、相當短視的。

我無法給你什麼科學或簡單的解釋。我只能告訴你，我做了什麼事、為什麼去做，以及得到了什麼結果。我對神祕第六感的好奇心，遠遠不如我靠它賺到二十五萬美元的事實令人開心。這對我來說只有一個意義，那就是如果將來有必要，或者好時機到來，如今我能夠動用的本錢，將遠多於從前。

那年夏天，我去了賽瑞托加溫泉（Saratoga Springs）。我本來是想休個假，但卻還是一邊留意著市場的動向。首先，我並沒有那麼累，累到不想去關心市場的狀況。其次，我在那邊認識的每一個人，也都對市場懷有濃厚的興趣，或者曾經活躍其中。言談之間，當然會提起市場。我注意到，有一些很嘴巴很會說，有些人則是真的很會操作，這兩種人相當不同。有些人講話的時候，就好像大膽的員工對著壞脾氣的老闆講話一樣，總是大聲小聲的——跟你講話的時候也是這樣。

哈丁兄弟在賽瑞托加設有分處，很多顧客都在那裡操作。不過真正的原因，我想應該是廣告上的價值。在度假勝地設立分處，就好像樹立了一座效果一流的廣告看板。我經常信步逛進去，坐到顧客群裡面。經理是從紐約營業處調來的，人很好，總是熱烈招呼朋友和陌生人，如果可能的話，他當然希望能做點生意。這是打聽小道消息的最佳處所——賽馬、股市、跑堂，各種的小道消息應有盡有。這座分處曉得我不聽小道消息，所以經理並不會過來附在我耳邊，把他剛從紐約營業處聽來的熱呼呼消息，悄悄說給我聽。他只會遞來電報向我說『這是他們傳來的』等等諸如此類的話。

我當然只看市場的走勢。對我來說，看行情板和研讀訊號，是必要的過程。我注意到，我的好朋友聯合太平洋看起來就要上漲了。這支股票的價格當時已經很高，但是從它的走勢來判斷，好像有人在進貨。我已經觀察了兩天，一直都沒有進場操作。觀察得愈久，我愈是相信有人在進貨，而且這個人不是小戶。他不但在銀行裡有大捆鈔票，也曉得自己在做什麼。很聰明的進貨方法，我想。

我一確定這一點，自然而然就在160美元附近開始放手買進。它的走勢一直很漂亮，所以我不斷買進，一次買五百股。買得愈多，它的走勢就愈強，但是並沒有任何噴出行情，我覺得很放心。我看不出有任何理由，說這支股票不會再漲一大段；就我從行情紙帶上看到的，找不到那樣的理由。

分處經理突然走到我的身邊說，他們從總公司收到了一封電報——他們當然有直接連線——問我是不是在分處，他們說有，於是另一封電報說：『留住他。告訴他，哈丁先生想和他講話。』

我說，我會等他，同時又加買了五百股的聯合太平洋股票。我想不透哈丁可能要跟我說些什麼。我想應該不是談股票買賣的事，因為以我買進股票的數量來說，我的保證金還綽綽有餘。經理很快便又過來說，艾德．哈丁（Ed Harding）先生請我過去接聽長途電話。

『哈囉，艾德，』我說。

但是他劈頭就說：『你到底在搞什麼？瘋了不成？』

『你在講什麼？』我說。

『你正在做什麼事？』他問。

『你是指什麼？』

『買那麼多那支股票。』

『為什麼，我的保證金不是沒問題嗎？』

『那和保證金沒關係，而是和當冤大頭有關係。』

『我不懂你的意思。』

『你為什麼要買那麼多聯合太平洋？』

『它會上漲啊，』我說。

『會漲才有鬼！你不知道內部人士正在拋股票給你接嗎？你是那邊最容易上鉤的魚。如果你想輸錢，去賭馬至少還可以享受到一些樂趣。別再讓他們騙你了。』

『沒人會騙我，』我告訴他。『這件事，我沒跟任何人說過。』

但是他潑了我一盆冷水。『你不要以為自己每次一頭栽進那支股票，都會有奇蹟救你。趁你還有機會，趕緊抽腿，』他說。『在這種價位作多那支股票，其蠢無比——那些騙子正在大把大把地倒貨給你呀。』

『可是行情紙帶說他們正在買進，』我堅持自己的看法。

『拉利，你的委託單開始進來時，我的心臟差一點就停止跳動。看在老天的份上，不要再當冤大頭了好嗎？趕緊出場！馬上。它隨時都有可能會爆個大洞。我已經盡到該盡的本分了。再見！』他掛上電話。

一次便宜的教訓

艾德・哈丁人很聰明，消息非常靈通，可以當個真正要好的朋友，沒有私心，心地善良。我也曉得他的身分地位，能夠聽到各種事情。我會買進聯合太平洋，是根據自己多年來對股票行為所作的研究，以及觀察某些徵兆的心得，因為經驗告訴我，股價大漲之前，通常都會出現這些徵兆。我不曉得為什麼自己會那樣，但我想我一定是做成了某種結論，相信行情紙帶雖然告訴我有人正在吸進這支股票，但那其實是內部人士用非常巧妙的手法在炒作，使得行情紙帶呈現出並非事實的狀況。我會這麼想的主要原因，可能是因為我對艾德・哈丁不嫌麻煩，努力阻止我犯下他相信是天大地大的錯，因而受到感動的緣故。他的智慧和動機，都不容置疑。我沒辦法告訴你，到底是什麼原因，使我決定照他的建議做，但我的確乖乖地聽了他的話。

我賣出了全部的聯合太平洋股票。當然，如果作多這支股票是不智之舉，那麼不去放空它也同樣是不智之舉。因此，在我出清多頭部位之後，我又放空了四千股，大部分是在162美元左右放空的。

聯合太平洋公司的董事隔天宣佈，發放百分之十的股利。起初華爾街上沒人相信這件事。這太像是為了軋空，懲罰那些賭徒不顧死活的運作。所有的報紙紛紛跑去訪問該公司的董事。但在華爾街遲遲不採取行動之際，市場沸騰了起來。聯合太平洋帶頭往前衝刺，挾巨量寫下了新高價紀錄。有些營業廳交易員短短一個小時內賺了一大筆錢。我記得後來聽說有個相當笨的專員犯了錯，居然反而因此賺進了三十五萬美元。接下來一個星期，他就賣掉了證券交易所的席位，再下來一個月，他又跑去買下了一座農場。

在我聽到這家公司發放前所未有的百分之十股利那一刻，我就曉得自己活該賠錢，因為我竟然不聽從經驗所發出的聲音，而只聽從一個給小道消息的人所說的話。由於一個朋友所發出的懷疑，我就把自己相信的事拋到腦後，只因為他平常不存私心，而且一向知道自己在做什麼。

我一看到聯合太平洋頻創新高價，馬上就對自己說：『這不是我應該放空的股票。』

我在這個世界上所擁有的一切，全都放在哈丁的營業處當保證金。對於這件事，我並沒有不高興，也沒有感到挫折。我對行情走勢的研判正確，但是卻竟然笨到讓艾德・哈丁動搖自己的信念，這是再明顯也不過的事。這時再來責怪自己並沒有意義，因為我沒有時間浪費在這種事上面；更何況事情已經做了，往者已矣，來者可追。因此我下了一張委託單，回補空頭部位。當我下單依市價買回四千股聯合太平洋的股票時，價格約為165美元。依這個價位來算，我賠了三點。但是我的經紀商執行委託單的成交價，其中有一些高達172和174美元。接到回報單後，我發現艾德・哈丁的一片好意，反而害我損失了四萬美元。不過對於一個缺乏勇氣堅持信念的人來說，這個代價並不算高！這反而應該算是相當便宜的一個教訓。

李文斯頓的操作方法

此時我並不擔心，因為行情紙帶仍然說價格還會漲得更高。那是一段不同尋常的走勢，那家公司董事的行動，也沒有前例可循，但是這一次，我做了自己認為應該做的事。我下了第一張委託單，買進四千股股票，回補空頭部位之後，馬上決定根據自己研讀行情紙帶的能力賺取利潤，所以我進而建立多頭部位。我買了四千股，抱到隔天早上，然後出場。結果我不只彌補了原來虧損的四萬美元，更額外賺進了大約一萬五千美元。要是艾德．哈丁不曾試著救我一命，我一定大賺一筆。不過，他倒是幫了我一個大忙，因為我深信這次的事件給我的教訓，有助於我完成當一名交易人所需要的教育。

我需要學習的事，不是不要聽信小道消息，而是應該依照自己的意思操作。我對自己更加有信心，也相信自己終於能夠擺脫舊的操作方法。賽瑞托加的經驗，是我最後一次冒險隨興操作。從那次以後，我開始思考基本情勢，而不是只著眼於個股的表現。在讀來辛苦的投機學校中，我終於升上了更高的年級。這是花了很長一段時間，好不容易才踏出的一步。

我從來不吝於告訴別人，我看好後市，或是看壞後市。但我不會告訴別人應該買進或賣出哪一支股票。空頭市場中，所有的股票都會下跌，而在多頭市場中，他們則都會上漲。我的意思當然不是說，在戰爭所引發的空頭市場中，軍需股不會上漲。我講的是整體情勢。但是一般人並不想聽，現在是多頭還是空頭市場這樣的話。他們比較希望你明確點出，應該買進或賣出哪支股票。總之，他們想要不勞而獲、坐享其成。他們不想工作，甚至不想動腦筋。從地上撿起來的錢如果還要數，他們也嫌麻煩。

至於我可沒那麼懶，但我發現從個股的角度思考，比探索大盤要來得容易些，也因此，思考個股的波動，比思考大盤的動向要容易些。我必須改弦易轍，最終我也辦到了。這個故事很長，今天晚上應該是講不完。」

李文斯頓說完，用詢問的眼神凝視我。

我說：「很好呀。但是我想先問你，你講過的一段話。你說你自己總是在漲勢中買進。我想你說的是，用這種方式買股票，最令人放心，是嗎？」

「是的，重點不在於儘量買得便宜，或者儘量在高價放空，而是要在正確的時間點買進或賣出。當我看壞後市而要賣出股票時，每一次賣出的價位都必須低於上一次。買進時，則是反過來做。我只在越漲越高時買進，絕對不會在下跌時買進。」

「為什麼？」我問李文斯頓。

「我來說明一下我是怎麼操作的：假設我正在買進某支股票。我在 110 美元買進兩千股。如果買進之後，價格漲到 111 美元，那麼我的操作就至少暫時是正確的，因為已經漲了一點，我已經獲有利潤了。既然我是對的，我就會再進場，再買兩千股。如果市場繼續上漲，我就會再買第三筆兩千股。假如股價漲到 114 美元，我想暫時買夠了，這時我就有了一個可以運作的操作基礎——我買了六千股股票，平均價格是 111 3/4 美元，而目前的市價是 114 美元。這時，我不會再多買，而是先觀望一下。我估計漲勢到了某個階段，難免拉回。我想看看市場回檔之後，走勢如何發展。也許會拉回到我第三次買進的價位。假設漲後回跌到 112 1/4 美元，然後又反彈。價格漲回到 113 3/4 美元時，我會立即下單再買進四千股——當然是依市價買進。如果那四千股是以 113 3/4 美元成交，我就知道可能有問題，這時我會再下一張測試單——也就是我會先賣一千股，看看市場的接受度如何。但如果在市價 113 3/4 美元時，我下單買進的那四千股股票，其中有兩千股是以 114 美元成交，五百股是以 114 1/2 美元成交，其餘的買價愈買愈高，最後五百股，我花了 115 1/2 美元買到，那麼我就知道自己是對的了。買進這四千股股票的進價狀況會告訴我，在那個特定時間點買進那支特定股票究竟是不是正確——當然，我這種做法所根據的假設是，我已經對整體情勢檢視得相當清楚，確定大盤看漲。我從來不會希望在買股票的時候，買得太便宜或者買得太容易。

我記得曾聽過，當初狄肯 ‧ 懷特（Deacon S.V. White）還是華爾街大作手時的一個故事。這位老先生是個大好人，既聰明又勇氣十足。根據我從各方面所聽到的故事，他在當紅時期，曾做過一些叫人拍案叫絕的事。我記得也曾聽你說過，你應該對他很熟才對。

那是很久以前的事了，當時美國糖業公司在市場上不斷有亮麗演出。公司的總裁赫夫梅爾（H. O. Havemeyer），聲勢如日中天。我從老前輩的談話中得知，赫夫梅爾和他的追隨者擁有充足的資金和聰明才智，足以呼風喚雨，影響自家股票的行情發展。他們告訴我，赫夫梅爾很會操作那支股票，修理許多專業的小額交易人。他所採用的手法，比任何其他內部人士都還要厲害。不過一般營業廳裡的交易員，通常會阻撓這些內部人士所幹的好事，而不是幫助他們。

狄肯．懷特的小道消息

有一次，一個認識狄肯．懷特的人衝進營業處，激動地對他說：『狄肯，你跟我說過，如果我得到了什麼消息，就可以馬上過來找你，如果你利用那個消息賺到錢，你就會分給我幾百股的利潤。』他停下來喘氣，等對方確認。

執事[10]用他一貫的沉思表情說：『我不知道是否曾對你說過這樣的話，但我確實願意付錢，買到可以利用的情報。』

『哦，我把情報帶來了。』

註10 狄肯的名字 Deacon，有新教、長老會等宗教組織的「執事」之意。原文用到小寫開頭的 deacon 時，以下譯為「執事」，以和真名有所區別。

『嗯，很好，』執事說，神情柔和，帶情報來的人放下了心中一塊大石，說：『是的，執事先生。』接著他靠得更近，以防別人聽到，然後說：『赫夫梅爾正在買糖業公司的股票。』

『是他嗎？』狄肯相當鎮靜的問。

情報販子有點氣惱，加強語氣說：『是的。能買到的全都買下，執事先生。』

『老兄，你確定嗎？』老懷特問。

『執事，我的消息千真萬確。他們那一幫內部人士正在買所有買得到的股票。這一定和關稅有關，買普通股肯定大賺特賺，而且還會超過優先股的價位。這表示絕對有三十點的漲幅。』

『你真的認為是這樣嗎？』老懷特透過老式銀邊眼鏡上方看他。他總是帶著這副眼鏡看行情紙帶。

『我認為是這樣嗎？不，我不是認為，我是知道一定會這樣。絕對不會錯！唔，當赫夫梅爾和他的朋友像現在這樣買進糖業股票時，絕對不會只滿足於不到四十點的淨利。市場會因為他們的動作而飛漲，而且在他們抱滿之前，一定會漲個不停，關於這點，我一點都不驚訝。和一個月前相比，現在還能在經紀商營業處買到的股票已經沒剩多少了。』

『他正在買糖業？』執事心不在焉的再問一遍。

『買？哎唷，他們現在是在設法不引起價格上漲的情形下，儘可能大口地在吃貨呀。』

『然後呢？』執事不疾不徐的說。

這把情報販子給惹急了，他說：『是啊，先生！這可是天大地大的好消息。這件事絕對可靠。』

『是嗎？』

『對啊，價值連城呢！你要利用這個消息嗎？』

『要！我要用它。』

『什麼時候？』帶消息來的那個人滿腹狐疑的問。

『馬上就用。』執事叫道：『法蘭克！』這是他那最精明的營業員的名字，他那時正在隔壁的房間。

『是的，先生，』法蘭克說。

『你幫我到交易室去賣一萬股糖業。』

『賣？』情報販子大聲嚷嚷，聲音很有受傷的感覺，準備跑去辦事的法蘭克也停了下來。

『唔，沒錯，』執事溫和的說。

『但我告訴你的是，赫夫梅爾正在買它！』

『我知道你說了什麼，老兄，』執事平靜的說，並轉向營業員：『快去，法蘭克！』

營業員衝去執行委託單，而情報販子則是滿臉脹得通紅。

『我來到這裡，』他生氣的說，『帶來了我不曾見過的大好消息。我之所以要把消息給你，是因為把你當朋友看待，而且你做人十分規矩。我希望你能用它採取行動——』

『我正在利用它採取行動啊！』執事打斷他的話，聲音鎮定。

『但我告訴你的是，赫夫梅爾和他們那幫人正在買！』

『沒錯，我是聽你這麼說了。』

『買！買！我說的是買！』情報販子尖叫。

『是的，買！我懂你的意思。』執事安撫他。他站在報價機旁邊，兩眼看著紙帶。

『但你卻是賣。』

『是的，賣一萬股，』執事點點頭。『當然要賣。』

狄肯採取行動

然後狄肯不再講話，專心看著紙帶，情報販子也湊過來看執事在看什麼，因為這個老先生一副有什麼盤算的樣子。當他從執事的背後看紙帶時，一名辦事員拿著單子進來，顯然是法蘭克的回報單。執事只瞄了一眼。他已經從紙帶得知他的賣單執行的情形。

他對辦事員說：『告訴他，再賣一萬股糖業。』

『執事，我跟你發誓，他們真的在買進這支股票！』

『赫夫梅爾先生親自告訴你的嗎？』執事沉著的問。

『當然不是！他從不告訴任何人任何事。他連最好的朋友，也不幫他們賺一毛錢。但我知道這件事是真的。』

『不要那麼激動，老兄。』執事舉起了一隻手。他正在看紙帶。帶情報來的那個人苦笑著說：『早知道你會做和我所說恰好相反的事，我就不必跑來浪費你的時間或我的時間了。但是等到你回補空頭部位，發生可怕的損失時，我也不會幸災樂禍。我真為你感到難過，執事。這是真心話！對不起，我想先告退，再到別的地方，看有沒有人要這個情報。』

『我正在採取行動啊。我想，我對市場還算有些懂；也許不像你和你的朋友赫夫梅爾懂那麼多，但我還算是略懂些皮毛。我現在所做的事，是經驗告訴我，可以利用你帶給我的情報，去做一些聰明的事。我在華爾街待那麼久，知道有人為我感到難過，無論如何也是很感謝的。冷靜一點，老兄。』

那個人只是凝視著執事。他一向十分敬佩執事的判斷和膽量。

辦事員很快又進來，把回報單交給執事，他看了一眼，說：『現在告訴他，買進三萬股糖業。三萬股！』

辦事員趕緊離開，情報販子只是發出吞口水的聲音，定定的看著那隻灰色老狐狸。

『老兄，』執事非常和氣的解釋，『看到了吧，我並沒有懷疑你告訴我的是實話。但即使我聽到的是赫夫梅爾親口告訴你的消息，我還是必須做剛剛的動作，因為只有一種方法，能夠判斷是不是真的有任何人正在買進這支股票，就像你所說的赫夫梅爾和他的朋友正在進貨那樣。那種方法就是我剛剛所做的事。第一筆一萬股相當容易就脫手，但還是說不準。可是第二筆一萬股被市場吸納時，漲勢還是沒有停頓。這二萬股被某個人接走的方式，向我證明了的確有人願意有多少就買多少。那個人到底是誰，現在並不是特別重要了。所以我不但買回股票，更作多一萬股。而且我認為你的情報到目前為止很好。』

『多好？』情報販子問。

『你可以在這個營業處得到五百股，並且以那一萬股的平均價格來計算。』執事說。『祝你今天一切順利，老兄。記得下次千萬要冷靜。』

『是的，執事，』情報販子說，『在你賣出你的股票時，可不可以連我的也一起賣？我對股市懂的並不多。』」

李文斯頓講完了故事。我點了點頭，表示這故事不錯。他又繼續說。

操作時機恰到好處

「理論就是這樣。這就是為什麼我從來不用便宜的價格買股票。當然，我總是試著買得更有效果一些——可以幫助到我在市場所站的那一邊。賣股票時，除非有人要那些股票，否則沒人賣得成。

如果你的操作規模很大，你就必須時時把這件事放在心上。你應該好好研究基本情勢、仔細規劃操作步驟，然後再採取行動。如果一個人買賣相當大的數量，累積了很大利潤——帳面上的利潤，那麼如此一來，就無法再隨心所欲地賣出持股了。你不能期望市場吸納某支股票五萬股和吸納一百股一樣容易，必須等到市場願意吃下那些股票才行。如果時候到了，所期待的買盤就會出現。機會一來，就必須好好掌握。通常必須耐心等候，必須在能賣的時候賣，而不是在想賣的時候賣。如果想要知道什麼時候是良機，就必須進行觀察和測試。要判斷市場何時能夠接下你要賣的股票並不難。但是行動時，一下子就把部位做滿是不智之舉，除非你相信基本情勢百分之百正確。務請記住：在你決定開始買進時，股價絕不嫌高，在你決定開始賣出時，股價絕不嫌低。但是在初次的交易之後，除非第一筆交易獲有利潤，否則就不要做第二筆交易。先退出市場，在場邊觀望再說。這時你的紙帶閱讀能力就可以派上用場——幫助你決定什麼時候適合開始動手。操作成果的好壞，有一大部分取決於起步時間是不是恰到好處。

我的意思並不是建議你不要加碼。事實上，懂得加碼才能賺到大錢。但是我要表達的意思是，假使某個人想買某支股票五百股，千萬不要一次就買足。他可以先買第一筆一百股。買了之後，如果立即出現虧損，那麼何必再買更多的股票？他應該馬上就看得出自己做錯了；至少暫時是錯的。

這當然才是拿錢下賭的好方法。我在棕櫚灘（Palm Beach）的葛麗萊（Gridley's）玩輪盤時，就是用這種方法。這件事我跟你說過。只需要簡單的算術，就能證明這是明智的做法——在你贏錢時下大賭注，賠錢時則只賠一點小錢。當然，如果能按照我說的方式下賭注，就會永遠處於有利的地位，能用大賭注賺進可觀的利潤。」

李文斯頓起身說道：「說得夠多了。你一定無聊得要命。」

「可不可以談談賽瑞托加那件事，給了你什麼教訓，並且如何改變了你的操作方法？」

「它教我學會了一件事，就是不要再賭小錢。它為我鋪路，往賺大錢的目標邁進。要不是那件事，我絕不會賺到第一個一百萬美元。」

「那時你多大？」

「二十六歲。好了！改天再聊吧。」

Chapter 5

我的勝利日

一九〇七年的恐慌，是二十世紀重大的金融干擾事件之一。當時流動性危機重創股票市場，進而引發銀行危機。結果，空頭和多頭同受其害，直到摩根（J. P. Morgan）應紐約證券交易所總裁湯瑪士（R. H. Thomas）之請，決定出面拯救市場，市場才終於穩定下來。摩根因此被譽為救星，而這已經不是第一次了。

李文斯頓在這篇文章中，透露了他在這次恐慌中所扮演的角色。但是在恐慌之前的那段時期，有一些年份顯得有點奇怪，尤其是如果李文斯頓和李佛摩是同一個人的話。李文斯頓說，恐慌發生之前的一九〇六年，他將近二十七歲，也就是年滿二十六歲，因此是一八八〇年出生。李佛摩生於一八七七年，兩者相差三年。本書所有的文章中，李文斯頓（李佛摩也是一樣）被描述成數字奇才，過目不忘，所以日期應該不會弄錯才對。如何解釋那三年的差距，令人不解，除非是勒菲佛寫文章時不夠注意細節，或者也許是他運用交易人的老把戲，故意混淆數字。

恐慌期間，李文斯頓說，有個朋友帶來華爾街一位非常高階銀行家的口信給他。那位銀行家，想必就是摩根本人。由於市場正處於危急存亡的關頭，所以他的請求很簡單——不要再賣任何股票。許多股票都需要有人支撐。李文斯頓自己其實也早就作成了相同的結論，不需要別人多費口舌再說服他。因此他做了順水人情，答應那位不知名高階銀行家的請求。這個請求應該是摩根所提出的，因為化解恐慌的努力，是由他一手所主導的。

摩根經常借重交易人之力，協助他進行投資銀行的業務，但我們找不到確切的證據，能證明他確實曾經親自和他們談過話，或甚至認識他們。美國鋼鐵公司（United States Steel Corporation）一九〇一年創立後，詹姆斯・吉恩受雇在紐約證券交易所維持這支股票的市場，讓交易能更井然有序。吉恩協助摩根讓這支股票保持在高價位，直到日後破產為止。由於他所付出的努力，摩根賺進了超過一百萬美元。

由於摩根和各作手、投機客之間的直接聯繫，無法確切予以證明，因此相關故事的推展，只不過更增添了他們的傳奇色彩。李文斯頓透露摩根間接找他的事，也使得李佛摩在紐約證券交易所內外撼動市場的力量更為人所重視。是否真有其事，如今已隨著時間流逝而慢慢褪色。但是，他的名聲卻深植人們心中。

查爾士・蓋斯特

股票作手回憶錄：一九二二年八月十二日

我想找李文斯頓訪問，不只是出於好奇而已。我希望知道他如何賺到第一個一百萬美元，原因倒不在於他因此成了富人，而是因為這確立了他身為頂尖交易人的地位。他終於找到了成功的股票操作方法，這件事至關緊要。他是怎麼找到的？

再次和他見面，我開門見山就問：「一九○六年夏天在賽瑞托加交易聯合太平洋的股票之後，你的操作方法有沒有改變？」

「關於那件事對我所產生的影響，也許我給了你錯誤的印象，」他有點不以為然地說。「它只不過是促使了我，比以前更加不聽信小道消息和別人所說的話而已——也就是說，不管對方多麼心存善意，或者他們的個人能力可能有多強，但

他們的意見、推測、懷疑，我全都當作耳邊風。不是我愛自誇，實際所發生的事向我證明了，我研讀行情紙帶的準確度，的確勝過了身邊的大部分人。我還有一個特點，比哈丁兄弟的一般顧客要強，那就是我完全不受投機偏見的掣肘。放空不會比作多更吸引我，反之亦然。我唯一堅定不移的偏見，就是絕對不能作錯。

即使是小時候，我也總要根據自己所觀察到的事實，尋求裡面所蘊含的意義。只有這麼做，事情才能對我產生意義，成為我可以接受的事實。懂我的意思嗎？如果我相信某件事，你可以百分之百肯定地說，那是因為我非相信不可。如果我作多股票，那肯定是因為我研究了基本情勢之後，看好後市的緣故。但是，你可以看到有很多人，而且據稱是十分聰明的人，他們是因為手上持有股票所以才看好後市。我不會讓自己所持有的股票——也不會讓自己所持有的成見——左右我的想法。這也就是為什麼我告訴你，我絕對不和行情走勢爭吵的原因。如果因為市場出現了出乎意料或甚至不合邏輯的走勢，情況對你不利就對它發脾氣，那就好比得了肺炎，卻把一切的錯都怪到肺部一樣。

我慢慢完全瞭解到，股票投機遠遠不只是研讀行情紙帶而已。老帕崔吉堅持在多頭市場中持續不斷作多的重要性，這種看法無疑促使了我將自己的心思，轉移到確定市場正處於多頭還是空頭的判斷上，並且開始認為，這比什麼事都重要。我開始看得更加明白，曉得應該如何將大錢投入大走勢中。不管大走勢起初的推力可能是什麼，事實始終不變：它之所以能夠持續進行，絕不是因為炒作集團或金融家人為力量炒作的結果，而是取決於基本的情勢。而且不管有沒有人反向操作，走勢一定會在推動力量的驅使之下，走得夠遠、夠快、夠久。

準備放手大力操作

賽瑞托加的那件事發生之後，我開始看得更加清楚——也許應該說是看得更加成熟——我瞭解到所有的股票都隨著主趨勢而動，因此不需要再像自己過去所想的那樣，去研究個別的操作或者個別股票的走勢。而且若從市場的整體走勢著眼，交易人的操作也就不會再受到只能操作某個股的限制，而可以買進或賣出各種不同的股票組合。就某些個股來說，如果交易人所賣出的數量，超過了所有在外流通股份的一定比率，要再繼續放空就可能會有危險；至於超過多少數量會有危險，則要看股票本身如何、在何處被誰持有而定。但如果是賣出各種不同的股票組合，加起來即使總共賣出了一百萬股——如果有那麼多本錢的話——也不必太擔心會遭到軋空的危險。在過去，內部人士往往可以靠著他們精心策劃所煽起的軋空恐慌，從空頭身上賺進很多錢。

很明顯地，交易人應該做的事，就是在多頭市場中看好後市，在空頭市場中看壞後市。這聽起來好像是沒有意義的話，不是嗎？不過，我可是在深刻體會這個大原則之後，才知道實際運用這個原則，其實就等於是在研判機率。我花了很長的時間，學習如何根據這樣的理解進行操作。不過說句公道話，我必須提醒你，在那之前，我也還不曾擁有足夠本錢，能夠用那種方式進行投機。面對大走勢時，必須建立足夠大的部位，才會賺到大錢，而如果要建立大部位，你的經紀商帳戶裡就需要有很高的餘額。

我一向必須——或者認為自己必須——從股票市場中賺錢，來買每天要吃的麵包。如此一來，反而干擾到我賺錢的做法，而使我無法擁有更多的本錢，去執行獲利更高、但因為速度比較慢、所以顯得比較昂貴的順勢操作法。

賽瑞托加那件事發生之後，我對自己的信心不只更加強烈，經紀商也不再認為我是偶爾走運的棒槌小子。他們從我身上賺了很多手續費，但我現在很有可能成為他們的明星顧客，因此我的價值超過了我的交易量給他們所帶來的貢獻。對任何經紀商來說，一個賺錢的顧客，是很寶貴的資產。

從我不再滿足於只研讀行情紙帶的那一刻起，我也不再只關心特定股票的波動了。這麼一來，我就必須從不同角度研究這種遊戲。我從報價往回推，開始關注一些基本原則；我也從價格波動往回推，開始關注一些基本的情勢。

多年來，我每天都有看一些行情預測的習慣。所有的交易人都這麼做。但是大多數的行情預測都屬流言蜚語，有些更是刻意造假，其餘則只是作者個人的意見。知名的週刊評論談到基本情勢時，經常無法完全令我滿意。財金編輯的觀點，一般來說和我不同。對他們來說，先搜集事實資料，再做成自己的結論，這對他們來說並不是十分重要，對我而言卻很重要。我們對時間要素的評估，也存在著很大的差異。對我來說，針對過去一個星期進行分析，遠不如預測未來幾個星期來得重要。

多年來，由於缺乏經驗，加上年輕、資金不足，令我深受其害。但是現在，我因為有了新發現而感到雀躍不已。我對這種遊戲所抱持的新態度，解釋了我為什麼一再無法在紐約賺大錢的原因。現在我有了適當的資金、經驗和信心，急著想要試用手中的這把新鑰匙；以前我不知道門上還有別的鎖——時間鎖——所以沒注意到需要新的鑰匙。這種疏忽是很正常的，怪不得我也必須支付一般人所需要支付的學費——每一步都得花一筆大錢。

我研究了一九〇六年的情勢，認為資金的展望特別嚴峻。世界上有不少實際財富都已經遭到摧毀。每個人遲早都會感受到資金吃緊的狀況，到時候可能就沒有人真的能幫助到其他人了。那種困難的起因，並不像是拿價值一萬美元的房子，只換到價值只有八千美元的一貨車賽馬，而是比較像整棟房子毀於祝融，而且一整車馬匹還在鐵路車禍中死亡。白花花的銀子，在波爾戰爭[11]（Bour

註11 Bour War，1899~1901，英國與波爾人爭奪南非金礦所引發的戰爭。

War）的炮火中化為灰燼，再加上還要斥資千百萬元，養活南非毫無生產力的士兵，因此英國投資人再也沒辦法像過去那樣手頭寬鬆。此外，舊金山的地震和火災，以及其他的災難，波及製造商、農民、商人、勞工、百萬富翁。鐵路業受到的傷害一定很大。我估計應該沒有什麼事，能夠阻止市場出現一波重跌的走勢。既然這樣，只有一件事可做——賣股票！

我曾經跟你說過，我觀察到一個現象，那就是在我決定要往哪個方向操作之後，初步的交易總是呈現獲利狀況，因此現在既然決定賣出，我便大手一揮，決定放空。我們無疑就要進入一個真正的空頭市場，我相當肯定，自己應該會賺到事業生涯最大的一筆錢。

可是，市場上漲之後雖然拉回，但跌了一陣子之後，又開始穩定攀高。我的帳面利潤消失不見，接著帳面損失愈滾愈大。情況看起來，似乎不會有任何一名空頭能活著離開，更別說日後要向別人大談這真是如假包換的空頭市場了。我再也無法繼續忍受賠損，於是回補了空頭部位。當時如果不這麼做的話，我肯定會落到連一張明信片都買不起的下場。我損失了大部分的錢，但最後總算存活下來，能夠保留他日再戰的能力，終究還是比較重要。

理論對，實務錯

我顯然犯了錯誤，但究竟哪裡錯了呢？我在空頭市場中看壞後市，這應該是聰明的做法才對，問題是，我放空股票放空得太早了。這倒還沒關係，只是代價實在太大了。我的部位是對的，操作卻是錯的。不過，市場一天比一天接近那無可避免的重跌，因此我耐心等候，等到上漲走勢開始欲振乏力，我才又在已經嚴重失血的保證金許可範圍內，盡我所能地賣出股票。這一次，總算做對了，可是，只對了一整天。接下來一天，行情再度反彈，又狠狠大咬我一口，我只好在研讀行情紙帶後，回補空頭部位，退場觀望。後來又到了我覺得適當之時，我再次賣出——行情同樣下跌，讓人滿懷希望，接著卻還是毫不留情地反彈。

市場看起來好像是正在盡最大的努力，要我恢復使用在空桶店的簡單老方法。這是我第一次把眼光投向未來，擁抱整個市場，而不是只操作一兩支股票。我估計，堅持下去，一定會贏。當然，在當時我還沒有發展出分批下注的方法，否則我一定會分批放空，測試跌勢市場，就像上一次我跟你說的一樣。如果真這麼做的話，那時我就應該不會賠掉那麼多保證金了。我應該只會是做錯了而已，而不會受到那麼大的傷害。從這裡可以看得出來，我已經觀察到一些事實，卻沒有學會如何協調他們。我那不完整的觀察，不只一點幫助都沒有，反而阻礙我操作獲利。

我一直都覺得，研究我所犯下的錯誤，總讓我受益無窮。這一次的經驗終於讓我發現，堅持不在空頭市場失去空頭部位，固然十分重要，但行情紙帶還是應該時時研讀，才能確定有利的操作時機。如果你一開始是對的，你就不會看到獲利部位遭受到嚴重的威脅；這麼一來，縮手不動也就一點都不困難了。

現在，我對自己觀察的準確性，信心更強了——在我的觀察之中，滿懷期望或興之所至的操作，毫無立足之地——而且我有更多資源，可用於確認觀察到的事實，並從不同的角度，測試我的看法是否正確。但是在一九〇六年當時，行情一再上揚，使我的保證金岌岌可危。

那時我接近二十七歲，投身市場操作已經十二年，但這是我第一次拿著一具望遠鏡來做交易。我看到了危機，然後就在危機即將來臨之際急著進場操作。結果從我第一眼瞥見風起雲湧，到趁機利用大跌行情獲利，兩者之間相隔的時間顯然遠比我想像的長，以至於我開始懷疑，自己是不是真的看到我以為看得十分清楚的事。我們已經可以看到許多警訊，活期借款利率也顯著上揚。不過仍然有一些大金融家滿懷希望地高談闊論——至少對報社記者是擺出這種態度——而且接踵而來的股票市場上漲行情，更證明那些杞人憂天者太過悲觀。難道是我看壞後市根本不對，還是因為我太早開始放空，錯誤只是暫時的？

看對卻重傷

我確定是我自己放空得太早，但我實在無法不那麼做。後來市場上的賣盤終於湧出。我的機會來了。我傾全力賣出，結果股價還是再度反彈，而且漲到相當高的水準。

我終於賠了個精光。結果是——

我看對卻重傷！

我要跟你說，這件事實在叫人嘆為觀止。實際發生的情形是這樣子的：我放眼往前看，看到一大堆錢。錢堆上面插了個牌子，上面用大字寫著『自己拿吧！』。旁邊停著一輛大車，車身漆著『勞倫斯．李文斯頓貨運公司』。我手上拿著一把全新的鐵鍬。四處看不到一個人，因此沒有人會來跟我搶著鏟金子。比別人早看到一堆錢矗立在前頭，再美妙也不過了。別人如果肯停下腳步，或許也有可能看到這些金子，幸好他們忙著看棒球賽、開車兜風，或者把錢拿去買房子了。這是我第一次看到前面有一大堆錢，自然而然趕緊往前跑。但還沒跑到錢堆，一陣風吹來，我竟跌倒在地。錢堆還是在那裡，但我卻失去了鐵鍬，貨車也開走了。我全速往前快跑，竟

然落得這種下場！我太急於向自己證明，我是真的看到了錢，而不是海市蜃樓。我看到了，也曉得自己看到了。我心裡只想到自己不俗的眼光，一定會得到優渥的獎賞，卻沒有考慮到自己和錢堆的距離。我應該用走的，不應該跑那麼快才對。

這就是當時所發生的事。我並沒有先判斷時機是不是正確，就一頭栽進空方的陣營。在我應該借助紙帶研讀能力的那一刻，卻沒有那麼做。因此我學會了另一件事：即使在空頭市場展開之初，正確研判到市場即將下跌，最好還是等到沒有引擎回火的危險時，再開始賣出股票。

那些年，我在哈丁的營業處，交易了幾千股的股票。這家公司對我深具信心，我們之間的關係融洽無比。我想他們一定覺得我很快就會再次做對，而且他們曉得，由於我習慣打蛇隨棍上，得寸進尺，所以我只需要踏出第一步，終有一天，一定會把失去的錢撈回來還有剩。他們從我的交易賺了很多錢，將來還會賺更多。因此只要我的信用還很好，在那邊重新開始交易並不成問題。

而一再遭到痛擊，也讓我不再那麼過於自信；也許應該說是不再那麼粗心大意，因為我知道，我離行情大跌是那麼地近。我能做的事，就是張大眼睛，耐心等候；一頭栽進之前，就應該這麼做才對。這不能說是亡羊補牢。但下次再試時，得要有十足的把握才行。一個人如果可以一直不犯錯，他只要一個月就能擁有全世界。但是如果犯了錯卻無法從錯誤中受益，他就絕不會有碰上好事的福氣了。

話說，一個美好的早上，我在前往城中的路上，再次覺得信心滿滿。這一次，再也沒什麼好懷疑的了。我在所有的報紙財金版，都看到了一則廣告，這無異於發出暗號，告訴我放空的適當時機到了。北太平洋（Northern Pacific）和大北方（Great Northern）鐵路公司在廣告中表示，新發行的股票，股款可以依股東的方便，分期繳納。這麼體貼的做法，在華爾街倒是頭一遭。我馬上就覺得這是個壞兆頭。

多年來，大北方優先股是一個永遠靈光的多頭題材，現在又宣佈要切另一顆甜瓜，也就是允許幸運的股東有權依面值認購大北方所發行的新股。這種認購權很有價值，因為市價一直遠高於面額。但是現在，貨幣市場竟然演變到連力量最強大的銀行，也對股東能不能拿出現金購買便宜的股票，不再那麼有把握。這個時候，大北方優先股的價格可是高達 330 美元！

一到營業處，我就向艾德．哈丁說：『現在正是賣出的好時機。我應該現在開始下手。看看那則廣告就知道了，你看過了嗎？』

他看過那則廣告之後，我向他指出，根據我的看法，這也就等於銀行承認了某些事，但他並不認為股價馬上就要大跌。他覺得，由於市場習慣在這種消息發佈之後大漲，所以最好等一陣子，再大舉放空。如果我能稍微等一下，雖然價格也有可能會比較低，但操作起來比較安全。

『艾德，』我跟他說，『跌勢發動的時間拖得太久，下跌走勢一旦開始，力道更猛。那則廣告等於是銀行的自白書。他們害怕的事正是我所希望的事。這就是個訊號，告訴我們應該趕快搭上空頭列車。我們需要的正是這種訊號。現在我要是有一千萬美元，一定會馬上把每一分錢都押下去。』

我費了好一番口舌和他談這件事。他對於一個神智清楚的人，單單靠著那樣的一則廣告，就推斷出那樣的結論，覺得很不以為然。我覺得那個訊息已經夠清楚了，但營業處的大部分人卻不這麼認為。他們覺得我只是看到了那麼一點東西就大作文章。

幾天後，聖保羅（St. Paul）公司也非常好心，宣佈發行新證券，至於是股票還是票券，我已經有點忘了，不過那倒無關緊要。重要的是，我一看到消息，就注意到繳款日訂在先前宣佈的大北方和北太平洋繳款日之前。『司馬昭之心，路人皆知』，這就好比拿起擴音器，宣佈業界大老聖保羅公司企圖領先其他兩家鐵路公司，在華爾街搶奪那些為數不多的錢。聖保羅的往來銀行顯然擔心錢不夠三家公司分，所以這時當然不會說：『兄弟，您先請。』如果錢已經那麼匱乏——我敢說，銀行寒天飲冰水，點滴在心頭——以後豈不是更慘？鐵路公司非常需要用錢。要用錢的時候卻找不到，該怎麼辦？

當然就是賣他們的股票！冤大頭兩眼只顧著緊盯市場，什麼也看不到——他們頂多只能看到那個星期發生了什麼事。但聰明的股票作手卻看得很多——他們會往後看一整年。這就是兩者的差別。

在我看來，再也沒有什麼值得懷疑或猶豫的了。我立刻下定決心。那天早上，我展開了行動，而且這是我後來一直採取類似做法的第一次。我把自己的想法，以及打算怎麼做，告訴了哈丁。這一次，他並不反對我在330美元左右賣出大北方優先股，以及在高價賣出其他的股票。我已從先前的錯誤中受益，所以如今賣得更加明智。

轉眼之間，我的名聲和信用就重新建立了起來。在經紀商的營業處操作正確，美妙之處就在這裡，不管你是不是意外得到那樣的結果。不過這一次，我可是用冷靜的頭腦做出正確的研判，不是靠第六感，也不是運用研讀行情紙帶的能力。這是我分析影響整體股市的情勢所得到的結果。我不是用猜的，而是研判將來不可避免地會發生什麼事。賣股票並不需要什麼勇氣。價格除了下跌之外，我看不到還有什麼其他的可能，所以我當然非行動不可，不是嗎？不這麼做，還能怎麼做呢？

關鍵日子

所有的股票全都疲軟不振，不過後來還是出現了反彈走勢，有人警告我，說跌勢已經結束。大戶曉得放空數量十分龐大，已經決定要軋空，而我們這些對後市感到悲觀的人，會損失高達數百萬美元。大戶下手絕不容情，這一點倒是毫無疑問。我一向很感謝這些好心的顧問，甚至不和他們爭辯，因為如果那麼做，他們會認為我對他們的警告，一點都沒有感恩之心。

和我一起去大西洋城的那個朋友，此時也覺得相當苦惱。他可以理解，我在地震發生之前的那種第六感。他不得不相信這種力量，因為我十分聰明地遵照自己的盲目衝動，賣出了聯合太平洋，結果賺進了二十五萬美元。他甚至表示，那是天意以神秘的方式在運作，結果竟然在他看好後市之時，驅使我賣出股票。他也很清楚我在賽瑞托加第二次操作聯合太平洋的過程，所以他也可以理解，只交易一支股票時，小道消息總是會事先說它即將要漲或要跌。但這次我預測所有股票全都勢必要下跌，卻激起了他的怒氣。『你這樣的預測對任何人有好處嗎？如果每個人身上全著了火，誰還顧得了別人呀？』他說。

我想起老帕崔吉的名言：『哦，現在是多頭市場，大家都知道』，這樣的話對夠聰明的人來說是很受用的；事實上也的確如此。但很奇怪的是，價格下跌十五或二十點之後，人們即使蒙受龐大的損失，卻還是冥頑不靈，為三點的漲勢雀躍不已，並且一口咬定底部已經浮現，全面的回升走勢可期。這實在是挺奇怪的事。

有一天，那位朋友來找我，問：『你回補了嗎？』

『為什麼我應該回補？』我說。

『為了世界上最好的理由。』

『什麼理由？』

『賺錢啊！股價已經觸底，價格跌到底部總要回漲吧，不是嗎？』

『沒錯，』我答道。『總要先跌到底才會翻升；但不是現在。再過兩天，他們才會死翹翹。那些股票還不到死而復活的地步。他們還沒死透。』

有個老手聽到我說的話。這個人常常喜歡提醒別人某些事。他說，看壞後市的威廉・崔佛

（William R. Travers），曾經遇到一位看好後市的朋友。他們交換了彼此對市場的見解之後，朋友開口說道：『崔佛先生，你為什麼那麼強硬地認定後市看跌？』崔佛回嘴說：『沒錯！就像人死了一樣那麼硬！』崔佛曾經到一家公司的辦公處，要求看公司的帳簿。辦事員問他：『請問你在本公司有股份嗎？』崔佛答道：『我應該算有吧。我放空了貴公司的股票兩萬股！』

整個市場的反彈力道愈來愈弱。我當然打蛇隨棍上，傾全力操作。我每賣大北方優先股幾千股，價格就下跌個幾點。我發覺其他的股票也顯露疲態，所以也賣了一些。所有的股票都不支倒地，只有一支股票明顯例外，那就是瑞丁（Reading）。

在其他每一支股票急轉直下之際，瑞丁卻不動如山。每個人都說這支股票的籌碼被人鎖住。它的走勢當然就像他們所說的，表現得相當穩定。經常有人告訴我，放空這支股票，無異於自殺。現在營業處內，也有人和我一樣，認為每一支股票都看跌。但每當有人提到要賣出瑞丁，他們就會喊救命。不過我還是放空了一些，以顯示我看空整個市場的立場堅定不移。我當然喜歡柿子挑軟的吃，選疲軟的股票用力賣出，而不去攻擊受到強力保護的專業公司。我從行情紙帶也發現，放空其他股票，錢比較好賺。

準備進擊瑞丁

我聽很多人說，有多頭炒作集團在操作瑞丁。那是個財大氣粗的集團。首先，朋友們告訴我，他們持有許多低價股票，所以平均價格低於當時的市價。此外，集團的主力成員和銀行水乳交融，他們利用銀行的錢，持有數量龐大的瑞丁股票。只要價格保持堅挺，銀行的友誼便堅若磐石。甚至其中有個集團成員，帳面利潤超過三百萬美元。因此價格即使下跌若干，也不至於會要了他們的命。怪不得這支股票屹立不搖，空頭始終奈何不了它。時常有一些營業廳交易員看了它的價格，就賣出個一、兩千股測試一下。可惜價格總是聞風不動，他們只好補回股票，再到其他地方尋找比較好賺的錢。每當我看到它，也會多少賣一點——賣出的數量，只夠說服自己，相信自己的確忠於新的操作原則，而不是只偏愛玩某些股票而已。

以前瑞丁的強勢可能會愚弄我，因為行情紙帶一直說『別惹它！』但是我的理智卻另有不同見解。由於我研判整體股市走跌，所以應該不會有任何一支股票能置身事外，不管它有沒有集團在背後支撐。

我一向獨來獨往。這種操作方式是從空桶店開始的，一直維持到今天。這和我個人的想法有關。我必須親眼看到，親自思考才算數。但是我要告訴你，當市場開始往我研判的方向走時，這一輩子我第一次覺得，有人和我並肩作戰，那就是世界上最堅強和最忠實的盟友：基本情勢。他們火力全開地幫助我。有時他們送來彈藥的速度也許稍嫌慢了一點，但是只要我不是那麼沒耐性，他們可以說是非常值得信賴。這一次，我並不是利用研讀行情紙帶的能力或第六感抓緊機會，而是根據事實而操作。鐵面無私的事件邏輯，正在幫我賺錢。

忠實盟友在作工

重要的是，你必須看對；瞭解它，然後再根據它採取行動。我的忠實盟友，也就是整體情勢說『下跌』時，瑞丁卻不聽號令。它簡直是在侮辱我們。瑞丁保持堅挺，彷彿一切平靜無波，這開始把我給惹惱了。它應該是所有股票裡面，最好的放空目標，因為它的價格幾乎不曾下跌，而且炒作集團持有許多股票，一旦資金緊俏的情勢更為明顯，他們肯定無法再持有那麼多的股票。終有一天，銀行的那些朋友日子也不會好過。這支股票非和其他股票一起下跌不可。如果瑞丁不跌，那麼我的理論就錯了；如果我錯了，就表示我所認定的事實錯了，邏輯也錯了。

我認為它的價格居高不下，是因為華爾街不敢賣它。所以有一天，我向兩家經紀商各下一張委託單，同一時間各賣出四千股股票。

你真應該看看，那兩張相互競爭的委託單一砍下去，那支籌碼壟斷、每次放空無異自殺的股票應聲而倒急轉直下的情形。後來我又要他們再多賣幾千股。我開始賣時，價格是 111 美元。幾分鐘之內，我就在92美元建好全部的空頭部位。

在這之後，我享受了一段美好的時光，最後在一九〇七年二月軋平出場。大北方優先股跌了六、七十點，其他股票的跌幅也差不多。我賺了一大筆錢，不過我出場的理由，是因為我估計跌勢已經反映了近期的未來。我預期走勢將適度回升，但仍舊不是那麼看好後市，因此並沒有轉而作多。我可不想再把賺到的錢賠光。隨後有一段時間，市場並不適合我操作。我在空桶店賺到的第一個一萬美元，後來因為我不管基本情勢是否合適，天天進行不合時機的操作，結果賠光了。還有不要忘了，不久前，我因為太早研判市場即將下跌，而在時機還不對時就開始賣出，也蝕掉了老本。現在我有了龐大利潤，我要落袋為安，讓我感覺自己做對了。市場的反彈走勢曾讓我賠光老本，我可不想再讓下一次的反彈把我掃地出門。因此我的做法不是抱牢股票，而是前往佛羅里達州。我喜歡釣魚，也需要休息。在那裡，這兩件事全都可以辦到。而且，華爾街和棕櫚灘還有直接連線。

我坐船到了佛羅里達外海。釣魚實在是一大享受。我手上沒有股票，心情十分輕鬆。日子過得相當愜意。有一天，在棕櫚灘外海，一些朋友坐汽艇來找我。其中一個隨身攜帶了一份報紙。我已經幾天沒看報了，也不覺得想看。當時我對任何新聞都不感興趣。但無意間，我瞥見朋友帶上遊艇的那份報紙，看到市場大漲了十點以上。

我跟那些朋友說，我打算和他們一起上岸。市場每過一段時間就會出現溫和的上揚走勢，這是很正常合理的發展。但是空頭市場明明還沒有結束，華爾街裡那些愚蠢的投資大眾、不顧死活的多頭，卻不理會資金的情勢，把價格推升到了合理的價位之上。我覺得他們做得太過分了。我有必要看看市場。我不曉得自己可能會做出什麼事，或者可能什麼事都不做。但是現在我突然有一股迫切的需要，想去看看行情板。

我的往來經紀商哈丁兄弟在棕櫚灘設有分處。進去之後，我認識的許多人都在那裡。他們大多看好後市會上漲。他們全都是那種根據行情紙帶操作，想要快進快出的交易人。這種交易人不會花費心思放長眼光，因為他們的操作風格不需要那麼做。我跟你說過，我是怎麼在紐約的營業處得到『棒槌小子』的封號。人們當然總是喜歡誇大一個人的獲利，以及他的出手規模。棕櫚灘營業處的人，聽過我在紐約放空大賺一票的事，期待這次我也大手筆放空。但他們本身卻認為，反彈行情還會繼續再走一段；不過，他們好像覺得，和反彈行情抗衡是我的職責。

我本來是到佛羅里達享受釣魚之旅。前一陣子我受到了相當大的壓力，需要度個假紓解身心。但是我一見到價格回漲的程度，就不再覺得需要度假了。上岸時，我根本沒想到要做什麼事。但是現在，我知道我必須賣出股票。我的看法是對的，而且必須用唯一的老方法證明，那就是用錢來表示。此時放空整體股市，是一種合適、明智、可望獲利，甚至是愛國的行動。

對安納康達的第六感

我在行情板上看到，安納康達（Anaconda）就要突破 300 美元。這支股票的價格一直飛快上漲，顯然多頭買盤十分積極。我自己有一套老交易理論說，當一支股票首次突破 100、200 或 300 美元時，價格不會停在那裡，而會繼續上漲一大段。因此，如果你在突破那些整數關卡時趕快買進，十之八九都會賺到錢。膽小的人不喜歡買那些創新高價的股票，但是這種波動的歷史走勢，對我有引導作用。

安納康達是四分之一股（quarter stock），也就是股票面值只有 25 美元。它需要四百股，才會等於面值 100 美元的其他股票一百股。我預測當它穿越 300 美元，價格會繼續上衝，轉眼之間可能就會觸及 340 美元。

不要忘了，雖然我看壞股市後市，但我也是研讀行情紙帶的交易人。我瞭解安納康達這家公司，如果它按照我預測的方式走，動起來的速度會很快。動得快的股票，總是令我見獵心喜。我已經學會保持耐性和如何縮手不動，但我個人偏愛飛快的走勢，而安納康達絕對不是牛皮股。我想買它，是因為它穿越 300 美元大關。那是出於我內心強烈的渴望，我想要藉此證實自己的觀察的確沒錯。

就在那個時候，行情紙帶告訴我，買盤比賣盤要強，因此大盤的上漲走勢可能不費吹灰之力，就能再走上一段。稍安勿躁，等一陣子再放空，才是明智之舉。所以此時不妨趁等候的時刻，賺點錢給自己用。如果想用很快的速度，從安納康達賺個三十點，那應該是可以做到的事。也就是說，我看壞整體股市，卻看好一支股票！因此，我買進三萬兩千股的安納康達——也就是說，總共合計八千股的完整股（full shares）。這不過是牛刀小試，但我肯定自己的理論是對的，而且從這支股票所賺到的利潤，有助於增添保證金，用於稍後展開的空頭操作。

隔天，由於北方風暴侵襲或者類似的某件事，造成電報線路中斷。我在哈丁的營業處等候消息。顧客閒著沒事做，只好聊天打發時間，談論各種可能發生的事。股票交易人不能交易時，通常都是這個樣子。不久，我們就得到一個報價，也是那天唯一的報價：安納康達，292 美元。

那時有個傢伙和我在一起。他是我在紐約認識的營業員。他知道我作多八千股完整股，我懷疑他也買了一些，因為我們得到那個報價時，他大吃一驚。甚至他還認為，在我們拿到報價的那一刻，也許價格又跌了十點。以安納康達的大漲走勢來看，跌個二十點也很有可能。但是我對他說：『不用愁，約翰。明天就沒事了。』我真的有那種感覺。但是他看著我，搖搖頭，意思是說他懂得比我多。他就是那種人，因此我笑了笑，並且在營業處等候更多的報價進來。但是隨後再也沒有任何報價了。那天我們就得到那一個報價：安納康達，292 美元。我的帳面虧損約為十萬美元。我想要快，現在果然很快就發生了虧損。

隔一天，線路恢復運作，報價傳送一如往常。安納康達的開盤價是 298 美元，後來上漲到 302 3/4 美元，但很快就開始滑落。而且市場上的其他股票，走勢也不像要進一步反彈的樣子。我暗暗下定決心，盤算著如果安納康達回到 301 美元，那就是假走勢。真正的漲勢應該會馬不停蹄漲到 310 美元才對。要是欲振乏力而回跌，那就表示我以前看到的先例不對，所以我做錯了；一個人做錯時，唯一的辦法就是停止再錯下去，這樣才能做對。我因為預期會有三十或四十點的漲幅，而買進八千股完整股。這不是我第一次犯錯，也不會是最後一次。

弄巧成拙的安慰

果然沒錯。安納康達跌回 301 美元。它一到那個價格，我就悄悄走向電報操作員那裡——他們和紐約的營業處有直接連線——對他說：『把我的安納康達都賣掉，三萬兩千股。』我放低聲音，不希望讓任何人知道我在做什麼。

他抬起頭來，滿臉驚恐。但是我點點頭，又說：『賣掉我所有的股票！』

『沒問題，李文斯頓先生，你的意思不是按市價吧？』他的表情就好像粗心大意的營業員，因為一個執行不當，就會害他自己損失幾百萬美元似的。不過我只簡單地告訴他：『賣出！不要再問！』

營業處裡面有吉姆和歐利兩個布雷克兄弟，應該聽不到操作員和我的對話。他們是芝加哥來的交易大戶，原本是那邊很有名的小麥棒槌，現在則大量進出紐約證券交易所。他們很富有，出手闊綽。

我離開電報操作員那裡，回到行情板前面的座位時，歐利・布雷克向我點頭示意，面帶微笑。

『你一定會後悔的，拉利，』他說。

我停下腳步，問他：『你的意思是？』

『明天你會把它買回來的。』

『買什麼回來？』我問。除了電報操作員，我沒有告訴任何人。

『安納康達，』他說。『你會花 320 美元再把它買回來的。你剛剛的動作並不好，拉利。』他又笑了起來。

『什麼動作不好？』我裝出一副無辜的樣子。

『依市價賣出你的八千股安納康達；其實應該抱牢不賣才對。』歐利・布雷克說。

我曉得他應該是非常聰明的人，總是靠內線消息在交易。但是我的動作，他怎麼知道得那麼詳細，這讓我大惑不解。營業處應該不會洩露我的交易詳情才對。

『歐利，你是怎麼知道的？』我問他。

他笑著說：『我從查理那邊知道的。』查理就是那位電報操作員。

『但是他半步也沒離開位子啊，』我說。

『我聽不到你和他低聲講了些什麼，』他吃吃笑了起來。『但是他幫你拍到紐約營業處的電報內容，每一個字我都聽到了。幾年前，我曾和一個人因為電報內容錯誤大吵了一架，便去學電報術。學會之後，每當我做你剛剛做的那種事時——向操作員說話，下委託單——我一定要確定操作員所拍出的電報內容，和我告訴他的話一模一樣。這樣我才知道他用我的名義，發出了什麼內容。但是你賣出安納康達，一定會後悔的。這支股票會漲到 500 美元。』

『不會是這一波，歐利，』我說。

他盯著我說：『你對自己的操作，倒是挺有自信的嘛。』

『不是我有自信，是行情紙帶說的，』我說。

『我知道有一些人，』他說，『他們只會看紙帶，卻看不到價格，這就好像拿火車的時刻表，只看進站和離站時間一樣。還好他們總把自己關在四面牆鋪上軟墊的精神病房裡面，要不然早就撞牆而死了。』

我沒再跟他說些什麼，因為這時小弟帶了一張通知單給我。他們已經用 299 3/4 美元的價格賣出五千股。我曉得我們的報價比市場慢了一點。我給操作員下賣單時，棕櫚灘行情板上面的價格是 301 美元。那時我十分確定，這支股票在紐約證券交易所的實際賣價一定更低，因此，如果有人願意用 296 美元的價格向我買，我絕對高興得要命。從這件事可以知道，我絕不用限價單操作是對的。假使我限定用 300 美元的價格賣出，結果會怎麼樣？那麼一來，肯定脫不了手。當你想出場時，儘管出場就是，不要再去管什麼價格了。

準備迎接風暴

我賣出的股票，成本約為300美元。後來他們又用299 3/4美元的價格，賣出了五百股——當然是完整股。接下來一千股的賣價是299 5/8美元，再下來一百股是299 1/2；兩百股是299 3/8，兩百股是299 1/4。最後一批股票以298 3/4美元脫手。哈丁最聰明的營業廳交易員花了十五分鐘，才把最後一百股賣掉。他們不想因為這筆賣單，導致價格重跌。

我一拿到最後一批股票的賣出回報單，就開始著手做上岸時真正想做的事——也就是放空股票。我非這麼做不可。眼前的市場，好大的斗膽竟敢上漲，正在求我去賣。可是怪哉，人們又開始看好後市會上漲。不過行情紙帶可是說得十分清楚，說漲勢已到強弩之末。賣股票很安全。這件事根本連想都不必想。

隔天，安納康達的開盤價低於296美元。正在等行情進一步上漲的歐利・布雷克很早就到營業處，等著看股價突破320美元。我不知道他買進多少股，或者到底有沒有作多。但是他看到開盤價時，臉上沒有笑容。那一天稍後，也不見他的笑臉，因為股價跌得更深了，而且在棕櫚灘的我們，接到傳回的報告說，這支股票根本沒有市場。

這時大家所需要的證明，當然都有了。我那不斷增加的帳面利潤，一個小時又一個小時提醒我，我是對的。我當然又賣了更多股票。每一支股票都賣！那是個空頭市場。所有的股票都在下跌。隔天星期五是華盛頓誕辰紀念日。我已經無法繼續留在佛羅里達釣魚了，因為我已經建立相當大的空頭部位。我得回紐約去。棕櫚灘太遠、太偏僻了。電報往返浪費掉太多寶貴的時間。

於是我離開了棕櫚灘，返回紐約。星期一我得在聖奧古斯丁（St. Augustine）待上三個小時等火車。那裡有家經紀商的營業處，所以我在等火車的空檔，自然要去那邊看看市場的走勢如何。安納康達比前一個交易日又跌了幾點。事實上，後來一直到那年秋天大跌為止，它的跌勢一直都沒有停止過。

到了紐約，我放空操作了四個月左右。市場和以前一樣，還是經常反彈回升，而我則是不斷回補再放空。嚴格地說，我並沒有做到縮手不動。不要忘了，我從舊金山地震所引發的跌勢所賺進的三十萬美元，全賠光了。那一次我做對了，卻依然輸了個精光。現在我要安全地玩——因為人在跌倒之後，如果能夠爬起來，依然還是會很快活，即使並沒有爬到非常頂尖的位置。想要賺錢，去賺就是。想要賺大錢，則需要在恰到好處的正確時間做對才行。幹這一行，必須兼顧理論和實務。投機客不應該只是學生。他必須既是學生，又是投機客。

我表現得相當好，不過，今天回頭去看，還是可以看出哪些地方在戰術上做得不夠好。夏天來臨之後，市場表現淡而無味，沒有什麼機會可以大手筆操作，直到秋天到來。我認識的每一個人，當時都已經到了歐洲，或者就要去歐洲。我覺得這是個不錯的主意，於是就軋平了部位出場。上船前往歐洲時，我總共淨賺了七十五萬美元多一點。在我看來，這可是一筆不小的財富。

我在艾克斯萊班[12]（Aix-les-Bains）盡情享樂。這趟假期是我賺來的。待在那個地方，身上有很多錢，也有不少朋友和熟人，大家一心一意只想玩樂，真是享受。在艾克斯萊班，擁有這些並不難。華爾街是那麼遙遠，我壓根兒都沒想到它。以這一點來說，美國任何一個度假勝地，根本比不上這裡。我不必聽別人談起股票市場。我不需要操作。我有足夠的錢，可以撐上很長的一段時間。還有，我曉得回去之後要怎麼做，才能賺到遠比那年夏天我在歐洲所花掉還多的錢。

有一天，我在《巴黎先鋒報》（Paris Herald）看到一則發自紐約的電訊，說煉鐵公司（Smelters）宣佈加發股利。這個消息導致它的股價上漲，整個市場也重現強勢。這當然改變了我在艾克斯萊班的一切。從這則消息可以看出，多頭陣營仍在死命力抗大環境——對抗常識和普通的邏輯，因為他們明知將來會發生什麼事，卻依然訴諸這種手段推高行情，好在風暴來襲之前拋出持股。他們有可能真的不相信，危險會像我想的那麼嚴重或者那麼迫在眉睫。華爾街上的那些大

註12 根據大英線上的解釋，艾克斯萊班是法國東部薩瓦（Savoie）省城市。位於日內瓦西南，臨布爾日（Bourget）湖。冬夏旅遊勝地。

戶，容易產生一廂情願的想法，就像政治人物或一般的冤大頭一樣。我自己實在沒辦法認同他們。也許發行證券的公司或推銷新企業股票的人，可以耽溺在充滿希望的情境中，但是對於投機客來說，這種態度肯定會鑄成不可挽回的錯誤。

總之，我曉得置身於空頭市場中，所有的多頭炒作題材註定都要失敗。我一讀到那則電訊，馬上就曉得只有一件事做了才能叫人安心，那就是放空煉鐵公司的股票。是的，公司內部人士在瀕臨貨幣恐慌之際提高股利率，簡直無異於跪著求我來放空他們的股票。這就像孩童時期遭人挑釁那麼叫人生氣。他們竟敢挑釁我去放空那支股票。

跑對跑道

我打電報發出煉鐵公司的一些賣單，並且建議紐約的一群朋友放空這支股票。拿到經紀商的回報單時，我注意到成交價格比我在《巴黎先鋒報》看到的報價低了六點。這就可以告訴你，實際的情況到底是如何。

如果依照我本來的計畫，我那個月底才會回巴黎，然後大約再經過三個星期，才坐船回紐約。可是我一拿到經紀商拍來的電報回報單，馬上就動身回到巴黎。抵達巴黎的同一天，我打電話到輪船公司的辦事處，打聽到隔天就有一班快船航向紐約。於是我便訂了船票。

我比原先計畫早了一個月左右回到紐約，因為紐約是在放空市場時最叫人安心的地方。我有超過五十萬美元的現金可當作保證金。回紐約，並不是因為我看空的關係，而是因為我懂得邏輯。

隨後我賣出了更多的股票。隨著銀根日益緊俏，活期借款利率越漲越高，股價則越跌越低。我早就預見了這種情形。我的遠見起初讓我賠了個精光。但是現在，我總算是對的了，口袋中也有不少錢。而真正叫人快活的，是我清清楚楚知道，身為一個交易人，我跑對了跑道。我還有很多事要學習，也很清楚應該怎麼做。我不再搖擺不定，不再只用半對半錯的方法。研讀行情紙帶確實是在這種遊戲中很重要的一部分；在正確的時機點下手也是；抱牢你的部位也是。不過我最大的發現是，一個人必須好好研究整體的情勢，這樣才有辦法預先研判機率。簡單地說，我學會了必須為我的錢效力。我不再盲目下注，或者只關心如何精通這種遊戲的技巧。我曉得應該透過勤奮的研究和清晰的思路取得成功。我也發現沒有任何人具有免疫力，能夠避開冤大頭操作的危險。但如果採用冤大頭的操作方法，也就只能得到冤大頭的薪水；既然市場在發薪水，你就應該想辦法別讓薪水給飛了。

我們的營業處賺了很多錢。我本身的操作也十分成功，他們開始津津樂道地談這件事，當然，難免也會加油添醋一番。我被認為是那個引發各種股票大跌走勢的人。經常會有我不認識的人，上前向我道賀。他們都認為我賺到錢是最美妙的事，卻從來不提我最早談到股市後市看跌的時間。他們心裡也認為，我是那種帶著報復心理，想要出一口怨氣的瘋狂空頭。我很早就預見資金情勢困難這件事，在他們眼中不足為道。我往來經紀商的會計，在我名下分類帳的貸方欄中，用掉了他們三分之一的墨水量，他們覺得那是很了不起的成就。

朋友們經常告訴我，在其他的經紀商裡，人們都認為在哈丁兄弟營業處的『棒槌小子』，是個多方陣營的心頭大患；後來即使情勢變得非常明顯，顯示市場還會跌得更深之後過了很久，那些死多頭還是不放棄地想要試著哄抬多檔股票的價格。甚至到了今天，他們都還在談論我當時的攢壓行動。

那年的九月從下半月起，貨幣市場開始拉高分貝向全世界發出警訊。但有些人還是不死心，相信只要奇蹟出現，他們就不必賣出手上所剩下的投機性持股。哎，到了十月的第一個星期，有個經紀人告訴了我一件事，終於讓我對自己的不知節制而大感汗顏。

擠爆貨幣交換所

你應該還記得，資金的借貸一向是在貨幣交換站（Money Post）附近的交易所營業廳進行。接到銀行通知時，必須償還活期借款的經紀商，通常大致知道他們必須重新借多少錢。銀行當然知道自己有多少頭寸，曉得他們可以貸出的資金有多少。有資金可貸的銀行，會把錢送到交易所。銀行的資金會透過一些經紀商經手，而他們的主要業務就是辦理定期貸款。中午左右，當天的借新還舊利率就會張貼出來，通常那也就是當時貸款利率的平均值。他們的業務一般是以公開出價和叫價的方式執行，方便讓每個人都知道交易的情形。通常在中午到下午約二點之間，資金借貸業務一向相當清淡，但是到了交割時間，也就是下午二點十五分以後，經紀商就會把他們當天的現金部位算得很清楚，可以到貨幣交換站把多餘的錢借出去，或者去借不足的金額。這項業務一直都是公開進行的。

十月初的某一天，前面跟你提過的那位經紀人跑來找我，說現在即使經紀商有錢可以放貸，也不到貨幣交換站那邊去執行了。原因是有兩家知名經紀公司的會員，在那邊虎視眈眈的等著，只要一有人提供資金，馬上就全部吃下來。當然，公開供應資金的貸款者，不能拒絕貸款給這些公司，因為他們的償債能力高，抵押品也夠好。但問題是，一旦借出了這些短期貸款，放款人就別想把錢收回來了。他們會說沒錢可以償還，放款人只好無可奈何，讓他們繼續延展貸款的時間。因此，現在經紀商如果有錢可以貸放給同行，就會派人到營業廳，而不是交換站，然後跟他們自己的好朋友咬耳朵，問：『想要一百嗎？』意思就是說，『你想借十萬美元嗎？』甚至連代理銀行業務的貨幣經紀商，現在也採用同樣的做法。結果你應該可以想像得到，貨幣交換站的情況，簡直只能用慘不忍睹來形容！

而且他還跟我說，在十月間的那些日子裡，證券交易所的成規是，改由借款人來自訂利率。你知道的，當時的年利率大約是在100%到150%之間波動。我想，改由借款人訂定利率的做法，其實是基於一種奇怪的心理作用，因為這麼一來，就好像可以讓貸款人不那麼覺得自己是在放高利貸似的。但我敢說，貸款人實際上所收到的利率，一定還是跟其他人差不多。借款人當然不敢奢望，這種做法就能讓他們不必支付高利率。他終究還是會根據該給的水準，支付跟別人差不多的利率。因為他急需資金，只要能夠如願取得資金，連高興都來不及了。

後來情況愈來愈糟。到最後，對於那些多頭、樂觀派、一廂情願的人，以及大量持有股票的人來說，算總帳的可怕日子終於來到。他們當初害怕賠小錢，現在可就要忍受截肢之苦了，而且還沒有麻醉藥可打。一九〇七年十月二十四日那一天，我永遠忘不了。

貨幣交易圈很早就傳來報告說，只要貸款人開口，不管多高利率，借款人都願意忍痛支付。當時能夠供應的資金根本不夠。那天要借錢的人，數目遠多於平常。到了下午的交割時間，擠進貨幣交換站的經紀人恐怕有一百位以上，大家都想借到公司所急需的資金。如果沒有錢，他們就只好賣出那些用保證金所購買的股票——在買盤和資金一樣稀少的市場中，他們恐怕只能用很差的價格，只求能賣出就好——可是在那個時候，錢在哪裡，連個影子也沒有。

我那位朋友的合伙人，和我一樣看壞後市。因此，他的公司不必借錢，但是我這位朋友，也就是前面跟你說過的那位經紀人，他剛從貨幣交換站過來找我，腦子裡滿是那些面容枯槁的臉孔。他知道我正大量放空整個股市。

他說：『天哪，拉利！我不知道到底會發生什麼事。我從沒看過這樣的情形。再下去可不得了。一定要做點什麼事才行。在我看來，現在好像每個人都破產了。現在完全沒辦法賣出股票，因為根本就沒人有錢去買。』

『你的意思是？』我問。

他回答：『你有沒有聽過在學校教室裡有一種實驗，把老鼠放進鐘形玻璃罩裡面，然後把空氣抽出來？你可以看到那些可憐的老鼠，呼吸愈來愈急促，兩腮鼓起像鼓風爐，想從玻璃罩裡愈來愈稀薄的空氣中，吸到足夠的氧氣。你會看到牠快要窒息的樣子，直到眼睛從眼窩突起，奄奄一息地慢慢死去。當我看到貨幣交換站的人群時，想到的就是這一幕！每個地方都沒錢，而且你也沒辦法出清股票，因為沒有人會買。如果你問我的話，我會說，此時此刻，整個華爾街已經破產了！』

我的腦子轉了起來。我可以預見股價大跌，但是老實說，萬萬沒料到會出現歷史上最大的恐慌。如果情況再演變得更嚴重，對任何人都沒好處。

後來，情況變得十分清楚，在貨幣交換站那邊等錢，一點用處也沒有。根本不會有錢送上門來。接下來，肯定是一場大混亂。

我後來聽說，那一天，證券交易所總裁湯瑪士先生獲悉華爾街上每一家經紀商都要慘遭不幸，趕緊四處求援。他找上已故的國家市民銀行（National City Bank）總裁詹姆斯・史提爾曼（James Stillman）。國家市民銀行是美國最有錢的銀行，他們曾宣稱其放款利率從未超過6%。

一日之王！

史提爾曼聽完紐約證券交易所總裁講的話之後，告訴他說：『湯瑪士先生，我們必須去見摩根先生，談一談這件事。』

為了避免發生美國金融史上最慘烈的恐慌，他們兩人一起前往摩根銀行（J. P. Morgan & Co.），和摩根先生見面。湯瑪士先生說明了當時的狀況。他一講完，摩根先生就說：『麻煩你們回到交易所之後，告訴他們，會有錢給他們用。』

『錢在哪裡？』

『每家銀行都有。』

在那個危急存亡的關頭，所有人都對摩根先生懷有強烈的信心，因此湯瑪士並沒有等著聽更詳細的解釋，便立即趕回交易所營業廳，向那些被宣判死刑的會員公司宣佈執行緩刑。

接著，下午二點半不到，摩根指派范安艾公司（Van Enburgh & Atterbury）的約翰・艾特伯里（John T. Atterbury）向急需用錢的人宣佈紓解措施。大家都知道，艾特伯里和摩根銀行往來甚密。我的朋友說，這位老經紀人快步走向貨幣交換站，舉起一隻手，簡直就像是復興培靈會上的導師。本來因為湯瑪士總裁所宣佈的事而略微平靜下來的人群，這時開始擔心紓解計畫生變，最糟的狀況恐怕還在後頭。因此當他們看到艾特伯里先生的表情，並且舉起手來時，馬上全場鴉雀無聲。

艾特伯里先生在接下來的一片死寂中說：『我獲得授權，有一千萬美元可借出。別急！每個人都夠用！』

接著他開始做紀錄。不過他並不是把放款機構的名稱告訴每一位借款人，而只是記下借款人的名字，以及所需要的金額，並且向借款人表示：『我們會跟你說，你的錢在哪裡。』他的意思是說，借款人之後可以到哪家銀行借錢。

一兩天後，我聽說摩根先生告訴那些嚇壞了的紐約銀行家，說他們必須提供證券交易所需要的資金。

『但是我們沒錢可借啊。我們的放款已經到頂，』銀行家提出抗議。

『你們可以動用準備金，』摩根簡單的說。

『但我們的準備金已經低於法定下限了，』他們吼道。

『儘管用就對了！那就是準備金的用途！』各家銀行只好乖乖聽話，最後動用了大約兩千萬美元的準備金。股票市場就這樣救了起來。後來要到下個星期，銀行才發生恐慌。摩根真可說是人中之龍，無人能及。

在我當股票作手的這一生中，這一天的記憶最為清晰。這一天，我的獲利超過了一百萬美元。我第一次深思熟慮，有計畫的操作活動，就此畫下圓滿的句點。我預見的事已成過去。不過這所有的事情當中最重要的是：我那美好的夢想已然成真。我當了一天的國王！

撼動市場

我之所以這麼說，請容我繼續解釋。我在紐約待了兩年之後，一直絞盡腦汁思索，問題到底出在哪裡？為什麼一個十五歲的孩子，能在波士頓的空桶店裡贏得這種遊戲，到了紐約的經紀商卻無法如願以償？我曉得總有一天，我會找出哪裡錯了，並且不再繼續錯下去。到了那個時候，我將不只擁有做對事的意志，也會擁有確保繼續做對的知識。而那肯定代表著一股很大的力量。

請不要誤會我的意思。這並不是慎重規劃之下好大喜功的夢想，也不是自以為了不起的心理所產生的輕浮渴望。這只是一種感覺，我總覺得在富勒頓和哈丁的營業處裡，那個使我備感挫折的股票市場，終有一天我可以予取予求。我就是覺得這樣的一天，肯定會來臨。它確實來了——就在一九〇七年十月二十四日。

現在我就告訴你，為什麼我會這麼說。那天早上，有位經紀人和華爾街上一家知名銀行的合伙人一起搭車。這位經紀人和我往來的經紀商生意做得很大，也曉得我大力放空。我這位朋友告訴那位銀行家，我操作的數量有多大，因為我這個人如果逮到了好機會，總要窮追猛打。在你做對時，當然要盡可能從裡面得到所有可能的好結果，否則做對又有什麼好處呢？

也許那位經紀人有點誇大其詞，讓他所說的故事聽起來顯得非常重要；也許跟著我操作的人多於我所知道的也說不定；或許那位銀行家遠比我更清楚當時的情勢有多嚴峻。總之，那位朋友對我說：『我告訴他，你說過在一兩波真正的賣盤殺出之後，市場會怎麼走，他聽得很感興趣。我說完之後，他就向我表示，那天稍晚可能要拜託我做件事。』

突然轉空為多

當經紀商發現，不管是什麼價格，都沒錢可買時，我就曉得時候到了。我派出了一些營業員，到人群聚集的各個場所中瞭解狀況。我告訴你，曾有一段時間，聯合太平洋連一個出價也沒有。不管什麼價格，都沒有人出價要買！你不妨想想那有多慘！其他的股票也發生同樣的狀況。市場上根本就沒有錢能夠繼續持有股票，當然也沒人有錢買股票。

我當時已經賺進了龐大的帳面利潤。如果想要把價格壓得更低，只要再遞出賣單，各賣出一萬股的聯合太平洋和配發股利的其他六檔好股票就行。這麼一來，保證天下大亂。對我而言，變本加厲的恐慌，其強度和特性有可能會使交易所的理事會，開始覺得關閉交易所不失為一種可行的解決之道。一九一四年八月世界大戰爆發時，他們就是這麼做的。

如果情況真的如此發展，雖然我的帳面利潤還是會因此大增，但這些利潤恐怕無法化為真正的現金。除此之外，我還有其他考量，其中之一就是股價如果再跌，反而會阻礙我預測大失血之後，基於補償的作用，所即將出現的景氣復甦。那樣的恐慌，會對整個國家造成很大的傷害。

我下定了決心，認為既然繼續積極放空是不智之舉，也會帶來不愉快的結果，再放空實在說不通。所以我改變了做法，轉而開始買進。

就在經紀商開始替我買進股票之後不久——順便一提，我買到了底部的價格——那位銀行家就請我的朋友來找我了。

華爾街希望手下留情

『我請你出馬，』那位銀行家說，『是因為我希望你立刻去找你的朋友李文斯頓，向他表示，我們希望他今天不要再賣更多的股票了。市場已經沒辦法再承受更多的壓力。事實上，要扭轉這種可能造成浩劫的恐慌，是十分艱鉅的任務。請喚起你朋友的愛國情操。在這種情況下，每個人都應該為所有人的利益著想才對。如果他有什麼想法，請馬上跟我說。』

我的朋友立刻來找我，告訴我這件事。他說得十分婉轉。我想他一定認為，我早就計畫好要摜壓市場，所以他的請求，無異於要我放棄賺取大約一千萬美元的機會。他知道我痛恨一些大人物，因為他們和我一樣，明知道會發生什麼事，卻還是不斷拋出大量的股票給投資大眾承接。

其實那些大人物也受到了重創，而且我在底部買進的很多股票，都是一些知名金融人士所賣出的。那時我並不知道這件事，不過那倒不重要。我當時已經回補了差不多全部的空頭部位，而且在我看來，當時有機會用便宜的價格買進股票，同時還能幫助價格展開急需的回升走勢——只要沒人再摜壓市場的話。

因此，我告訴那位朋友：『你回去向那位無名先生說，我同意照他的話做，而且在你還沒來之前，我早已經充分理解眼前情勢的險峻。今天我不只不會再賣任何股票，而且還會進場盡我所能地買進。』我確實信守了對他的承諾。光是那一天，我就買了十萬股股票。而且在那之後的九個月之內，我也未曾再放空任何股票。

有了一百萬美元可賠

這就是為什麼我跟你說，我的美夢終於成真，以及我當了一天國王的來龍去脈。那一天，曾有一段時間，股市的確岌岌不保，只要有任何人想摜壓它，都可以輕易引發一場風暴。我不是那種幻想自己會做出什麼驚天動地大事的人；其實你曉得我的為人，如果知道自己被人指責摜壓市場，我心裡會是什麼滋味。你也知道我的操作方式，如何經常被華爾街上的閒言閒語給過分誇大渲染。

這一戰結束之後，我獲利豐碩。報紙說，棒槌小子拉利・李文斯頓賺了幾百萬美元。但是那一天市場收盤後，我只賺了一百多萬美元。我最大的收穫不在金錢，而是無形的東西：我做對了。我放眼未來情勢的發展，並且依照清楚明確的計畫進行操作。我學會了一個人必須怎麼做才能賺大錢，所以永遠脫離了賭客之列。我至少學會了大手筆聰明操作的方法。那是我一生中最重要的日子。」

李文斯頓不再講話，深深吸了一口雪茄，緩緩吐出菸霧，兩眼盯著天花板附近的一個點。

「這就是你如何學會依照應有的方式，玩股票投機遊戲的歷程？」我說。

「是的，」李文斯頓簡短地回答。

「你已經告訴我，你的第一個一百萬美元是怎麼賺到的。」我說，「現在我想聽聽，你是怎麼賠掉這些錢的。」

「改天吧！」李文斯頓起身，走向窗前，凝視著外頭，久久不語。

「那麼就等到明天再說吧，」我用溫和的語氣說。

「那當然，後來我還是把它全都給賠掉了！如果我現在再做出和那時同樣的事，肯定還是會把錢賠個精光。對一個幹了蠢事的人來說，那可真是貴得要命的一次經驗！」

Chapter 6

沒人能夠擊敗股市

李文斯頓向勒菲佛透露，操作股票比操作商品期貨複雜。依他的看法，商品價格只受供需法則影響，因此操作農產品比操作股票簡單。研讀期貨市場的行情和研讀股票市場的行情，並沒有什麼不同，但是有很多可能會影響到股票市場的因素，在期貨市場中卻大致上付之闕如。

根據李文斯頓的經驗，商品交易人想做預測非常容易，股市卻沒有這麼好的事。當某種穀物的交投轉趨清淡時，交易人只要移駕到某個商品交易所的另一個交易場（trading pit），開始操作交投比較活絡的另一種商品就可以了。在商品期貨市場中，從某一種商品跳到另一種商品，是很常見的現象；聰明的作手往往能看得懂其中的趨勢，並且會快速行動，從中賺取利潤。

有一些商品的個別交易人，如果軋空做得特別成功，有時就會得到「棉花大王」或「小麥大王」的封號。一九一〇年代末和一九二〇年代初期，李佛摩的主要對手亞瑟・加頓（Arthur Cutten）在他開始拿芝加哥期貨交易所（CBOT）所賺到的利潤，轉戰紐約證券交易所操作股票之前，已經得到過不只一種商品的大王稱號。但是勒菲佛寫這些文章時，不可能訪問到加頓這位交易人。加頓一八七〇年生於安大略（Ontario），一八九七年買下CBOT的一個席位，開始積極操作。不過，他這個人守口如瓶，幾乎不曾向報界透露過任何關於自己的一些事情。在《Who's Who》（名人錄）上，他的條目底下只有短短兩行。如果有人提到股票作手，肯定不是指加頓。

李文斯頓指出，在一次特別大手筆的操作之後，他就被稱為「棉花大王」。一些報紙給他冠上了這個榮譽頭銜。他對勒菲佛講了一些奇怪的話，說「不用講你也知道，在美國，沒有人能找到足夠的錢，去買下《紐約世界報》（New York World）的專欄，或者有足夠的個人關係，發表像那樣的故事。那一次，我全然不費吹灰之力，就得到了那種名聲」。在一九二二年時也許是那樣沒錯，但就在幾年之前，同樣的那些話，很可能就會被認為是在裝傻，因為當時由股票作手付費的置入性新聞報導及文章，在金融圈中也不是沒聽說過。有些報紙還特別喜歡對華爾街和許多個別公司發表有利的文章。二十世紀初開始出版的《孟齊》（Munsey's）雜誌老闆法蘭克・孟齊（Frank Munsey），可能就是其中最有名的一個。一般普遍相信，他間接受雇於摩根銀行，專門收購對銀行業不友善的報紙，然後把他們關閉掉。他的雜誌也會刊出對華爾街有利的文章，並且展現強烈的愛國情操。在他看來，對華爾街有好處的事，對美國也有好處。

查爾士・蓋斯特

李文斯頓結束了上一篇的談話之後，在這一篇繼續談到了更有趣的故事——他如何賠掉了一百萬美元。對那個時代的交易人而言，先把那些錢賠光，日後再賺回來，可說是一種無上的榮耀。

股票作手回憶錄：一九二二年九月二日

股票市場死氣沉沉，毫無生氣，讓人想起疲倦的老人坐在搖椅上打盹的情景。股價幾乎聞風不動。行情紙帶如今記錄的是微喘，而不是波動。很難讓人相信，同樣這頭昏昏欲睡的生物，曾經像惡魔般張牙舞爪，讓樂觀者損失慘重。現在每當一支股票上漲1/8點，漲勢就會暫時打住；另一支股票無精打采地滑落1/8點，接著又心不甘情不願地下跌1/8點；然後就好像這種傾向太過明顯、不夠慎重似的，它又收復失去的1/4點，就這樣整天原地踏步，難見波動。

這種猶疑不定的市場走勢，使得經紀公司裡那些緊張不安的顧客們幾近抓狂。沒人敢說應該怎麼做才好；而枯坐行情板前面，不知道如何是好，是投機客最大的痛苦之一。買進、賣出、縮手不動、放空，怎麼做都不對，因為任何事都可能發生，偏偏又什麼事都沒發生。而當什麼事都沒發生時，經紀商和顧客同樣坐困愁城——一方是沒生意可做，日常

開銷還是一樣大；另一方是缺乏能夠輕易賺錢的機會。總之，大家都在浪費時間和生命。

所以有一天，我毫不遲疑地在市場交易時間內，跑去找李文斯頓。我根本沒問他有什麼市場計畫或打算，甚至沒問他的意見，因為我們已經熟稔得像是多年的老朋友。他如今怎麼看未來的市場走勢，我並不是特別感興趣；但是我急切地想聽聽他的作手成長故事。這是我找他的原因。

他正十分專注地研究行情板，好像市場交投非常熱絡，而且正往對他有利的方向走。在我看來，他似乎正在對市場做某種測試，然後看它所產生的影響，希望找出市場有所反應的徵兆，讓他確切知道，當時的時機成熟——或不成熟——到什麼地步。

從錯誤中學習

我看著他正在觀察股市微弱的痙攣。即使在市場呈現死氣沉沉的狀態中，他的兩眼還是看到了——他的眼神說明了一切——我當然看不到的某些東西。也許我往後看得還不夠遠；或許我腦海裡並沒有過去曾出現這種類似的沉悶期，然後演變成多頭或空頭市場的記憶。如果你肯花工夫尋找，你就會發現沉悶期也有它不同的特質。

一如往常，行情紙帶一旦不再掉進收紙籃，李文斯頓對市場的興趣就戛然而止，而我也急著想聽回憶錄的下一章。

我開口問他：「如果談到在股票市場裡所犯下的錯誤，根據你的經驗，一個人是不是只能從自己的錯誤中學習，還是能夠從別人的錯誤中受益？」此時我想到的是，我們這些文章的讀者。

「我想，這種事因人而異，」李文斯頓答道。「認清自己的錯誤，對我們自己的幫助，並不比研究自己的成功要多。但是所有人都有一種天生的傾向，就是想要迴避懲罰。如果你把某些錯誤和慘敗聯想在一起，你當然不會想再來第二次。而且在股市所犯下的所有錯誤，都會傷害到你的兩個痛處——錢包和自尊。但是我注意到一件相當奇怪的事：股票投機客有時曉得自己正在犯錯。犯了錯之後，他會問自己，為什麼要做那些事；在遭到懲罰的痛苦結束後很久，經過一段長時間的冷靜思考，他可能終於可以弄清楚，自己如何、何時犯下那些錯誤，以及在哪個特定的操作點犯錯；但是他很可能還是不知道為什麼會犯錯。然後最多只是罵上自己幾句，就把那件事拋到腦後。」

「你的意思是說，你曾經因為沒有任何特殊的理由，而眼睜睜看著自己犯錯？」

「當然有，」李文斯頓說。「如果一個人夠聰明又幸運，就不會犯兩次相同的錯誤。但是從某種原始錯誤所變化出來的上萬種錯誤，卻還是很容易犯上其中的任何一種。類似錯誤的家族十分龐大，如果你想知道自己有可能做出什麼蠢事，隨便一抓都有一個錯誤可以犯。」

「那個害你損失一百萬美元的錯誤，又怎麼說呢？」我問他。

「你問的應該是，我所犯的錯誤裡，第一次害我損失一百萬美元的錯誤。」他鄭重加以矯正。「你知不知道，我覺得你好像對我的錯誤特別感興趣？」

「我們主要都是從自身的錯誤中學習，」我說，「但如果我們並沒有犯下某些錯誤，那我們就必須從別人的錯誤中學習。」

「你從來沒犯錯嗎？」李文斯頓問。

「李文斯頓，」我說，而且很肯定自己的語氣相當誠懇，「我可以向你保證，我這一輩子還不曾犯過一百萬美元的錯誤。但你曾經對我說，你犯過那樣的錯誤。」

「沒錯，」他承認，「而且，當我回顧——」

「等等，」我打斷他的話。「從你上次談到一九〇七年股市大跌沒說完的那個地方談起。你剛賺到第一個一百萬美元。當個百萬富翁，感覺如何？」

「就操作來說，擁有一百萬美元只不過表示你有了更多的子彈而已。錢並不能讓交易人感到更安心，因為不管是富或貧，他都會犯下錯誤，而做錯事絕對無法叫人安心。當百萬富翁做對事時，他的錢只不過是幾個可以使喚的僕人其中的一個而已。賠錢是最不會困擾我的一件事。在我賠了錢之後，它並不會一直困擾著我。過一個晚上，我就忘掉了。但是做錯事——沒有認賠——卻會傷害你的錢包和心靈。你應該記得狄金生・華茨（Dickson G. Watts）的故事吧。故事裡說有個人十分緊張，一位朋友問他到底怎麼一回事。

『我睡不著覺，』緊張大師說。

『為什麼睡不著？』朋友問道。

『我抱了太多的棉花部位，睡覺時總是會想到它。失眠搞得我身心俱疲。怎麼辦？』

『賣掉一些，直到你能睡個好覺為止。』朋友答道。」

「我問你當個百萬富翁的感覺如何，不是指你身為投機客的感覺，而是指身為一般人，你有什麼樣的感覺？」我向李文斯頓解釋。

他點點頭說：「一個人通常很快就能適應所處的環境，結果也就同時失去了洞察力。他會感覺不出其間有什麼太大的差別——我的意思是說，他無法清楚記得，自己還不是百萬富翁時，感覺是什麼樣子。他只記得，以前不能做的一些事現在能做了。如果是相當年輕而正常的人，並不需要太長的時間，很快就會忘記他在貧窮時的習慣。但有錢的生活，則需要稍微長一點的時間才會忘記。我想這是因為錢會創造需求，或者鼓勵需求激增。我的意思是說，一個人從股市賺到錢之後，不亂花錢的習慣很快就會消失。但等到他把錢賠光之後，卻需要很長的時間，才能把胡亂花錢的習慣改過來。

一九〇七年十月，在我軋平空頭部位轉而作多之後，我決定暫時輕鬆一下。我買了一艘遊艇，準備遨遊於南方的海上。我非常喜歡釣魚，偶爾享受一下是應該的。我一直盼望著這件事，每天都在期待隨時可以啟程。結果還是沒走成。市場不讓我走。」

「但是，你的股票不是買到那一年的低價嗎？你不可能發生損失啊，」我說。

「不是那些股票害我賠錢；是玉米造成的，」李文斯頓解釋說。

「我倒不知道你曾經買賣穀物，」我說。

「有的！除了操作股票之外，我也一直有在操作商品。年紀還很小的時候，我就曾在空桶店交易商品。我研究那些市場，研究了好幾年，只是可能並不像研究股市那麼勤快。說實在的，我寧可玩商品而不是去玩股票。毫無疑問地，操作商品可以說是具有更大的正當性。和操作股票比起來，它帶有較多的商業活動性質。你可以像處理任何經商問題那樣，操作商品。在商品市場中，你或許可以編造一番說詞，說明你相信或不相信某個趨勢；但如果真那麼做，即使成功也是短暫的，因為到頭

來，事實總是占上風，因此交易人只要根據研究和觀察，就可以得到獎賞，這就像是在經營一般生意一樣。他可以觀察和掂量外在的情勢，而且懂得的事和其他任何人一樣多。他不需要防範企業內部人士上下其手。棉花、小麥或玉米市場上的獎賞，並不會出乎意料忘了發放給你，或者一夜之間就突然增加。長期而言，商品價格只受一種法則左右——經濟學上的供需法則。商品市場上的交易人該做的事，就是設法取得目前和未來的供給與需求事實資料。他並不需要像操作股票那樣，忙著猜測十來件事。操作商品一直深深吸引著我。」

「研讀行情紙帶有什麼基本上的不同嗎？」我問。

「你的意思是指棉花或穀物，和股票之間有什麼不同嗎？並沒有什麼不同。所有的投機市場，研讀行情紙帶的道理都一樣。行情紙帶所傳達的都是相同的訊息。對於那些肯花工夫思考的人來說，那些訊息再明確也不過了。他會發現，只要他肯問自己問題，並且考慮基本情勢，答案就會直接跳到眼前。但是懶得花工夫發問的人，更別提會去尋找答案了。不管在什麼地方，無論任何時候，一般美國人看起來都一樣，但是只要到了經紀公司的營業處，看到股票或商品的行情紙帶，不同點就會浮現出來。所有的遊戲中，就屬這種遊戲最需要在進場一玩之前，做好研究的工夫，偏偏不少人並不像平常那麼聰明，連一點粗淺的懷疑和防備之心都沒有，就一頭栽了進來。這些人竟然不假思索，就願意拿一半的財富投入股市冒險，可是在購買中價位轎車時，他們卻又費盡心思，東挑西選。

研讀行情紙帶並不像表面上所想那麼複雜。你當然需要經驗。但是心裡記得一些基本面更重要。研讀行情紙帶並不是要你去預卜未來。行情紙帶不會告訴你，下個星期四下午一點三十五分，你的持股價值是多少。研讀行情紙帶的目的，首先是要確定該如何操作，其次是確定該在何時操作——也就是說，買進是不是比賣出聰明，以及何時該買、何時該賣。不管是股票，還是棉花、小麥或燕麥，行情紙帶的用法完全相同。

最低阻力線

觀察市場，也就是觀察行情紙帶的價格走勢，只有一個目的——確定方向；換句話說，也就是價格的傾向。我們知道，價格會根據他們所遭遇的阻力而往上走或向下掉。為了方便解釋起見，我們可以把價格看成和其他每一件東西一樣，總會沿著阻力最小的線往前走。他們會往最容易走的地方走，因此如果往上的阻力比往下要小，他們就會上漲；反之亦然。

市場開始走了一段距離之後，它到底是多頭還是空頭市場，交易人不應該搞不清楚才對。只要是願意敞開心胸，而且眼光相當清晰的人，趨勢對他們來說肯定十分清楚，但如果硬要把眼前的事實套用到某個理論上，反倒不是明智之舉。人們總必須知道，目前是走多頭還是空頭市場。只要曉得這件事，當然就知道應該買進還是賣出。如果能在走勢剛開始發動時，就知道要買進還是賣出，那當然就更好了。

舉個例子來說，假使市場如同以往，在上下十點的箱形區間內波動；要不是上漲到 130 美元附近，就是下跌到 120 美元左右。落到底部時，盤勢看起來可能很弱；而在上漲途中，漲了八點或十點之後，看起來就好像氣勢如虹。但我們不能被表面所看到的走勢牽著鼻子走，應該等到行情紙帶告訴我們時機已經成熟再說。事實上，數百萬美元的資金之所以會賠掉，正是因為人們在股票看起來便宜時買進，在看起來很貴時賣出所造成的。投機客與投資人不同，他的目標並不是賺取利率不錯的穩定投資報酬，而是不管投機操作什麼，都要從價格的上漲或下跌走勢中獲利。因此要確定的是，在操作的此時此刻，投機阻力最小的那條線在哪裡；而他應該等待的，正是那條線自行界定出來的那一刻，因為那就是他必須開始忙碌起來的訊號。

研讀行情紙帶只能讓他看出，在 130 美元那一點，賣盤比買盤要強，價格當然就要回軟。走勢到達賣盤超過買盤的那一點之前，一知半解的行情紙帶學生可能就會做成結論說，價格不到 150 美元之前不會停止上漲，於是便會放手買進。但是等到回檔展開之後，他們就會抱著股票不放，或者賠點小錢出場，或者轉而放空，並且看壞後市。但是到了 120 美元時，下跌阻力轉強。買盤超過賣盤，價格又會反彈，造成空頭回補。投資大眾在這過程中，經常會被沖洗出場，卻經常沒學到教訓，真是叫人驚嘆不已。

最後，可能發生某件事，使得上漲或下跌的力量增強，最大阻力點因此上移或下滑——也就是說，在 130 美元的買盤首次強於賣盤，或者在 120 美元的賣盤強於買盤，這時價格就會突破以前的障礙或走勢限制，繼續往前衝。一般來說，總會有一群交易人在120美元處放空，因為那個地方看來相當疲軟；或者在130美元處作多，因為盤勢看起來很強。如果市場走勢對他們不利，過了一陣子，他們就會被迫改變心意，反向操作，或者軋平出場。不管他們怎麼做，都有助於最低阻力價格線定義得更加清楚。因此，願意耐心等候這條線確定的聰明交易人，一方面可以得到基本面操作情勢的幫助，另一方面也可以得益於那些碰巧猜錯、必須矯正錯誤的那群人的操作力量。後者的矯正行動，往往會促使價格沿著最低阻力線往前推進。

談到這裡，我要指出一件事。雖然我不認為這有數學上的必然性，或者是不是可以把它看成投機通則，但是根據我的經驗，每當我的市場部位是根據我所確定的最低阻力線建立起來的，如果這時出現了出乎意料的事——也就是始料未及或事先沒想到的事，結果總是對我的市場部位有幫助。你還記得我告訴過你，在賽瑞托加操作聯合太平洋的那件事吧？那時我之所以作多，是因為我發現最低阻力線向上走。那時我本應該繼續作多，而不是聽信經紀商告訴我說內部人士正在賣股票的話。那家公司的董事，心裡是怎麼想的，一點都不重要。那種事我不可能知道。但我可以知道，也的確知道行情紙帶正在說『上漲！』。後來那家公司出乎意料提高股利率，股價上漲了三十點。當初164美元的價格，看起來很高，但是我跟你說過，應該買的時候，股價絕不嫌高，應該賣的時候，股價絕不嫌低。價格本身和確立最低阻力線的過程，一點關係也沒有。

在實務上，你會發現如果按照我所說的方式操作，那麼從市場收盤到下一次市場開盤之間所出爐的任何重要消息，通常都和最低阻力線相符合。趨勢早在消息發表之前就已經確立，而且在多頭市場中，利空消息會遭到忽視，利多消息則會被人誇大，反之亦然。這次戰爭爆發之前，市場已經處於非常疲弱的狀態。然後，德國突然宣佈了他們的潛艇政策。當時我放空十五萬股股票，並不是因為我知道會有這項消息，而是因為我順著最低阻力線操作。當然，這個消息在當時可說是晴天霹靂，但我的部位卻蒙受其利，我當然好好掌握情勢的發展，然後就在那一天，回補了空頭部位。

給市場一把推力

如果說你只需要觀察行情紙帶、找出阻力點，並且在確定最低阻力線之後，隨時準備好進行順勢操作，這聽起來好像很容易。但是實務上，交易人必須防範很多事，其中最重要的一點，就是防範自己，也就是防範人性作祟。這也就是我為什麼會說，做對的人總是會有兩股力量給他幫助：其中一個是基本情勢，另一個則是其他做錯的人。在多頭市場中，利空因素經常被人忽視。人性本來就是這樣，要不然就是在利空因素出現時，表現出一副過度震驚的樣子。譬如人們會告訴你，由於一兩個產區天候惡劣，有些農場慘遭蹂躪，小麥收成一定大跌。等到全部的小麥收成之後，所有小麥產區的農民開始將小麥送進穀倉，這時多頭才驚覺小麥受到的傷害竟然那麼小。到了最後他們才發現，自己幫了空頭一個大忙。

在商品市場操作時，絕對不能有自己的意見。必須敞開心胸、保持彈性才行。不管你對穀物的情勢或可能的需求抱持什麼看法，對行情紙帶所傳達的訊息置之不理，絕對是不智之舉。記得有一次，我因為想要研判行情發動的訊號，而錯過一筆大操作。我對當時的情勢覺得很有把握，所以認為沒有必要等候最低阻力線自行浮現。甚至我認為自己可以幫助它出現，因為它看起來好像只要一點小小的助力就行了。

那時我非常看好棉花會上漲。棉花價格在12美分附近相當小的一個箱形區內浮沉。當時的價格就在那裡面上上下下，我看得十分清楚，也曉得自己應該靜觀其變。可是我突然轉念一想，覺得如果自己給它一點小小的推力，它應該會突破上檔的阻力點。

於是我買了五萬包。價格果然上漲。可是我一停止買進，它也就停止上漲，然後又開始回跌，回到我剛開始買進的價位。我退出之後，它也就停止下跌。此時我覺得

漲勢發動的訊號又更接近了，所以我決定要再推它一把，促使漲勢發動。我放手買進，但又發生同樣的事。我推高了價格，可是只要我停止買進，價格也就跟著回軟。我連續做了四、五次，最後氣得放棄。幾次操作下來，損失了大約二十萬美元。之後不久，價格就開始上漲，而且不再回頭；如果我不是那麼急著要看到漲勢發動，就可以因此大賺一筆了。

這次的經驗也是許多交易人經常遭遇到的。我可以總結出一個準則：在狹幅升沉的市場中，當價格遊移不定，只在狹窄的箱形區內起伏時，非要研判出下一波大走勢往哪個方向走——上漲或下跌——一點意義也沒有。這時你應該觀察市場的動向，研讀行情紙帶，確定價格哪裡也不去的上下檔位置在哪裡，並且下定決心，在價格突破上檔或下檔之前，絕不建立任何部位。投機客最關心的事，應該是如何從市場中賺錢，而不是堅持行情走勢必須和自己的看法一致。絕對不要和行情走勢爭論，或者要求它說明理由提出解釋。對股市做事後的調查分析，一點好處也沒有。

不久前，我參加一場朋友的聚會。他們談到了小麥。有人看漲，有人看跌。後來他們問我有什麼看法。我研究這個市場已經有一段時間。我曉得他們並不需要統計數字或者情勢分析。所以我說：『如果你們想從小麥賺點錢，我可以告訴你們怎麼做。』

他們當然都表示想賺錢，於是我說：『如果你們真的想從小麥賺點錢，那麼就先在場外觀望，等待良機。價格一衝破 1.20 美元時，那就趕快買進，這樣一定可以很快賺到不錯的利潤！』

實例說明

『為什麼不現在就在 1.14 美元的價位買進？』其中一個人問道。

『因為我根本不知道它會不會上漲。』

『那麼為什麼要在 1.20 美元買？那個價格看起來很高。』

『你是希望盲目的放手一搏，期待獲得很高的利潤，還是動腦筋投機，獲得雖然比較少但實現機率比較高的利潤？』

他們都說，想要金額比較少，但實現機率比較高的利潤，因此我說：『那就照我的話做。向上突破 1.20 美元才買。』

剛剛我說了，我研究小麥已有很長的一段時間。幾個月以來，它的價格一直在 1.10 美元到 1.20 美元之間波動，沒有明顯要往哪個方向走。有一天，它的收盤價高於 1.19 美元。我準備好要進場。隔天它果然以 1.20 1/2 美元開盤，所以我就買進。後來價格一路漲到 1.21 美元、1.22 美元、1.23 美元、1.25 美元，我一直抱著不放。

現在我還是無法告訴你，當時發生了什麼事。我無法解釋它狹幅波動時的行為，也無法判斷價格究竟會往上漲破 1.20 美元，還是會往下跌破 1.10 美元。不過我懷疑往上的可能性比較高，因為全世界的小麥數量不夠，價格不太可能大跌。

事實上，當時歐洲似乎正在悄悄買進小麥，有不少交易人則在 1.19 美元左右放空。由於歐洲的買盤和其他的原因，許多小麥都被人從市場上買走，因此最後大走勢終於展開。價格衝上 1.20 美元時，這就是我看準和需要的買點。我知道，當它突破 1.20 美元時，那就是上漲走勢終於蓄積了足夠的能量，推升價格衝破上檔壓力，接下來某些事勢必會因此而發生。換句話說，穿越 1.20 美元之後，小麥價格的最低阻力線便告確立。接下來就是不同的故事了。

記得有一天，正逢假日，美國所有的市場都關閉。但是溫尼伯（Winnipeg，加拿大）的小麥開盤每英斗上漲六美分。隔天，美國市場開盤時，也是每英斗上漲六美分。價格正好是沿著最低阻力線上揚。

從我告訴你的事，可以看出我的操作系統，是根據研讀行情紙帶的精髓而來。我只是研判價格最有可能走哪一條路。我還會用額外的測試方法，檢驗自身的操作，以確定重要的心理時刻是否來臨。進場交易之後，我還會繼續觀察價格走勢，以確認操作是否正確。

試探趨勢

我經常說，我會在價格可望上漲時買股票，買的時候喜歡付出高價，而我賣股票時則必須賣到低價，否則根本不賣。許多經驗豐富的交易人聽到我這麼說的時候，他們都一臉不相信的表情，這實在令我驚訝不已。如果交易人總是能堅持自己的投機原則——也就是說，等候最低阻力線自行浮現，然後只在行情紙帶說漲時買，只在它說跌時賣——要賺錢其實並沒有那麼困難。在漲勢途中，應該分批加碼，比方先買全部部位的五分之一。如果買了之後沒有獲利，就不應該增加持股，因為顯然一起步就錯了，至少暫時是錯的；任何時候，只要是錯了，就沒有利潤。如果行情紙帶說『上漲』，實際上卻沒有上漲，那並不是行情紙帶在說謊，只不過是『時候未到』而已。

在很長的一段時間內，我操作棉花非常成功。操作棉花時，我有自己的一套理論，而且我絕對遵照這套理論進行操作。假設我決定要建立四萬包或五萬包的部位，我就會像前面所告訴你的，先研究行情紙帶，留意買進或賣出的機會。假使最低阻力線顯示多頭走勢就要展開。這時我就會先買一萬包。買完之後，如果市場比我的原始買價上漲十點，我會再買一萬包。再下來，如果我能得到二十點的利潤，或是每包獲利一美元，我就會再買二萬包。於是，我的整個部位就建立了起來——這也就是我的操作基礎。但是，如果在買進第一筆一萬包或二萬包之後，就發生了虧損，那麼我便會認賠出場，因為我做錯了。我也許只是暫時做錯，但是就像我跟你說過的，任何事一開始就錯，絕不會有什麼收穫。

我堅持這套做法的結果，就是每次出現大走勢時，我都擁有棉花部位。在逐步加碼建立整個部位的過程中，我可能會丟出五萬美元或六萬美元的籌碼，執行這些試探性的操作。這看起來好像是非常貴的測試，其實不然。在大走勢展開之後，需要多長的時間，才能把我之前丟進去、用來確定我是否在恰好正確的時點開始建立部位的五萬美元收回來呢？轉眼之間馬上就能回收！只要能在正確的時點做對，一定有收穫。

我想以前曾跟你說過，這就是可以稱之為分批下注的做法。只需要簡單的算術就能證明：只在你贏的時候下大賭注，賠的時候則只賠一點點試探性的賭注，顯然是聰明的做法。只要用我所說的這種方式操作，總是能夠靠大賭注賺大錢。

專業交易人總是可以根據自己的經驗，發展出一套系統，而且這套系統一定會受到他們對投機所抱持的態度，或是受到自己的渴望所影響。我記得在棕櫚灘認識一位老紳士，他的名字我記不得了。我知道他在華爾街打滾了好多年，早在內戰時期就投入市場。有人告訴我，他是個非常聰明的怪老頭，經歷過無數次的榮景和恐慌，因此他經常表示：太陽底下沒有什麼新鮮事，股票市場更不用說。

這位老先生問了我很多問題。我跟他談完我平常的操作方法之後，他點點頭，說：『沒錯！你是對的。你建立部位的方式、心思運作的方式，使得你的系統對你來說是個好系統。因此把你所說的話付諸實施會很容易，因為你賭下去的錢，都不會讓你特別操心。我想起派特・赫恩（Pat Hearne）這個人。聽過他嗎？哦，他是個很有名的賭客，在我們那裡開了戶頭。他真是個聰明又大膽的傢伙。他操作股票賺了錢，別人請教他的祕訣，他總是不肯透露半句口風。要是有人直截了當問他，他們打算建立的部位是否合宜，他就會回一句他喜歡的賽馬場名言：「在你下注之前，一切都說不準。」他在我們的營業處裡操作時，總是先買某支熱門股一百股，如果價格上漲百分之一，他就會再買一百股。再漲一點，再買一百股；如此繼續買下去。他常說：他玩股票不是為了讓別人賺錢，因此他會在最後一筆買價下方一點的位置設停損單。只要價格繼續上漲，他就會跟著把停損點往上移。只要價格回檔百分之一，他就停損出場。他表示，只要虧損超過了一點以上，不管是吃掉他的原始保證金，還是減損了他的帳面利潤，他都覺得不應該。』

代價慘重的疏忽

『你知道的，專業賭徒絕不會下賭在贏面很小的賭局上。雖然贏面小的機會，能贏也不錯，但他們尋找的是十拿九穩的機會。派特在股票市場中，不會去聽信小道消息，或者想要去抓住一個星期二十點的漲幅。他的做法是穩紮穩打，賺進足夠的錢，讓他過好日子。我在華爾街遇見過成千上萬人，只有派特・赫恩把股票投機看成像是紙牌遊戲（faro）或輪盤那樣的機率遊戲，而且他懂得要堅持一套相當紮實的賭法。』

『我們有位顧客，總是和派特一起操作。派特死後，他利用派特的方法，操作雷克萬納（Lackawanna），賺了超過十萬美元。後來他轉戰其他股票時，由於已經賺進了一大筆本錢，於是就以為不必非照派特的方法去做不可。結果價格反轉時，他沒有儘快認賠出場，反而讓虧損愈滾愈大，結果他的每一分錢全都泡湯了。當他最後終於出場時，反而還欠了我們幾千美元。』

『他後來繼續流連股市兩三年。在他的錢賠光之後過了很久，他對股市的熱情依然不減；只要他行為老實，擁有那樣的熱情，我們倒不反對。我記得他經常坦承，沒有確實遵照派特・赫恩的操作風格做，實在非常後悔。有一天，他來找我，十分興奮，求我讓他在我們的營業處放空某支股票。他是一位好好先生，在他意氣風發的日子裡，曾經是我們的好顧客，所以我對他說，我個人可以為他擔保，讓他放空一百股股票。』

『於是他放空了一百股的湖岸（Lake Shore）。一八七五年時，正逢比爾・崔佛（Bill Travers）大力摜壓市場。我的朋友羅伯茨放空湖岸的時機抓得恰到好處，並且隨著價格下跌一路賣出，就像他在捨棄派特・赫恩的方法，轉而傾聽希望的呢喃之前，那段成功的老日子裡常見的表現那樣。』

『羅伯茨在成功加碼操作了四天之後，帳戶有了一萬五千美元的利潤。我發現他並沒有下停損單，於是向他談起了這件事。他對我說，大跌走勢還沒有真正開始，他可不想被一點的反轉給沖洗出場。那是八月間的事。九月中旬不到，他就來向我借十美元買嬰兒車——他的第四輛嬰兒車。他顯然並沒有堅持遵循已經證明可行的方法去做，而大部分人都有這個問題，』老先生看著我，搖搖頭。

他說得沒錯。我有時覺得，投機是相當不合人性的事，因為我發現一般投機客都在和自己的本性對抗。一般人動輒暴露出來的弱點，往往是投機成功的致命傷——一般人都會有這些弱點，而且在做其他事時，這些弱點也沒那麼嚴重。但在操作股票或商品時，這些可都是很嚴重的問題。

沒有人贏得了的遊戲

投機客的大敵，往往是從自己的內心而來。人性與希望、恐懼是分不開的。投機時，如果市場走勢對你不利，你就會希望每一天都是最後一天——如果你不去聽希望怎麼說，或許賠掉的錢還不至於那麼多。只有對一些帝國創立者和開路先鋒來說，希望才是他們邁向成功之路的盟友。而當市場走勢對你有利時，你會害怕到了明天，利潤可能就會被取走，於是你會趕緊獲利了結——結果經常是過早出場。由於害怕，結果讓你沒賺到應有的那麼多錢。成功的交易人必須力抗這兩種根深蒂固的本能。你可以把它們稱作天生的衝動，而且必須學習將他們倒過來運用。也就是說，當你抱著希望時，其實應該感到害怕；在你感到害怕時，其實應該抱著希望。你必須害怕自己的虧損，有可能演變成更大的虧損，但是你應該希望自己的利潤，能滾出更多的利潤。如果你像一般人那樣賭股票，絕對是錯的。

我從十四歲以後，就投入這種投機遊戲。我所做過的工作，也就只有這一種。我想我知道自己在講什麼。經過大約三十年來不斷地操作，投入的資金有時微不足道，有時多達數百萬，我得出的結論是：或許一個人能在某個時候賺到一支股票或一組股票的錢，但是世界上沒有人能夠贏得了股市！一個人或許能從棉花或穀物的個別交易中賺到錢，但是沒有人能夠擊敗棉花市場或穀物市場。」

拉利・李文斯頓講完後，看著我，讓我有機會向他說聲謝謝。「李文斯頓，我很高興聽你這麼說。很長一段時間以來，我最喜歡的消遣活動之一，就是在大庭廣眾面前大聲嚷嚷沒有人能贏得了市場。這句話能出自當今最成功的股票作手之口，當然更有份量。非常謝謝你把這句話說出來。接下來，能不能麻煩你談談，一九○七年十月你成為百萬富翁以後所做的事？」

李文斯頓點了點頭，隨口就從上次沒說完的地方繼續往下講。

「我買了一艘遊艇，做好了所有準備的工作，打算遠離紐約，來一趟南方海上之旅。我非常喜歡釣魚，這一次，準備搭自己的遊艇，興之所至，愛到哪裡就到哪裡，釣個盡興。萬事俱備。我操作的股票賺了大錢，但是到了最後一刻，玉米卻把我拖住了。

我必須解釋一下，在我賺到第一個一百萬美元的貨幣恐慌發生之前，我已經在芝加哥操作穀物了。我當時放空了一千萬英斗的小麥和一千萬英斗的玉米。我研究穀物市場已經很久，當時就和看跌股票一樣，我同時也看跌玉米和小麥。

這兩種商品一開始全都下跌，但是小麥的跌勢雖然持續不斷，芝加哥最大的作手──我姑且稱他為史翠頓（Stratton）──卻展開了玉米的軋空行動。在我出清股票、準備啟程搭乘遊艇往南走之際，小麥替我賺進了可觀的利潤，史翠頓卻推高了玉米的價格，讓我損失不輕。

我曉得美國的玉米數量，遠多於價格所顯示的水準。供需法則一如往常般運作。但是現在需求主要來自史翠頓，供給卻根本沒有進來，因為玉米的運送嚴重打結。我記得當時經常祈禱寒流來襲，使泥濘不堪無法通行的道路結凍，好讓農民能把玉米送到市場。可惜天不從人願。

運用策略保命

我正等著享受早就規劃好的釣魚之旅，偏偏被玉米的虧損纏住，不能脫身。市場走勢變成那個樣子，我沒辦法一走了之。史翠頓當然密切監視著未軋平空頭部位的餘額。他曉得我是甕中鱉之一，我也跟他一樣清楚眼前的情勢是什麼樣子。但是前面說過，我盼望著老天爺能夠幫幫忙，讓運輸線忙碌起來。眼看著天氣或其他仁慈的奇蹟製造者全都不理會我的需要，我只好埋首研究，看看可以如何憑藉一己之力擺脫困境。

我軋平了小麥部位，獲利不錯。可是玉米的難題棘手得多。要是我能以當時的價格，回補一千萬英斗的空頭部位，即使虧損十分龐大，我也會很高興，馬上就去做。但是我只要一開始買進玉米，史翠頓一定克盡軋空總司令的本分，況且只要我買進，當然就會使自己的買價變得更高，那種滋味，真是生不如死。

玉米的走勢很強，我想去釣魚的念頭更強，因此我必須設法立刻脫身才行。我必須運用策略撤退。我必須買回放空的那一千萬英斗玉米，並將損失壓到最低。

正巧史翠頓那時也有操作燕麥，而且牢牢掌控著市場。我一直留意著所有的穀物市場動態，包括收成方面的消息，以及交易場內的流言蜚語。我聽說財大氣粗的艾默（Armour）集團在市場上對史翠頓不友善。我當然知道，史翠頓不會輕易讓我擁有非常需要的玉米，除非是照著他要的價格買，但我一聽到艾默對抗史翠頓的傳言，馬上就想到或許可以找芝加哥的交易人幫幫忙。他們唯一能幫得上忙的方式，就是把史翠頓不肯賣的玉米賣給我。其餘的事就好辦了。

首先，我遞進委託單，每跌 1/8 美分就買五十萬英斗的玉米。遞進這些委託單之後，我就向四家經紀商各下一張委託單，同一時間依市價賣出五萬英斗的燕麥。我估計這應該會使燕麥價格立即重跌。我知道交易人的心理是怎麼運作的。大家一定馬上會認為，艾默已經對史翠頓發動攻勢。看到燕麥開戰，大家自然而然就會想到下一個戰場肯定是玉米，導致價格下跌，所以大家便會開始賣出玉米。如果玉米的軋空行動失敗，收穫一定十分可觀。

我對芝加哥交易人心理面的研判果然正確。當他們一看到燕麥因為分散的賣盤而重跌，馬上就跳進玉米市場，猛烈賣出。十分鐘內，我就買進了六百萬英斗的玉米。我一發現他們的玉米賣盤停止，便立刻改變操作方式，改以市價買進另外四百萬英斗。當然這又使得價格再次上漲，但是這一趟操作下來，我回補了全部一千萬英斗的空頭部位，買價則在交易人爭相賣出、我開始回補時的價格上下 1/2 美分之內。至於我放空二十萬英斗燕麥，用來觸發交易人玉米賣盤的那筆交易，回補時所產生的損失只有三千美元。這可說是相當便宜的空頭釣餌。我從小麥賺得的利潤，沖抵了不少玉米所發生的損失，結算下來，那時全部的穀物操作總損失只有兩萬五千美元。之後玉米上漲到一英斗二十五美分。毫無疑問，我確實曾一度落入史翠頓的掌心之中。如果當時我不考慮價格，只顧著以市價買進一千萬英斗的玉米，那麼到底要付出多少代價，恐怕難說得很。

一個人花了好多年的時間在一件事上之後，對它所養成的習慣性態度，絕對和一般的初學者大不相同。專業人士和業餘人士的差別就在這裡。一個人看事情的方式，往往會影響他在投機性市場是賺或賠。一般人對於操作，總是抱著玩票的態度。而且他們的自尊，往往過度強行介入，因此他們的想法，也就經常不夠深入或周延。專業人士關心做對事甚於賺錢，因為他們曉得只要把重要的事照顧好，利潤自己就會照顧好自己。交易人玩這種遊戲，必須像職業撞球選手一樣——也就是說，必須看得夠遠，不能只想眼前的這一桿要讓球進洞。他們必須具備一種本能，知道母球接下來應該落在哪個位置。

內線情報

我聽過關於艾迪生・甘麥克（Addison Cammack）的一個故事，很能說明我想講的一件事。根據我所聽到的內容，我覺得甘麥克是華爾街有史以來能力最強的股票交易人之一。他並不像許多人所認為的，長久以來都在放空，不過他確實覺得從空頭面操作比較吸引人，而且相當善於運用人們希望和害怕這兩大人性因素。『股票氣勢旺的時候，不要賣！』這句名言就是他講的。一些老前輩曾告訴我，他獲利最大的一筆操作，是靠著作多得來的，因此他在操作上並不帶任何成見，而是見機而動。總之，他是一位登峰造極的交易人。有一次，甘麥克看壞後市——當時距離多頭市場結束，還有一大段距離——財金作家和評論家亞瑟・約瑟夫（J. Arthur Joseph）好像很快就知道了甘麥克的想法。當時在多頭領先股帶頭衝刺下，加上報紙的報導一片看好，市場盤勢不只很強，更節節上漲。約瑟夫認為，利空消息對於像甘麥克那樣的交易人來說，一定很有用處，所以有一天，他興沖沖地帶著大好消息衝進了甘麥克的辦公室。

『甘麥克先生，我有一個很好的朋友，在聖保羅公司當股票轉讓作業員，他剛剛告訴我一些事，我覺得你有必要知道。』

『什麼事？』甘麥克冷冷的問。

『你現在已經轉多為空了，是不是？』約瑟夫為了確定他的消息有沒有幫助，所以先問這個問題。如果甘麥克不感興趣，他也不想浪費寶貴的彈藥。

『是的，是什麼樣的大好情報？』

『今天我到聖保羅公司轉了一圈。為了搜集新聞題材，我每個星期都會到那邊繞兩三次。那邊的朋友跟我說：「老先生正在賣股票。」他說的老先生是指威廉・洛克斐勒（William Rockefeller）。我問他是真的嗎，他答道：「一點不假；現在每漲3/8點，他就賣一千五百股。我已經幫他轉讓股票兩三天了。」我二話不說，馬上跑來這裡告訴你這件事。』

甘麥克不是那種很容易興奮的人，而且他已經很習慣有各式各樣的人像發瘋似的衝進他的辦公室，帶來各種新聞、流言蜚語、傳聞、小道消息、謊言，所以他對這些一概存疑。他聽了之後，只說：『你確定聽得沒錯，約瑟夫？』

『我確定嗎？我當然十分確定！你以為我是聾子嗎？』約瑟夫說。

『你相信朋友說得沒錯嗎？』

『當然沒錯！』約瑟夫鄭重表示。『我認識他已經很多年了。他從來不對我說謊。他不會的！絕對沒有問題！我曉得他絕對可靠，甚至可以用生命擔保他告訴我的事。我是這個世界上最瞭解他的人。這麼多年來，我對他的認識，恐怕比你認識我都還要深入得多。』

『這麼說，你非常肯定他的為人，嗯？』甘麥克又看了約瑟夫一眼。然後說：『你應該認識得很清楚。』接著他喊來營業員惠勒。約瑟夫心想，他一定會下單賣出至少五萬股聖保羅。威廉・洛克斐勒正逢高拋出他的聖保羅持股。不管那是投資股還是投機股，都無關緊要。最重要的事實是，標準石油（Standard Oil）集團最優秀的股票交易人，正把聖保羅倒進市場中。一般人如果聽到可靠來源給的這種消息，會怎麼做？不用問也知道。

但是甘麥克這位在他那個時代最出色的空頭作手，那時也看壞後市，卻對他的營業員說：『比利，到交易室那邊，每漲 3/8 點，就買進一千五百股的聖保羅。』那支股票當時的價格是九十幾美元。

天才戰術

『你的意思應該是賣吧？』約瑟夫趕緊打岔。他可不是華爾街上的菜鳥，但他是從一個報社記者，也就是一般大眾的角度來看市場。股價理該因為內部人士賣出的消息而下跌。而且再沒有比威廉・洛克斐勒先生賣出股票的內線情報更好的消息了。標準石油正在拋出持股，而甘麥克卻買進！不可能有這樣的事！

『不對，』甘麥克說，『我是說買進！』

『你不相信我？』

『相信！』

『你不相信我的情報？』

『相信。』

『你不是看跌嗎？』

『是的。』

『那麼，然後呢？』

『這就是為什麼我要買的原因。現在聽我說：你繼續和那位可靠的朋友密切聯繫，只要分批賣出的動作一停止，馬上讓我知道！懂嗎？』

『懂，』約瑟夫說完之後，起身離開，但他其實不是很懂甘麥克買威廉・洛克斐勒股票的動機。他曉得甘麥克看壞整個市場，所以他的操作手法很難解釋。不過，約瑟夫還是去見了股票轉讓作業員朋友，告訴他，老先生賣完時，通知他一聲。約瑟夫一天打兩次電話，向他朋友探聽消息。

終於有一天，股票轉讓作業員告訴他，『老先生不再有股票進來了。』約瑟夫道聲謝，馬上直奔甘麥克那裡，告訴他這個消息。

甘麥克聽得十分專注，然後轉向惠勒，問：『比利，我們營業處現在有多少聖保羅股票？』惠勒查了一下，回報說，他們進了大約六萬股。

看壞後市的甘麥克，早在開始買進聖保羅之前，就有放空格蘭潔（Grangers）和其他各種股票。他已經作好大舉放空大盤的準備。他立刻命令惠勒賣出原來買進的那六萬股聖保羅，而且還賣得更多。他利用聖保羅的持股當作槓桿，壓低大盤，結果他的整體操作在跌勢之中大獲其利。

聖保羅跌到 44 美元才止住，甘麥克賺了一大筆錢。他發揮登峰造極的技巧，因此賺得了利潤。舉這個例子，我想說的是他對操作所抱持的習慣性態度。他連想都不必想，馬上就看出，什麼事遠比從一支股票獲利還重要。他看到了天賜良機，不但掌握了適當的時機，更利用恰當的初步推力，展開他的大空頭操作。他聽了聖保羅的小道消息，竟然不賣，反而放手買進，因為他馬上就看出，大量買進聖保羅，可以用來作為最好的彈藥，在發動空頭攻勢時使用。

再回頭來講我自己。結束小麥和玉米的操作之後，我搭乘遊艇往南航行，遨遊於佛羅里達外海，享受了一段美好的光陰。釣魚棒極了。每一件事都叫人心曠神怡。我沒有任何牽絆，也不想自尋煩惱。

有一天，我在棕櫚灘上岸，遇見華爾街上的許多朋友和其他人。他們開口閉口談的都是當今最為人所津津樂道的棉花投機客。從紐約傳來的報導說，帕西・湯瑪斯（Percy Thomas）輸光了每一分錢。那指的並不是商業上的破產，而是這位舉世聞名的作手，在棉花市場中慘遭第二次滑鐵盧。

你應該知道這個人吧？你應該可以瞭解，我認為他是我所碰過、最有才華且最具說服力的健談家。我一直非常欣賞他。經紀公司謝爾登湯瑪斯公司（Sheldon & Thomas）倒閉時，我經由報紙第一次知道有他這個人。當時湯瑪斯想要軋棉花空頭，但他的合伙人謝爾登缺乏眼光或勇氣，竟然在快要成功時打退堂鼓。至少華爾街上那個時候是這麼說的。總之，他們不但沒有大賺一票，反而寫下多年來最慘重的損失。我忘了他們到底賠了幾百萬美元。這家公司結束營業之後，湯瑪斯單槍匹馬上陣。他全心全力投入棉花的操作，不久就東山再起。他不但連本帶利，清償積欠債權人的錢——依法他不必履行那些債務——口袋中還留下了幾百萬美元。他在棉花市場重振雄風，過程之精彩，可以媲美狄肯・懷特有名的股票操作；懷特在一年內就以他那有名的股市操作手法，清償了一百萬美元的債務。湯瑪斯的膽識和智慧，令我讚嘆不已。

一筆七月棉花期貨的交易

棕櫚灘上的每個人都在談湯瑪斯操作三月棉花失利的事。你曉得那些談話會演變成什麼樣子，也免不了加油添醋。你會聽到許多不實的資訊，以及各種誇大渲染和無中生有的說法。唉，我就聽過一則和自己有關的謠言，被人加油添醋、加進精彩的新細節，經過不到二十四小時之後，傳回到最早捏造那則謠言的人耳中，竟然連他自己也認不得了。

帕西・湯瑪斯最近操作失利的消息，使我的心思從釣魚轉移到棉花市場。我找了一堆業界刊物來看，仔細閱讀，瞭解當時的情勢。回到紐約後，我潛心研究棉花市場。每個人都看壞後市，大家都在賣七月棉花。你曉得人總會怎麼做。我想這是一種傳染，也就是人之所以會做某件事，是因為身邊的人都在做同樣的事。也許那是群眾本能的某種狀態或變化形式。總之，依照幾百位交易人的意見來看，賣七月棉花是聰明和合適的做法——也很安全！那種普遍湧出的賣盤，你不能稱之為魯莽輕率；這麼說，未免過於保守。那些交易人只看到市場的一邊和巨大的利潤。他們當然期望價格重跌。

這些動作我當然都看在眼裡，而且叫我驚訝的是，放空的那些傢伙根本缺乏充裕的時間回補。我對眼前的情勢研究得愈深入，看得愈清楚，最後終於決定買進七月棉花。我開始動起來，很快就買進十萬包。買這些棉花毫無困難，因為有那麼多人在賣。在我看來，我大可懸賞一百萬美元，追捕沒賣七月棉花的任何一位交易人，死活不論，保證沒人前來領賞。

我要指出的是，這是五月下半月的事。我不斷買進更多棉花，而他們也不斷賣給我，直到我持有了所有流通在外的合約，總共達十二萬包。在我買進最後一批棉花之後兩天，價格開始上漲。漲勢發動之後，市場上衝的力道一直相當凌厲——一天的漲幅在四十點到五十點之間。

某個星期六——我開始操作之後大約十天——價格開始上揚。我不知道是不是還有任何七月棉花要出售。我覺得有必要確認清楚，因此我一直等到最後十分鐘。我知道，那些傢伙通常會在那個時候放空，而如果市場收盤上漲，他們就穩穩上鉤了。所以我同時遞出四張委託單，依市價各買五千包。價格又因此而上漲了三十點。空頭當然使盡全力想要擺脫釣鉤。結果棉花以當天的最高價收盤。請記住，我那天所做的事，只是買進最後那二萬包棉花而已。

隔天是星期日。到了星期一，利物浦開盤必須上漲二十點，才能向紐約的漲幅看齊。實際的開盤價是上漲五十點，也就是說，利物浦的漲幅比我們的漲幅多了百分之一百。那邊的市場漲勢和我沒有關係。不過這種漲幅告訴我，我的推斷站得住腳，而且我確實是沿著最低阻力線在操作。在此同時，我並沒有忘記我有高得嚇人的部位必須脫手的事實。不管市場大漲，還是緩步上揚，都沒有辦法吸收超過一定數量的賣盤。

來自利物浦的電訊，當然導致我們的市場為之瘋狂。但是我注意到，價格漲得愈高，七月棉花的成交量似乎愈少。我此時還不打算賣出。星期一的盤勢刺激萬分，空頭很難笑得出來；不過，儘管如此，我還是可以察覺到，還沒有跡象顯示空頭即將大感恐慌；他們還不到爭相回補空頭部位的地步。而且我手上還有十四萬包棉花必須找到人接手。

星期二上午，進辦公室時，我在大樓入口遇到一位朋友。

『今早的《世界報》報導寫得真精彩，』他說，帶著笑。

『什麼報導？』我說。

『什麼？你的意思是說，你還沒看到？』

『我不看《世界報》，』我說。『是什麼報導？』

『咦，就是在說你啊。說你在軋七月棉花的空頭。』

『我沒看到那篇報導，』說完，頭也不回就離開了。我不曉得他相不相信我說的話。他可能會認為，我沒把報導是否屬實告訴他，實在不夠朋友。

進了辦公室之後，我請人找來一份報紙。果然沒錯，頭版用斗大的字體下這樣的標題：

拉利．李文斯頓猛進七月棉花

我當然立刻知道，這篇報導會使市場大為緊張。即使我曾經審慎研究過該用什麼方式出脫那十四萬包棉花最好，但無論如何也不可能想到比這更好的方法。我根本不可能找到這麼好的方法。就在那個節骨眼，全國的交易人不是從《世界報》，就是從其他報紙的引述中，看到了那篇文章的內容。電訊傳到歐洲，對利物浦的價格當然造成影響。整個市場狂亂了起來。聽到這種消息，交投不狂亂才怪。

快刀斬亂麻

我當然知道紐約會怎麼做，以及我應該怎麼做。我們這裡的市場是在上午十點開盤。十點十分時，我手上已經沒有任何棉花了。我把十四萬包棉花全都賣給了他們。大部分棉花都賣到當天的最高價。那些交易人幫我創造了市場。我真正做的事，只是看到了一個天賜良機，就把我的棉花全部倒光了。我緊緊抓住那個機會，因為實在忍不住。要不然我還能怎麼做？

我本來必須絞盡腦汁思考如何解決的問題，竟然出乎意料迎刃而解。如果《世界報》沒有發表那篇文章，我絕對沒辦法在出清部位時，不犧牲更多的帳面利潤。賣出十四萬包七月棉花，而不壓低價格，我實在玩不出那種花樣。但是《世界報》的報導，幫了我一個大忙。

我沒辦法告訴你，《世界報》為什麼會刊出那篇文章，因為我根本不知道。我想寫這篇文章的人，一定是棉花市場上的朋友透露消息給他，讓他覺得跑到獨家消息了。我沒見過他或者《世界報》的任何人。那天早上九點以後，我才曉得有那篇文章刊出；而且要不是朋友說的話引起我的注意，我那時也不知道。

如果沒有那篇文章，我肯定找不到一個夠大的市場，讓我倒貨。這是大規模操作麻煩的地方之一。你無法像少量操作時，悄悄軋平出場。你永遠沒辦法在你想要或者覺得聰明的時候出清部位。你必須在可以辦到時出場；也就是要有個市場，可以吸收你的整個部位。如果沒有好好掌握出場機會，你就會損失好幾百萬美元。你絕不能遲疑不決。不當機立斷，你就輸了。你也不能想耍特技，在市場上競價買進，推高軋空的價格，因為這麼一來，只會減損你吸納部位的能力。而且我要告訴你，看清機會並不像我們說的那麼容易。一個人必須眼觀四面，耳聽八方，提高警覺，才能在機會探頭進門的時候，馬上一撲而上。

當然並不是每個人都知道，有那麼幸運的意外降臨在我身上。在華爾街，或者在任何其他地方也一樣，只要是出現能讓一個人賺到大錢的意外，人們總是會帶著懷疑的眼光。而如果意外並沒有使人賺到錢時，那就不會被視為意外，而會變成是貪婪卑鄙或驕傲自大的必然後果。但是有了利潤，卻會被人稱作是非法掠奪，而且人們也會大談，那是何等厚顏無恥的勾當，而作風保守、行事光明正大的人，受到了多麼不公平的待遇。

純屬好運

指責我精心策劃這次行動的人，並不是只有那些因為自己的莽撞躁進，而慘遭懲罰的狠毒空頭。其他人也有同樣的看法。

一位世界上數一數二的棉花大戶，一兩天後和我見面，說：『李文斯頓，這絕對是你做過、技巧最高明的一次交易。我本來還在想，你要把那麼大的部位倒進市場，還不知道會賠掉多少錢。你知道，這個市場並沒有大到能夠吸納超過五萬包或六萬包的數量，卻不致引發龐大的賣壓。而且你要怎麼出清其他的部位，而不賠光所有的帳面利潤，實在很令我好奇。我萬萬沒料到你竟然有那麼一招。真的十分高明。』

『我和那件事扯不上關係，』我極力撇清，向他保證。

但是他聽了之後，還是重複那句話：『高明得要命，老弟。高明之至！不必那麼客氣！』

那次的交易之後，有些報紙開始稱我棉花大王。但是就像我跟你說過的，我實在不配戴上那頂王冠。不必說你也知道，在美國，沒有人能找到足夠的錢，去買下《紐約世界報》的專欄，或者有足夠的個人關係，發表像那樣的故事。那一次，我全然不費吹灰之力，就得到了那種名聲。

但是我說這個故事，目的並不是要告訴你，有時王冠是落在名實不符的交易人頭上，或者強調不管機會何時到來或如何到來，都要趕快把握。我的目的只是要說明，七月棉花的交易之後，我成了報紙上的大人物。要不是報紙報導，我永遠不會認識帕西・湯瑪斯這位出眾人物。而且我敢打包票，你會希望我談談自己是如何認識他，以及見面之後發生了什麼事。」

李文斯頓停下話來，看著我，好像要我確認他所說沒錯似的。但是我說：

「我對帕西・湯瑪斯的興趣，比不上我對勞倫斯・李文斯頓的興趣。」

「但你不是說，想要聽聽我如何賠掉第一個一百萬美元嗎？」

「是很想聽啊，」我說。

「那正是我要告訴你的，但不是今天。晚一點我們要駕船出航。」

「你輸了個精光嗎？」我滿懷希望地問。

「今天不談。一起來吧！」李文斯頓戴上帽子。

「但是，你輸了個精光嗎？」我又問了一次。

「不但輸掉一切，還倒賠一百萬，」李文斯頓答道。

「太好了！」我說。「我會來的！」

我興高采烈地起身離開，理由有二：第一，任何人都會滿懷欣喜地等著聽一個好故事；關於李文斯頓如何賠掉所有的錢還不夠賠的故事，肯定非常有趣。第二，他後來又賺回了賠掉的錢，而且還以更強的姿態捲土重來；也就是說，後面還有另一個好故事。

Chapter 7

玩另一個人的遊戲

這篇文章中，李文斯頓談到，玩別人的遊戲，賠點小錢之後的感覺。他所說的內容，大多和心理面有關，但卻也讓我們得以瞭解當時的經紀商是怎麼運作的。這一部分的訪問，讓人覺得奇怪的是，李文斯頓提到他向一位旅行推銷員買書。這種事他以前很少做過。他肯買書，是因為那位推銷員伶牙俐齒，鍥而不捨，而不是他真的想要看書。這個故事給我們的教訓是，有時連事業有成的交易人，也會打破平常的習慣，而這樣的行為，到頭來無疑令他遭遇損失的結果。

當代的讀者一定會驚訝地發現，李文斯頓運氣背到極點時，他的同行、甚至競爭對手，竟然表現得非常有雅量。他在本章和下一章會談到，即使他手氣不順，經紀商還是願意提供信用額度和他們的設施供他使用。他們這麼慷慨，當然是著眼於手續費的收入。李文斯頓結束空桶店的操作，第一次到紐約時，由於並非交易所的會員，所以是在經紀商的營業處裡進行操作。經紀商都樂於提供服務，希望能從交易大戶的操作中，賺取手續費，讓他們過好生活。交易人是賺或賠，對他們來說無關緊要，只要他經常進出就好。

李文斯頓並沒有提到，經常進出的交易人是不是享有折價優惠，但是我們懷疑，經紀商所提供的融資融券信用額度，才是真正吸引他們的地方。由於保證金規定會因為不同的經紀商而異，開出比較好的條件，當然比較能夠吸引交易人上門交易。在一九三四年的證券交易法賦予聯邦準備理事會（Federal Reserve）訂定保證金比率的權力之前，經紀商並沒有統一的保證金規定。第一次世界大戰以前，保證金比率大約從交易金額的百分之十到百分之二十五不等。比較好的經紀商所要求的比率，會高於名氣比較差的經紀商，因為他們希望能吸引到素質比較優良的投機客。

這篇文章的內容，正好印證了馬克吐溫談到負債的那句經典名言：「如果你欠銀行一塊錢卻無力償還，那你的麻煩就大了。如果你欠他們一百萬美元卻無力償還，那他們的麻煩就大了。」經紀商知道，如果交易人擅長玩這種遊戲，即使因為一時的手氣不順而摔跤，終有一天還是能夠爬起來的。究竟要不要授與交易人額外的信用，顯然取決於他的聲名。

查爾士．蓋斯特

股票作手回憶錄：一九二三年九月十六日

一天晚上，李文斯頓在他的房子裡，從上次沒講完的地方，繼續談他的事業生涯：

「七月棉花的操作比我預期的還要成功。軋平交易後不久，我接到了一封信，要求和我見面。信末署名是帕西．湯瑪斯。我當然立刻回信說，樂於在他覺得方便的任何時間，到我的辦公室一敘。隔天他就來了。不用我說你也知道，他這個人實在非常有趣。

我始終覺得，湯瑪斯是用科學的方法在做事。他是個如假包換的投機客，願意動腦筋思考，懷有夢想家般的眼光和鬥士的勇氣，知識也十分淵博，對於棉花操作的理論和實務都了然於胸。他喜歡聽別人講話，也勇於表達他的觀念、理論和抽象概念。關於棉花市場的實務面或棉花交易人的心理面，他不懂的事少之又少，因為他已經操作許多年，曾經大賺，也曾經大賠。

在謝爾登湯瑪斯這家證券交易所的老公司結束營業後，幾年內湯瑪斯便重新站了起來，而且身影十分漂亮。我記得在《太陽報》看到，當他的財務狀況恢復舊貌之後，他所做的第一件事，就是把積欠債權人的錢全部還清，接下來則是聘請一位專家做研究，為他決定一百萬美元的資金該怎麼投資最好。這位專家檢視了幾家公司的資產並分析了他們的報告，最後建議他購買德拉瓦哈德遜公司（Delaware & Hudson）的股票。

在賠掉幾百萬美元，又賺回更多個百萬美元之後，湯瑪斯因為操作三月棉花失利，再次被沖洗出場。他進了我的辦公室之後，很快就開門見山，提議我們可以在工作上聯手。他解釋自己設立了一個很好的組織，專門搜集玉米收成的資訊和統計數字，而且——他特別強調這一點——也會發佈市場新聞和觀點。他的組織裡有數量龐大的相關人員，他們有些人種植棉花，或者處理原棉的加工作業；他也和棉紡廠、出口商有緊密聯繫。他相信自己的作物報告比政府還準確，而且他會密切監視全球的消費狀況，以及美國的生產狀況。

華爾街上的獨行俠

他提出的建議是，他繼續搜集和棉花收成有關的資訊，並且發佈他的看法、估計和預測。不管他得到什麼資訊，都會先立即轉交給我，再發佈給一般大眾。我則負責實際的操作部分。他認為在操作上，我擁有他所缺乏的特殊天分。而他認為他所搜集到的資訊，以及對市場新聞觀點的影響力，對我的操作十分有價值。

這樣的建議，並不吸引我，理由有很多。我坦白跟他說，我不認為我能和別人搭擋，也並不急著想要知道自己究竟能不能與人合作。但他堅持那是一種理想的組合，我只好斬釘截鐵地說，我一點都不想影響到別人的操作。

『如果我欺騙自己，』我向他說，『我自己就會受到傷害，而且會馬上付出代價。我現在並不需要付款付個沒完沒了，也不必煩惱是否會發生始料未及的事。獨來獨往操作是我自己選擇的，因為這對我來說是最聰明也最便宜的操作方式。我可以從自己和其他交易人的鬥智中得到樂趣。那些人我從來沒見過面、沒講過話，沒有建議他們買或賣，也不期望將來會見面或認識。當我賺錢時，我是根據自己的看法賺來的。我並不打算販售自己的看法，或者利用自己的看法牟利。如果我用其他方式賺錢，我會覺得那些錢根本不是自己所賺到的。我對你的提議並不感興趣，因為我所感興趣的，只有為我自己、用自己的方式玩這種遊戲。』

他對於我這種想法，感到十分遺憾，並且還是想要試著說服我，相信拒絕他的計畫是錯的。但他的說法對我來說，就好像是一般商人為自己的商品打廣告一樣。我終究還是堅持自己的看法。不過，接下來我們倒是聊得蠻愉快的。我對他說，我相信他有一天一定會捲土重來，如果能讓我在財務上助他一臂之力，我會深感榮幸，但他表示不可能接受我的借款。接著他問到我七月棉花交易的情形。我把所有的事情都告訴了他，像是我如何建立部位，買了多少棉花，以及相關的價格和其他的細節。我們後來又多談了一會兒，他才起身離去。

前一陣子我跟你說過，投機客必須面對許多敵人，其中有不少是從內心所滋生出來的。講這句話時，我心裡也浮現了自己許多的錯誤。譬如我就曾經學到過一件事，那就是即使一個人的心思本身具有原創力，而且也一直習慣於獨立思考，但終究還是有可能會被能言善道的人牽著鼻子走。一般像是希望、恐懼這些常見的投機通病，我都已經相當懂得如何避免。但我畢竟還是個普通人，很容易就會犯錯。

就在與湯瑪斯談話的不久之前，我正好經歷過一件事，所以當時的警覺心應該也比平常高了一些才對。我所經歷的那件事，恰好證明了一個人有多麼容易就被人說服，而做出有違自身的判斷，甚至違背自己願望的事。那件事發生在哈丁的營業處。我在那裡有一間專用辦公室，那是他們允許我個人使用的一個房間。在市場交易時間內，如果未經我的同意，任何人都不能進來找我。我不希望被人打擾，而且由於我的操作數量很大，帳戶也一直獲有利潤，所以我在那裡受到了相當好的保護。

有一天，市場收盤後不久，我突然聽到有個人說，『午安，李文斯頓先生。』

我轉身一看，竟然見到了一個全然陌生的人。他看起來大約三十或三十五歲左右，我完全不知道他是怎麼溜進來的。我想他的來意可能是和我的業務有關，所以才能順利通過門禁進來。我沒說什麼話，只是看著他。他不久後就開口說，『我之所以來見你，是要談談華爾特．史考特（Walter Scott）的事，』然後他就嘰哩呱啦地講了下去。

原來他是來賣書的。對了，他的態度並不是很討人喜歡，講話也不是很有技巧。連他的人，看起來也不是特別引人注目。但他有一種說不上來的特殊性格。他在一旁講著，而我覺得我雖然在聽，卻不知道他在說些什麼。我當時根本搞不清楚，他究竟講了些什麼。等他唱完獨角戲之後，他先遞上一枝原子筆，然後是一張空白表格，而我竟然就在上面簽了字——那是一份用五百美元買史考特一套著作的合約。

我一簽好字，馬上回過神，可是已經來不及了。他把合約安安穩穩地收進了口袋。但我並不想要那些書，我根本沒有地方可擺。對我來說，這些書沒什麼價值，我也沒人可送。實在想不到，我竟然同意用五百美元買下了這些書。

從錯誤中受益

我已經那麼習慣於賠錢，所以倒也不會去想究竟是犯了什麼錯。我通常會最先想到的是，這對於操作本身有什麼意義，以及為什麼會犯錯。所以，我首先想知道的是，自己是不是受到了什麼樣的限制，或者有什麼思考上的習慣。另一個重點是，我可不想犯兩次同樣的錯。唯有在能夠善用錯誤，對將來能產生幫助的情形下，我才能原諒自己所犯的錯。

現在，我犯了一個五百美元的錯，卻還不知道錯在哪裡，我只好先盯著那個傢伙，上下掂量他。他對著我笑，那種心照不宣的樣子，實在讓我受不了。他似乎看穿了我的心思。不曉得什麼緣故，我就是感覺到，即使我不說話，他也知道我想做什麼。所以我跳過解釋和場面話，直接問他：『這五百美元的訂單，你能抽多少佣金？』

他馬上搖著頭說：『我不能那麼做！抱歉！』

『你能抽多少？』我不死心。

『三分之一。但是我不能那麼做！』他說。

『五百美元的三分之一是 166.66 美元。如果你還我那張簽了名的合約，我就給你兩百美元現金。』為了證明我是當真的，我從皮夾子裡把錢掏了出來。

『跟你說過了，我不能那麼做，』他說。

『你所有的顧客，都會和你談相同的條件嗎？』我問。

『不會，』他答道。

『那你為什麼那麼肯定，我會和你談這個條件？』

『因為像你這種有風度雅量的人，就是會這麼做。你是一流的輸家，這使你成為了一流的生意人。非常謝謝你，但我還是不能那麼做。』

『那麼，請告訴我，為什麼你不想賺到比佣金還多的錢？

在虛線上方簽名

『不完全是那個問題，』他說。『我並不是只為了佣金而工作。』

『那你是為了什麼而工作？』

『為了佣金和紀錄，』他答道。

『什麼紀錄？』

『我的紀錄。』

『到底是什麼意思？』

『你只為了錢而工作嗎？』他反問我。

『是的，』我說。

『不，』他搖著頭。『不是的，你不會那個樣子。如果是的話，你就得不到足夠多的樂趣了。你絕對不會只為了在銀行帳戶中多增加幾塊錢而工作，而且你來華爾街，也不是因為這裡賺錢容易。

你是從其他方面得到了樂趣。嗯，我也一樣。』

我沒有反駁他的話，但是我接著問道：『你是怎麼得到樂趣的？』

『哦，』他坦承，『我們每個人都有罩門。』

『你的罩門呢？』

『虛榮心，』他說。

『唔，』我對他說，『你成功地說服了我簽名，現在我要取消訂單，並且付你兩百美元，做為你工作十分鐘的報酬。難道這對你的自尊來說還不夠嗎？』

『不是的，』他答道。『好吧，讓你知道沒關係。我們公司其他的推銷員在華爾街賣書賣了幾個月，全都無功而返，連花費都賺不回來。他們說產品和賣書的地點都不對。因此公司派我來證明，是他們的推銷手法有問題，和書或地點沒有關係。他們的佣金是25%。我曾經在克利夫蘭，兩個星期內賣出八十二套。我來這裡，也打算賣出一定數量的書，不只賣給沒向其他推銷員買書的人，也要賣給甚至不會去看的人。所以他們給我的佣金是33.3%。』

『我真的搞不太清楚，你是怎麼賣給我那一套書的。』

『哦，』他用一種安慰的語氣說，『我也賣給了摩根一套。』

『不會吧，』我說。

他並沒有生氣，只說：『真的，我賣給他了。』

『賣華爾特・史考特的一套書給摩根，有沒有搞錯？摩根不只擁有一些精裝版圖書，還可能珍藏了一些小說的原稿。』

『哦，這是他的親筆簽名。』他亮出摩根署名的合約，很快地給我看了一眼。那有可能並不是摩根的筆跡，但當時我並沒有想到要質疑。他口袋裡不是也有我的簽名嗎？我那時只是覺得好奇，所以問他：『那你是怎麼通過管理員那一關的？』

『我並沒有去見任何管理員，而是直接找老先生本尊。就在他的辦公室裡。』

『太扯了！』我說。大家都知道，要空手進入摩根先生的專用辦公室，遠比帶著像鬧鐘那樣滴答作響的包裹進白宮困難。

但是他說：『我真的賣出去了。』

『但你是怎麼進他的辦公室的？』

『我是怎麼進你的辦公室的？』

『我不知道。麻煩你告訴我，』我說。

『哦，我進摩根的辦公室，和進你的辦公室，方法完全一樣。我只是和守在門口、負責不讓我進來的人談。而且我說服摩根簽名的方法，和說服你簽名的方法一模一樣。你當然不會在合約上簽名買一套書。你只是拿過我給你的原子筆，然後照我跟你說的話去做而已。沒有什麼不同。你們都一樣。』

『那真的是摩根的簽名嗎？』我的懷疑大約晚了三分鐘才浮現心頭，所以我問他。

『那當然！他還是孩子時，就學會寫自己的名字了。』

『全部就這樣？』

『我全都告訴你了，』他回答，起身準備離開。『我十分清楚自己在做什麼事。所有的祕密都告訴你了。非常感謝你。再見，李文斯頓先生。』他拿起帽子，走向門口。

『等等，』我說。『我想我還是要讓你從我這裡賺到兩百美元。』我遞出三十五美元給他。

他搖搖頭，然後說：『不，我不能那麼做。不過，我倒是可以這麼做！』說著說著，他就從口袋裡拿出那張合約，撕成了兩半，然後交給了我。

我數了兩百美元，拿到他面前，但他又搖頭。

『你的意思不是這樣嗎？』我問。

『不是。』

『那你為什麼要撕掉合約？』

『因為你完全沒有發牢騷，而是認命的接受。換成我是你，也是認命的接受。』

『但我是出於自願，給你這兩百美元的，』我說。

『我知道；但錢不是一切。』

我聽出了他的弦外之音，所以說：『你講得沒錯；錢的確不是一切。你希望我幫你什麼忙嗎？』

『你腦筋轉得真快，可不是嗎？』他說。『你真的想幫忙？』

『是的，』我告訴他，『我願意，但能不能幫得上忙，要看你到底想要我幫什麼忙而定。』

『帶我進艾德・哈丁的辦公室，跟他說，讓我和他談三分鐘就好。然後留我和他單獨去談。』

我搖頭說：『他是我的好朋友。』

『他已經五十歲了，而且還是個股票經紀商，』賣書人說。

他說的一點也沒錯，於是我帶他進艾德的辦公室。之後我再也沒聽到那位賣書人的任何事了。但過了幾個星期，一天午後，我要離開市中心區，結果在第六街L線的火車上無意間碰到了他。他很有禮貌地舉起帽子，我點頭回禮。他走了過來，問我：『李文斯頓先生，近況如何？哈丁先生好嗎？』

人的個性，代價高

『他很好。為什麼要問他？』我覺得他有什麼話要說。

『你帶我去見他的那一天，我賣給了他價值兩千美元的書。』

『他沒跟我提起過，』我說。

『不會的；他那種人不會談這種事。』

『什麼樣的人不會談？』

『那種從來不會犯錯的人。因為犯這種錯實在很難想像。那種人總是知道自己要什麼，而且沒人能說服他。但我就是從那種人的身上，賺錢供孩子念書，讓太太保持好心情。你幫了我一次忙，李文斯頓先生。當我放棄你急著要給我的那兩百美元時，我就已經料到這件事了。』

『如果哈丁先生沒訂書呢？』

『哦，我知道他會訂的。我已經摸清楚他是什麼樣的人。他是那種必定會買書的人。』

『是嗎？但如果他沒買任何書呢？』我緊迫盯人再問。

『那我就會回頭去找你，賣你一點東西。再見，李文斯頓先生。我正要去見市長。』他站了起來。

『祝你賣上十套。』市長大人是紐約市民主黨組織坦慕尼協會（Tammany）的會員。

『我也是共和黨員，』他說，然後好整以暇地走出車廂，自信滿滿相信火車會等他似的。火車果然是在等他。

這麼詳細地告訴你這件事，是因為這個相當厲害的人，竟能叫我買下不想買的東西。我第一次碰到這樣的人，本以為再也不會遇到第二個了，但偏偏眼前又來了一位。你絕對不能指望，這個世界上只有一位那麼厲害的人，而且你也不能指望，能夠完全免疫於這種人的影響。

我愉快但堅定地拒絕了與帕西・湯瑪斯組成工作聯盟的提議。他離開了我的辦公室後，我敢說我們在商業之路上絕對不會再有交集，甚至連會不會再見到面都很難說。但是隔天，他就寫了一封信給我，謝謝我的幫忙，並且邀請我去看他。我回信表示樂意一訪。他又寫了封信過來，於是我便前去拜訪他了。

這一次，我對他瞭解更多了。聽他談話，在我來說始終是一大享受，因為他懂許多事，而且總是能以十分有趣的方式表達他的知識。我覺得他是我所碰過、最具有吸引力的一個人。

我們談了不少事。他閱歷廣博，對許多主題瞭解之深入，令人嘆為觀止，而且他具備一種驚人的天賦，擅長把艱深的話題，化為容易理解且有趣的概括說明。他在言談中所透露的智慧，令人折服。我聽過許多人指責帕西・湯瑪斯很多事，包括做人不夠真誠在內，但是我有時懷疑，他那出色的說理能力，如果不是因為先徹底說服了自己，在說服別人時就不會有那麼強的效果了。

我們當然談了許多關於市場上的種種。我並不看好棉花後市，但他卻看好。我看不出有利多因素，他卻認為有。他拿出許多事實資料和數字，理應能叫我信服才是，可是我沒有。我雖然沒辦法反駁這些資料，因為我無法否定他們的真實性，但這些資料也沒有動搖我根據自己親眼所見而產生的信念。不過他還是繼續講下去，直到後來，我開始對自己得自業界刊物和日報的資訊，不再覺得那麼有把握。這也就表示，我已經沒有辦法再用自己的眼睛看待市場了。我們或許沒辦法說服堅持某種信念的人打消他的信念，但是卻可以鼓起如簧之舌，令他陷入一種不確定和猶疑不決的狀態。如果陷入這種情況，那就慘了，因為這麼一來，就無法再滿懷信心地操作了。

我並沒有因此感到混淆，只是失去了原來的冷靜沉著；或者應該說，我不再自己動腦筋思考了。我沒辦法詳細告訴你，我如何一步步走向了那種心理狀態，結果付出慘重的代價。我想那也許是因為，他保證他所獨有的數字十分準確，而我取得的數字卻不是我獨有的，而是公共財，所以沒那麼可靠，因此造成了我想法上的改變。最後，我在研判情勢時，就變成了像他在研判一樣——因為我們兩個人都在看同一本書的同一頁，而且書是由他拿著放在我眼前讓我看的。他的思考非常合乎邏輯。一旦我接受他的事實資料，而從他的事實資料中所得出的即使是我自己的結論，自然還是會和他的結論一樣。

他剛和我談起棉花的基本情勢時，我不只看壞後市，而且還真的在市場上放空。隨著我逐漸接受他的事實資料和數字，我開始擔心起我的部位，是不是根據了錯誤的資訊而建立。有了那種感覺，我當然不會不去回補；而一旦湯瑪斯讓我覺得自己錯了而回補，我就非作多不可。我的思考邏輯就是這樣。你曉得這一輩子，除了操作股票和商品之外，我從沒做過其他的事。我很自然而然地就會想到，如果看空是錯的，那麼看多就是對的。而如果看多是對的，那就非買不可。這就像棕櫚灘的那位老朋友派特・赫恩常說的，『在你下注之前，一切都說不準！』我必須在市場上證明，我究竟是對或錯；而且只有月底經紀商給我的報表，才能看到證明。

我開始買進棉花，很快就到達平常的操作規模，大約六萬包左右。這是我的整個事業生涯中，最蠢的一次操作。我沒有靠自己的觀察和推論，而是只憑藉著另一個人的資訊在玩。所以我的冤大頭操作愚蠢至極，結果會怎麼樣也就不足為奇了。我不只在自己不看好後市的情形下買進，更不遵照經驗的指示分批進貨。我的操作完全不正確。聽別人的話，結果果然輸慘了。

市場並沒有往我操作的方向走。在我對自己的部位非常有把握時，我從來不會感到害怕或失去耐性。但這次我覺得湯瑪斯是對的，只是市場並沒有照它應有的方向走而已。結果我走錯了第一步之後，竟然還繼續走錯第二、三步，最後當然是愈陷愈深。我任憑自己被說服，不只不儘速認賠出場，還被市場綁著不放。就我的本性來說，這種操作風格顯得十分陌生，也有違我的操作原則和理論。相較之下，我年輕時在空桶店的操作，當時懂得還比較多。

我不只作多棉花，同時間還持有龐大的小麥部位。小麥部位操作得非常好，獲有可觀的利潤。為了支撐棉花，我竟然採取了愚蠢的動作，把棉花多頭部位增加到十五萬包。我可以跟你說，這時我已經覺得不太對勁。說這句話，絕不是為了給自己所鑄下的大錯找個美化的藉口，而只是用來說明一個相關的事實。我記得後來我去了灣岸（Bayshore），想稍微喘口氣。

我在那裡思考了一些事。當時我的投機性操作規模似乎太大了。通常我不會那麼容易就縮手，但我確實開始覺得緊張，所以決定要減碼。基於這個想法，我必須決定要賣出棉花還是小麥。

像我這麼熟悉這種遊戲，而且投機股票和商品的經驗長達十幾年，當時竟然還會做出大錯特錯的事，實在不可思議。棉花發生虧損，我抱牢不放；小麥獲有利潤，我卻把它賣掉。這真是愚蠢無比的操作方法。所有的投機大錯中，想要攤平損失應該算是氣宗最糟糕的一種。稍後，我的棉花交易就成了絕佳的例證。交易人永遠都應該只賣出發生虧損的部位，而抱牢獲有利潤的部位。明眼人一看就知道這是聰明的做法，我也知之甚詳，但直到今天，每每想起當時竟然反其道而行，總是令我感到驚訝。

就那樣，我賣出了小麥，硬生生地獲利了結，把還可以繼續賺錢的部位軋平。軋平之後，每英斗價格馬不停蹄又上漲了二十美分。如果抱著不放，我也許能夠賺到八百萬美元左右。而且，當時由於我已經決定繼續持有賠錢的部位，結果我又買進了更多的棉花！

我記得非常清楚，我當時每天都在買棉花、不斷地買更多的棉花。你想，我為什麼要買棉花？為的就是要支撐價格，不讓它下跌！如果這不是超級冤大頭的操作方法，還有什麼算是呢？我不斷投進更多的錢——也就是將來會賠掉更多的錢。我的往來經紀商和親近的朋友全都看不懂；直到今天也還是不懂。當然，如果那筆交易否極泰來，我就會被認為是交易奇才。但是我的做法，只是為了不讓棉花價格下跌而買它。我甚至還跑到利物浦去買。直到進貨高達四十四萬包，我才驚覺自己在做傻事。這時一切都太晚了，所以我出清了所有的部位。

我從其他所有股票和商品交易所賺到的錢，幾乎全賠了進去。但是我並沒有賠光，剩下的錢只有區區數十萬美元，遠遠不如當初，經驗教我要遵守才能繁榮壯大的所有法則被我違背之前，所擁有的幾百萬美元。

我因此瞭解到，一個人會沒來由地做出十分愚蠢的操作，這真是個寶貴的教訓。我花了好幾百萬美元，才瞭解到交易人的另一個危險敵人，是面對一個性格深具魅力，腦筋聰明的人，鼓起如簧之舌，講得頭頭是道時，很容易就會被他牽著鼻子走。不過我總是覺得，如果成本只有一百萬美元，我總可以把那個教訓學得相當好。但是命運之神永遠不會讓你自己決定要繳多少學費。她會端出苦澀的教材，同時遞出帳單，而且不管金額多少，你都非得支付不可。在瞭解到自己可以蠢到什麼地步之後，我把整件事做了個了結。帕西・湯瑪斯自此從我的生命中消失。哦，是的，其中當然還有很多細節，不過如果全講出來，恐怕可以另外再寫一本書了。

財富轉眼成空

於是，我十分之九以上的資金，就像吉姆・費斯克常說的，就這樣化為烏有——有如潑出去的水一樣，再也收不回來。不到一年之前，我還是個百萬富翁。我運用頭腦，並且在運氣的幫助之下，賺進了好幾百萬美元。但改變了做法之後，我又把這些錢賠掉了。我賣掉了兩艘遊艇，生活當然也不如從前那麼闊綽了。

但是，這一次的打擊好像還不夠重似的。運氣偏偏和我作對。我碰上家人生病，還有一些麻煩和煩惱纏身，實在沒辦法讓我靜下心來進行哲學層次的思考。我當時急需二十萬美元現金，幫助一位家人。這件事使我的煩惱達到了最高點。幾個月之前，這筆金額根本不算什麼；但是現在，卻幾乎是我那轉眼成空的財富僅存的全部金額。我答應要給這筆錢，必須信守承諾。問題是，錢要從哪裡來？我不想動用自己存在經紀商帳戶裡的餘額，因為如果那麼做，可以用來操作的保證金就剩不了多少；而且如果我要把那幾百萬美元趕快贏回來，我就比以前更需要操作資金。我唯一可以想到的辦法，就是再從股市裡把錢賺回來。

我想，自從來到紐約之後，我所犯過的所有錯誤之中，這個決定應該是最大、最不可原諒、也最愚蠢的一個。我竟然決定，讓股市來幫我付錢！

你不妨想想，這種念頭有多可笑！如果你對經紀商裡的一般顧客瞭解夠多，你就會同意我的看法——相信股市會幫你付帳單，這是在華爾街裡賠錢最可能的原因之一。如果你堅決這麼做，最後你只會把身上的所有一切全都虧掉。

那年冬天，在哈丁的營業處，有好幾個意氣風發的交易人，想花三、四萬美元買一件大衣——但他們之中沒有一個人，最後能穿到那件大衣。事情是這樣的，有個傑出的營業廳交易員——後來他成為世界知名的『年薪一元』（只領取微薄的象徵性薪水）人士——穿了一件海獺毛皮大衣來到交易所。那時在皮草價格飛漲之前，那件大衣的價值只要一萬美元。當時哈丁的營業處有個傢伙叫鮑伯．高恩（Bob Keown），他決定也要買一件俄羅斯貂皮大衣，於是問了價格，差不多也是一萬美元。

『真是貴得可以，』有個朋友反對他那麼做。

『哦，還算公道啦！還算公道啦！』鮑伯・高恩坦承。『差不多是一個星期的薪水——除非你們打算送我當禮物，表達你們對我這個營業處裡最好的一個人，一點微薄但真心的尊敬。有人要發表獻禮致詞嗎？沒有？好吧。那我只好叫股市買給我了！』

『你為什麼要貂皮大衣？』艾德・哈丁問。

『像我這種身材的人，穿起來一定特別好看。』鮑伯答道，並且站起身來。

『你說，你要怎麼買它來著？』營業處裡的包打聽吉姆・墨菲問。

華爾街的誘惑

『只要在很短的一段時間內，放亮眼睛投資就行了，吉姆。用這種方式就可以買到貂皮大衣了。』鮑伯答道。鮑伯曉得墨菲只是想要小道消息。

吉姆果然問道：『你想要買哪一支股票？』

『你又錯了，朋友。現在不是買的時候。我打算賣出五千股的美國鋼鐵。它應該會跌至少十點。我只要賺二點五點的利潤就好。這是相當保守的做法，不是嗎？』

『你聽到了什麼風聲嗎？』墨菲急切的問。他長得高瘦，一頭黑髮，面容飢瘦，因為他害怕錯失行情走勢，從來不外出吃午飯。

『我聽到的風聲是，我想要那件大衣。』接著他轉向哈丁：『艾德，用市價賣出五千股美國鋼鐵普通股。今天就賣，拜託了！』

鮑伯也是一支棒槌，喜歡打趣說笑。他的作風就是那樣，唯恐天下不知道他勇氣可嘉。他賣出五千股美國鋼鐵，結果股價立即上漲。此時他不再像先前談話時那般洋洋自得，賠了一點五點就停損出場了，並且向營業處的人表示，紐約的天氣太過溫和，不適合穿毛皮大衣。毛皮大衣穿起來有礙健康，也過分招搖。其他的人爆出一陣嘲笑聲。但是沒多久，又有一個人買了一些聯合太平洋股票，想要靠它賺錢買大衣。後來他賠掉了一千八百美元，只好說，貂皮只適合女士外出披在身上，卻不適合謙卑、聰明的男士在室內穿著。

之後，一個接一個傢伙，都想靠著市場幫他買下那件大衣。有一天，我說那就由我來買吧，以免這個營業處再這樣下去，大家都破產了。但他們說，那麼做不夠光采；如果想要有件大衣，就應該靠市場來買給自己才是。但是艾德・哈丁十分贊同我的想法，所以那天下午，我就跑到皮貨店去買大衣，結果卻發現一位芝加哥人早在一個星期前就把它買走了。

這只是其中一個例子。華爾街那些想要市場出錢買汽車、手鐲、汽艇、油畫的人，多半是賠錢收場。股市可沒那麼慷慨，如果把市場拒絕幫人付帳單而害人賠掉的錢加起來，恐怕拿來蓋一間大醫院都還綽綽有餘。華爾街充滿各種誘惑，而把股市當成大善人的想法，是害人最慘的其中一種。

這種誘惑也有它存在的理由。如果一個人拿定了主意，希望股市支應他的急需時，會怎麼做？唉，那只不過是他心裡所抱著的希望而已。如果他就這麼放手一搏，承受的風險肯定遠高於冷靜客觀研究基本情勢後，根據條理分明的邏輯產生的意見或信念，進行聰明的投機所冒的風險。首先，他追求的是馬上獲利，所以他沒有時間耐心等待，市場必須立刻對他表現善意才行。他或許會對自己說，他並沒有要求贏的機率要高於輸的機率。比方說他希望賺二點就跑，萬一賠二點他就停損，這麼一來他就會抱持著一種謬論，以為自己所承受的只是賺賠五五波的風險。我認識一些人，事實上就是因為這種操作方式而賠掉了好幾千美元。其實買進之後立刻遇到小幅的回檔，是很常見的情況。操作當然不是這麼做的。

我這個愚蠢的決定，成為了壓垮我身為股票作手事業生涯的最後這一根稻草。結束棉花交易之後所留下的一點小錢，也就這樣全賠掉了。它甚至還造成了更大的傷害，因為我當時操作個不停

——而且也賠個不停。我不死心，堅持認為股市最後必然會為我賺錢。但我唯一看到的『最後』，就是我把資金全用光了。最後我背上債務，不只欠主要往來經紀商的錢，而且那些我並沒有存進足夠保證金還是接受我下單的其他經紀商，我也欠了他們不少錢。我不只債台高築，而且此後債務纏身。

就這樣，我再度輸了個精光，因為我的操作其糟無比，錯得一塌糊塗，簡直慘不忍睹。我病了，緊張不安，六神無主，完全沒辦法冷靜推理。也就是說，我所處的精神狀態，是任何一位投機客操作時都不應該有的狀況。我做的每一件事都不對。真的，我開始認為自己已經沒辦法恢復失去的平衡感。我已經習慣於大手筆進出——例如每次進出超過十萬股股票——我害怕小額操作時沒辦法做出良好判斷。如果你只持有一百股股票，即使做對，好像也沒什麼價值。在養成大筆進出、大筆獲利的習慣之後，換成小額操作，我實在無法確定自己是不是知道，何時應該獲利了結出場。我無法向你描述那種手無寸鐵的感覺。我陷入了非常糟糕的處境之中。

我再次一文不名，無力展開猛烈的攻勢。負債累累，而且大錯特錯！那麼多年來我的操作還算成功，其間即使犯錯，也能為更輝煌的成功打下基礎。但我現在的狀況，比在空桶店剛起步時還糟。關於股票投機這種遊戲，我已經學到了很多，但是如何掌握人性的弱點，我學到的並不多。沒有一個人的心靈能像機器那般可靠，任何時候都以相同的效率在運轉。我現在終於知道，不能相信自己永遠都能以相同的方式，應付身邊的各種人和惡運，而不受所處狀況的變化影響。

被市場打敗

損失金錢從來不會令我煩心，但是其他的問題則可能會，也的確會。我研究了自己的慘狀，當然毫無困難就看出我在什麼地方做了傻事。我找出了確切的時間和地點。一個人必須徹底瞭解自己，才能在投機性市場的操作中獲得好成果。要知道我還能夠做出什麼蠢事，是一段漫長的教育過程。有時我覺得投機客學習怎麼避免驕矜自大，花再多的錢都不嫌貴。許多傑出的交易人之所以會摔個大筋斗，有很多都可直接歸因於驕矜自大——不管在什麼地方，不管對什麼人來說，這都是一種很花錢的毛病，對投機客而言更是如此。

由於對自己的所作所為很不滿意，我在紐約並不快樂。我不想操作，因為我並沒有處於良好的操作狀態。於是我決定離開這裡，到其他地方撈點本錢。我想換個舞台也許有助於我重新找到自己。所以，被投機遊戲打敗的我，再次離開紐約。我此時的處境，比一文不名還糟，因為我還欠了各經紀商超過十萬美元的債務。

我到了芝加哥，在那裡賺到了一些本錢。那筆錢並不是很多，但是卻表示我只需要再多一點時間，就能贏回失去的財富。和我曾有生意往來的一家經紀商，對我的操作能力懷有信心，因此同意我在他們的營業處小額操作，以證明他們的看法沒錯。

剛開始，我操作得非常保守。如果繼續待在那裡，我可以做得多好，我也不知道。在我的事業生涯中，此時出現了一段十分奇異的經驗，縮短了我待在芝加哥操作的時間。那可說是非常不可思議的一段故事。

有一天，我接到魯修斯・塔克（Lucius Tucker）拍來的電報。他在一家經紀公司當營業處經理，我以前有時會在那邊下單，因此認識他，但是後來和他失去聯絡。電報上面寫著：

立刻來紐約。L. 塔克

我知道，他是從我們的共同朋友那裡得知我落腳何處，因此一定有什麼事要告訴我。不過我沒有錢可以浪費在前往紐約不必要的旅程上；所以我沒有遵照他的要求，而是改打長途電話。

『我接到你的電報了，』我說。『那是什麼意思？』

『紐約有個大銀行家想要見你，』他答道。

『是哪一位？』我問。我想不出到底是什麼人。

『你來紐約，我就告訴你。否則恕難奉告。』

『你說他想見我？』

『沒錯。』

『要做什麼？』

『如果你給他機會，他會親口告訴你，』魯修斯說。

『不能寫信給我嗎？』

『不行。』

『那就用講的吧。』我說。

『我不想在電話裡講。』

『聽著，魯修斯，』我說，『要不然你只要告訴我，大老遠跑回去，會是很蠢的一件事嗎？』

『絕對不會。有好處等著你。』

『不能給我一些暗示嗎？』

『不可以，』他說。『這樣對他不公平。還有我也根本不知道他會怎麼幫你。不過你最好聽從我的建議。來吧，趕快來。』

『你肯定我是他想見的人？』

『除了你，沒有別人。聽我的話，最好快點來。把你搭哪一班火車用電報告訴我，我到火車站接你。』

『好，』我說，然後掛上電話。

回到紐約

我不喜歡那麼神祕兮兮的事，但是我知道魯修斯人很好，話講得語焉不詳，一定有他的道理。我在芝加哥並沒有很大的收獲，離開那裡並不會感到遺憾。如果依照我的操作獲利速度，得花很長的時間才能湊足老本，再像從前那樣大手筆操作。

我就在不知道會發生什麼事的情況下，回到了紐約。事實上，這趟旅程中，我不只一次擔心，最後什麼事都沒發生，只是徒然浪費搭火車的錢和時間。我再怎麼想，也想不到自己即將經歷這一輩子最奇妙的一段經驗。

魯修斯在火車站和我碰頭。一見面，他就告訴我，他是應知名的經紀商威廉森布朗公司（Williamson & Brown）的丹尼爾．威廉森（Daniel Williamson）的緊急要求找上我。威廉森先生交代魯修斯轉告，說他有個生意提案，相信我一定會接受，因為對我來說，將大有收穫。魯修斯斬釘截鐵地說，他完全不知道那個提案的內容，但從這家公司的名聲，可以保證他不會要求我去做不正當的事情。

丹尼爾．威廉森是公司的大股東。這家公司是由艾格柏特．威廉森（Egbert Williamson）成立於一八七〇年代。布朗家族有已經好幾年不曾參與公司經營。丹尼爾的父親在世時，這家經紀商赫赫有名，丹尼爾也繼承了一筆龐大的財富，但沒有涉足外界太多的業務。他們有個顧客，叫艾爾文．馬康德（Alvin Marquand），光是他一個人的交易量就抵得過許多一般顧客。這個人除了擔任多家大公司的董事之外，也對切薩皮克大西洋鐵路（Chesapeake and Atlantic Railroad）系統很感興趣。

魯修斯告訴我，他剛接下威廉森布朗公司所安排的一個職位——特別為他而設的職位，負責的工作有點像是爭取一般的業務。這家公司經營普通的經紀業務，而魯修斯說服威廉森先生設立兩家分處，一處設在上城區的某家大飯店，另一處則設在芝加哥。我推測大概是要叫我到芝加哥去接某個職務，也許是當營業處經理。這我可不會接受。我並沒有馬上跟魯修斯說我不感興趣，因為我覺得，最好等到對方明講，再來回絕。

魯修斯帶我進威廉森先生的專用辦公室，把我介紹給他的老闆之後就轉身離開。

威廉森先生非常親切。他是標準的紳士，打扮得光鮮亮麗，笑容和藹。可以看出，他很容易和人交朋友，而且友誼應該都能夠維持長久。可不是嗎？他身體硬朗，談吐風趣。他有用不完的錢，因此不必懷疑他有什麼不良的動機，再加上他所受的教育和社會歷練，所以給人感覺舉止有禮，待人和善。而且不只和善，還樂於助人。

我什麼話都沒說。我沒什麼好說的，而且我習慣等對方先把話全部講完才開口。有人曾告訴我，如果有人想向已故的國家市民銀行總裁詹姆斯・史提爾曼提出什麼建議，他總是會默默地傾聽，臉上也不會有什麼表情。等對方講完之後，史提爾曼先生會繼續盯著他看，好像他還沒講完似的。對方迫不得已，只好再多講些話，而史提爾曼只是看著、聽著，往往就會讓對方在他還沒開口之前，先提出遠比他所想的、對銀行更有利的條件。

我保持沉默，並不是為了誘使對方提出對我更好的條件，而是因為我喜歡先瞭解和一件事有關的所有事實資料。讓對方把他要講的話全部講完，你才能馬上做成決定。這可以節省很多時間，因為這樣就能夠避免辯論而拉長徒勞無功的討論。別人對我所提出的每一件生意提案，幾乎都能在我開始講話之後，用是或否的回答來加以處理，但除非我聽到了完整的提案，否則我也無法立即說是或否。

東山再起的機會

丹尼爾．威廉森說著，我聽著。他表示，他聽別人談起我在股市操作的很多事，也很遺憾我離開自己拿手的領域，操作棉花栽了個大筋斗。不過正因為我運氣欠佳，他才有幸和我見面。他認為我的專長是在股市，而我是生來適合操作股票的人，實在不應該離它而去。

『李文斯頓先生，這正是我們希望和你合作往來的原因，』他愉快地做成了結論。

『怎麼個合作法？』我問他。

『當你的經紀商，』他說。『我的公司希望接你交易股票的生意。』

『我當然可以把生意給你們做，』我說，『但是我辦不到。』

『為什麼辦不到？』他問。

『因為我沒有什麼錢，』我回答。

『那一部分沒問題，』他露出和善的笑容。『錢由我提供。』說著，他就掏出了支票簿，簽了一張兩萬五千美元的支票，抬頭姓名寫我，然後交給我。

『這是要做什麼？』我問。

『讓你存到你的往來銀行，由你自行開支票出來用。我希望你在我們的營業處操作。你是賺或賠，我並不關心。如果那筆錢沒了，我會再給你另一張私人支票。所以這張支票，你使用時不必太過謹慎小心。懂嗎？』

我曉得那家公司非常有錢，業務蒸蒸日上，根本不需要任何人的生意，更別提給一個傢伙錢當作保證金。而且他還那麼大方！他不是給我在經紀公司操作的信用額度，而是直接給我白花花的現金，所以只有他知道錢是哪裡來的，唯一的附帶條件是，如果我拿那筆錢操作，一定要經過他的公司。他甚至還承諾，如果給我的錢賠光了，他還會再拿錢出來！不過他這麼做一定是有理由的。

『你的想法是？』我問他。

『想法很簡單。我們希望這個營業處有個顧客，是人盡皆知的活躍型交易大戶。大家都知道你是放空大戶，這是我特別喜歡你這個人的原因。你是有名的棒槌。』

『我還是不懂，』我說。

『我會坦白跟你說的，李文斯頓先生。我們有兩三位非常有錢的顧客，他們大手筆買賣股票。

我不希望我們每次賣出任何股票一、二萬股，華爾街就懷疑是他們拋售作多的股票。如果華爾街知道你在我們的營業處交易股票，別人就不知道到底是你放空，還是其他顧客作多的股票流出到市場中了。』

我一聽就懂。他想要利用我身為棒槌的名聲，掩護馬康德的操作！這件事要回溯到一年半前，我當時從放空賺得了最大的一筆利潤。從此之後，華爾街上的流言蜚語和愚蠢的謠言販子們就養成了一種習慣，每次只要股價一下跌，他們就會怪到我頭上。直到今天，每當市場非常疲軟，他們還是會說，肯定是我在摜壓市場。

我連想都不必想，馬上就知道，丹尼爾‧威廉森給了我一個東山再起、而且是迅速翻身的機會。因此我拿走支票，存進銀行，然後就在他的公司開戶，開始操作。當時是個交投活絡的好市場，廣度夠，不一定非要死守著一兩個特定的領域。我跟你說過，一開始時，我害怕自己已經不懂得正確揮棒的竅門，但是情況看起來好像並不是那個樣子。三個星期的時間內，我就用丹尼爾‧威廉森借給我的兩萬五千美元，賺進了十一萬兩千美元的利潤。

我去見他，說：『我來還你兩萬五千美元。』

『不，不！』他說，揮手示意把我趕走，好像我請他喝蓖麻油雞尾酒似的。『不！不！老弟。

等你的帳戶有很多錢時再說。現在還不要去想那件事。你才賺了一點小錢而已。』

我實在應該堅持他把錢拿回去的。當時我正在賺回那些失去的財富，而且賺得又多又快。三個星期內，我平均一個星期獲利150%。在這之後，我的操作規模穩定增加。但是我沒有堅持掙脫身上的束縛，而是照著他的話去做，沒有強要他收下那兩萬五千美元。也由於他沒有抽回借我的兩萬五千美元，讓我覺得自己也不太好意思撤出我所賺到的利潤。我十分感激，卻又覺得束手縛腳，因為我不喜歡欠人家錢或者欠下人情。我可以拿錢償還欠別人的錢，但是恩情和好意，卻必須以同等的東西償還——你很快就會知道，這些道義上的責任，有時候代價奇高無比。此外，這種責任的代價，在法律上完全沒有上限。

我沒去煩惱錢的事，還是繼續像平常那樣操作。我操作得非常順利，也恢復了以前的冷靜沉著，而且信心滿滿，相信過不了多久，應該又會像一九〇七年那樣昂首闊步。一旦到達那個地步，我只要求市場多挺一陣子，就可以把過去的損失全都賺回來還有剩。但是賺不賺錢，並沒有那麼叫我操心。令我高興的是，做錯事的習慣、不認識自己的那種情形慢慢不見了。那樣的習慣曾經害我跌得一鼻子灰，但是我已經學到了教訓。

大約就在那個時候，我轉而看壞後市，並且開始放空幾支鐵路股，其中包括切薩皮克大西洋。我想我放空這支股票大約八千股左右。

被感恩圖報束縛住

有一天早上，我進城後，丹尼爾・威廉森趁市場開盤前，找我到他的專用辦公室，對我說：『拉利，現在請不要對切薩皮克大西洋做任何事。你放空了八千股，是不好的操作。今早我在倫敦已經替你回補了，同時轉為作多。』

我很有把握切薩皮克大西洋會下跌。行情紙帶相當清楚地告訴我這件事；此外，我還看壞整個市場。我並沒有猛烈或瘋狂地看壞後市，只是建立了一個讓我覺得安心，不大也不小的空頭部位。我對威廉森說：『你那麼做是為了什麼？我可是看淡整個市場，而且他們都會下跌。』

但他只是搖搖頭，說：『我會那麼做，是因為我碰巧知道關於切薩皮克大西洋的一些你不可能知道的事。我給你的建議是，不要放空那支股票，直到我告訴你那麼做安全的時候。』

我還能怎麼做？那並不是愚蠢的小道消息。丹尼爾不只是艾爾文・馬康德最親密的朋友，也對我非常寬厚慷慨。他對我滿懷信心，相信我講的話。我不能做出忘恩負義的事。因此，我的情緒再次壓倒自己的判斷。我屈服了。將自己的判斷臣服在他的願望底下，等於必須壓抑自我。一個正直的人，總是會情不自禁把別人的恩情放在心上，但作為一個交易人，就應該避免被這種感情所影響。我知道的是，後來我的利潤不只全部泡湯，還反而欠了公司十五萬美元。我覺得很難過，但是丹尼爾告訴我，不必操心那件事。

『我會幫你填這個洞，』他向我保證。『我會處理這件事，但是你必須配合我才行。你必須停止獨立操作，因為我沒辦法一邊幫你，另一邊卻讓你在後面把我為你做的一切給毀了。你只要退出市場，給我機會為你賺些錢就行了。拉利，好嗎？』

我問你：你說我該怎麼辦才好？我心裡惦記著他的厚道體貼，實在無法做出任何有可能被視為不知感恩的事。我漸漸對他越來越有好感。他非常風趣，待人和善。在我印象中，他對待我只有鼓勵，沒有責備。他總是安慰我，說一切都會安然無事。有一天，可能是六個月之後吧，他帶著滿意的笑容找我，給了我一些現金支票。

『我說過，我會幫你填好那個洞，』他說，『我填好了。』然後，我發現他不只把債務完全處理乾淨，我還有了一點小小的信用餘額。

我想，我可以拿那點本錢操作，把它變大，不會有太大的問題，因為眼前的市場正合我的口味，但他對我說：『我替你買了一萬股的中大西洋（Central Atlantic）。』我剛好知道，那是馬康德感興趣的另一家鐵路公司。

當一個人為你做出像丹尼爾・威廉森為我做的那種事，你除了說聲『謝謝』，沒別的話好說了

——不管你對市場的看法如何。你可能很有把握自己是對的，但是就像派特・赫恩所說的，『在你下注之前，一切都說不準！』而丹尼爾・威廉森卻為我下賭注——用他的錢。

唉！中大西洋後來價格下跌，漲不上來。丹尼爾把它賣掉，我的一萬股又賠了錢。我忘了到底賠掉了多少，總之我欠了他更多的錢。但是這一輩子，你再也找不到比他更好、更不咄咄逼人的債主了。他從來不發一聲怨言。相反的，他只會加油打氣，勸我別操心。最後，他還是用同樣慷慨大方的方式，為我彌補了虧損。

從虧損得到的教訓

他並沒有說明什麼細節。那只不過都是帳戶裡面的數字而已。丹尼爾・威廉森只這麼說：『我們從另一筆交易的獲利，彌補了你的中大西洋虧損。』然後他告訴我，他如何賣出七千五百股的另一支股票，賺了不少錢。老實說，我從來都不知道我的那些交易出了什麼好事。我只是被告知，債務一筆勾消了。

這樣的事發生了好幾次，我開始靜下心來思考，並且從不同的角度看我的處境。最後，我終於恍然大悟。顯然我是被丹尼爾・威廉森利用了。我仔細思考整件事之後，跑去見丹尼爾・威廉森，告訴他我不幹了，然後就離開了威廉森布朗公司的營業處。我對他或他的任何合伙人沒講什麼壞話。講了之後，對我又有什麼好處？但是我要承認，我生自己的氣，並不亞於生威廉森布朗公司的氣。

我不會因為賠錢而耿耿於懷。每當我在股票市場中賠錢，我總是認為自己學到了什麼東西；也就是說，如果我賠了錢，我一定也會學到某種經驗，因此那筆錢其實是當學費繳掉的。每個人都必須要有經驗，而要有經驗，就必須用錢去買。但是在丹尼爾・威廉森營業處的那段經驗，真正叫人痛心的是，我失去了大好機會。損失金錢並不算什麼，錢總還可以再賺回來。但那時出現了一些我可以掌握的機會，我卻讓它從指間溜逝。而這些機會，可不是每天都會來報到。

你曉得，那時的市場是非常適合操作的市場。我看對了走勢；我的意思是說，我的研判十分準確。賺進幾百萬美元的機會就在那裡。但是，我卻讓感恩圖報的心理，干擾到我的操作。我把自己的雙手綁了起來。我必須依照好心的丹尼爾・威廉森的希望去做。整體而言，這遠比和親戚做生意更難令人滿意。這實在是很爛的生意！

而這還不是最糟的事。在那之後很長一段期間，幾乎就再也沒有出現任何機會，能讓我賺大錢了。市場疲乏不振，機會根本就不存在。情形每況愈下，愈來愈糟。我不只失去了所有，而且還再次負債——所背的債務甚至比之前更加沉重。那是一段漫長的慘淡歲月，從一九一一年到一九一四年，市場上根本沒有錢可賺。機會完全不見蹤影，所以我的狀況比以前更糟了。

五個慘淡的年頭

如果發生虧損之後，不用尖銳的眼光去看出本來可以是什麼樣子，虧損還不至於那麼叫人難過。但這正是這段經歷盤旋在我心中，久久揮之不去的原因。當然，我也因此更進一步感到心神不寧。我同時也因此知道，投機客容易曝露出來的弱點，可說是數也數不清。作為一個普通人，我在丹尼爾・威廉森營業處表現出來的行為，應該可說是相當得體，但是身為投機客，卻任由自己受外界事物的影響，而把自己的判斷丟到腦後，這肯定是不適當且不明智的做法。人理當有高尚的品格，但是在股票市場中卻不能這樣，因為行情紙帶可不講義氣，也不會獎賞忠誠的行為。我曉得自己當時沒辦法自行決定一切。但我不應該只為了能繼續在股票市場中操作，就改變自己的信念。生意終歸是生意，身為投機客，我的營生之道，就是永遠只能靠自己的判斷操作。

這是一段很奇特的經驗。現在我就來告訴你，我認為當時發生了什麼事。丹尼爾・威廉森第一次和我見面時，講的話絕對是發自真心誠意。他的公司每次進出任何一支股票幾千股，華爾街馬上就會斷定艾爾文・馬康德正在買進或賣出。他的確是那個營業處裡的交易大戶，所有的單子都給這家公司經手；他也是華爾街上出手最大的優秀交易人之一。而我當時被當作煙幕使用，主要是用來掩護馬康德的賣出動作。

對他們來說，允許我負債，然後幫我償還債務，和放任我在其他營業處積極放空比起來，成本要便宜許多。如果我沒在他們那裡操作，一定也會在其他地方操作，但是我覺得，我不應該一直讓自己被表現正派的丹尼爾・威廉森牽著鼻子走。

我一直認為，這是我身為股票作手的所有經驗中，最有趣也是最不幸的一次。這個教訓的代價高得嚇人。我再度重新站起來的時間，因此推遲了好幾年之久。

我還年輕，有本錢耐心等候那走失的幾百萬美元重回手中。但是五年的光陰實在漫長得能叫一個人變窮。不管是老或少，這麼長的一段時間都叫人高興不起來。如果和失去可以悠遊其中的市場比起來，少了遊艇根本不算什麼。一輩子難得一見的大好機會，還有我之前所失去的錢，就掛在我的面前，我卻無法伸手去拿。」

李文斯頓這時不再講話，只是兩眼盯著我。

「你是個友善的人嗎？」

「我們當然都很友善，」他答道。「為什麼不是？」

我看著他。

「你當然很友善，」我附和他的話。

華爾街上找不到任何理由，說他們不應該善意待人。

Chapter 8

欠一百萬，還一百萬

置身於二十世紀，和以前的年頭比起來，擺脫債務的方法變得比較合乎人性。一八〇〇年美國國會通過第一部破產法之前，無法償還債務的人，下場通常是坐債務人監。第一次的股市崩垮，發生於華爾街街頭的股票交易市場。前財政部官員、美國獨立戰爭時期的愛國志士威廉・杜爾（William Duer），就因為借款過多，終告破產，而引爆股市重挫。他進了債務人監，死於一七九九年。一年後，國會就通過了第一部破產法。

李文斯頓在這篇文章中，談到他靠著精明的操作，終於把債務還清的過程。他買賣的股票，是伯利恆鋼鐵（Bethlehem Steel）、安納康達銅業（Anaconda Copper）等大型股。這些股票的流動性都很高。他還透露了自己如何在威爾遜（Woodrow Wilson）總統的和平提案發表之際放空，以及如何在較低的價格回補，而獲得了可觀的利潤，因為就如他所說的：「和平是利空因素。」塵埃落定後，他的多頭部位和空頭部位淨賺約三百萬美元。先作多再放空，只是策略的一部分，因為「一個人不必和市場任何一邊結成連理，至死方休。」

這些利潤有助於他在一九一七年償還一百萬美元的債務，但是他也委婉提到一件事實，那就是早在和平提案公開發表之前，市場就已經得知消息。他最後才還錢的那位債權人，就是一直纏他纏得最兇的人，而那個人借給李文斯頓的錢，只不過才八百美元而已。債務還清之後，他重回投機事業，但他的做法已經和過去稍有不同。

李文斯頓告訴勒菲佛，他拿出了一些利潤，為家人買了年金。這位交易老手的本能已經稍微成熟。如果最糟的事再度發生，至少他的家人還可以過著安穩無憂的生活。勒菲佛問他，為什麼要這麼做，他的答覆很簡單，也預料得到。他坦承：「我這麼做，內人和孩子才不會受到我的傷害。」說來諷刺，一九四〇年傑西・李佛摩在紐約一家飯店的盥洗室自殺身亡，留下的遺書說，他這一生「失敗了」。市場的心理面逼得一段投機生涯就此畫下句點。

查爾士・蓋斯特

股票作手回憶錄：一九二二年十月七日

華爾街上的一位老朋友，在一個星期裡七次猜對了兩次，於是堅持要請我到他這位猜測專家經常去的一家上城區飯店燒烤餐廳用餐。他口沫橫飛談那兩次的經歷，卻絕口不提另外五次，一時間他彷彿覺得勇氣百倍，開始幻想自己是個金融天才，而我只能洗耳恭聽。此時有個人經過我們的桌子，向我點頭，並且停下腳步。

我說：「你—好—嗎？」

他答說：「好極了！」

我心想是不是曾經在華爾街上見過他，但一時之間記不起他的名字。

我那喋喋不休、一個星期內七次押對兩次，而且只記得那兩次的主人，看到了這位陌生人，叫了出來：「哈囉，查理！一個人吃飯？」

「對。」

「請坐。」

查理坐了下來。

我覺得這時開口說話安全了：「好多年沒看到你了。」

「是啊，」查理勉強同意的樣子。

「這一陣子都在忙些什麼？」

「哦，我忙著聽這個人講話，而且還要設法打起精神，努力不睡著，」我答道。

我可以察覺到，他記得我的臉孔，就像我記得他一樣，此外他應該也什麼都不記得了。服務生拿菜單來給他點餐。他在看菜單的時候，我轉向我的朋友，用唇語問他：「他是誰？」

「查理・魏德！」我朋友低聲說，並且做了個手勢，意思是「出局了！」

我認識魏德。以前是幾百名經紀商其中的一個。現在則是幾千個破產經紀商其中的一個。

和內部人士同坐

作東的那位朋友，本來在談某支墨西哥石油股，現在繼續說道：「那絕對不是靠運氣，而是必然的結果，因為我用上了我的腦袋。利潤可不是自動走進我的口袋。我一看到那支股票穿越 160 美元，馬上就知道那不是小戶在回補，而是某條大魚即將中叉。我喜歡和陷入困境的內部人士同坐船中，漂浮海上，等著輪我射標。就那麼簡單。」

他看著我，就像一個謙卑的人，迫不及待地等著聰明的觀眾鼓掌喝采。

「這是你今年第一次正中目標吧？」我問。

「這可是這個星期的第二次大發，」他神氣十足的回嘴。

我打趣的說：「兩次上場打擊，兩次擊出安打。這可是百分之百的安打率啊。我聽說約翰・蓋茨（John W. Gates）曾經表示，他只要求五次裡面做對三次，也就是百分之六十的正確率。」

「我只要求，」我的朋友說，「五次裡面做對一次。五分之一。為什麼？因為我錯的時候，我跑得很快，對的時候，則是打蛇隨棍上。每次我做錯，頂多損失五千美元。換句話說，錯四次，最多賠掉二萬美元。但是做對的時候，不賺個十來萬不罷手。這就是我的理由。」

「很好的理由，」我笑著說。

但我實在不應該笑，因為他接著用挖苦的口吻說：「你的朋友拉利・李文斯頓就是這麼做的。」

查理・魏德向服務生點完菜。他問我：「你看過《星期六晚郵》寫他的那些文章嗎？」

「他就是寫那些文章的傢伙，」我的朋友打岔，他逮到機會糗我。

「哦，是嗎？」查理說。「你也許不知道，他在我們的營業處曾經設有戶頭。」

「什麼時候的事？」我問。

「哦，超過十五年前的事了。但我永遠忘不了他來找我們的那一天。」

「我想聽聽那段故事，」我很認真的說。

查理看起來很高興，講了起來。

「那時，家父說要退休。他這種話說了已經有好一陣子了。我雖然不想讓他看出我內心暗喜，心想終於可以擺脫他了，但我卻也急於有個機會一展身手，讓他瞧瞧，我當上老闆之後可以做些什麼事。如果你還記得家父，應該知道他是很棒的經紀商。對，他就是那個樣子。他只知道怎麼經營經紀公司，但是在這一行，比他更優秀的人並不多見。他在營業廳做了很多賺手續費的生意，可是他對營業處的許多顧客不假辭色。所以我要求的，只是一個機會，希望能用應有的方式經營我們的公司，不必再聽他嘮叨。我做得相當不錯，卻面對太多束手縛腳的事。信不信由你！老爹竟不讓我在營業處擺放行情板！他認為那太俗氣，太像空桶店！

我們的營業處經理叫吉丁斯（Giddings）。有一天，我和他談起，我們應該要有幾個交易活躍的客戶，才有辦法對一個月只交易一百股的那些小戶擺出感恩的笑臉來。我曉得他有個朋友叫拉利・李文斯頓，在哈丁的營業處操作，人稱棒槌小子。所以我對吉丁斯說：『為什麼不試著去爭取李文斯頓的戶頭？』

『我有嘗試過啊，』吉丁斯說。

『他怎麼說？』

『沒說！』

『你的意思是說，他沒說肯不肯？』

『我的意思是說，我沒爭取到他的生意。』

『你沒問他能不能挪一部分的單子過來？』

『我們沒講那麼多個字，』吉丁斯說。

『哦，那麼，』我說，『你用多少個字問他？』

『我一個字也沒問。但他知道我在這家公司做事，也知道我們是紐約證券交易所的會員，經營股票經紀業務。如果他想經由我們交易，他就會過來，不需要人家問他。』

『但是如果你開口問，你才會知道我們有沒有任何機會接到他的任何生意，』我說。

『查理，我不能那麼做，也不會那麼做，』吉丁斯說。『我們是很要好的朋友。但是他唯一會來我們營業處的方式，是出於自願主動上門。我和他從沒談起股票市場，他也不曾和我談起過。我總是覺得，那麼做是不明智。』

我不信他的話，卻沒辦法十分堅持。我跟你說過，家父不讓我們掛行情板。他認為營業廳兩具報價機已經足夠讓紳士們瞭解市場了。他不希望再掛其他那些有的沒有的。唔，和吉丁斯談過話之後幾天，我正站在一具報價機旁邊，有個人走了進來。他身材高，腰板直，臉上刮得很乾淨，有一頭漂亮的頭髮。

他向吉丁斯點了點頭，簡短地道聲『哈囉！』，然後就走到另一具報價機那裡。那時廳內沒有任何人。吉丁斯說：『早安，拉利，近來好嗎？』語氣親切；但是李文斯頓根本不理他，只顧著看行情紙帶。

他很快就抬起頭來，突然問這麼一句話：『你們這裡提供什麼樣的執行服務？』

『和你能從任何人得到的一樣好，』吉丁斯說。

李文斯頓馬上把左手伸進褲子口袋，掏出一些鈔票，數了五張，交給吉丁斯。每一張都是千元大鈔。他又開始研讀行情紙帶。沒多久，他的右手伸進錶袋，取出一只馬錶，說：『替我買五百股聯合（Amalgamated）！』

吉丁斯拿著委託單衝向交易室。他一定有催促辦事員動作快點，因為轉眼之間，我們就拿到他的回報單。吉丁斯衝了進來，告訴李文斯頓，那五百股聯合股票買到了什麼價位。

李文斯頓按停馬錶，看了一眼，放回錶袋，不發一語，然後繼續研讀行情紙帶。沒多久，他又伸手到褲子口袋，抓出更多的鈔票，遞向吉丁斯，兩眼仍然沒有離開紙帶。接著他再次拿出馬錶，說：『再買五百股！』

工作中的棒槌小子

我們拿到他的回報單時，他看了一下馬錶，確定我們到底花了多長的時間買到他的股票，而且毫無疑問的也比較了價格。顯然他相當滿意，因為他脫下帽子，丟給吉丁斯。吉丁斯接過後，掛到了帽架上。

李文斯頓沒講話。他只是看著紙帶，雪茄一根根抽個不停。那一天市場收盤前，他買賣了三、四千股。根據我的記憶，那一天操作下來，他淨賺兩千美元。市場一收盤，他就走向門邊的帽架，拿起圓頂禮帽，小心翼翼的戴上，好像他頭正痛著，深怕痛得更加厲害似的。他在門邊對吉丁斯說：

『你能給我一間專用辦公室嗎？』

『可以，』吉丁斯馬上回答。

李文斯頓點點頭。『晚安，』他一說完，就走了出去。

我把家父的專用辦公室騰出來給拉利，再裝了一具報價機，把房間清理乾淨，整理妥當。隔天李文斯頓來操作時，一切都已經為他準備妥當。

九點五十分他進來。吉丁斯帶他進那間專用辦公室。李文斯頓坐了下來，閱讀所有的新聞剪報和公告，但是沒發表任何看法。報價機一動起來，他就起身站到它旁邊，並說：『你們應該弄個行情板。』

『好的，』吉丁斯說。吉丁斯向我表示，李文斯頓操作的時候，必須同時看行情板和行情紙帶。

你知道嗎？李文斯頓在我們的營業處操作的第一個星期，買賣了七萬股股票。我不記得他到底在我們那邊待了多久，但是應該有好幾個月。他似乎很滿意我們的委託單執行品質。一天下午，沒有任何預警或徵兆，他突然說：『我要離開了！』並要我們開出支票，結清他的餘額。他結束在我們那裡開的戶頭，之後就再也沒進我們的營業處了。吉丁斯始終不知道為什麼他要離開我們，我也不曾要吉丁斯請他解釋。我觀察李文斯頓的時間已經夠長，曉得他是那種沒有好理由，絕對不會做任何事，或者把正事和情緒混為一談的人。我覺得請他回來是沒用的，所以我甚至連嘗試都沒嘗試。他在我們那邊操作的期間，公司非常賺錢。其中有一天，我們的手續費收入甚至超過五千美元。他果然是棒槌小子。大家都喜歡他。我沒看過他發脾氣或表現出不耐煩的神色，也不曾喜形於色。但是吉丁斯向我說過，他這個人相當風趣，脾氣很好——不過那是走出華爾街以後的事。毫無疑問的，他那十分專注的習慣，使得他在我們的營業處裡看起來非常沉默寡言。」

「你的湯冷了，」我的朋友說，查理・魏德從回憶中拉回現實。

隔天下午，市場收盤後，我才去見李文斯頓。我跟他說，想要聽更多的前塵往事。他沒有多想，就繼續滔滔不絕地說了下去：

「我一直感到心痛，覺得離開威廉森布朗公司的營業處之後，市場已經沒有油水可撈了。我們當時掉進了一段缺乏錢味的漫長時期；四個瘦巴巴的年頭，根本賺不到一毛錢。就像比利・安里凱斯（Billy Henriquez）所說的，『那種市場，連臭鼬也放不出氣味。』

時乖運蹇

在我看來，命運就好像跟我過不去似的。這也許是天意，想要磨練我的心志，但摔跤這種事，再怎麼說我也沒辦法引以為豪。我並沒有犯下交易人不該犯的錯，也沒有像冤大頭那樣操作。我所做的，或者應該說我沒去做的，是我原本應該在四十二街北方的紐約金融區，做那些可以得到讚美，而且不會被責怪的事。在華爾街，不去做該做的事實在很荒謬，代價也很高。這件事給我最大的教訓就是，不要對股市行情抱有人的情感，換句話說，介入股市進行投機操作時，你一定要設法排除人情上的壓力。

我離開威廉森的營業處，到其他經紀商的營業處一試身手。在每一家經紀商，我都賠了錢。這是我活該，因為我試著強迫市場給我它不該給的東西——也就是賺錢的機會。我要融資融券操作並不困難，因為認識我的人，都對我有信心。跟你說，當我最後終於停止信用交易時，總共欠了遠超過一百萬美元的債務，光是從這點來看，你就知道他們對我的信心有多強。

問題不在於我失去了掌握機會的能力，而是在那慘淡的四年裡，賺錢的機會根本不存在。不過我仍然不屈不撓，且戰且走，試著賺進一點本錢，結果反而是債務愈滾愈大。由於我不能再欠朋友更多的錢，所以結束獨自操作之後，我有一段時間是靠著替別人經管帳戶維生；這些人相信我相當瞭解市場，即使市況乏善可陳，也能取勝。我的服務酬勞是從利潤——如果有利潤的話——提撥某一定的百分率。我那段期間就是靠這樣維生。或者應該說，這是我當時混一口飯吃的方法。

我告訴你的這些事，發生在一段相當長的時間內。我並不是每次都賠，但是所賺一直都不夠大幅減低債務。最後，由於情況愈來愈糟，我開始覺得心灰意冷，而這是我這一輩子，第一次有這樣的感覺。

我所做的每一件事似乎都不對。我並沒有悲嘆自己從原本擁有遊艇和幾百萬美元，淪落到債台高築而必須過著儉樸的生活。我雖然不喜歡眼前的狀況，卻不致於自怨自艾。我不敢奢望，耐心等候時間和上蒼垂憐，可以結束我的苦難。因此，我埋頭研究自己的問題。要擺脫我的困境，唯一的方法顯然是賺錢。要賺錢，只需要操作成功就行。以前我曾經那麼操作過，現在我必須再那麼做一次。以前我不只一次從少得可憐的本錢，賺到幾十萬美元。市場遲早會給我機會。

我說服自己，相信不管有什麼錯，錯都在我，而不在市場。那麼現在我究竟是出了什麼問題？我問自己這個問題，就像我以前研究自身操作問題的各種狀態那樣。我冷靜地思考，得出的結論是，我的主要問題來自於，我總是為我所欠的錢而煩惱。我從來沒有擺脫這件事所造成的心理不安。我必須向你解釋，那不僅僅只是一種背負債務的意識而已。任何企業家在正常的事業經營過程中，難免會背上債務。我的大部分債務，說穿了其實也是商業債務。我是因為不利的商業情勢，而背上了債務。舉個例子來說，如果遇到了特別冗長的天候異常，商人也會受害，而我的狀況其實就類似是那樣，並沒有什麼不同。

更何況隨著時間的流逝，卻一直沒辦法償還債務，我對自己的債務，開始不再用那麼哲學性的眼光看待。我會說明為什麼這樣。我欠了一百萬美元——不要忘了，這些全都是在股市中的虧損所造成的。我的債主大多很好心，沒有來煩我；但是，卻有兩個人一直糾纏著我不放。他們經常在後面跟著我。每次我賺了一點錢，他們一定都在場，想要知道所有的細節，而且堅持拿回他們的份。其中一個人，我只欠他八百美元，他竟然揚言要告上法庭，扣押我的傢俱等物品。我想不通為什麼他認為我隱匿資產，也許是因為我看起來，不像那種即將要死於窮困的流浪漢吧。

研究過這個問題之後，我發現那其實和研讀行情紙帶沒有關係，而是和研讀自我有關。我相當冷靜地做成結論：只要我繼續心浮氣躁，就做不出什麼有用的事，而且同樣明顯的，只要我繼續背負債務，就會繼續心浮氣躁。我的意思是說，只要有任何債主堅持在我賺到合適的本錢之前，必須先還他們錢，不然就找我麻煩，或者干擾我東山再起，那麼我就會繼續心煩意亂。這件事非常清楚，所以我對自己說：『我必須宣告破產。』不這麼做，還有其他更好的方法，能讓我靜下心來嗎？

這聽起來相當簡單而合理，不是嗎？但是我可以跟你說，這種事非常令人不愉快。我討厭這麼做。我討厭讓自己被人誤解或遭人輕視。我本身並不在乎錢。我也不曾把錢看得很重，覺得值得為了錢而撒謊。但我知道，每個人都不會那麼想。我當然也知道，一旦我再站起來，我就會把錢還給每一個人，因為那種義務仍然存在。但是除非我能用舊的方式操作，否則我絕對不可能償還那一百萬。

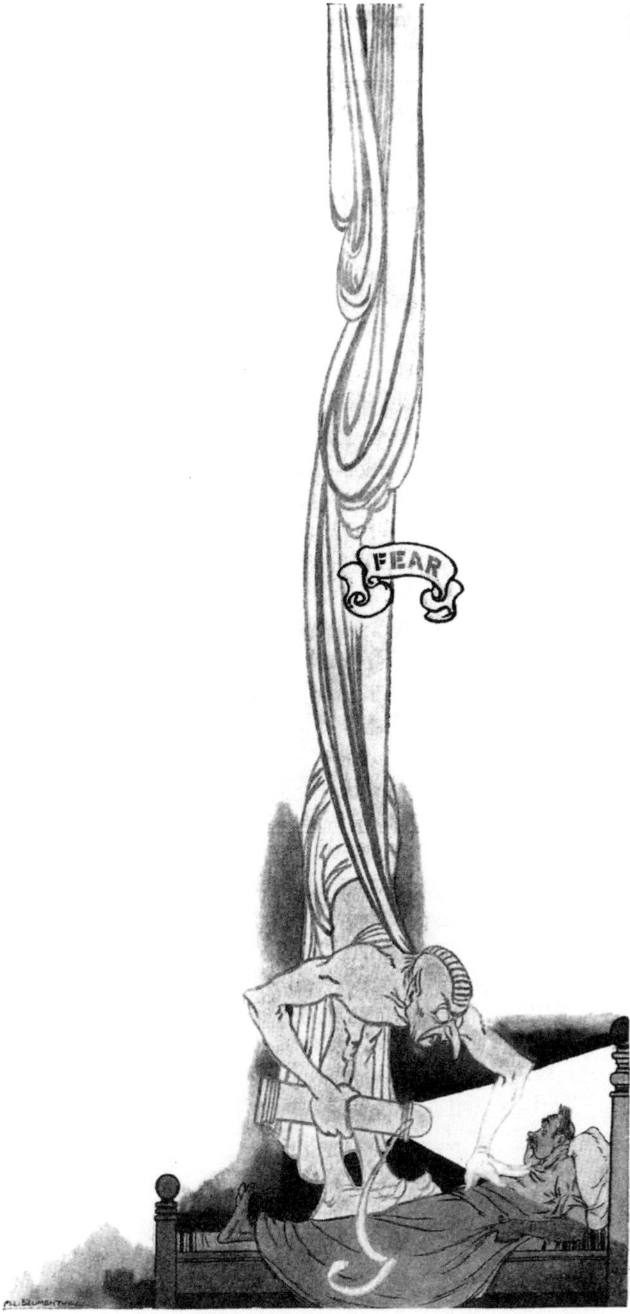

一百萬美元的債務

我鼓起勇氣會見債主們。對我來說，那可是十分困難的事，因為大部分債主都是好朋友或舊識。

我相當坦白地向他們解釋我的處境。我說：『我不是因為不想還你們錢而走上這一步，但是為了對我和對你們都好起見，我必須將自己放到一個能夠賺錢的境地。兩年多來，我反覆思索這個解決方法，卻根本提不起勇氣來坦白對你們說。如果我能有勇氣，對我們大家絕對會更好。總歸一句，我的想法是這個樣子的：在被這些債務煩擾得心神不寧之際，我絕對沒辦法恢復以前的我。我現在決定去做一年前就該做的事。除了剛剛告訴你們的這個理由之外，我沒有其他的理由。』

第一個人聽了我所說的話之後，他的回答和其他所有人所說的內容如出一轍。這個人代表的是他的公司。

『李文斯頓，』他說，『我們瞭解。我們十分清楚你的處境。我來告訴你，我們打算怎麼做：我們會免除你的債務。你只要找你的律師準備好任何你需要的文件，我們就會在上面簽字。』

基本上，所有的大債主都是這麼說的。這是華爾街善待你的一面。它不只是一種善良敦厚或相互扶持的精神，也是極其明智的決定，因為這種態度顯然是一樁好買賣。我很欣賞他們的好意和生意頭腦。

這些債主免除了我超過一百萬美元的債務，不過，卻有兩個小債主硬是不肯勾銷。其中一個就是我跟你說過的，我欠他八百美元的那個人。我也欠一家經紀公司六萬美元。這家公司已經破產，接管的人根本不知道我是誰，只知道早晚纏著我不放。即使他們有意依照我其他大債主的做法，我也不敢指望法庭能讓他們在文件上簽字。總之，後來我的破產明細表只列出了十萬美元左右的債務，但我跟你說過，實際上我所欠下的錢，超過了一百萬美元。

全新的開始

看到報紙上的報導，我心裡十分難過。以前我總是可以全額還清債務，但這次的新經驗讓我感到十分羞愧。我知道自己只要還活著，終有一天我會把錢還給每一個人，但是讀到這篇報導的人們，並不見得知道我是這麼想的。看到報紙上的報導之後，我羞於出門。我知道一個人必須付出全心全力，操作股票投機才有機會成功，但這一點並不是每個人都瞭解。如今事過境遷，我只能說，知道自己再也不必被那些不瞭解的人用異樣的眼光看待，那種鬆了一口氣的感覺是多麼地強烈。

不過，我的心思總算獲得了解脫，可以無拘無束地將心思用在操作上。我看到了成功的希望，而不必再煩惱債務了。接下來的工作，當然就是想辦法積攢另一筆操作本錢。證券交易所從一九一四年七月三十一日起，一直關閉到十二月中旬，華爾街低迷不振，有很長的一段時間，沒有什麼生意可做。而我欠了所有的朋友錢，也不敢開口要他們再幫忙，因為他們一直對我很好，我也知道那時大家都自身難保，沒有人能幫別人太多的忙。

要累積一筆像樣的本錢，任務真是十分艱鉅，因為證券交易所關閉之後，我也就沒辦法再要求任何經紀商替我下單了。我試了幾個地方都沒用。

最後，我又跑去找丹尼爾・威廉森。那是一九一五年二月的事。我向他表示，我已經擺脫了債務的心理夢魇，準備繼續像以前那樣操作。你應該還記得，當他需要我的時候，不必我開口，他就拿出了兩萬五千美元給我用。

現在我需要他，他說：『如果你看到某支股票不錯，想買五百股，儘管去買，沒問題。』

我道聲謝，然後就離開了。他當初利用了我，卻不給我賺大錢的機會，而且這個營業處當初也賺了我不少手續費。我承認我有點生氣，因為我覺得威廉森布朗公司現在連一點像樣的操作本錢都不肯給我。如果我一開始就能有比五百股還大一點的部位，應該可以更容易也更快速地把錢賺回來。現在這樣的話，我只能先保守地操作。雖然不理想，不過我終究有了東山再起的機會。

我離開丹尼爾・威廉森的營業處，埋頭研究整體的情勢，尤其是我自身的問題。市場正展開多頭行情。我看得十分清楚，成千上萬交易人也一樣。但是我只能押注在威廉森答應我的五百股股票上面。也就是說，我沒有迴旋的餘地，仍舊還是束手縛腳。情況甚至我容不得一開始就遭遇一點小小的挫敗。我的第一次操作，非得一擊中的不可，因為只有這樣，才能增加我的操作老本。起初買進的五百股股票，絕對要賺到錢才行。我迫切需要賺進大錢，但是我曉得，除非我擁有足夠的操作資金，否則我就沒辦法運用良好的判斷力。少了適量的保證金，我不可能對這種遊戲抱持冷靜、客觀的態度。我必須經得起一些小損失才行。我以前下大賭注之前，都會先測試市場，而在測試市場時，經常都會發生一些小損失。

那時的我，正處於我投機客事業生涯的危急存亡關頭。要是這次失敗了，我還可以到什麼地方、在什麼時候，能再試一次，累積另一筆本錢，那就很難說了。情況非常明顯，我一定要耐心等候恰到好處的心理時刻來臨才行。

我克制自己，盡可能不去威廉森布朗公司附近。我的意思是說，我刻意遠離他們長達六個星期之久，這段期間一直在專心研讀行情紙帶。我擔心自己萬一到了他們的營業處，知道可以買五百股股票，我可能就會忍不住在錯誤的時間點，選錯股票操作。一個交易人除了要研究基本情勢、記住市場先例、把冤大頭的心理面和經紀商加在身上的限制放在心上之外，也必須認識自己，預防自身的弱點壞了大事。你不必因為自己是凡人而生氣。我此時已經知道，除了需要懂得如何研讀行情紙帶之外，也必須懂得如何研讀自己。我研究推演過自己對某些衝動，譬如面對交投活絡市場無可避免的一些誘惑時，會有什麼樣的反應，就像我在研判作物的生長狀況或分析盈餘報告時一樣。

觀望和等候

因此，日復一日，一文不名而急切希望恢復操作的我，就這樣坐在另一家經紀商營業處的行情板前面，連一股股票都不能買賣，只能專心研究市場，絕不錯過行情紙帶上的任何一筆交易。我留意著那個心理時刻的來臨，告訴我可以開始全速往前衝刺。

當時的情勢大家都很清楚，在一九一五年初那個危急存亡的時期，我最看好的股票是伯利恆鋼鐵。我確信它會上漲，但由於第一次出手非贏不可，我決定等它穿越整數關卡。

我曾經告訴過你，根據我的經驗，每當一支股票首次突破 100、200 或 300 美元這些整數關卡時，十之八九都會繼續漲個三十到五十點——而且攻上 300 美元後的上漲速度，比攻上 100 或 200 美元都要來得快。我最早的一次大舉進擊，是在安納康達穿越 200 美元時買進，一天後以 260 美元賣出。我在一支股票剛突破整數關卡時買進的做法，可以回溯到早年在空桶店的操作。這是行之有年的操作原則。

你應該可以想像得到，我是多麼急於想要回到從前的操作規模。我是那麼熱切地想要開始大手筆操作，以至於腦海裡容不下其他的任何事；但是我努力克制自己。我眼睜睜看著伯利恆鋼鐵果然像我想的，每一天都爬得更高，但我必須極力抑制奔向威廉森布朗公司的營業處，買進五百股股票的衝動。我知道，雖然我們無法百分之百確定某些事，但是我的第一次操作，卻非得十拿九穩賺得利潤不可。

那支股票每漲一點，就表示我少賺五百美元。一開始的十點漲幅，代表的是如果我早點買進，現在我就可以加碼操作了，這麼一來我手上能持有的就不再是五百股，而是可以握有一千股，然後接下來每漲一點，就可以幫我賺進一千美元。儘管如此，我依然不動如山，不去聽內心聲嘶力竭高喊的希望，或是正在吶喊的信念。我只聽取我的經驗所發出的低沉聲音和基於常識的忠告。只要我賺得適量的操作本錢，自然就有能力掌握機會，再好好冒險一番。但是如果缺乏合適的本錢，即使是冒一點小小的風險，那也是我力所不能及的奢望。六個星期的耐心等候雖然難熬，但最後常識畢竟還是戰勝了我的貪婪和希望！

股價漲到90美元時，我的決心確實開始動搖，焦躁萬分。你不妨想想看，在十分看好後市之際，我卻因為沒有放手買進，而少賺了多少錢！漲到98美元時，我對自己說：『伯利恆就要衝破百元大關，一旦攻上那個關卡，一定一發不可收拾！』行情紙帶十分清楚地指出相同的事。其實它簡直就像是用擴音器在廣播這件事。告訴你，雖然報價機印出的是98美元，但我在紙帶上看到的卻彷佛是100美元。而且我曉得那並不是我的希望在吶喊，或者是我的渴望所看到的幻象，而是我的紙帶閱讀本能鐵口直斷的結果。所以我便對自己說：『我不能再等到它突破100美元了。我現在就得擁有它。現在的情況，和突破百元關卡一樣有效。』

伯利恆一飛沖天

於是我衝進威廉森布朗公司的營業處，下單買進五百股伯利恆鋼鐵。當時的價格是98美元，我的買價在98到99美元之間。之後它繼續上漲，那天晚上的收盤價格，我想是114或115美元，於是我又買了五百股。

隔天伯利恆的價格是145美元，我終於有了合適的操作本錢。我花了六個星期，耐心等候正確的時刻才賺到這些錢，而那可說是我所經歷過最難熬、最讓人身心交瘁的六個星期。但是耐心守候非常划得來。因為我現在有了足夠的資金，可以相當大規模地操作了。要不然只有五百股股票，我什麼事也辦不成。

不管你做什麼事，起步做對都非常重要。伯利恆的交易結束之後，我接下來還是操作得非常好——好到你不會相信那是同一個人在操作。事實上，我確實已經不再是同一個人了，因為以前的我飽受煩擾、屢做屢錯，現在的我則是安心自在、屢做屢對。沒有了債主的打攪，也不再愁資金不足。這些事不再干擾我的思緒，或者干擾我好好傾聽經驗的真實聲音，所以我自然也就能一路贏下去了。

突然之間，就在我走上穩賺不賠的路途之際，市場突然因為路西塔尼亞號[13]（Lusitania）沉沒而重跌。每隔一陣子，人的心窩就會遭受到這麼一記重擊，好像是在提醒他一個可悲的事實：沒有人能在市場上一帆風順，始終做對，不受賺不到錢的意外事件衝擊。我曾聽人家說，沒有一位專業投機客因為路西塔尼亞號遭擊沉的消息而受到重創。他們又說，這些專業投機客如何早在華爾街之前很久就得知這項消息。我可沒有那麼聰明，能夠提早獲得情報而逃過一劫。我只能告訴你，由於路西塔尼亞號事件的影響，再加上有一兩次因為我沒有那麼聰明，未能預見反轉的走勢，因此這一年雖然大部分時候我一直看對市場走勢，但是一九一五年底我在經紀商的存款，餘額大約也就是十四萬美元。

接下來一年，我的操作成績好多了。我的運氣很好。在狂熱的多頭市場中，我大力作多。市場走勢當然往對我有利的方向走，這段期間我除了賺錢，也沒有別的事做。我想起標準石油公司

註13 路西塔尼亞號是一九一五年五月七日在愛爾蘭附近海域被德國潛艇擊沉的一艘英國豪華郵輪。

（Standard Oil Company）已故的羅傑斯（H. H. Rogers）講過的一句話，大意是說，有時一個人的錢財源源不絕滾進來，想擋也擋不住，這比出門沒帶傘，卻碰到下大雨被淋濕還痛快。這段期間是我們所見過走勢最明確的大多頭市場。每個人都看得很清楚，協約國向美國採購各式各樣的物資，使得美國成為世界上最富庶的國家。我們有的東西，別人都沒得賣，所以世界上所有的錢，快速流向我們手中。我的意思是說，整個世界的黃金，瘋狂湧向這個國家。通貨膨脹在所難免，而這也就表示每樣東西的價格都會升高。

從一開始，所有的這些事就十分明顯，根本不需要炒作，股價自然就會上漲。這也就是為什麼你這個時候所需要花費的初步研究工作，比其他的多頭市場少得多。而且這次因為戰爭而展現的榮景，不只發展得比其他所有的榮景要自然，對一般民眾來說，獲利之豐也是前所未見的。也就是說，在一九一五年股市上揚過程中賺到錢的人，比華爾街歷史上其他任何一次榮景都還要多得多。不過，投資大眾並沒有實現所有的帳面利潤，也沒能長久持有那些已經實現的利潤。歷史總是不斷在重演。沒有什麼地方比華爾街更常重演歷史，而歷史也總是那麼似曾相識。當你看到現在有關榮景或恐慌的報導時，最叫人稱奇的一件事，就是你會發現現今的股票投機或股票投機客，和過去並沒有什麼差別。這種遊戲並沒有改變，人性也一樣沒變。

我隨著一九一六年的漲勢往前走，和其他每個人一樣都看好後市，但是我也張大眼睛在留意情勢的發展。我和其他人一樣，曉得天底下沒有不散的筵席，好事總有結束的一天，所以我一直在注意那樣的警訊。對於猜測消息會從哪個角落冒出來，我並不是特別感興趣，所以我也不是只盯著一個點看。我沒有死守著市場的任何一邊，也從來不認為非得如此不可。有時多頭市場為我的銀行戶頭錦上添花，有時空頭市場則顯得特別慷慨大方，我當然全都樂意接受，所以在我得到出場的警訊時，並不會覺得有充分的理由非死抱著多方或空方不可。每個人都不應該宣誓永遠效忠多方或空方。他只需要關心，設法能做出對的事就行了。

空頭市場的早期警訊

還有另一件事也要記住，那就是市場並不會在一片燦爛的煙火中達到最高潮，也不會在突然之間就止漲回跌。市場可以，也的確經常在價格普遍開始下跌之前很久，就不再是多頭市場。當我注意到，市場領先股開始一支接一支從最高價回跌幾點，而且——幾個月以來第一次——不再回漲，我便知道，我等待好一段時間的警訊來了。這些股票的氣數顯然已經終了，我的操作戰術顯然也需要改弦更張。

這非常簡單。多頭市場中，股價當然會堅定、明確地向上走。因此，每當一支股票和大趨勢的走向相反，你便可以合理推斷那支股票出了什麼問題。光是個股走勢和大盤相反這件事，經驗豐富的交易人便可以察覺出一定有什麼地方不對勁了。他無法期待行情紙帶會像個老師一樣，向他說明為什麼的理由。他只能聽它什麼時候說『出場！』，而不能等它提出說明。

剛剛說過，我注意到這次大多頭行情中的領先股紛紛停止上漲。他們大多是跌了六、七點，然後就停在那邊。於此同時，市場上的其他股票在新的旗手領軍之下，仍繼續往前衝刺。由於這些原本領漲的公司本身並沒有出什麼問題，所以漲勢停頓有可能是其他的理由。這些股票已經追隨大勢漲了幾個月之久，如果大盤多頭氣勢仍盛，他們卻停止上漲，那就表示這些股票的多頭行情有可能已經結束。至於其他的股票，趨勢仍然是堅定向上的。

這時候，倒也不需要感到迷惑而縮手不動，因為市場上其實還沒有什麼逆流存在。面對那時的市況，我並沒有轉而看空，因為行情紙帶並沒有告訴我這麼做。多頭市場雖然還沒有結束，但是呼之欲出。在它結束之前，還是有多頭行情的錢可賺。因此，我只是賣出那些不再上漲的股票，而其他的股票既然仍有上漲動力，所以我一方面賣出，另一方面也在買進。

我賣出了停止領軍上衝的領先股，各賣五千股股票；然後也買進新的領先股。我放空的股票，並沒有跌太多，作多的股票卻持續上漲。當後者也終於停止上漲之後，我就把股票賣掉，進而放空——各放空五千股。這時我看空的比例開始多於看多，因為下一波的大錢，顯然必須在下跌走勢中賺。雖然我在多頭市場真正結束之前，便已確定空頭市場早就展開，但我知道積極放空的時機還沒到。比國王還效忠國家，沒有意義；太早放空，也沒有意義。行情紙帶只說，空頭大軍偵騎四出。現在只要做好準備就可以了。

回補的大好機會

我繼續買進和賣出，直到大約一個月的操作之後，我放空了六萬股股票——放空的是那一年稍早的十二支熱門股，各放空了五千股；他們原本是這次大多頭市場的領先股。此時放空數量還不是很大；但是不要忘了，市場的空頭走勢也還沒有確立。

接下來有一天，整個市場相當疲軟，所有的股票價格開始下滑。我放空的那十二支股票，每一支都有了至少四點的利潤，所以我曉得自己做對了。行情紙帶告訴我，現在看空是安全的，因此我馬上把放空數量加倍。

我已經建好部位。如今我已在明顯走空頭行情的市場中，放空了股票。市場根本不需要我推一把，因為它勢必往對我有利的方向走。知道這件事之後，我便可以耐心等候。加倍放空之後，很長一段時間內，我沒有再執行另一筆操作。在我建好完整部位大約七個星期之後，美國發生了有名的洩密事件，股價應聲重跌。據說有人搶先得到來自華盛頓的消息，說威爾遜總統即將發表提案，希望恢復歐洲和平。這次股市的榮景，是由戰爭所展開與維持的，因此和平提案當然是利空因素。當時營業廳有一位最聰明的交易員遭人指控，利用搶先得到的資訊牟利。後來他只表示，他之所以賣出股票，並不是因為聽到任何消息，而是因為他認為多頭市場已經漲過了頭。而我自己，也早在七個星期之前就加倍放空了。

無論如何，當時消息一出，市場立刻暴跌，我當然趁機回補。這是唯一合理的操作方式。在你擬定計畫時，絕沒有想到竟然會發生這樣的事，但既然發生了，實在有必要好好利用仁慈的命運之神給你的機會。面對像那樣的大跌，你就有了一個可以迴旋的大市場，正好可以將你的帳面利潤化為白花花的銀子。如果是平常的話，即使是在空頭市場中，你也很難有機會快速回補十二萬股股票，而且還不把自己的買價推高。除非市場因為某種特別的因素暴跌，這樣才能夠買進那麼多的數量，還不損及帳面所顯示的應有利潤。

我必須跟你說明的是，我並沒有料想到，在那個時刻，會因為那個理由，而出現那樣的暴跌。但是就像我和你說過的，根據我身為交易人長達三十年的經驗，這種出乎意料的事件，通常都會沿著我在市場中操作所根據的最低阻力線走。另外還要記在心上的一件事是：絕對不要想賣到最高點。那絕不是明智之舉。應該等價格回檔之後，如果沒有反彈再賣就行了。

一九一六年，我在多頭市場持續的期間作多，然後又在空頭市場展開後放空，結果賺了大約三百萬美元。就像我以前所說過的，沒有人必須與市場的任何一邊結為連理，至死方休。

那年冬天，我又到了南方的棕櫚灘，就像以前常去那邊度假一樣，因為我真的非常喜歡海釣。那時我手上有股票和小麥的空頭部位，而且兩者都已經有可觀的利潤。沒有什麼事可讓我操心，所以我玩得非常愉快。當然，除非我跑到歐洲去，否則我真的很難不接觸到股票市場或商品市場。舉例來說，我在紐約州北邊阿第倫達克（Adirondacks）的家，就有線路直通經紀商的營業處。

在棕櫚灘時，我仍舊常到往來經紀商的營業分處裡閒逛。我注意到，本來我不感興趣的棉花，開始展現出強勢，而且正節節攀高。大約在那個時候——這是一九一七年的事——我聽到很多消息說，威爾遜總統一直致力促成和平。相關的報導來自華盛頓，以新聞稿和棕櫚灘上朋友間奔相走告的形式出現。我發覺各個市場的走勢，反映出交易人對於威爾遜先生能否成功，可說是相當地有信心。由於和平看起來就近在咫尺，所以股票和小麥理應會下跌，而棉花則應該會上漲才對。股票和小麥，我都已經布好局了，但我倒是有一段時間沒操作棉花了。

那天下午二點二十分時，我手上一包棉花都沒有，但是到了二點二十五分，由於我相信和平就快要到來，所以就先買了一萬五千包。我還是運用以前跟你說過的那套操作辦法——也就是以分批的方式，建立完整的部位。

就在那天下午市場收盤後，我們就收到了德國無限制戰爭的聲明。接下來除了等待隔天市場開盤之外，我們什麼事也不能做。我想起那天晚上在葛麗萊（Gridley's），美國一位重量級工業大亨問有沒有人要買他手上的美國鋼鐵公司股票，價格比當天下午的收盤價低五點，數量多寡不拘。匹茲堡幾個百萬富翁在場都聽到了他講的話，卻沒有人願意吃下那位大戶的股票，因為大家都知道，開盤後價格肯定一瀉千里。

果然沒錯！隔天早上，你可以想像，股票市場和商品市場的狂亂情景。有些股票一開盤就比前一晚的收盤價低八點。在我看來，這正是回補所有空頭部位，獲利了結的天賜良機。我曾經說過，在空頭市場中，如果會造成大混亂的事情突然發生，那時趁機會回補空頭部位絕對是明智之舉。如果你放空的數量很大，那更是快速實現龐大的帳面利潤，而且利潤不縮水的唯一方法。舉例來說，單單美國鋼鐵，我就放空了五萬股，同時間我也放空其他的股票。當我看到有個市場適合回補，當然趕緊放手去做。最後我的利潤加起來總共約有一百五十萬美元左右。這可是一旦遇上就絕對不容錯過的機會。

記帳的問題

我在前一天下午收盤前半小時買進作多的一萬五千包棉花，開盤後也下跌了五百點。跌得可真重！這表示，一夜之間我就損失了三十七萬五千美元。雖然對於股票和小麥來說，唯一聰明的操作方法就是逢跌回補，但於此同時我卻不是那麼清楚，應該如何處理棉花。我覺得自己需要再考慮一下，而且我雖然總是相信，自己做錯時就應該馬上認賠，但那天早上我實在不想承受那筆損失。後來我想起，我到南方來玩，是為了要享受釣魚之樂，而不是把自己弄迷糊，搞不清楚棉花市場的走勢。此外，我的小麥和股票已經實現龐大的利潤，所以還是應該把棉花認賠賣出才對。如此一來我的利潤就會變成一百萬美元出頭，而不再是超過一百五十萬美元了。我心想，這也不過就只是記帳的問題而已，每次你問推銷員太多問題時，他們也總是這麼回答的。

一九一七年初，我回到了紐約，把超過一百萬美元的債務全部還清。能夠還清債務，實在是一件令人高興的事。我本來可以早幾個月償還，但我卻沒有那麼做。理由很簡單，因為我操作得很積極，也很成功，因此需要動用手上所有的資金。我必須為我自己、以及我的那些債主，掌握住一九一五和一九一六年那段美好市場的每一個機會。我曉得自己會賺很多錢，所以並不會因為要讓他們多等幾個月而煩惱；事實上，其中有不少人早就不指望能把錢拿回去了。我並不希望用一次只還小一部分或一次只還一個人的方式來償還債務，而是希望能一次就全額償還所有的人。因此只要市場盡其所能地幫助我，我就繼續在資金允許的範圍內，傾全力大手筆操作。

我還想支付利息，但是那些簽署了免除債務同意書的所有債主們，全都不肯接受。而我最後才還錢的那個人，就是欠他八百美元的那個傢伙。正是這個人，讓我覺得生活負擔很大，搞得我心神不寧，落到無法專心操作的地步。我故意不找他，而是讓他聽到我已經償還所有其他人的債務之後，再讓他自己找上門來。我當然還是把錢還給了他。不過，我想給他一個教訓，讓他知道下次如果有人再欠他幾百美元，對人要厚道些。」

「這就是我東山再起的過程。」李文斯頓說完，若有所思地看著我，好像並不十分肯定，是不是忘了一些重要的細節沒告訴我。

未雨綢繆

我看著他，想起他所說的，如果自己揮不開負債的陰影，根本就沒辦法操作成功。他宣告破產，目的是為了要從惱人的思緒中解脫出來，脫離那種無法獲利的心態——他終究必須在操作上獲得成功，才能真正擺脫那些擾人心神的債務。在我看來，他能夠認清自己當時的需求，這遠比研讀行情紙帶的能力更加了不起。從事任何事業時，如果想要大獲成功，不只必須認識事業本身，也必須對自己有足夠的瞭解才行。眼前這個人，顯然對這兩方面的認知都很清楚。

我問他：「我聽你朋友說，後來你存下好幾百萬美元，那是在你還清欠款之前還是之後的事？」

「那是我還清全部債務之後的事。後來，我花了相當多錢購買年金。」李文斯頓回答。

他的一位朋友曾告訴我，他撥了五百萬美元買年金，每年賺取百分之四的報酬。我對金額多少沒什麼興趣，我比較感興趣的是，他這麼做的理由。

「為什麼？」我問。

他答道：「我下定決心，不想再把自己搞到身無分文，甚至負債，然後過著困苦的生活。」

「但是，」我表示異議，「年金等你死後就沒了，到時候你的家人要靠什麼呢？」

「沒錯，」李文斯頓說，「所以我結婚之後，就為太太存了一點錢到信託基金。兒子出生後，我也為他設立了信託。」

「為什麼要那麼做？」我問。

「這事非做不可，」他說。

「是因為你認為股市有可能再次把錢從你手中取走？」

「是這樣沒錯，」李文斯頓急切地說：「但不只如此。一個人只要手上有錢，總會想拿去花掉，到最後甚至可能會賠掉每一分錢。但我只要這麼做，內人和孩子就不會受到我的傷害了。」

我笑了起來。他皺了一下眉頭。我忙著解釋為什麼會笑。

「李文斯頓，你說得對，而且恰好證實了我的一貫看法。不過我記得我們有一個老朋友，他在第一次操作失敗後結了婚。後來他又從棉花市場中賺了大錢。我跟他說：『以前你是個單身漢，就算賠了個精光，反正也只有自己一個人，過什麼樣的生活都無所謂。可是現在有人要靠你供養，你能百分之百確定自己不會再輸到一文不值，還是要設法防範這種事再次發生？』我記得他當時笑了起來，說我一定認為他是既自負又自私的笨蛋，沒想那麼多。但是，他說他已經為他太太存進八十萬美元到信託基金。你知道後來怎麼樣了嗎？」

李文斯頓滿臉脹紅，顯然生起氣來。但他並不是針對我，因為我從他的話中聽得出來。

「沒錯，」他帶點感傷的說，「那個人後來需要錢用，竟然勸服太太取消信託，最後錢還是賠掉了。不過，我已經把信託訂死，不管我想要怎樣，或是內人想要怎樣，那個信託都不能動。我們誰都無法動它的歪腦筋，所以我不必擔心，哪一天我的市場需求會動到它；我甚至不必擔心，怕我的賢內助會因為愛丈夫而去動它。以這一點來說，我絕不冒險！」

「真聰明，」我說了這麼一句很沒必要的話。

他沒說什麼，但是臉上的表情很奇怪。那是一種似笑非笑，彷彿帶著點嘲弄的味道——就好像我認為他不懂一個股票作手必須對付什麼樣的大敵似的。

Chapter 9 黑貓和抗拒不了的衝動

在這篇文章中，李文斯頓談到他大部分的第六感，都是根據研讀行情紙帶而來，而不是憑空蹦出來的。他承認某些根據第六感執行的少數操作，其實是根據他從行情紙帶研判而得的市場走向，所做出來的快速反應。但是有些操作，並不能單純只用行情研讀能力來解釋。

李文斯頓提到了一支股票——蓋亞那金礦（Guiana Gold）。這支股票是在場外市場（curb market）交易一段時間之後，才到紐約證券交易所掛牌。《紐約時報》和其他的報紙講得比較客氣，把那些在戶外交易的股票（al fresco stocks）稱作「場外市場」（Outside Market）。根據李文斯頓的說法，這支股票在紐約證券交易所掛牌後，價格大跌，空頭從中大獲其利。他說股價重挫的原因，包括該公司開採到的是一堆貧瘠的亂石，而不是金礦，而且它的董事和其他的基本面，也出了一些問題。但是，這個故事其中有一部分，似乎遭到了遺漏。

大約就在《星期六晚郵》發表這些文章的同一時間，至少有一名市場作手被控炒作市場。這名作手收受了一家公司的賄款，答應協助該公司在場外市場的交易，好讓紐約證券交易所同意該公司掛牌。那時的紐約證券交易所和現在一樣，訂有掛牌規定。這名作手答應設法使那家公司符合標準，其中一個重要的標準就是股價。紐約證券交易所不交易名目價格過低的股票，因此新掛牌股票的價格必須維持在一定的高價。那名作手同意作價，承諾會把價格維持在高水準，直到交易所感到滿意為止。

熟悉這名作手所採用手法的人，通常都會一口咬定：這支在紐約證券交易所掛牌交易的新上市股，等到有更多資訊為人所知之後，價格絕對會重跌，尤其是該股票在離開場外市場後，價格顯著上漲的話。就像李文斯頓所說的，他留意這支股票有沒有內部人士買盤，結果卻沒看到任何內部人士進場支撐。「顯然他們的上市計畫，並不包括進一步炒作價格上漲，」他回憶往事時這麼說。由此可見，他對這種手法其實相當瞭解，而在專業作手圈以外的人，就不是那麼清楚那種手法了。

查爾士・蓋斯特

股票作手回憶錄：一九二二年十月二十一日

一天晚上，我在俱樂部裡，正想聽一些故事。有個認識拉利・李文斯頓多年的人突然問我：「拉利有沒有告訴你南妮・馬丁戴爾（Nanny Martindale）的事？」

「沒有，」我答道，豎起耳朵，準備聽他道來。

「你叫他跟你說吧。」

他的名字叫塔克（Tucker），是個模範股票營業員，有親切的笑容、慧黠的眼睛、好看的頭形。他的臉孔所綻現的，絕對不只是和藹可親的智慧；毫無疑問地，他馬上顯露出瞭解和重義氣的神色——那種能把所有的客戶化為朋友，而且對服務他人永遠樂此不疲的神情。

「不，如果那不是什麼見不得人的事，就請你告訴我吧。南妮是一個合唱團女孩，還是一隻寵物山羊？」

「都不是。我不想講，因為一說下去，我就非把自己拉進這個故事裡頭不可。我想指出的是，李文斯頓不只是當今最用功的股票投機操作者、有史以來最會研讀行情紙帶的專家之一，而且他更具備令人無法加以分析的能力。你可以說，他對超自然力量十分敏感，或者你愛怎麼說都行。我只能說，這個人產生第六感的方式，是我見過最奇特的。他會根據神祕的衝動而採取行動，而且十次裡有九次，他出場的時機恰到好處，幾乎可以說是準確到絲毫不差的地步。那絕對不是技巧或知識所能解釋的。他只是察覺到應該那麼做，就去做了。那裡面有太多的東西，我解釋不來。」

黑色吉祥物

可以看得出來，塔克很久以前就舉白旗投降，不再嘗試去解釋那些完全無法說明的事，而且他也認為，如果我打算去做，肯定也會白費力氣。所以我說：「已經去世的諾曼・里姆（Norman B. Ream），是我見過最聰明的投機客之一。他曾經告訴我，他絕不會因為內心深處有了什麼感覺，就去做任何事。他認為感覺這種東西，可能只是像風濕病那樣的東西而已。根據第六感而採取行動，對他而言實在說不上有什麼特別聰明之處。」

「也許他並不是——」塔克欲言又止，好像怕說出不禮貌的話。

「他確實是如此，而最後也留下了數百萬美元的財富，」我說。「我寧可相信，他對那些捕風捉影的感覺，始終保持著充耳不聞的態度。談談李文斯頓吧。」

「那我就必須先從我自己談起，」塔克臉帶歉意地說，害我擔心他的故事會很無聊。

但我還是鼓勵他：「花再多的錢聽一個好故事也不嫌貴。」

「那麼我就開始講了。我曾經在一家經紀商的營業處當小弟，而且此後沒踏進過其他任何行業。二十三歲那年，我在一家紐約經紀商擔任華盛頓經理。我們有一些相當不錯的顧客，生意做得很好，所以我不需要故弄玄虛，扯一些有的沒有的。但事實終歸是事實，如果把這些事說給不相信的人聽，他們一定會說太荒謬了，但其實這只是因為他們並不在場的緣故。」

他停了下來，我趕忙向他保證：「我相信你說的事。當時究竟發生了什麼事？」

「有一天，我偶然發現一隻跛著腳的黑貓，看起來像是一隻流浪貓。我覺得很可憐，就把牠

哄回家，幫牠包紮斷掉的腿，餵牠食物，讓牠過得舒舒服服。唔，老兄，我給不出理由或解釋，也沒辦法表示什麼意見。反正從那一天開始，我本來一直相當平淡的運氣，突然變得好很多。我不費吹灰之力就賺到很多錢，而且可以盡情揮霍，好像家裡開的是印鈔廠似的。但錢來得容易，去得也快。股票市場上的獲利，是留不住的；你並沒有花很大的力氣賺，所以也不會珍惜。我當時應該要懂得把多餘的錢存下來才對，但我根本沒有想到未來。我那時的任何交易，似乎都不可能賠錢。當然，我操作得非常小心謹慎，而且我認為只要操作時不魯莽輕率，就不需要存錢。總之，我一直都在賺錢。當我的錢足夠一切所需之後，我結婚了，還買了一棟漂亮的房子，花大把鈔票裝潢整修。長話短說。有一天，黑貓死了，我的運氣也隨之改變。以前我根本不可能賠錢。但那隻貓死了以後，我卻根本賺不到錢。不管我做什麼事，肯定賠錢。我聽信小道消息，操作之後是錯的。我不聽信小道消息，如果去操作，卻一定賺錢。我不只賠錢，還賠掉事業。世界上一些最不可思議的事，竟然發生在我身上——而且代價慘痛。多頭市場離我而去；本來可以活到一百歲的客戶猝逝；從來沒給過我錯誤建議的一個人，跟我說了一個好得出奇，而且十分詳細的合併消息，想不到三天後，就在我做著百萬富翁美夢的同時，那位朋友被送進了瘋人院。沒多久，我就賠掉身上的每一塊錢。之後又沒多久，我還背上了十五萬美元的負債。

就這樣，我的信用耗盡，掉到谷底。我在黑貓生前買的漂亮房子賣掉之後，搬到一間普通的房子，卻連房租都繳不起。等我意識到時，已經欠了三個月的房租，房東不再對我客客氣氣。接到再不付房租就得遷出的通知時，我十分沮喪。我前往市區籌錢，以免房東的威脅成真。我試了每一個人和每一個地方；朋友和仇人、富人和窮人，以及在政府工作的人。結果，連一分錢都借不到！

內人當然不知道我們的處境有多淒慘。我只是告訴她，生意做壞了，我們必須省吃儉用。她看到我愁眉苦臉，覺得很難過，因此每當我坐到椅子上時，她養成了踮著腳尖走路的習慣。

門前的搔抓聲

最後，他們對我下達驅逐令，我無計可施，只好出門做最後努力。要是無法可想，借個幾毛錢也行。那天晚上，我口袋空空回到家裡，第一次覺得自己窮困潦倒。我坐在桌子旁邊，強迫自己吃點東西，不讓可憐的太太知道明天我們就得搬家走人。

突然之間，我聽到前門有某種搔抓聲，然後是微弱的喵喵叫。內人剛端來一尾烤青魚。我當場跳了起來。

『發生了什麼事？』內人叫道。

我也叫了回去：『那隻黑貓想要進來！』說完，我一把抓起青魚的尾巴，奔向前門。打開之後，果然沒錯，一隻可憐的小黑貓就在那裡。我抓著那尾烤得香噴噴的青魚在牠面前，牠靠近，嗅了幾下。我緩緩退後，牠一吋吋跟著我進到餐廳。我就在那裡餵牠。

我向內人表示，這隻小貓會帶給我們好運。雖然她的笑容掩不住懷疑，卻不干涉我怎麼做。於是我安排了一個睡窩和一切需要的東西。隔天離家時，我千叮嚀萬交代，要太太看好那隻貓，不要讓她走失。接著我到了城裡，聽到馬丁戴爾（Marlindale）優先股的一則小道消息。開盤時，我買了一百股。你應該還記得那筆交易，以及他們贏得重大的專利權官司後，普通股和優先股應聲上漲的情形，是不是？哦，那真是美好的一天。中午之前，我加碼操作了兩次，總共賺了一千六百美元；我見好就收，迅速抽腿。那天晚上，我以贏家的姿態回到家裡，這可是暗淡無光的七個月以來第一次——贏了錢，也贏回信心。不用說也知道，我當然細心呵護那隻貓。我們給牠取名為南妮，而且為了紀念自她的前任死後第一次幸運的交易，我們讓她姓馬丁戴爾。南妮・馬丁戴爾一直到今天，都還在我家裡。

她不只是家裡的吉祥物，預測股市的走向更是神準。每次她生了小貓，市場就會反轉，百分之百正確，沒有一次失誤。我的意思是說，每當小貓家庭成員增加，不管當時是走多頭行情，還是走空頭行情，走勢一定反轉。這是我百無一失的反轉訊號。牠已經忠於職守長達數年之久，還不曾碰到沒有直截了當給我反轉訊號的時候。」

塔克看著我，滿臉期待，希望我能相信他所說的統計數字正確無誤，所以我趕快表白：「如果想要打敗市場這個沒有人贏得了的遊戲，搞不好這是到目前為止最合乎理性的方法。」

「我告訴你的事情，」他特別加重語氣，「真的確有其事。現在，我就把拉利・李文斯頓拉進來，免得你打瞌睡。當時國會差不多已經打定主意，要對我們的企業課以重稅，這時他來到了華盛頓，試圖說服一些國會議員，讓他們相信計畫中的一些課稅措施，其實是短視的做法。他對這件事當然有興趣，因為他的所得稅率很高，但其實他想的層面更廣，並不是只著眼於自己。我介紹他認識不少眾議員和參議員，因為他是我們主營業處的明星顧客之一，多年來和我私交甚篤。我曉得他看好後市會漲，但是我之所以知道這件事，只是因為他大量作多股票；還有告訴你，他當時在華盛頓就住在我家。每天早上，他總是和我一起到營業處，但他很少瞄一眼行情板，而且我也不曾聽他發表對市場的看法。他的心思完全被擬議中的課稅措施給占據了。我當然尊重這位訪客的沉默。

李文斯頓奇怪的舉止

有一天早上，他進到早餐室，我注意到他臭著一張臉，但想不出可能是什麼原因。他不發一語，所以我也不講話。他坐了下來，皺著眉頭。不久，那隻貓，南妮・馬丁戴爾走了進來。如果你非常熟悉拉利這個人，就應該知道他很喜歡小孩和家裡養的動物。那時他還沒有小孩。他和南妮成了朋友。這天早上，我注意到貓咪走到他前面，用後腿站立，開始抓拉利的膝蓋。他拿東西餵南妮，但牠還是抓個不停。

我從他的表情，看出他覺得很煩，所以就從餐桌旁邊站了起來，說：『拉利，我來把貓帶到外面去吧。』

但是他馬上答說：『別吵牠！牠正在跟我說話！』

他的臉緊繃著，我看到他毫無意識地用食指搓摩鼻子。每當他苦思某些事時，都會有這個動作。如果市場走勢令他感到迷惑，我不只一次注意到他臉孔緊繃和搓鼻子的動作。我曉得那種表情代表什麼意思，所以絕不會去說任何一句話，而且他也不會說話。用完早餐之後，我們像平常那樣一起出門，但是並沒有交談。他的車子就停在外面街上，等著他上車——這次來到華盛頓，他帶了兩輛車子。

我走向車子，他在後面喊著：『我們走路吧！』

我說：『好吧！』於是我們走上街道。

才走了兩個街區，他突然叫道：『我們坐車吧！』

於是我們招停電車，上了車。坐了一會兒，他就站了起來，向車掌示意下個街角停車。我們下了車之後，默默走向我的辦公室。你曉得，他是個老菸槍。我遞出一根雪茄給他，是他喜歡的那種雪茄他已經抽過了幾十根，但是他當時竟然搖頭。

我一定露出了驚訝的表情，因為他跟我說：『你抽的是粗菸！』我可能笑了一下。他又說：『我要找好菸來抽！』

我們繼續走著。不久，他在一棟飯店門前停了下來，想了一下，然後就進去大廳的販售店買雪茄。到了營業處，他並不是像平常一樣，稍微看一下四周，然後就去赴某位國會議員的約。他待在華盛頓的這段期間，其他的每一天早上都是那樣。這一天，他坐了下來，盯著黑板。市場還沒有開盤，他就坐在那邊等著。這是那個星期以來第一次，他坐下來等開盤。十點鐘一到，報價機動了起來。他起身走到報價機那邊。他站在那裡，就像我以前在他辦公室看到的那樣，看著印出來的紙帶，再看看黑板，然後回到行情紙帶，用食指輕敲著鼻子，就和以前一樣，顯然他還沒下定決心要怎麼做。不過，很快地他就轉向我，開始給我賣單。

當時的盤勢很強，距多頭市場結束似乎還有一大段距離。我曉得他已有很多利潤，所以當然不覺得奇怪，但是我實在很想問他，是不是認為大漲行情已經結束。他持續遞出賣單，直到放空七萬股美國鋼鐵，結果獲利一百二十五萬美元。如果再加上放空三萬五千股的其他股票，他的獲利約有兩百萬美元。

市場輕而易舉就吸納前面五萬股的美國鋼鐵股票，好像什麼事都沒發生似的。他的股票幾乎賣到多頭走勢的最高價。這種事你要怎麼說？如果他是在紐約自己的辦公室，密切接觸市場，傾聽內線預測或甚至謠言，那還有話說，我也不會覺得有什麼奇怪的。當時連我自己，也沒看到多頭市場有盛極而衰的任何跡象。但是在華盛頓的那整個星期，他對我們來自紐約的電報，沒有表現出任何一點興趣，也不曾和任何人討論過市場。他來的時候，看好後市，而且沒做過也沒看過任何有可能使他改變看法的事。其實，我從沒看過他對市場走勢那麼不感興趣。他放在心上的、想要談論的事，似乎只有擬議中課徵股票銷售稅措施的一些愚蠢做法。可是突然之間，毫無來由地，連一筆報價都沒看的情形下，他就突然想要出場了。這股想法甚至使他變得脾氣煩躁，坐立不安。他非得賣出手上的每一股股票不可。我把這種情形叫做第六感——一種奇怪的心理現象。要不然你說它還能是什麼？」

「我會說，這是個好故事，」我說。

「我所說的，就和聖經一樣，」塔克發誓，「絕對字字屬實。」

「我知道，」我說。

後來有朋友來訪，我們也就不再談拉利・李文斯頓，以及他一時心血來潮的操作衝動了。

真相大白

那天晚上在李文斯頓家中，我和他談起了第六感。從他親口告訴我的所有故事中，我只聽過一次真正的第六感——也就是說，在面對實際狀況時，突然出現一種無法解釋的衝動，而想在市場做出正確的事——那一次，李文斯頓在舊金山地震消息為人所知之前，放空了聯合太平洋的股票。至於其它別人眼中所謂的第六感，依我看基本上都是一連串觀察報價機的結果——那是從經驗所得到的教訓，每一次看起來都相當微不足道，但是整合起來之後，力量卻強大到能夠激勵他採取行動。

他點了點頭，默認了我的看法。接著我把他那位華盛頓朋友的故事說了一遍。根據塔克的看法，李文斯頓只不過是和那隻幸運黑貓玩過之後，就根據第六感操作，輕輕鬆鬆賺了兩百萬美元。

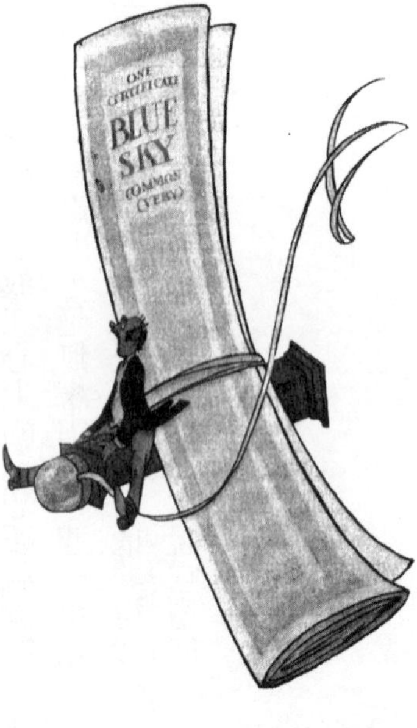

「哦，那是塔克的奇談之一，」李文斯頓耐下性子說。「但其實並沒有那麼一回事！有時我的確會有難以克制的衝動，想在市場做某些事。不管我是作多還是放空，有時我就是覺得必須出場，而且除非我真正放手去做，否則我就會覺得渾身不自在。我個人覺得，那背後的原因，很可能就是你所說的那樣。我會看到許多警訊，其中也許沒有任何一個警訊十分清晰，或者力量強大到給我十足的理由，去做我突然覺得想做的事。我想那就是你所說的行情感。你曾提到過，詹姆斯・吉恩和之前的一些作手，都具有很好的行情感。我承認，通常這種行情感所發出的警訊不只相當可靠，時間也來得恰到好處。但是他跟你說的那個故事，和第六感沒有關係。那時我根本沒有什麼第六感；至少沒有像他所說的那種第六感。那隻貓和整件事沒有關係。他說我那天早上脾氣不好，我想應該是因為我當時的失望之情所造成的。我知道自己並沒有說服國會議員，而委員會對於向華爾街課稅的看法，和我不一樣。我並不是想要阻止或逃避股票交易課稅，而是以一個股票老作手的身分來看，我覺得那種稅既不公平，也不明智。我可不想看到，在公平對待下原本可以生出很多金蛋的金鵝，就這樣被山姆大叔給宰了。我無法成功說服他們，這不只令我感到生氣，可能也讓我對將來的遠景感覺得悲觀。不過，請讓我告訴你真正發生的經過。」

在多頭市場之初，我認為鋼鐵貿易和銅市場的前景看好，因此我覺得這兩類股票會上漲，開始敲進其中的一些股票。我先買了五千股的猶他銅業（Utah Copper），然後很快就縮手不動，因為它的走勢看起來不大對勁。換句話說，它的走勢並沒有讓我覺得買得聰明。我記得當時的價格是114美元。同時間，我也開始買進美國鋼鐵，進價也差不多。第一天，由於它的走勢正確，所以我就買了總共二萬股。我是依照跟你說過的分批進貨法，逐漸將部位建立起來的。

美國鋼鐵的走勢一直持續正確，所以我持續進貨，後來總共持有了七萬兩千股。但是猶他銅業的持股，則一直維持最初買進的那些股票，從來不曾多於五千股，因為它的表現實在無法激勵我敲進更多股票。

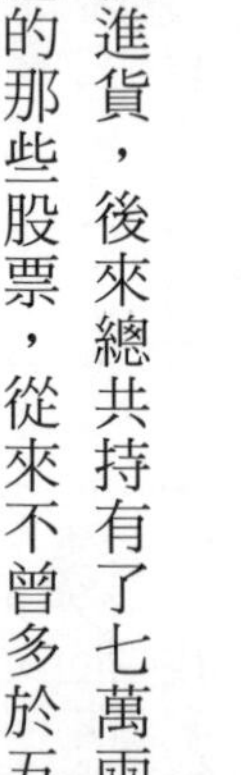

你知道那時發生了什麼事。我們有個大多頭行情，我曉得市場會上漲，整體的情勢相當有利。即使股價已經漲了一大段，而且我的帳面利潤不容小覷，但行情紙帶仍然高喊『時候未到！時候未到！時候未到！』。到達華盛頓時，行情紙帶仍然對我說著相同的事。雖然我依舊看好後市發展，但當時已經很晚了，我當然也就無意再進行加碼。此時的市場，明顯朝著對我有利的方向走，而我當時也沒機會整天坐在行情板前面，隨時等待出場的蛛絲馬跡。我認為，在撤退的號角響起之前，市場總是會猶疑不決，或者先提醒我做好準備，迎接投機情勢的反轉——當然，除非出乎意料，發生天災人禍——這就是為什麼當時我不把市場放在心上，而去和國會議員談事情的原因。

在此同時，價格持續上漲，那也就意味著多頭市場的結束更加逼近了。我不會去猜測確切的結束日期，因為那並不是我能力之所及。但不用說你也知道，我一直在留意著市場所發出的警訊。我一直都保持著那樣的態度，那已經成為了我的一種事業習慣。

化帳面利潤為現金

雖然我一直無法十分確定，但我想在我賣出股票的前一天，看到那麼高的價格，我應該難免會想到我那龐大的帳面利潤，以及我所持有的部位規模。後來，我又想起自己說服國會議員，請他們公正明智對待華爾街的努力徒勞無功。可能就是那時，我心中起了賣出的念頭。潛意識整個晚上都在運作。到了早上，我想到市場，很想知道那一天它會怎麼走。後來我就到了營業處，看到仍在上漲的股票不多，也對自己已有的利潤感到滿足，同時眼前仍有個龐大的市場，具有強大的吸納力量。我想我可以在那個市場，賣出任何數量的股票。手上抱滿股票，也有龐大利潤的人，必須時時留意有沒有機會，把帳面利潤化為實際的現金。在將股票換成鈔票的過程中，他必須試著儘可能不要讓利潤減少。我已經跟你說過好幾次，經驗教會了我，一個人總能找到實現利潤的機會，而這個機會通常會在走勢之末出現。這並不是靠行情紙帶的研讀能力，也不是靠第六感來判斷。

那天早上，我發現自己可以不費吹灰之力，在市場上賣出手上全部的股票，所以，我當然就那麼做了。賣出股票時，賣五萬股並不會比賣五十股更聰明或更勇敢，但是在走勢沉悶的市場中，賣出五十股並不會導致價格重跌，賣出五萬股的情況卻大不相同。雖然七萬兩千股美國鋼鐵的股票，看起來也許不算是很大的賣出數量，但你還是很難在賣出那麼多數量的同時，不造成一些帳面利潤的損失。這就像是你把錢放在銀行保險箱裡卻不見了一樣叫人心痛。

我的利潤約為一百五十萬美元，我趁著市場還能消化我的賣單時，將利潤轉換為現金，不過這並不是我感到開心的主要原因。我覺得滿意的原因，是因為市場印證了我的看法。怎麼說呢？因為我全部七萬兩千股的美國鋼鐵股票，平均賣價只比當天及整個走勢的最高價低了一點。市場走勢證明了我的賣出時點恰到好處。但是在同一天的同一時間，在我賣出猶他銅業股票時，價格卻重跌了五點。不要忘了，我是在同一時間開始買進這兩支股票的，而且我很聰明地把美國鋼鐵的持股，從原先的二萬股增加到五萬股；同樣聰明的是，我的猶他銅業持股除了原來的五千股之外，再也沒有進行加碼。至於我之所以沒有早點賣出猶他銅業，是因為我仍看好銅的貿易，而且大盤正在走多頭行情，即使不能從猶他銅業大賺一筆，也不會對我造成太大傷害。但是如果談到第六感，這一次可說是連一點都沒有。我賣出的理由，是我一向認為很好的理由。我的整個事業生涯，說穿了，都是在接受教育——也就是說，訓練自己做出一些事。我的朋友們會把這些說成是第六感，而且覺得很難解釋，因為在他們看來，那些事就像是憑空蹦出來似的。

善用經驗

股票交易人的養成訓練，其實和醫學教育很像。醫生得花七、八年的漫長光陰，學習解剖學、生理學、藥物學，以及十幾種相關學科。他先學習理論，然後再終生行醫。他觀察各式各樣的病理現象，再加以分門別類。他必須學習診斷；如果診斷正確——這取決於他是否能準確觀察——他應該就能把病人治療好；不過要時時謹記在心的是，人難免犯錯，再加上總是會有完全出乎意料之外的事，因此，他絕對無法百分之百正中紅心。接下來，隨著經驗的累增，他不只要學習做正確的事，也要學習馬上行動。所以，許多人會認為他是憑著本能在行動，但其實那並不是無意識的自動行為。他經年累月，根據對各種病例的觀察，已經可以做好診斷的工作；在他診斷之後，自然只能利用經驗教他最合適的方式以進行治療。你可以把知識——也就是可以用卡片做成索引的一組特別事實資料——傳給別人，卻無法將經驗傳授出去。人們可能知道應該要做什麼事，但如果他的行動速度不夠快，最後還是有可能會賠錢。

觀察、經驗、記憶和數學，是成功交易人必須仰賴的東西。他不只必須觀察準確，而且必須把觀察到的事，時時刻刻記在心上。不管他對人的不理性，懷有多麼強的個人信念，或者多麼肯定地認為，出乎意料的事經常發生，但這些全都不能做為理由，而去下注在不合理性或出乎意料的事情上。他要賭的是機率——換句話說，也就是必須試著研判出事情發生的可能性。如果長年練習這種遊戲、不斷的研究、時時記憶，就能使交易人在遇到出乎意料或預料中的事情發生時，當下立即行動。

一個人即使擁有很強的數學能力，以及不同凡響的準確觀察能力，如果缺乏經驗和記憶力，投機股票還是有可能會失敗。就像醫生必須跟上科技往前推進的腳步一樣，聰明的交易人絕不能停止研究可能影響市場的整體情勢，掌握各地影響市場因素的發展。多年浸淫這種遊戲下來，就能養成掌握最新資訊的習慣，並且產生幾乎是無意識的自動行動。養成了這種寶貴的專業態度，便更有機會能擊敗市場了。和業餘或偶爾才玩的交易人相較之下，專業人士顯得相當不同，而這些不同之處，一點也不誇張。舉個例子來說，我自己就發現，記憶和數學對我助益良多。華爾街是靠數學賺錢的。我的意思是，對我來說，必須倚靠處理事實資料和數字的能力，才能賺到錢。

當我告訴你，交易人必須時時掌握最新資訊，而且必須用專業的態度，對待所有市場和所有情勢的發展，我這麼說的意思，其實只是再次強調第六感與神秘的行情感，和成功沒有太大關係。經驗豐富的交易人，當然經常出現快刀斬亂麻的演出。事實上，他們根本沒時間事先一一列舉他的理由——但是，他們還是有十分充分的好理由，因為他們根據的是自己多年來站在專業人士的角度，工作、思考和觀察事情，由此搜集而得的事實資料。這些資料早就烙印在他們的腦海中，隨時準備好幫助他們做出正確的判斷。這種專業的態度，且讓我舉個例子來加以說明。

我總是隨時密切注意商品市場的動向；那是我多年來的習慣。你曉得，之前根據政府的報告指出，冬麥收成和去年差不多，春麥收成卻多於一九二一年。春麥的栽種狀況比前一年好很多，而且可能提早收割。我一看到栽種狀況的數字，並且瞭解可能的產量——從數學的角度觀察——之後，我馬上就想到煤礦工人和鐵路場站工人正在罷工的事情。我不可能不想到這些事，因為我的心思總是難免會飛到所有可能影響到市場的各種情勢變化。當時我立刻就研判，由於罷工已經影響到每個地方的貨物運輸，所以一定也會對小麥價格產生不利的影響。我是這麼想的：運輸設施因為罷工而癱瘓，冬麥送到市場勢必大受延誤，等到那時候，收成增加的春麥也準備上市了。這表示當火車能夠大量運輸小麥時，一定得同時載運兩期的小麥——上市延誤的冬麥和提早收成的春麥——這麼一來，大量的小麥就會一次湧入市場。事實必將如此——機率顯然很高——像我一樣清楚全盤情勢和掌握數字的交易人，這一段時間內肯定不看好小麥。人們這時都不會想買小麥，除非價格跌到買進小麥是好投資的時點。市場一旦缺乏買盤支撐，價格必然下跌。我既然這麼想，就必須設法證明自己是對或錯。就像老派特・赫恩所說的：『在你下注之前，一切都說不準。』從看壞後市到真正去放空之間，不需要浪費時間。

市場的徵兆

經驗告訴我，市場所表現出來的行為，就是股票作手應該緊緊跟隨的絕佳嚮導。這就好比醫生看病時，總會先量量病人的體溫和脈博，看看眼球和舌苔的顏色一樣。

現在，一般來說，任誰都可以在 1/4 美分的範圍內，買進或賣出一百萬英斗的小麥。當時我賣出二十五萬英斗，想要藉以測試市場，瞭解操作時機。結果價格下跌 1/4 美分。由於這個價格的反應並沒有明確告訴我想知道的所有事，所以我再賣二十五萬英斗。我注意到，後來這筆賣單是被零零碎碎吃掉的，也就是說，承接的買盤都是一筆一萬或一萬五千英斗，而不是像平常那樣，兩三筆交易就全部吃光。除了只有零星的買盤這件事之外，我的賣單也進一步把價格壓低了 1 1/4 美分。這時，我已經不再需要浪費時間，只要從市場吸納我小麥賣單的方式，以及根據我的賣單所引發的不成比例跌幅來看，市場顯然找不到買盤的支撐力量。既然如此，唯一該做的事是什麼？當然是賣出更多。即使根據經驗的指引，有時你確實仍有可能會遭到愚弄，但如果不遵照經驗所說去做，你肯定會跌得鼻青臉腫。所以我緊接著賣出兩百萬英斗，價格也跟著跌得更多了。幾天後，市場走勢又說服我再賣兩百萬英斗，價格還是繼續下跌。再幾天之後，小麥就開始重跌，每英斗跌掉六美分，而且跌勢沒有停止，它一路下滑，期間只夾雜著幾次短暫的反彈。

看吧！我並不是根據第六感操作。並沒有人給我什麼特別的消息。我對待商品市場的專業心理態度，給了我那些利潤，而那種態度是多年來浸淫在這一行所養成的。我會下工夫研究，因為我所做的事是操作。行情紙帶一旦告訴我，我已經跑在正確的跑道上，那麼我該做的事便是加碼操作。我只是聽它的話去做而已。所有的一切，也就只是這樣而已。

我發現經驗是這種遊戲中，最可靠的紅利發放者。而只要透過觀察，總能為你提供最好的線索。有時你只需要知道一支股票的走勢就夠了。你只要好好觀察它，然後經驗就會告訴你，如何從有異於正常情況的變化中獲利——這其實也就是靠機率賺錢的做法。比方說，我們都知道，並不是所有的股票都會齊漲齊跌，但是在多頭市場中，同類股票總會一起上漲，而在空頭市場中，則會一起下跌。這是投機的通則，也是紙包不住火、最常見的線索。經紀商十分清楚這一點，他們也很樂意轉告這件事，給那些沒有想到的顧客——我的意思是，經紀商經常會建議顧客，留意那些交易走勢落後同類股票的某些股票。因此，如果美國鋼鐵上漲，我們便可以合理推斷，熔罐（Crucible）、共和（Republic）、伯利恆遲早會跟進上漲。同類股票的交易狀況和前景，應該都相同；繁榮的果實，所有的股票應該都會雨露均霑。理論上，風水輪流轉，每支股票都有在市場揚眉吐氣的時候，而經驗也屢屢證實這件事。投資大眾之所以會買A.B.鋼鐵股，是因為C.D.鋼鐵和X.Y.鋼鐵已經上漲，而它沒有漲到。

在多頭市場中，如果一支股票並沒有表現出它在那種市場中應有的表現，我就絕不會買它。有時我如果在已經確立的多頭市場中買進一支股票，後來卻發現其他同類股票全都沒有上漲，我就會把那支股票賣掉。為什麼？因為經驗告訴我，和相同類股的趨勢作對，絕不是明智之舉。我不會只考慮確定性的因素，同時也必須依賴機率進行研判。有個老營業員曾經告訴我：『如果我沿著鐵軌往前走，突然看到一列火車正以時速六十哩的速度衝向我，我還會繼續走下去嗎？朋友，我肯定會閃到一邊去。而且我絕不會只因為這樣，就稱讚自己有多麼聰明又小心。』

汽車股中的牛皮股

去年在大盤展開多頭行情已有一段時間之後，我注意到某類股中的一支股票，並沒有跟著所屬類股上漲，而除了那支股票，整個類股都在隨著大盤上揚。我當時已經買進非常多的布萊克伍德汽車公司（Blackwood Motors）股票。大家都知道這家公司的生意做得很大。它的價格每天上漲一到三點，買進的人愈來愈多，因此自然成了汽車類股眾所矚目的焦點，而其他的汽車股也一支接一支跟著上漲。偏偏有一支股票，也就是契斯特（Chester），硬是踏步不前。由於漲勢落後其他汽車股，因此沒多久就引起人們談論。契斯特的價格偏低，走勢牛步，和布萊克伍德、其他汽車股的強勢及交投熱絡狀況，形成了強烈的對比，投資大眾自然而然聽信所謂消息靈通人士和自以為聰明人的話，開始買進契斯特，理由是它一定會追隨整個類股上漲。

溫和的投資大眾買盤進場之後，契斯特的股價不漲反跌。多頭市場中，要推升這支股票的價格並不難，因為同一類股中的布萊克伍德是帶動大盤漲勢的重要領先股之一。其他的汽車股也都追隨布萊克伍德上揚，而且我們也聽到各種汽車的需求大幅成長，以及產量寫下新高紀錄的消息。

因此這家公司的內部人士集團，顯然並沒有做內部人士集團在多頭市場中一定會做的事。沒有做通常會做的事，可能的原因有兩個。這些內部人士沒有拉抬行情，也許是因為他們想要吸進更多的股票再拉升價格。但如果你分析契斯特的成交量和交投的特性，這個說法站不住腳。而他們沒有拉抬行情的另一個理由是，即使大盤和汽車類股趨勢向上，但如果他們嘗試拉高價格，結果不能如願以償，恐怕就會有套牢之虞。

這些人照理說應該想要擁有這支股票才對，但現在卻連他們都不想要，那我為什麼要它呢？我心裡盤算著，不管其他汽車公司的股價漲得有多高，放空契斯特準沒錯。經驗告訴我，要小心別買到拒絕追隨類股中領先股的股票。

我不費吹灰之力就確定到底是怎麼一回事。這支股票不只缺乏內部人士的買盤，實際上更有內部人士在賣出。而且還有其他的警訊，告訴我不要買契斯特，不過我只要看它的走勢和別人不同也就夠了。這一次，依然是行情紙帶把祕密洩露給我，而這也是我放空契斯特的原因。不久後的某一天，這支股票大跌。後來我們終於知道——所料果然不差——由於內部人士十分清楚公司的營運狀況不好，所以一直拋出持股。和過去一樣的是，股價大跌之後，大家才知道原因，但是警訊早在股價大跌之前就已經發出了。我留意的並不是價格會不會重挫，而是有沒有警訊。我雖然不知道契斯特的問題到底出在哪裡，但我也絕不是根據第六感採取行動。我只曉得一定有什麼地方不對，因為行情紙帶很明確地告訴我說：『賣出！』

蓋亞那金礦的浮沉

前幾天，報紙上說，蓋亞那金礦公司（Guiana Gold Mine Company）出現異常走勢。這支股票當初在場外市場的交易價格是 50 美元左右，之後在證券交易所上市，起初價格在 35 美元左右，然後開始下滑，最後跌破 20 美元。

我絕對不會把這種跌勢稱作異常，因為那完全早在預料之中。如果你願意花時間打聽一下，就會知道這家公司的歷史。很多人非常清楚它一路走來的足跡。我聽到的內容是這個樣子的：六個名聞遐邇的資本家和一家赫赫有名的銀行共組了一個財團，其中有個成員是貝爾島探勘公司（Belle

Isle Exploration Company）的老闆。他們對這家公司投資超過一千萬美元的現金，換得了一些債券和二十五萬股的股票，而蓋亞那金礦公司的總股份是一百萬股。這支股票有配發股利，而且大肆宣傳報導。貝爾島的人後來覺得最好獲利了結，於是請銀行代為銷售他們的二十五萬股股票。銀行除了銷售這批股票之外，也打算賣出銀行自己的一些持股。他們請了一位專業人士操縱市場，代價是二十五萬股股票賣價超過36美元所得利潤的三分之一。我知道他們的協議已經擬好，準備簽字，但是到了最後一刻，銀行突然決定自己承銷，把費用省下來。所以他們組成了一個內部集團。銀行先以36美元的價位，取得貝爾島的二十五萬股股票，然後再以41美元賣出。也就是說，這個內部集團一開始就支付給銀行五點的利潤。我不知道他們是不是知道這件事。

對這家銀行來說，承銷作業非常明顯是一件穩賺不賠的買賣。市場正展開多頭行情，而蓋亞那金礦所屬的類股，又是市場領先股之一。這家公司的盈餘多，而且定期發放股利。這些事實再加上承銷銀行名氣響亮，投資大眾都把蓋亞那視為投資股。我聽說，後來大約有四十萬股賣給了投資大眾，價格一路上漲到47美元。

黃金類股的盤勢確實很強，但過沒多久蓋亞那就開始滑落，跌了十點。如果那個集團還在承銷這支股票，稍微下跌倒是沒關係。但是過了沒多久，華爾街就開始聽到一些叫人不高興的事，而且公司的資產實際上也並沒有創造出承銷商所說那麼好的成果。接下來，股價下跌的原因終於真相大白。不過在原因為人所知之前，我早就已經收到警訊，並且著手測試蓋亞那的市場。這支股票的表現很像契斯特汽車。我賣出蓋亞那之後，價格下跌。再賣，價格跌得更深。這支股票重演契斯特和其他十幾支股票的表現，而那些股票的走勢，我全都還記得十分清楚。行情紙帶明明白白告訴我，一定有什麼地方不對勁——所以內部人士才不願買進——內部人士十分清楚，即使置身於多頭市場，也不應該買進自家的股票。另一方面，不知道內情的外部人士，卻還在不斷承接，因為對他們來說，這支股票的價格曾經漲到 45 美元，如今只剩 35 美元，這個價位看起來似乎相當便宜。公司也還在繼續配發股利，這支股票真便宜。

接著，消息來了。重要的市場消息往往先到我手中，投資大眾才知道。該公司挖到的是一堆亂石，而不是蘊藏量豐富的金礦。報導獲得證實，我才恍然大悟，原來這是先前內部人士賣出的原因。我並沒有因為這則消息而賣出，因為很早以前，我就已經根據這支股票的走勢而放空股票了。我所關心的事，談不上有什麼哲理。我只是個交易人，所以只留意一件事——內部人士的買盤。結果我發現並沒有任何內部人士的買盤。我不需要知道，為什麼內部人士不在價格下跌時，考慮買進自己的股票。顯然他們的上市計畫，並不包括進一步炒作價格上漲。只要知道這一點，已經夠了。所以放空這支股票一定沒錯。不知內情的投資大眾買了將近五十萬股股票，如今這群希望停止虧損的外部人士如果想要脫手，唯一的可能性，就是要想辦法賣給另一群同樣不知內情、想要獲利的外部人士。

告訴你這件事，並不是要說明為什麼投資大眾買進蓋亞那賠了錢、我卻賣它賺了錢，而是要強調研究類股走勢十分重要，但見識不足的交易大戶和小戶，卻不理會它的跌勢。行情紙帶不只會在股票市場向你提出警告，在穀物或棉花市場，它也同樣會高聲示警。

操作棉花，我曾有過一段有趣的經驗。那時我看淡股市，放空了一些股票，同時間我也放空了棉花五萬包。我當時的股票交易獲有利潤，卻疏忽了棉花部位。等我發覺時，五萬包的棉花已經虧損了二十五萬美元。當時我的股票交易相當有意思，而且操作得很好，不想分心他顧，因此每當想到棉花，我就只對自己說：『等到回檔時再來回補吧。』結果價格總是回檔一點點，還沒等到我決定認賠回補，價格便再度彈升，漲得比原來還高。因此我只好決定再多等一陣子，然後就把注意力轉回到我的股票交易，把心思都放進那裡。最後我軋平了股票部位，獲得非常可觀的利潤，就前往溫泉市（Hot Springs）度假去了。

賠了一百萬美元

這時我的思緒，才有空閒處理棉花賠錢的問題。這筆交易已經轉而對我不利。有好幾次我好像可以脫身，因為我注意到每當有人大量賣出，價格總是會出現不小的回檔。但是幾乎轉眼之間，價格又會反彈，並且再次寫下這段走勢的新高價。

我在溫泉市待了幾天之後，虧損達到了一百萬美元之多，而且上漲趨勢還是沒有停止的跡象。我反覆思索自己做過的事，以及沒做的事，得出的結論是：『我一定做錯了！』對我來說，覺得自己錯了，和決定出場，可說是同一件事。於是我回補空頭部位，損失約一百萬美元。

隔天早上，我去打高爾夫，其他什麼事也不想。對我來說，棉花的操作已經結束了。這筆交易做錯了，也付出了代價，而且收據就在我的口袋裡。現在棉花市場究竟如何，我根本不關心。回到飯店吃午飯時，我到經紀商的營業處去晃了一下，看了看報價。那只是個習慣性動作。結果棉花下跌五十點。這還不算什麼，但是我也注意到，它並不像幾個星期以來那樣跌後反彈。我想我跟你說過，它一直以來都是怎麼走的；每當我放空，它就會回檔，但等到壓低它的特定賣壓一緩和，它便立即反彈。這表示最低阻力線是向上。幾個星期以來，都是這個樣子，我就是因為忽略了這一點，所以才賠了一百萬美元。

但是現在，導致我大賠和回補的理由，不再是個好理由，因為如今再也看不到平常那種立即強勁反彈的走勢。於是我又賣出了一萬包，靜觀其變。價格很快就下跌五十點。我等了一會兒，價格並沒有反彈。這時我肚子餓壞了，於是進到餐廳，點了午餐。可是還沒等到服務生送上餐點，我就跳了起來，奔向經紀商的營業處，結果看到棉花價格並沒有反彈，於是便再賣了一萬包。等了一會兒，我很高興看到價格又跌了四十點。由此可見，我的操作正確，於是放心地回到餐廳，享用了午餐之後，我又回到經紀商的營業處。那一天，棉花價格完全沒有反彈。當天晚上，我就離開了溫泉市。

打高爾夫固然好玩，但是先前我放空棉花做錯了，回補也錯了。我必須回到工作崗位，回到能夠安心操作的地方。看到市場吸納我所賣第一筆一萬包棉花的方式，使我決定再賣第二筆一萬包。看到市場吸納第二筆棉花的方式，更讓我確信行情已經反轉。這其中不同的地方，就在於價格走勢。

我到了華盛頓之後，立刻來到往來經紀商的營業處。那個地方的主管，就是我的朋友塔克。我到那邊時，市場又跌了一些。現在我對自己做對更有信心了，也比上次做錯更有把握，於是我又賣出四萬包，價格又下跌七十五點。由此可以看得出來，價格缺乏支撐。那天晚上的收盤價更低。過去存在的買盤消失不見了。買盤何時會再出現，不可能知道，但是我深信自己的部位是對的。隔天早上，我就離開華盛頓，開車前往紐約，心裡面一點也不著急。

到達費城時，我驅車前往一家經紀商的營業處，看到棉花市場大勢不妙。價格已經大跌了一大段，市場上瀰漫著一股小型的恐慌。我覺得自己不能等到回紐約再動作，所以打了長途電話給我的經紀商，回補空頭部位。我一接到回報，發現上次的虧損差不多補回來了，便馬上繼續開車往紐約走，中途當然也就沒有必要再停下來看任何報價了。

炒作獲利

曾和我一起在溫泉市的一些朋友，直到今天還在談我怎麼從午餐桌旁跳起來，跑去賣出第二筆一萬包棉花的事。但我還是一樣要說，這裡頭顯然與第六感無關。即使我先前犯下很大的錯誤，但當時我確實相信，賣出棉花的時機已經來到。我必須好好把握，這是我的大好機會。我的潛意識很可能不斷運轉，替我做成了結論。而在華盛頓決定賣出，是我觀察之後的結果。多年操作的經驗告訴我，最低阻力線已經從向上轉為向下。

棉花市場從我身上取走了一百萬美元，我並沒有怨恨。我不怪自己犯下了那麼大的錯誤，正如我在費城回補空頭部位，把失去的錢撈回來時，也不覺得有什麼好驕傲的。操作時，我滿腦子想的都是操作上的問題。我想我可以確定，我是憑藉著自己的經驗和記憶力，才彌補了第一次所發生的虧損。

在華爾街，歷史總是一再重演。你還記得我告訴過你，史翠頓軋玉米空頭時，我回補空頭部位的故事？我在股票市場上，也運用過相同的手法。這一次，我操作的股票，叫熱帶貿易公司（Tropical Trading Company）。我作多這支股票，也放空這支股票，兩邊都賺到了錢。它是交投相當熱絡的一支股票，也是喜歡冒險的交易人的最愛。報紙三番兩次指責內部人士，認為他們似乎比較關心股價的波動，而不是鼓勵投資人長期持有。前幾天，我認識的一位十分能幹的營業員，斬釘截鐵表示，連丹尼爾・朱魯（Daniel Drew）炒作伊利鐵路或赫夫麥爾（H. O. Havemayer）炒作美國糖業時，也不像馬立根（Mulligan）總裁和他那幫朋友炒作熱帶貿易那樣，發展出那麼完美的市場炒作獲利手法。他們有好幾次鼓勵空頭放空熱帶貿易，然後再著手運用嚴密的商業手法軋空。

他們下手絕不留情，也毫不掩飾。

那些經常因為內部人士擲的是灌鉛骰子而受害的營業廳交易員，為什麼還是繼續挺身玩這種遊戲？唔，其中的一個原因，是他們喜歡行動，而熱帶貿易肯定能讓他們享受到行動的樂趣。這支股票不會有冗長的沉悶期。你不必問股價漲跌的理由，也沒有人會給你理由。你不會浪費時間，也不必磨光耐性，只為了等候傳說中的走勢發動。市場上總有足夠的籌碼供應給交易人——除非空單太大，一時找不到買盤。總而言之，這支股票幾乎隨時都有人在交易！

那件事就發生在一段時間之前，當時我像往常一樣，冬天來到佛羅里達州度假避寒。我盡情釣魚、享樂，不去想市場，只有在收到報紙時，才會去看一眼行情。有一天早上，半個星期一次的郵件送來，我翻開報紙看股票報價，發現熱帶貿易的價格是155美元。我想，上次看到的價格是140美元左右。根據我的看法，當時就要準備進入空頭市場。我正在數饅頭，準備放空股票，但是覺得還不必操之過急。這就是為什麼我會跑去釣魚，暫時遠離報價機的原因。我曉得真正的行情展開時，我一定就會回去。但不管我做什麼事，或者沒做什麼事，都不會促使行情迅速展開。

放空摜壓熱帶貿易

根據那天早上我看到的報紙報導，熱帶貿易的走勢成為了市場上的熱門話題。這使得我看淡大盤的感覺更加強烈，因為我認為，面對大盤普遍籠罩的低氣壓，熱帶貿易內部人士試圖拉抬行情，顯得特別愚蠢。有時候，炒作行為就是非得暫時縮手不可。股價異常的走勢，很少是交易人在算計時喜歡的因素，而且在我看來，拉抬那支股票的價格，更是大錯特錯。沒人能犯那麼大的錯誤卻不遭殃的；至少在股票市場上是如此。

看完報紙之後，我回去釣魚，但是腦子一直想著，熱帶貿易的內部人士到底想要做什麼。他們的行動勢必失敗，就像一個人從二十層樓高的地方，不張開降落傘跳下去，一定摔得血肉模糊那般確定。除了這種下場，我想不出還會有什麼結局。最後，我收起釣竿，拍了一封電報給我的往來經紀商，依市價賣出兩千股熱帶貿易。做完這件事之後，我才能安心釣魚。我覺得我這麼做，感覺還不錯。

那天下午，一位急件信差送來我所發電報的回音。我的經紀商說，他們已經用 153 美元的價格，賣出了兩千股熱帶貿易。到目前為止，一切都還好。我是在跌勢市場中放空，本來就該這麼做才對。但是，我再也沒辦法專心釣魚了。我開始思考為什麼熱帶貿易應該下跌，而不是在內部人士的炒作之下上漲；當我開始思考各種理由之後，很快就覺得自己離行情板太過遙遠。人在釣魚小屋，心思卻在市場，這樣一點好處也沒有，所以我回到棕櫚灘；或者應該說，我回到了能和紐約直接連線的地方。

到了棕櫚灘，我還是看到那些不知死活的內部人士繼續硬幹，於是我二話不說，再賣第二筆兩千股熱帶貿易股票給他們。接到回報單後，我又賣了兩千股。它的價格走勢看起來好極了——也就是說，股價因為我的賣單而下跌。一切都令人滿意，所以我到外面開車兜風，可是心情卻沒有因此舒展開來。我愈想愈覺得不開心，因為應該賣更多才是。因此我又回到經紀商的營業處，再賣兩千股。

當時只有賣出那支股票，才會讓我覺得高興，而那時我已經放空一萬股了。接著我就決定回紐約，因為我有活兒要幹了，釣魚可以改天再來。

到了紐約之後，我覺得瞭解這家公司實際和預期的經營狀況很重要。經過瞭解之後，我更加確信內部人士拉抬價格的舉動不只是輕率而已，因為不管是從大盤的基調，或從公司的盈餘來說，都沒辦法支撐熱帶貿易的漲勢。我之所以會開始放空這支股票，是因為經驗告訴我，內部人士正在做傻事。而我繼續放空，則是因為這家公司的經營狀況，一定會使價格下跌。

雖然當時的價格漲勢不合邏輯，時間也不恰當，但仍舊吸引了一批人抬轎。這種情形無疑是鼓勵內部人士繼續採行不智的戰術。所以，我又賣出了更多的股票。看來內部人士停止了他們的愚行。我根據自己的操作方法，一而再，再而三地測試市場，直到最後放空了三萬股熱帶貿易公司的股票。這時價格掉到了 133 美元。

有人警告我，說熱帶貿易的內部人士曉得每一張股票在誰手上，也知道放空部位的大小和誰在放空，甚至還知道一些戰術上重要的其他事實資料。他們既能幹，又精明。在這種情況下，和他們作對是很危險的。但是對我來說，事實就是事實，而我認為所有的盟友中，最堅強的當屬眼前的情勢。

不過，從 153 美元跌到 133 美元的過程中，未軋平空頭部位的餘額已經增加，而且那些喜歡在價格回檔時買進的投資大眾，也開始像以前那樣推論：這支股票在 153 美元的價位時，就已經被視為是適合買進的好股票。現在跌掉二十點，必然是遠比從前更適合買進了。同樣的股票、同樣的股利率、同樣的條件、同樣的公司業務，現在的價格，真是太便宜了！

投資大眾的買盤，使得流通在外的籌碼變少了，而且內部人士曉得，許多營業廳交易員都在放空，此時正是軋空的好時機。因此，價格又漲到了 160 美元。我敢說，此時一定有很多空頭回補，但我卻不動如山。我為什麼要動？內部人士也許知道，有一個三萬股的空頭部位還沒有回補，但我有什麼好害怕的？驅使我在 153 美元開始放空，而且一路放空到 133 美元的理由，如今不僅依舊存在，而且更比以往強烈。內部人士可能想要逼得我非回補不可，但卻提不出具有說服力的理由。由於基本面情勢站在我這一邊，因此要勇敢面對和保持耐性並不困難。我跟你說過，投機客必須對於自己的判斷懷有信心。已故的紐約棉花交易所總裁和《Speculation as a Fine Art》（投機藝術）一書的知名作者狄金生・華茨（Dickson G. Watts）曾說：『投機客的勇氣，表現在他根據自己的決定採取行動、所懷有的信心。』就我來說，我並不會害怕自己做錯，因為在證明我錯了之前，我從來不會認為是自己錯的。事實上，除非我能善用自己的經驗行動，否則我就會坐立不安。市場的走勢不見得證明我是錯的，而只有市場的漲勢或跌勢，才能確定我的部位是對或錯。我之所以能站起來，靠的是知識。如果我跌倒了，那一定是我自己犯錯造成的。

分析李文斯頓的圍魏救趙戰術

價格從 133 美元到 150 美元的反彈走勢，並沒有什麼特別的地方，尚不足以把我嚇得趕快回補，更何況這支股票後來一如預期，又開始滑落。跌破 140 美元後，內部人士才開始進場支撐。他們的買盤正逢這支股票的大量利多傳言出籠。我們聽說該公司的盈餘好得出奇，由於盈餘那麼好，所以定期發放的股利也會提高。此外，未軋平空頭部位餘額據說十分龐大，世紀大軋空即將展開，空頭將屍橫遍野，若干放空過度的作手更是大禍臨頭。說時遲，那時快，轉眼間價格已經上漲十點。

這次的行情炒作，我並不特別感到緊張，但是當價格升抵 149 美元時，我覺得讓人們以為四處流傳的多頭消息全都是真的，對我也沒有什麼好處。當然，不管是我或其他任何外部人士，都沒有那個份量能夠說出什麼話，說服那些嚇壞的空頭，或是說服那些聽信小道消息、容易受騙上當的顧客。最有效的法寶，就是行情紙帶印出來的數字。人們會相信那些白紙黑字，而不會相信別人信誓旦旦所說的話，更別提放空三萬股的傢伙所說的話。所以我把史翠頓軋玉米空頭時，我利用賣出燕麥，引發交易人看淡玉米的相同手法，搬到這裡再用一次。我的經驗和記憶，再度派上了用場。

當內部人士著眼於嚇退空頭，而拉抬熱帶貿易的價格時，我並沒有試著繼續賣出那支股票，來抑制它的漲勢。我當時已經放空了三萬股，這個數量高達流通在外籌碼的一個百分點。我覺得放空這個數字已經夠了，如果再加碼，就不是明智的做法了。我可不想乖乖把頭放進正在等著我的套索——其實第二波的反彈，正是他們急切想要誘使我掉入陷阱的邀請函。熱帶貿易的價格漲到149美元時，我實際上採用的做法是，賣出了約一萬股的赤道商業公司（Equatorial Commercial Corporation）股票。這家公司大量持有熱帶貿易的股票。

赤道商業這支股票的交投，並不像熱帶貿易那麼熱絡，所以它的股價因為我的賣單而大跌，正如我的預期，而我的目的當然也達成了。當交易人——以及一面倒只聽信熱帶貿易利多傳聞的經紀公司顧客——看到熱帶貿易上漲的同時，赤道商業卻出現沉重的賣壓和重跌，自然而然就會認為熱帶貿易的強勢，只是掩人耳目的障眼法，而被人炒作上漲的目的，顯然是為了便於內部人士出脫赤道商業的持股。赤道商業是熱帶貿易的最大持股人。人們會認為，那一定是赤道商業的內部人士賣的，因為沒有一位外部人士敢在熱帶貿易那麼強勢時，放空那麼多的股票。因此聰明的交易人一見到赤道商業的大量賣盤，立即就會賣出熱帶貿易的股票，從而抑制了那支股票的漲勢。內部人士當然也不敢吃下蜂擁而出的股票，而內部人士的支撐力道一旦撤退，熱帶貿易的價格馬上就下跌了。由於交易人和主要經紀公司也跟著賣出赤道商業的一些股票，我趁機回補空頭部位，賺了一點小錢。這筆放空操作的目的不在獲利，而是為了抑制熱帶貿易的漲勢。

熱帶貿易的內部人士，以及為他們辛勤工作的公關人員，一再拋出各種不同的利多消息到華爾街，試圖拉抬行情。他們每次這麼做的時候，我就放空赤道商業，等到熱帶貿易回檔，並把赤道商業往下拉時再回補，因此炒作者始終難以得逞。熱帶貿易的價格後來跌到 125 美元，不過未軋平空頭部位餘額也增加到很高的水準，所以內部人士又把價格拉升了二十到二十五點。這一次是因為未軋平空頭部位餘額實在太高，所以是一次有效的多殺空行動；不過雖然我預見會有反彈行情，卻沒有回補股票，因為我不想失去我的部位。在赤道商業追隨熱帶貿易同步上漲之前，我又再次大舉放空它的股票，也收到了同樣的效果，再次證明熱帶貿易的利多傳聞是騙人的。

到了這個時候，大盤已經變得相當疲弱。我之前曾經說過，由於我相信當時正處於空頭市場，所以我才會在佛羅里達州的釣魚小屋裡，開始放空熱帶貿易的股票。我同時也放空了相當多的其他股票，不過熱帶貿易是我的最愛。最後，內部人士知道再也無法抗拒整體情勢，熱帶貿易就此一瀉千里。它跌到 120 美元以下，是多年來首見，然後跌破 110 美元、跌破面值，不過我依然沒有回補。有一天，整個市場極其疲弱，熱帶貿易跌破 90 美元。在一片淒風苦雨之中，我回補了放空的股票。我之所以這麼做，還是基於相同的理由！因為眼前有個回補的大好機會——一個很大的市場，盤勢疲弱，而且賣盤遠多於買盤。即使現在聽起來，好像在吹噓自己有多聰明似的，但我還是要告訴你，我是在這段走勢的最低價附近，回補了我的三萬股熱帶貿易股票。但是我當初的想法，並不是要在底部回補，而是希望趁機把帳面利潤化為現金，並且不要在轉換的過程中，損失掉太多的利潤。

整個過程中，我聞風不動，是因為我曉得自己的部位經得起考驗。我並沒有違逆市場趨勢，或者和基本情勢對抗，而是反過來順勢操作；因此，我十分肯定自信過度的內部人士必將潰敗。他們想做的事，別人以前也嘗試過，不過總是以失敗收場。在整個過程中，經常出現反彈走勢，而我即使和任何人一樣，都知道會有這樣的行情，但它還是不可能把我嚇跑。我知道，回補之後再在更高價位建立新空頭部位的做法，肯定不會比一路縮手不動的結果來得好。我抱著自認為正確的原始部位，讓我賺進了一百多萬美元。這次我靠的不是第六感，也不是技巧熟練的行情研判能力，更不是堅強不屈的勇氣。我靠的是我對自己的判斷懷有信心，而不是依賴聰明才智或個人的自負。知識就是力量，而有了力量，就不需要害怕謊言——即使行情紙帶把謊言印出來也不怕。價格很快就會回到應走的軌道上。

一年後，熱帶貿易被推向150美元，並且徘徊在那附近兩個星期之久。大盤這時到了應該回檔的時候，因為它已經馬不停蹄漲了一大段，多頭已後繼乏力。我之所以知道這件事，是因為我試探過了。熱帶貿易的業績很差，所以它的上漲基礎顯得相當薄弱。即使其他股票即將上漲——實際上並沒有——我也看不出有作多這支股票的任何理由。於是我又開始賣出熱帶貿易。我當時打算全部放空一萬股，而價格也因為我的賣單而大跌，看不到任何支撐力道。不過，突然之間，買盤的性質改變了。

我可以跟你拍胸脯保證，一有支撐進來，我馬上就知道。這麼說，並不是要炫耀自己有多行。我立刻就想到，如果那支股票的內部人士，從來都不覺得自己負有道義上的責任，必須推高價格，然而他們現在卻在大盤下跌聲中買進股票，那麼一定有他們的理由。他們不是沒腦筋的笨蛋，也不是慈善家，更不是為了在櫃檯賣出更多證券，而維持股價居高不下的銀行家。雖然我賣出，別人也在賣，價格卻上漲。因此，我在 153 美元的價位，回補了放空的一萬股股票，到了 156 美元，我更開始建立多頭部位，因為這個時候行情紙帶告訴我，最低阻力線是向上的。我看淡大盤，卻獨獨看好一支股票的交易狀況。這時候，整體的投機理論只好拋諸腦後。後來，價格一飛沖天，甚至衝破 200 美元，它成為了那一年的熱門股。廣播和印刷媒體都說我慘遭軋空，虧損了八、九百萬美元。事實上，我不但沒有放空，反而在熱帶貿易上漲的途中一路作多。我甚至因為抱得稍微久了一點，而損失了一些帳面上的利潤。你知道為什麼我會那麼做嗎？因為當時我認為，如果我是熱帶貿易的內部人士，他們一定也會像我那麼做。不過，其實我根本不必去思考那種事，因為我真正該做的事，就只有操作而已——也就是說，我只要根據眼前的事實去操作就可以了，根本不必去猜測別人應該會怎麼做。」

Chapter 10

大買咖啡豆和價格管制委員會

《股票作手回憶錄》之所以暢銷，部分原因在於它談到證管會明令禁止之前，內線消息和股票情報販子橫行時期的故事。雖然大家都知道，聰明的作手希望有人抬轎時，會使出一些技倆，但在第一次世界大戰期間，政府也有一些招式可用。

李文斯頓透露，第一次世界大戰時，他對操作商品很感興趣。由於糧食和穀物的需求十分殷切，尤其是來自歐洲的需求，因此商品價格一飛沖天，農民和交易人度過了記憶中最美好的一些年頭。

在強大的需求推波助瀾下，價格當然節節上漲，商品買方的獲利可觀，空頭也轉空為多。但是有一種商品，表現得並不好：咖啡豆。戰時的運輸型態改變，南美咖啡豆的交運情況非常混亂。更糟的是，戰爭工業局（War Industries Board）宣佈，有位交易人作多咖啡豆，試圖推升價格上漲。價格上漲被視為發戰爭財。對交易人來說，這實在不是個作多的好市場。

戰爭工業局也宣佈，那個交易人就是：李文斯頓。所以他不得不軋平部位，一毛錢都沒賺到。咖啡豆的價格和其他商品一樣，都被政府設定，因此進一步投機和獲利變得相當困難。雖然其他一些商品相較於戰前的價格都呈現上漲，但咖啡豆卻沒有，預期中的暴利並未實現。這件事再次告訴我們，沒人能夠預測，究竟會發生什麼事。

更精彩的故事，是李文斯頓夫人聽信一家大公司執行長的小道消息，投資了五百美元。她利用那個「只給她」的情報，拿出五百美元當保證金，買了一百股108美元的某支股票。經紀商向她收的保證金比率不到百分之五。在她買進之後不久，股價當然下跌。「透露小道消息」的那個人，顯然是要她先生買這支股票，以支撐它的價格；接觸她，等於間接接觸他。但是那個人並沒有如願以償。雖然李文斯頓沒有談到報復行動，卻他提起在發生這件事之後，開始對那支股票很感興趣。

李文斯頓指出：「小說作家、教士、婦女們，喜歡把華爾街的日常活動，看成是橫行無忌者的戰場，而華爾街的日常生活，就像打仗那樣。這樣的想法很具有戲劇性，但卻全然產生了誤導的作用。」在看過這篇文章中他所談到的一些事之後，讀者可能會很好奇，想知道他是不是把遊擊戰也包含在他自己的定義之中。

查爾士・蓋斯特

股票作手回憶錄：一九二二年十二月十六日

股票市場正苦於財金記者喜歡說的線形反轉階段。多頭市場已經走了很長的一段時間，樂觀情緒積習已久，因此人們不分青紅皂白，什麼股票都買。而受害者也如同以往，只找藉口，不問理由。

我有事前往金融區，路上遇見幾位朋友，他們和我點頭打招呼後便匆匆離去。我由此即可判斷，莫名其妙的跌勢正在無情地打擊市場。

後來我又遇見在華爾街上認識最久的老友之一。他的舉動卻讓我不免開始懷疑，這一天的大跌，是不是真的像表面上種種跡象所預示的那麼嚴重。這位老友曾經是我夏天期間的鄰居。那時我在獵捕橫斑蘆花雞，他則是獵捕馬來雞。他不只停下來和我握手，更堅持要我同行。

「到我辦公室來吧，」他催我，「我們可以好好聊聊往事。」

很高興見到他並沒有受到當時回檔的影響，所以我說：「好極了！你很懷念他們，對不對？」

「懷念誰？」

「往事啊。」

「哦，那真是好得沒話說！」他說。「你這傢伙就這樣退休了，實在是聰明得沒話說。」他看著我的神色，與其說是讚許，不如說是帶著點嫉妒，而且我很快就猜到，他所說的「退休」，其實是指我出乎意料賺了一筆大錢。由於全屬偶然，我事先根本沒想到要如何花用那筆交易所帶來的利潤，所以我才能明智地當機立斷，急流勇退，告別華爾街。

昂貴的八分之一點

你不必是福爾摩斯，也能從他的語氣判斷出話中的酸意。你知道有一種營業員，他們無法滿足於手續費收入，所以偶爾也會進場操作。他們經常能賺到幾乎足夠退休生活所需的錢，但這些人如果懂得不說「再賺個十萬美元，我就收手」這樣的話，就不必艷羨聰明的同行「退休了」。最後的八分之一點，代價可說是十分昂貴。

我這位以前的金融家同行，又以自怨自艾的酸苦語氣說：「你懂得金盆洗手，果然聰明。」

我不知道他想起的是自己的哪筆操作，所以語帶同情的問他：「是哪一支股票？」

從我們上次見面以來，他的頭髮白了許多。我記得，我一直很喜歡他。其他事我都忘了，所以那種同情是發自真心的。

「你是什麼意思——哪一支股票？」

「是哪一支股票，害你損失本來可以用來退休的錢？」

「哦，那和哪一支股票沒有關係。那是——那是歲月。華爾街和以前不一樣了。」

「哦，不是吧，華爾街一直都是老樣子，」我說。

「才不一樣！」他恨恨的說。

「老哥，」我安慰他，「你別責怪自己；至少別怪自己沒有好好掌握最近的一次機會。人就是這樣。至於華爾街和以前不一樣這件事，我認為你的看法不對。華爾街始終都和以前一模一樣。從剛開始到現在都一樣，即使結束時也會和開始一樣。變的是你的心理。顯然你正開始瞭解，這裡玩的這種遊戲是沒有人贏得了的，而在股市榮景

之後，如果所擁有的利潤大約是股市沉悶時期他樂意退休時獲利的兩倍，那就是一個人金盆洗手最好的時刻。你不能否認，多年來，你一直渴望有個安寧舒適的老年生活，但是每一次某筆操作賺了大錢，你的退休價格就會上升，所以你才會繼續玩下去——日後再來痛罵自己。」

「哈，胡說八道！」他否認。「如果今天有足夠的——」

「哈，胡說八道！」我反駁他。「即使今天你有足夠的錢，可以縮手退出市場，你還是會決定等到明天再說，因為你會覺得，必須有個更大的安全邊際，以防下次遭逢戰亂，生活費用扶搖直上。你的問題和大部分老牌營業員的問題一樣，他們這一輩子，錢一直賺得很容易，卻永遠嫌沒有一次賺到夠多的錢，讓他們安享退休生活。其實你患了冤大頭症。你懂很多事，所以不會當冤大頭，可是又懂得不夠多，所以無法當個聰明人。我的意思是說，你發現自己不敢在市場急劇往某個方向走時，大手筆押注下去，而且你不知道人老得有多快。事實上，要在華爾街賺到夠多的錢好退休，最容易的做法，正是當個冤大頭——也就是在正確的時間點當冤大頭。別露出那麼厭煩的神情。你不妨想想，是誰在股票市場欣欣向榮時賺到最多的錢？是冤大頭。但那時他們不是冤大頭，因為他們在股市奔向榮途之際，鼓起全部無知的勇氣，把錢狠狠砸下去，因此賺到大錢。他們是那麼地聰明，卻在多頭市場待得過久，反而成了冤大頭。你至少多待了三十年。」

「嘴巴說說倒容易，」他冷笑道。

「才不容易；和你這樣的傢伙講道理，實在很困難。你的病只治好一半，因為你只是一知半解。你只是認為很難打敗這種遊戲，卻不知道它是不可能被打敗的。你只記得狄克或比爾說他們賺了多少錢，卻忘了有許多人到蒙地卡羅，贏了一個晚上之後就不玩了。當他們吹噓自己贏了輪盤時，你知道他們可能只贏了兩百法郎。但是你也曉得，沒有人真的贏得過輪盤。股票市場不一樣。你曉得你的顧客無法打敗它，可是你卻又認為自己可以贏過它。這種想法還真聰明呀！」

「我看你還是喜歡重彈老調！」他第一次露出笑容。我堅持自己喜歡的一套見解，把他給逗笑了。

「什麼事那麼好笑？」我問。

「前後矛盾啊。人們從華爾街賺到錢——」

「在蒙地卡羅只贏一個晚上，」我打斷他的話。「如果隔天晚上他們又回去，一定賠掉所賺到的錢。」

「講得很好。但是我看過你寫李文斯頓的文章，」他反駁道。「你說這種遊戲是沒有人贏得了的，可是卻又發表一系列的文章，說他如何在股市賺了幾百萬美元。那確實是他所經歷過的事，而且他還擁有了遊艇、駿馬和所有的一切。」

「但是他本人說過，這種遊戲是沒有人贏得了的，」我堅持自己的看法。

「但他顯然成為了百萬富翁啊，」我的朋友和善的笑著。

「只要你肯用一點天生、或者後天所學得的智慧看那些文章，就會看出他的成功，正好證明了一個人無法打敗市場。」

「如果打不敗市場，能夠給我像李文斯頓那麼多的財產，我願意打不敗它，」他神情愉快的說。

「可是你在市場已經待了三十幾年！」

「三十九年，」他糾正我的話，看得出他露出了驕傲的神色。人的一生總有一段時期，努力想要持盈保泰，結果卻像恐怖時期的法國老貴族想要保住頭顱那樣，終究是徒勞無功。

「大部分人需要比那還長的時間，才能學會準確概化自己所做的事，」我語帶安慰的說。「畢竟有多少人能把三十九年經營得像你那麼好？而且有一種嗜好也不錯。」

跟著李文斯頓操作

後來我們到了他的辦公室，和資深合伙人、以及一位一般合伙人握手。我和資深合伙人相當熟，那位一般合伙人卻沒見過面。因為不認識的關係，我的朋友用不是很客氣的語氣向他介紹說：「就是這個人，在《星期六晚郵》寫了那些文章。」

「哦？是喔！」那位一般合伙人帶著討好的表情，眼睛亮了起來。「李文斯頓現在認為市場會怎麼走？他嘴裡說看好後市，手下卻正在賣股票。」

「我不知道他怎麼想，而且從來不問他正在做什麼。我對他過去所做過的事，要感興趣得多。過去已經成為歷史，我們可以只談事實。未來則是未知數，我這些日子以來想寫的並不是那樣的文章。」

那位一般合伙人盯著我，顯然覺得不解。由於禮貌的關係，他不敢表示懷疑。但是過了一會兒，他猛點頭。

「哦，我懂了！」他說。「你說得對。跟著他做會有問題。如果任何人想追隨他，都會賠個精光。」

「這我不太懂，」我坦承。

「我認識幾個人，和他相當熟。應該說是走得很近！可是當他們買進他看好的股票，或者賣出他們認為他放空的股票時，總是一賠再賠。他的朋友們並不怪他誤導他們，最後只好放棄再跟著他操作。他很容易轉眼之間就改變心意。當你仍然在等候價格下跌二十點時，他很可能已經回補了空頭部位。還有他們也說，他經常操作錯誤——錯得十分離譜，肯定賠了有好幾百萬美元之多。」

「他跑得很快，」我說。「他研讀行情紙帶，而且不帶偏見。」

「顯然他不是每次都賺幾百萬美元，」一般合伙人說。

「他並沒有刻意掩飾一個事實，那就是每次他像冤大頭那樣操作時，總是付出昂貴的代價，」我鄭重向他表示。

「如果他經常做錯，而在他做對時，你卻無法跟著他做，那麼答案是什麼？」一般合伙人問道。

我笑了起來。這位一般合伙人皺起了眉頭。他很年輕，非常坦率，也十分聰明。

我溫和的解釋說：「小老弟，我們這些老頭子有時候就是會這樣笑，實在忍不住，你別介意。我剛剛才向你那位老頭子合伙人表示，李文斯頓並沒有打敗市場，但他硬是不相信，而他在華爾街打滾的時間，可是比你呱呱墜地以來的時間還要長。現在你談起李文斯頓，以及他那幫朋友在市場上跟著他做的事，讓我想起了詹姆斯．吉恩的那些機密營業員。他們也曾表示，他們曾拿錢出來跟著他操作，偏偏結果是賠損累累，甚至有些人怪他——當然都是在背後說——騙他們。其實吉恩根本完全不知情，不曉得竟有一票人跟在後面操作。」

迷惘的追隨者

看得出來，這位一般合伙人滿腦子想的是，現在應該不一樣了。他相當有禮貌的說：「談到李文斯頓，我只聽過他朋友講的話，沒和他見過面。」

「就算你一天能和他講上一千次的話，也沒有什麼兩樣，」我說。「跟著李文斯頓之類的超級交易人操作，賺不到錢的原因有很多，即使你可以聽到、看到李文斯頓下給營業員的每一張委託單，結果也是一樣。就我記憶所及，實在想不出有哪一次，大作手沒害他最親近的朋友賠錢。我總是聽他們在事後用開玩笑的語氣談起這些事。我聽已故的赫夫梅爾告訴一位近親說，如果要操作糖，最便宜的地方是在空桶店。結果這位高尚的紳士，真的沒到證券交易所去操作，反而去了空桶店，最後因為一點的跌幅而賠了個精光。我還認識一位十分聰明的股票營業員，他曾經告訴我，吉恩先生和我那麼要好，我應該會在六個月之內賠個一文不名才是。我說：『我又不會聽他報的明牌操作，不是嗎？』他答道：『哦，他給的可不只是明牌，而是任何人都難以抗拒的超級明牌。老先生並不會直接告訴你買賣哪支股票，他只要在談話間，提起他作多六萬股巴爾的摩俄亥俄鐵路（Baltimore and Ohio），估計能在耶誕節前淨賺十點就夠了。知道吉恩看好某支股票之後，包括你在內，有任何人能夠抗拒跟著買進的衝動嗎？我敢說，你一定會忍不住跟進。事實上，只有一種方式能靠吉恩賺錢，那就是直接找他，請他收下一些錢，幫你買賣他覺得不錯的股票，而且在他操作結束之前，什麼話都別對你說。即使這麼做，他還是很有可能會把你的錢賠掉，但如果真的賠掉，至少感覺上比較不像是自殺。』我笑了起來，但他很嚴肅的說：『他絕不是故意要賠錢的，但他和其他任何人一樣，也會做錯。我記得有一年，他操作幾十萬股股票，那年他能夠不把錢賠光的原因，是因為達美樂（Domino）的盈餘快速成長。像他那樣的棒槌，通常是在做對時賺很多錢，需要連錯好多次，才會損傷他們的錢財。』跟我說這些話的那個人，是當時最精明的營業員之一。這是為什麼才投入這一行八到十年的你，跟我提起和華爾街一樣古老的故事時，我忍不住笑出來的原因。」

那位一般合伙人用非常有禮貌的愉快神情猛點頭。不過顯然他並不相信我所說的話。歷史的確有參考價值，但年輕人卻總是看不清楚。他能夠看得一清二楚的事，只有李文斯頓到頭來是個大贏家。由此推論，跟著他操作的人如果持之以恆，最後也會是贏家。就算透過爭論、分析或者列舉的方式，可以證明事實不然，但終究還是無濟於事。

這位一般合伙人和那位資深合伙人，以及那一天我碰到的朋友，都對李文斯頓有一些相同的看法——也就是說，他們都認為，他獲利的多寡，是衡量勝利的唯一量數。他打敗了市場，因此證明了盲目的賭徒仍舊可以贏過市場。談到李文斯頓的成功時，他們都不會去考慮他所具備的那些先決要件——對於基本情勢的瞭解；在各種投機性市場中的經驗；敏銳、邏輯、勇氣的組合；立即協調的能力。

根據我本身多年的經驗，我可以這麼說，談到一般投機理論，或者談到操作哲學時，人們總是會滿懷期望地傾聽，並且期望透過他們樂觀的態度，最後可以聽到該怎麼做才能賺到錢的方法。如果聽到吉恩、維里修佛（Woerishoffer）、李文斯頓等人談自己如何賺進數百萬美元的分析說明，結果發現他們也是偶爾才能賺到那麼多，可能就連專業交易人也會大打呵欠，更別說那些經紀公司裡的一般顧客了。但如果你一開始就具體談到某人如何在66美元的價位買進一百股股票，然後加碼操作，直到持有一萬股，而且在前後七個星期內，賺得二十三點的利潤，他們馬上就會豎起耳朵，全神貫注，就好像報價機的滴答聲緊緊牽動著他們的神經一樣。要是你告訴他們一個故事，說有個人持有某支股票好幾個月，正要去經紀商那裡賣掉，卻卡在辦公大樓的電梯裡動彈不得，結果直到臨收盤前一分鐘才遞出賣單，而當天某個人正在軋空。那部聰明的電梯這麼一耽擱，「受害人」不但沒有虧損一萬兩千美元，反而賺上三萬八千美元。聽到這個故事的每一個人，都會暗暗期盼老天有一天也幫上同樣的忙。我曉得每當我談起李文斯頓的操作金言和守則等抽象概念時，聽我說話的人總是興趣缺缺。但是當我提到他的二十萬股股票如何賺到三十五點的利潤時，人們就會馬上張大眼睛，讚不絕口——而且還下定決心要如法炮製一番。

我離開那位朋友的辦公室後，還遇到了許多認識李文斯頓的熟人。他們全都曾經告訴過我一些拉利自己沒跟我說過的操作事蹟。那倒不是因為他們想沾李文斯頓的光，而是他們都想要向全世界證明——也向自己證明——他們和他一樣，一定可以在他們所投入的遊戲中贏得獎賞。

從我所寫的這些文章中，讀者應該可以看得很清楚，我的目的是要說明股票市場是沒有人贏得了的。在我們這個時代操作最成功的股票作手李文斯頓，也和我一樣地相信，沒有人能贏得了市場。他的經驗說服了他，證明他的看法是正確的。他所賺賠的數百萬美元，也證實了這一點。他在回憶前塵往事時，通常只提他認為具有教育價值的成功和失敗案例，也就是說，他想用這些案例證明，一般人在操作時有多麼容易犯錯。他對所有的商品市場都有研究。有一次他的一位朋友曾經問我，知不知道他曾經趁白銀價格上漲時，作多而賺進可觀的利潤。我向李文斯頓問起這件事，他回答我說：「哦，那沒什麼。情況再明顯不過了，白銀價格勢在必漲，我當然買進很多。可是，從那筆交易中學不到什麼東西；那對於你的讀者來說，沒有什麼參考價值。與其說它是投機操作，倒不如說那是一筆商業交易。」

同樣的，他也要求我不要發表其他一些交易的細節。事實上，這些交易既精彩又有獲利，而且如果從賺取財富的角度來說，也非常有趣。但他還是堅持地認為，這些案例缺乏教育意義，所以沒必要公諸於世。

接著，我請他從上次沒講完的股市經歷繼續講下去。

「在你全額清償債主之後，一九一七年你做了哪些事？」

「等等，」他說。「我想先談點一般性的東西。市場突然發生始料未及的事——甚至是爆發一些不名譽的勾當——這在各種投機風險中，是排名在很前面的狀況。有一些風險，即使是慎重穩健的人也必須要承受——如果他不想在商場上當個軟腳蝦，就必須承受這些風險。」

小人難防

「正常的商業風險，並不會比一個人出門上街或搭乘火車旅行的風險還要來得糟。如果我因為遇上了沒有人料想得到的情勢發展而賠錢，因此而產生的怨氣，也不會比有事必須外出，卻偏偏碰到暴風雨要來得多。人生從呱呱墜地到踏進墳墓，本身就是一場賭博。我既然缺乏未卜先知的天賦，對於發生在個人身上的種種事，自然也要能夠默默忍受。但是在我身為投機客的事業生涯中，有時我即使判斷正確，也規規矩矩地操作，結果卻還是因為遇上不那麼光明磊落的對手，使出了一些卑鄙齷齪的手段，使我的獲利就這樣被人騙走。

面對騙子、懦夫和烏合之眾的惡行劣跡時，生意人必須心思敏捷、眼光遠大，才能保護好自己。除了一兩家空桶店之外，我還不曾遇到過刻意欺騙的背信行為。即使是空桶店，也將誠信奉為圭臬。做人正直，不耍無賴，才能賺得大錢。如果我稍一不注意，經紀商就會作弊騙人，而我還必須睜大眼睛注意他們的一舉一動，那麼在我看來，在那樣的地方操作絕對不是一樁好買賣。但是面對商場上的無賴，正派的人一點辦法都沒有。遊戲本來就該玩得公平才對，因為我相信君子的承諾，一言既出，駟馬難追。但我可以列舉出十來個身受其害的例子，只是我並不會把那些事全都抖出來，因

為如今已經於事無補了。

小說作家、教士、婦女，總喜歡把華爾街的日常活動，看成是橫行無忌者的戰場，而華爾街的日常生活，就彷彿像是打仗那樣。這樣的想法很具戲劇性，卻全然產生誤導作用。我不覺得自己所做的事，是在和別人拼命和競爭。我從不和個人或投機炒作集團對抗。我只是和他們的看法不同罷了——也就是對於基本情勢的解讀不同。劇作家所說的商戰，其實並不是人和人之間的爭戰。那不過是個人的商業眼光在相互較勁。我總試著緊緊掌握事實，也只看事實，從而採取行動。這正是伯納德•巴魯克（Bernard M. Baruch）賺取財富的成功祕方。有時我沒有及早看清所有的事實，或者沒有做出合乎邏輯的推斷。每當發生這樣的事，我都會賠錢。我錯了，而我一旦做錯，總是必須付出代價。

犯錯必須付出代價，這點對於理性的人來說，並不會有什麼異議。犯了錯，沒人能夠置身事外；沒有例外，也得不到豁免。但是我對於做對了還賠錢，卻有意見。我倒不是指某個交易所的規定突然改變，而害我賠錢的交易。我心裡知道，總是會有一些投機風險。這樣的想法時時提醒著我：除非把錢存進你的銀行帳戶，否則沒有一筆利潤可以說是已經到手。

歐洲爆發世界大戰後，預料中的商品價格漲勢開始發動。研判會發生這種事，就和研判戰爭會引發通貨膨脹一樣簡單。然而隨著戰事拖延，物價普遍持續上揚。你可能還記得，一九一五年我忙著東山再起。此時的股市正處於大多頭，我的本分是好好掌握、利用這個情勢。我以最安全、最容易、最快速的方式，在股票市場裡大手筆操作，而你也知道，我的運氣不錯。

一九一七年七月，我不只還清了全部債務，手邊也剩下不少錢。這表示現在我有錢又有閒，除了操作股票之外，也有興趣考慮操作商品。多年來，我一直習慣於研究所有的市場。此時商品的價格，普遍比戰前的水準上漲了100%到400%。只有一種商品例外，那就是咖啡豆。咖啡豆沒有上漲，當然有它的理由。戰爭爆發，歐洲市場關閉，數量龐大的咖啡豆只好轉運到美國這個大市場。日積月累下來，美國的生咖啡豆過剩，數量巨大，進而壓低了價格。當我開始考慮投機操作咖啡豆時，它的價格低於戰前的水準。如果造成這種異常現象的原因十分清楚，那麼同樣清楚的是，由於德國和奧地利的潛艇積極四出殲敵，而且效率愈來愈高，航行海上的商用船隻數量必定大減。美國的咖啡豆進口量最後也一定會減少。進口少，而消費不變，過剩的存貨便會慢慢消化。到那時咖啡豆價格一定會和其他所有的商品一樣，除了上漲，別無他途。

李文斯頓的咖啡豆操作

我不需要福爾摩斯的智慧，也懂得掂量眼前的情勢。我沒辦法告訴你，為什麼大家都不買咖啡豆。但是當我決定買進時，並不是把它看成投機性交易，而比較偏向於投資。我曉得需要一點時間才能獲得報酬，但我也知道利潤一定相當不錯。所以我採取保守的投資方式——像銀行家那樣行動，而不是像賭客那般操作。

一九一七年冬，我開始買進數量不少的咖啡豆。但是市況乏善可陳，交投清淡，價格並沒有像我預期那樣地上漲。結果我就這樣持有部位長達九個月之久，一事無成。合約到期時，我只好賣掉全部的選擇權。這筆交易發生了巨大的虧損，不過我仍然認為自己的看法沒錯。我顯然是看錯了時間，但我相信咖啡豆一定會和所有的商品一樣上漲，所以我一賣掉部位，馬上就又開始再買進。叫人失望的九個月已經過去了，雖然我的部位沒賺到錢，但這一次我買進的咖啡豆數量，是之前的三倍。我買進的當然是延後到期的選擇權——能延多久，就延多久。

這次我可沒看走眼。我一建好三倍大的部位，市場就開始上漲。每個地方的人，似乎突然之間都看清咖啡豆市場一定會發生什麼事。看來我的這筆投資，將會創造十分可觀的報酬率。

我所持合約的賣方是烘焙商，其中有許多是取德國姓或者和德國有淵源的商家，他們信心十足地在巴西買進咖啡豆，準備把它們賣到美國。但是他們找不到船隻運貨，處境十分尷尬，一方面那邊的咖啡豆源源不絕而來，另一方面他們又賣出大量咖啡豆給這邊的我。

不要忘了，我剛看好咖啡豆會上漲時，價格和戰前的水準差不多，而且買進之後，抱了大半年，承受了很大的損失，最後只能認賠。操作錯誤，受到的懲罰就是賠錢。但操作正確，得到的獎賞當然就是賺錢。我的操作顯然正確，而且持有很大的部位，當然可以期待大賺一筆。價格不需要上漲太多，利潤就能令我心滿意足，因為我持有的數量多達數十萬袋。我不喜歡談操作數量，因為有時聽起來相當嚇人，說不定還有人以為我在吹牛。事實上，我是根據自己的財力在操作，而且總留有寬裕的安全餘地。這一次，我操作得相當保守。我那麼大手筆地購買選擇權，是因為我看不出有什麼理由會賠錢。情勢對我有利。我已經等了一年，現在就要因為耐心等候和操作正確而得到獎賞。我可以看到利潤迅速滾進來。這並不是什麼聰明的操作。我只是不盲目而已。

無從預料的事件

我以為數百萬美元的利潤肯定迅速到手，但它終究沒有落入我的手中。到手的鴨子就這樣飛了，而且還不是因為情勢突然轉變所造成。市場並沒有突然反轉，咖啡豆也沒有湧進美國。那麼到底發生了什麼事？實際上所發生的，是不管再怎麼想也萬萬料想不到的事！那是一件不管在什麼人的經驗中，都不曾發生過的事；因此，我不可能預先想到要加以防範。從此之後，我在必須時時留意的一長串投機風險清單中，又必須加上一個新的項目。由於那些賣咖啡豆給我的人，曉得自己會有什麼下場，所以他們趕到華盛頓求助，最後也果然得到了幫助。

也許你還記得，政府一再擬定各種辦法，防止民生必需品遭人進一步囤積居奇。你也曉得，大部分辦法的成效如何。唔，賣咖啡豆的那些人跑到戰爭工業局的價格管制委員會（Price Fixing

Committee）——我想這是正式的名稱——以愛國為名，呼籲這個機構保護吃早餐的美國人。他們一口咬定，一名叫做勞倫斯・李文斯頓的專業投機客，已經開始或者準備囤積咖啡豆。如果不即時制止他的投機計畫，他就會趁機大發戰爭財，而美國人民則將被迫支付昂貴的價格，購買每天都要喝的咖啡。他們代表的是咖啡業者，而不是代表放空咖啡豆的賭徒；他們願意協助政府，共同打擊實際或可能存在的不肖商人。

於是我成了眾矢之的。我無意表示，價格管制委員會並沒有竭盡心力遏阻牟取暴利和浪費的行為，卻我仍必須指出，這個委員會不可能深入瞭解咖啡市場的特殊問題。他們對生咖啡豆訂下了最高價格，也訂下期限，規定全部現有的合約都必須結清。這個決定也就表示，咖啡豆交易所必須歇業。我只能做一件事，也的確去做了，那就是賣出所有的合約。我認為必然到手的幾百萬美元利潤，完全沒有實現。不管是過去或現在，我都和任何人一樣，強烈反對有人在民生必需品上牟取暴利，但在價格管制委員會對咖啡豆做出那樣的決定時，其他所有的商品，價格全都高達戰前水準的250%到400%，而生咖啡豆卻低於戰前幾年來的平均價格。咖啡豆握在誰手中，我不覺得有什麼差別。價格勢在必漲，原因卻和沒良心投機客的操作無關，而是因為進口減少，導致過剩存貨降低的緣故，而進口之所以會減少，則是因為德國潛艇大肆破壞世界各國的船隻。委員會根本還沒有等到咖啡豆價格開始上漲，就踩下了剎車。

就政策面和權宜之計來說，強迫咖啡豆交易所關閉是個錯誤的決定。如果委員會不干預咖啡豆的交易，價格無疑會因為我剛剛講的理由而上漲，而這和任何所謂的囤積居奇，並沒有什麼關係。實際上，高價——不見得是高得離譜的價格——反而會形成一種誘因，吸引供給進入美國市場。我聽說，巴魯克先生認為，戰爭工業局在訂定價格時，已經考慮了這個因素——確保供應無虞；因此，如果有人指責若干商品的高價受到限制，那是不公平的指控。可是，咖啡豆交易所後來恢復交易時，咖啡豆價格每磅高達二十三美分。美國人民必須支付這麼高的價格，正是因為供給太少，而供給太少，正是因為當初把價格訂得太低了。

我始終認為，我所有的商品交易中，咖啡豆是最正當的一筆。我覺得它比較像是投資，而不是投機。我已經投入超過一年。如果真要說有任何人放手一賭的話，那也應該是那些所謂的愛國烘焙業者。他們在巴西有咖啡豆，賣給了身在紐約的我，結果價格管制委員會竟然把唯一沒有上漲的商品價格訂死。在還沒有人牟取暴利之前，他們就設法以保護民眾的名義行事，結果卻還是無法保護他們不受到隨後不可避免的價格上漲影響。不只如此，即使在生咖啡豆徘徊於每磅九美分附近時，烘焙咖啡豆也追隨其他每一樣東西上漲。結果，只有烘焙業者獲利。如果生咖啡豆價格每磅上漲二美分或三美分，我就可以賺進好幾百萬美元。而且一般的民眾，也不必在後來的漲勢中，付出那麼高的代價。

放空摜壓引來責怪

對投機操作做事後的檢討分析，只是徒然浪費時間，於事無補。但是這次的交易，還是具有一些教育價值。它和我所做過的任何一次交易同樣漂亮。漲勢是那麼地確定、合乎邏輯，我估計不賺上幾百萬美元也難。但我就是賺不到。

另外還有兩次，由於交易所的委員會做出裁決，在沒有預警的情況下改變交易規定，使得我受到傷害。但是那兩次，我的部位雖然技術上正確，卻不像咖啡豆的操作那樣，具有穩健的商業基礎。投機操作時，任何事都無法百分之百肯定。最後由於剛剛跟你說過的經驗，我只能在自己的風險清單上，於意外事故中又加進了無法預測的這一個項目。

結束咖啡豆的交易後，我操作其他商品和放空股市做得十分成功，結果開始招來荒謬的閒言閒語攻擊。華爾街的專業人士和報紙記者養成了一種習慣，經常怪罪我和我所謂的摜壓行動，造成價格滑落，而不去看價格是不是勢在必跌。有時他們會把我的賣出動作稱為不愛國的行為——不管我是不是真的在賣。他們誇大我的操作規模和產生的影響，理由是為了滿足大眾永不滿足的需求，因為他們經常都需要為每一次的價格波動，尋找出可以接受的理由。

我已經說過一千遍，任何炒作行為都無法壓低股價，並把價格一直壓在低價位。個中原因並不神祕。只要是肯花半分鐘時間思考的人，馬上就能看清楚為什麼。假設有一名作手摜壓某支股票

——也就是把價格壓到低於實質價值——那麼肯定會發生什麼事？唔，這名作手肯定會馬上遭遇到最精明的內部人士買盤的抗力。曉得一支股票到底值多少錢的人，看到價格賣得十分便宜，總是會去買。如果內部人士沒買，原因可能就是整體情勢不利於他們自由調度自身的資金，而這種情勢當然不利多頭行情展開。當人們談到空頭摜壓時，總是認為打壓股價沒有道理，而且幾乎可說是犯罪行為。但是如果想要把一支股票打壓到遠低於真正的價值，其實是危險性很高的做法。交易人最好謹記在心：遭到打壓的股票如果沒有反彈，就表示內部人士買盤的支撐力道不強；但如果是不合理的放空，往往就會引來內部人士的買盤；一旦發生這種事，價格就不會保持在低水準。我要鄭重指出，一百次裡面，有九十九次所謂的摜壓行情，其實是合理的跌勢。交易人的操作，有可能會加快下跌的速度，但不管他的操作規模有多大，都不會是價格下跌的主因。

婆羅洲錫業的故事

大部分突然下跌或者特別激烈的重挫走勢，不少人都認為肯定是某個棒槌的操作所造成的。這種說法可能是為了方便隨意捏造個理由，說給那些只不過屬於盲目賭徒的投機客聽。這種人不管對他們說些什麼，他們都會相信，因為他們根本不肯稍微動動腦筋自行思考。經紀商和喜歡說東道西的人，經常以空頭摜壓為由，安慰那些運氣欠佳、蒙受損失的投機客。這種藉口其實是一種反向小道消息（inverted tip）。不同的地方在於：空頭小道消息是明確、積極的放空建議。但是反向小道消息——也就是不能解釋什麼的解釋——只是為了讓你不能明智的放空。一支股票重跌時，交易人自然而然會賣出。股價下跌一定有它的理由——也許理由不明，卻一定是個好理由，所以必須出場。但如果股價重跌是作手摜壓的結果，此時出場就不是明智之舉，因為他一旦停止摜壓，價格一定反彈。這正是所謂的反向小道消息！

小道消息！大家多麼想要小道消息！他們不只渴望得到小道消息，也喜歡給人小道消息。這裡面有貪念，也有虛榮心在作祟。有時看到真正的聰明人四處求明牌，不免令人莞爾。給小道消息的人，並不在意小道消息品質的好壞，因為這些打探小道消息的人，要的不是品質好的小道消息，而是任何小道消息都可以。如果小道消息靈光，那很好！如果不靈，也許下次運氣會好一點。談到這裡，我就不免想到一般經紀公司裡面的一般顧客。有一種傳聲筒或炒手，從開始到最後，始終相信小道消息。在他們看來，流通良好的小道消息，是公共宣傳報導的昇華、世界上最好的促銷情報，因為聽小道消息和報小道消息的人，都會散佈小道消息。於是小道消息的傳播就成為沒完沒了的廣告。小道消息的傳聲筒這麼努力，是因為他有一種錯覺，以為只要是活著的人，就抗拒不了適當發佈的小道消息。所以他認真研究巧妙散佈小道消息的藝術。哎，我曾經——」

李文斯頓暫停話頭，突然笑了起來。我當然要問他：「你想到什麼了嗎？什麼小道消息？是誰給你的？」

「每天都有不同的人給我幾百個小道消息，」他答道。

「我只想聽那個讓你想起來忍不住發笑的小道消息，」我堅持。

「那個小道消息也不是給我的。那是我太太聽到的小道消息。」

「她也投機操作？」我問。

「別急，且讓我將來龍去脈慢慢告訴你，」李文斯頓說。「那支股票是婆羅洲錫業公司（Borneo Tin Company）。你還記得這支股票上市的情形吧？那時正值股市榮景如日中天之際。證券發行集團聽從一位非常聰明的銀行家建議，決定立刻在公開市場發行新公司的股票，而不讓承銷集團接手承銷。這是個好建議。但是他們所犯的唯一錯誤，在於缺乏經驗。他們不曉得股票市場處於瘋狂的榮景時，有可能會發生什麼事，而且他們也不夠聰明，不懂得要表現出寬洪大度的氣量。他們同意發行股票時，價格要往上加，但剛開始交易時的價格，卻令交易人和搶先投機的人，買得並不安心。

照理說，發行集團應該會陷入進退兩難的處境，但是在狂飆的多頭市場中，他們的貪婪相形之下卻顯得極端保守。當時只要有合適的小道消息，投資大眾什麼股票都願意買。沒有人想要做投資，大家都只想輕鬆賺錢，每賭必贏。由於世界各國都在採購數量龐大的軍事物資，黃金正大量湧進美國。我聽說發起人在擬定婆羅洲股票的上市計畫時，曾經前後三次調高開盤價，之後才允許投資大眾開始買賣。

有人找我加入上市發行集團，我研究了一下，沒有接受，因為如果需要炒作市場，我喜歡自己來。我總是根據自己的研判，用自己的方法操作。當婆羅洲錫業股票上市時，由於我知道那個集團擁有多少資源、計畫怎麼做，也曉得投資大眾會怎麼做，所以我在第一天的第一個小時，就買了一萬股股票。至少到那時，這支股票的掛牌上市過程可說是十分成功。事實上，發行集團發現需求非常熱絡，那麼快就被買走那麼多股票，實在是一大損失。差不多就在他們發現，就算加價二十五點或三十點，也可能賣掉手上的每一支股票之際，他們也發現我已經買走了一萬股。因此他們斷定，我那一萬股股票所賺得的利潤，從他們認為已經到手的數百萬美元，搶走了太大的一塊。所以他們停止多頭操作，試著把我洗出場。但我不為所動，他們只好作罷，當作自己運氣不好，不再理我，因為他們可不能讓市場飛走，所以又開始拉抬股價，不再失去他們所能控制的任何一張股票。

他們看到其他股票狂飆到很高的價位，於是開始認為，他們可望得到幾十億美元的進帳。然而，當婆羅洲錫業漲到 120 美元時，我便把手上的一萬股賣給了他們。我的賣單抑制了漲勢，股票發行集團的經理人此時也放棄拉抬價格。在大盤的下一波上漲走勢中，他們試著再度炒熱股票，調節不少持股，但是事後證明，這筆買賣的代價相當昂貴。最後他們把價格拉抬到 150 美元。可是大盤盛極而衰，發行集團只好在價格一路下跌的走勢中，儘可能把股票賣給喜歡在大幅回檔後買股票的人；這些人有個錯誤的想法，以為本來賣 150 美元的股票，跌到 130 美元就算很便宜了，如今到了 120 美元，更是便宜得不得了。而且他們只要把小道消息放給場內交易員，往往就能夠創造出短暫的熱絡市場，然後再放消息給經紀商，每次都有一點小幫助。發行集團也使盡他們知道的每一種辦法。問題是作多股票的時機已經過去。冤大頭們已經吞下了誘餌。婆羅洲那幫人沒有看清這一點，後來也沒看到。

晚餐桌上的小道消息

那時我跟內人正好在棕櫚灘。有一天，我在葛麗萊贏了一點小錢，回到家後，給內人五百美元吃紅。事情就是那麼巧。那天晚上，她在晚宴上，認識了婆羅洲錫業公司的總裁魏森斯坦（Wisenstein）先生，他當時是該公司股票發行集團的管理人。後來隔了一段時間之後，我們才知道，當時這個魏森斯坦先生坐在內人旁邊，是經過刻意安排的。

他對內人大獻殷勤，談笑風生，最後神秘兮兮地告訴她：『李文斯頓太太，我要做一件從來沒做過的事。我很樂意這麼做，因為妳一定知道它的意義。』他停下話來，看著內人，好確定她不但聰明，而且也很小心。她可以從他的臉上，很清楚看出他的意思，不過她只是回答：『請說。』

『好的，李文斯頓太太。認識妳和妳先生真是榮幸之至。這麼說是發自肺腑之言，因為我希望能跟你們多親近些。我想，不用說，妳也知道等一下我要說的話是絕對機密！』然後他放低聲音說：『如果妳買一些婆羅洲錫業的股票，保證賺很多錢。』

『真的？』她問。

『我剛要離開飯店時，』他說，『收到一些電報，裡面的消息至少幾天之後才會公佈。我打算盡我所能地吸進這支股票。如果明天開盤時妳買進一些，妳就會和我一樣，在同一時間用相同的價格買到。我向妳打包票，保證婆羅洲錫業一定上漲。這件事我只告訴妳一個人。妳肯定是唯一知道這個消息的人！』

內人謝謝他的好意，接著表示，她對股票投機一竅不通。但他拍胸脯指出，只要照他的話做，其他的事不知道也沒關係。為了確定她聽得正確無誤，他又把剛剛的建議講了一遍：『妳只要看自己想買多少婆羅洲錫業的股票，儘管買就是。我可以向妳保證，買這支股票絕對不會賠上一分錢。我這輩子從來不曾建議過任何女士，或任何男士買進任何股票。但是我非常肯定，這支股票不漲到200美元不會打住，我希望妳也能賺點錢。妳曉得我無法吃光所有的股票。要是除了我之外，還有人會因為股價上漲而獲利，我寧可那個人是妳，而不是其他的陌生人。我真的是這麼想的！我偷偷告訴妳這件事，是因為我知道妳不會把它講出去。相信我的話，李文斯頓太太，買進婆羅洲錫業準沒錯！』

他非常熱心，成功地說動了她。她腦子轉著轉著，想起了我那天下午給她的五百美元，似乎有了絕佳的用途。那筆錢對我來說不算什麼，對她而言也是意外之財。換句話說，要是運氣不好，輕鬆賺來的錢賠掉也無所謂。但是他說，她穩賺不賠。如果能自己賺點錢，那再好也不過了——事後再跟我說也不遲。

魏森斯坦失算

隔天上午市場開盤前，她果然到了哈丁的營業處，對經理說：『哈利先生，我想買一些股票，但請不要進到我平常的戶頭，因為在我賺到一點錢之前，我不希望讓我先生知道。你能幫我安排一下嗎？』

哈利經理說：『哦，沒問題。我們可以用一個特別帳戶來交易。妳想買什麼股票多少股？』

她把五百美元交給他，並說：『麻煩仔細聽好。我可不希望賠掉的錢多於這個數目。萬一這筆錢賠掉了，我也不想欠你們任何錢；還有請記住，我不希望李文斯頓先生曉得這件事。請在開盤時，用我給你的錢，能買多少婆羅洲錫業，就買多少。』

哈利收下錢，跟她說，絕對不會跟任何一個人說一個字，並且在開盤時，替她買了一百股。我想她的進價是108美元。這支股票那天交投非常熱絡，收盤上漲三點。內人一買就賺，樂壞了，好不容易才按捺住不告訴我。

那時我剛好愈來愈看壞大盤後市。婆羅洲錫業異常的交投狀況引起了我的注意。我不認為那是任何股票上漲的好時機，更別提那支股票。就在那一天，我決定開始放空婆羅洲，賣出了約一萬股。我想要是我沒放空，這支股票那一天有可能會上漲五點或六點，而不是只漲三點。

第二天，開盤時，我又賣出了兩千股，臨收前再賣出兩千股，股價也跌到了 102 美元。

第三天早上，哈丁兄弟棕櫚灘分處的經理哈利，等待著內人的到來。她通常會在十一點左右逛進營業處瞭解一下盤勢，順便看看我有沒有在忙什麼事。

哈利把她拉到一邊，說：『李文斯頓太太，如果妳希望我替妳繼續持有那一百股婆羅洲錫業，妳就必須多交一些保證金。

『但是我沒錢了，』她對他說。

『我可以把它移轉到妳的普通帳戶，』他說。

『不行，』她有意見，『因為這麼一來，L. L.（勞倫斯・李文斯頓）就會知道。』

『但是這筆交易的帳戶已經發生虧損——』他說。

說。

『可是我已經明白告訴過你，我不希望損失超過那五百美元。甚至我不希望虧掉這筆錢，』她說。

『我曉得，李文斯頓太太，但是我不想在沒有通知妳的情形下就把它賣掉，現在除非妳授權我持有它，否則我只好賣出去。』

『但是我買進的那一天，這支股票表現得那麼好，』她說，『我不敢相信它這麼快就變成這樣。你覺得呢？』

『對，』哈利答道，『我也不敢相信。』在經紀商營業處混飯吃的人，必須擅長應對進退。

『哈利先生，出了什麼事？』

哈利曉得到底是怎麼一回事，卻不能告訴她，否則就得把我給供出來。但是顧客在買什麼和賣什麼，是不能洩露的，所以他只好說：『我並沒有聽說什麼特別的事。可是你看，它又跌了！這是這一波的低點！』他指著行情板。

李文斯頓太太瞪著不斷下跌的股票，叫道：『喔，哈利先生！我不想失去我的五百美元！我該怎麼辦？』

『我不知道，李文斯頓太太，但換成我是妳，我會去問李文斯頓先生。』

『喔，不行！他跟我說過，不希望我自己去投機。只要我開口，他就會幫我買賣股票。我以前不曾在他完全不知情的情況下交易股票。我不敢告訴他。』

『沒關係的，』哈利安慰她。『他是非常好的交易人，一定知道怎麼做才好。』看到她猛搖頭，他狠狠加上一句：『要不然妳存進一、兩千美元，保住你的婆羅洲。』

一想到要存進更多的保證金，她當場楞住。她在營業處徘徊，但是市場愈來愈疲軟，她只好硬著頭皮，到報價機旁邊來找我，說有話要跟我說。我們進到專用辦公室，她才把全部的事情和盤托出。我只對她說：『妳這個傻女孩，這筆交易就交給我，妳別管了。』

她保證照我的話做，於是我把五百美元還她，她就高高興興地走了。當時的股價，正好掉到面值 100 美元。

我後來弄清楚到底是怎麼一回事。魏森斯坦是個狡猾伶俐的人。他估計內人會把自己告訴她的話說給我聽，而我就會去研究那支股票。他曉得，股票的交投狀況應該可以吸引住我，而我一向以大手筆進出聞名。我想他大概認為，我會買進一、二萬股。

這是我所聽過，策劃之用心和安排之巧妙，難得一見的小道消息，但是它還是出了差錯。事實上它非錯不可。首先，內人碰巧那一天意外得到五百美元，因此遠比平常更敢於冒險。她想要完全靠自己的力量賺一點錢，而她的女性特質，更使得那種誘惑格外具有吸引力，難以抗拒。她曉得我對外部人士的股票投機行為，抱持著什麼樣的看法，所以不敢向我提起這件事。但魏森斯坦終究失算了，沒有正確掌握到她的心理面。

三不五時希望無窮

至於我是什麼樣的交易人，他也猜得大錯特錯。我從不聽信小道消息，更何況我看壞整個市場。他認為可以有效誘使我買進婆羅洲的手法——也就是交投量大和三點的漲幅——正好吸引我選上婆羅洲，作為放空整個市場的第一步。

我聽了內人的話之後，比以往更想賣出婆羅洲。每天早上開盤和每天下午收盤前，我都固定放空一些股票讓他們承接，一直到我看到有機會回補空頭部位，獲得可觀的利潤落袋為止。

我總是認為聽信小道消息操作，是愚蠢至極的行為。我想，我天生不喜歡聽小道消息。有時我覺得聽小道消息的人，和貪愛杯中物的人一樣，就是抗拒不了肚裡作怪的酒蟲，常在尋找可以一醉解千愁的狂飲機會。豎起耳朵聽小道消息，再容易不過了。在很容易照著做的情況下，聽人家說要怎麼做才會得到快樂，和真正的快樂比起來，可說是世界上第二等好事——但是那距離你真正實現心中渴望，還差了很大的一截。那不太像是因為貪婪而變得盲目，倒比較像是人們不願動腦筋思考，而被希望給束縛住了。

不是只有在冤大頭型的投機大眾之中，才能找到這些至死無悔的小道消息打聽者，連紐約證券交易所營業廳的專業交易員也一樣糟糕。我非常清楚，他們裡面不知有多少人，因為我從來不給任何人小道消息，而對我懷恨在心。如果我告訴他們：『賣五千股美國鋼鐵！』他會馬上照做。但如果我跟他說，我相當看壞整體市場，並且詳細說明我的理由，他會聽得很不耐煩。等到我講完，他會瞪著我，氣我浪費他的時間，因為我只顧表達個人對整體情勢的見解，卻不肯直截了當給他清楚明白的小道消息，然後他們就像華爾街上多如過江之鯽的好心人那樣，喜歡把幾百萬美元塞進朋友、熟人和全然陌生的人口袋中。

所有的人都相信會有奇蹟發生。這樣的信念是起於一廂情願所抱持著的希望。總有一些人，每過一段時間，就會燃起無窮的希望。而且我們都知道，眼前這些長期狂飲希望的酒徒，正是樂觀派的絕佳典範。他們都喜歡聽小道消息。

我認識一個人，他是紐約證券交易所會員。他認為我是自私、冷血的豬，因為我從來不給人小道消息，或者告訴朋友可以去做什麼事。有一天——這是幾年前的事了——他和一位新聞記者聊天，記者隨口提到，他聽一位消息靈通人士表示，G. O. H. 就要上漲。我的這位營業員朋友馬上買進一千股，想不到價格跌得很快，好不容易停損，卻已經賠掉三千五百美元。一兩天後，餘痛未消，他又遇上那位記者。

『你給我的那個小道消息真是爛透了，』他抱怨道。

『什麼小道消息？』記者問道，他已經忘了那件事。

『關於 G. O. H. 的小道消息啊。你說，那是聽消息靈通人士講的。』

『沒錯！是這家公司一位董事告訴我的。他是財務委員會的一員。』

『到底是哪一位？』營業員恨恨的問。

『如果你一定要知道的話，』記者答道，『他就是你的岳父大人魏斯雷（Westlake）先生。』

約翰．蓋茲的衷心感謝

『可惡，為什麼不告訴我，你說的那個人就是他！』營業員叫道。『你害我賠掉三千五百美元！』他顯然並不相信親人給的小道消息，彷彿和小道消息的源頭離得愈遠，小道消息就愈靈光。

老魏斯雷是個事業有成的富裕銀行家和傳聲筒。有一天，他碰到約翰・蓋茲（John W. Gates）。蓋茲問他，有沒有聽到什麼消息。『如果講了，你會照做，我就告訴你一個小道消息。要是你不會去做，那我就省省唇舌。』老魏斯雷不高興地說。

『我當然會去做，』蓋茲爽快地說。

『賣出瑞丁（Reading）！肯定能賺二十五點，也許更多。但是二十五點絕對跑不掉，』魏斯雷講得斬釘截鐵。

『非常謝謝你，』以開口閉口和你賭一百萬美元聞名的蓋茲，和魏斯雷親熱地握手，然後走向往來經紀商的營業處。

魏斯雷是研究瑞丁股票的行家。大家都知道這家公司從裡到外，他全都瞭若指掌，也和內部人士來往甚密，因此這支股票的市場走勢，一切都在他的預料之中。現在他建議人稱西部棒槌的炒手放空瑞丁。

哈！結果瑞丁漲個不停。幾個星期內，漲了一百點左右。有一天，老魏斯雷在華爾街上碰到蓋茲，卻裝作沒看到，繼續往前走，蓋茲趕到他前面，笑容可掬，伸出手。老魏斯雷一臉茫然和他握手。

『真要謝謝你給我瑞丁那支明牌，』蓋茲說。

『我沒給你任何明牌啊，』魏斯雷皺著眉頭說。

『你的確給了，而且那支明牌太準了。我賺了六萬美元。』

『賺了六萬美元？』

『你不記得了嗎？你告訴我，可以賣出瑞丁這支股票，所以我就買進了！每次反向操作你給的明牌，我總是賺錢，魏斯雷，』約翰．蓋茲愉快地說。『每次都賺！』

老魏斯雷看著這名粗獷的西部佬，立刻用讚佩的語氣說：『蓋茲，要是我有你的頭腦，不知道會多麼有錢！』

前幾天，我遇見名氣響亮的漫畫家羅傑斯（W. A. Rogers）。這個人以華爾街為主題的漫畫，深受營業員好評。多年來每天刊登在《紐約先鋒報》（New York Herald）的漫畫，成千上萬人看得津津有味。哦，他說了一件事給我聽。那件事發生在我們和西班牙開戰之前不久。一天晚上，他和一位營業員朋友相聚。離開時，他從衣帽架拿起圓頂禮帽，至少他認為那是自己的帽子，因為形狀相同，而且戴起來十分合適。

整個華爾街當時所想和所談，全是美西戰爭的問題。兩國會開戰嗎？如果兵戎相見，市場會下跌；美國人當然會賣出，但更大的賣壓會來自購買美國證券的歐洲人。如果相安無事，股票買盤一定湧入，因為在報紙沸沸揚揚的喧嚷之下，股市已經跌了一大段。羅傑斯所說的故事，其餘部分如下：

『前一天晚上和我相聚的那位營業員朋友，隔天站在交易所營業廳，內心交戰不已，不知道應該站在市場的哪一邊操作。他反覆琢磨著正反兩方的意見，但是無從分辨哪些是謠言，哪些是事實。他找不到真實可靠的消息，引導他的操作。這一刻，他覺得戰爭不可避免，但下一刻，他差一點就要說服自己，相信戰爭完全不可能發生。當時他心裡的迷亂，一定令他身體躁熱了起來，所以他拿起圓頂禮帽，搧去額上的熱氣。他無法下定決心，到底要買，還是賣。

他的眼角碰巧掃過帽子裡面。裡面鏽著金字WAR（羅傑斯全名的縮寫）。這正是他所需要的第六感。難道這是老天爺透過我的帽子捎來的小道消息？於是他大舉賣出股票。不久兩國真的宣戰。他在價格大跌時回補股票，賺了一大筆錢。』然後羅傑斯說：『而我再也要不回那頂帽子了！』

但是我聽過的小道消息故事中，最妙的一個，和紐約證券交易所一位非常有名的會員有關。這個人你也認識──胡德（J. T. Hood）。有一天，另一位營業廳交易員伯特・華克（Bert Walker）向胡德表示，由於他幫大西洋南方公司（Atlantic and Southern）一位重量級董事的忙，那位內部人士為了答謝，告訴他，儘可能去買進大西洋南方的股票。他說，該公司董事就要有所動作，會使股價至少上漲二十五點。董事還沒有全部同意這個案子，但是絕大多數肯定會投下贊成票。

伯特・華克斷定該公司會提高股利率。他把這件事告訴胡德，於是兩人各買了兩千股大西洋南方的股票。在他們買進之前和之後，股價都很疲軟，但是胡德認為，這顯然是因為感謝伯特的那位朋友，他所領導的內部人士們正在進貨的緣故。

到了下個星期四，就在市場收盤後，大西洋南方公司的董事召開會議，宣佈不發放股利。隔天開盤後六分鐘內，股價就下跌了六點。

再洗一次

伯特・華克氣壞了。他去找欠他人情的那位董事。董事對這件事深感過意不去，也後悔不已。他說，他忘了自己曾經告訴華克買進股票，所以一時疏忽，沒有通知華克，說董事會的主流派改變了計畫。那位董事覺得抱歉，急於有所補償，所以又給了伯特另一個內線消息。他好心的解釋說，有兩位董事想要用便宜的價格買股票，決定訴諸粗糙的手法，使得他的判斷出錯。他不得不讓步，才能取得他們的支持。但是現在，他們都已經抱滿了股票，股價上漲再也沒有阻力了。現在買進大西洋南方，保證穩賺不賠。

伯特不但原諒了他，還熱情地跟這位著名金融家握手。他當然趕緊找同樣受害的朋友胡德，告訴他這個好消息。他們就要準備大賺一票了。

上一次，他們聽說這支股票會漲而買進。現在，價格跌了十五點，勢在必漲，所以他們合買了五千股股票。

但是，就彷彿是他們按鈴啟動那樣，股價應聲重跌，而且賣壓相當明顯來自內部人士。兩位專員證實了他們的懷疑。胡德賣掉五千股股票。賣完之後，伯特・華克跟他說：『要不是那個混帳東西前天去了佛羅里達，我肯定會狠狠修理他一頓。真的，我一定會這麼做。跟我來。』

『去哪裡？』胡德問。

『到電報室。我要發一封臭罵他一頓的電報，讓他永遠忘不了。來吧。』

胡德跟了上去。伯特帶頭進入電報室。他正在氣頭上，他們的五千股股票損失可不輕，因此他寫下一封把對方罵得狗血淋頭的電報，唸給胡德聽，並說：『我對他的看法，差不多都表達出來了。』

說著，正要把電報遞給在那邊等著的辦事員時，胡德卻說：『等等，伯特！』

『什麼事？』

『要是我，就不會發出這封電報，』胡德勸他。

『為什麼不發？』伯特問。

『這會讓他很不高興。』

『那不正是我們的目的？』伯特驚訝的看著胡德。

但是胡德搖搖頭，不表同意，很認真地說：『如果你發出這封電報，我們就永遠得不到另一個內線消息了。』

連專業交易人都這麼講，聽信小道消息的一般冤大頭就更不用說了。人們愛聽小道消息，不是因為他們愚蠢至極，而是因為他們喜歡我說過的，用希望做成的雞尾酒。相較之下，老羅思柴爾德男爵（Baron Rothschild）的致富祕方好用多了。有人曾問他，在股市賺錢是不是很難？他答道，恰恰相反，他覺得很容易。

掂量艾奇森

『那是因為你那麼有錢的緣故，』訪問他的人不以為然。

『才不是。我已經找到一種簡單的方法，而且我一直照著這種方法做，要不賺錢也難。如果你想聽的話，我就把祕密告訴你。我的祕密是：我從來不在底部買進，而且總是賣得太快。』

投資人的類型五花八門。大部分人非常喜歡看存貨和盈餘等統計數字，以及各式各樣的數學資料，彷彿那就是事實和確定不變的東西。不過這些資料，往往都把人的因素降到了最低。實際上只有少數人，會把研究當成是自己的事。我就認識一個頂尖聰明的投資人，出身是賓州荷蘭人，他一步一腳印來到華爾街，成就可媲美羅素・謝吉（Russell Sage）。

他長於調查研究，凡事都要打破砂鍋問到底。他相信應該親自問問題，用自己的眼睛觀察。他不戴別人的眼鏡。這是幾年前的事了，當時他似乎持有相當多的艾奇森（Atchison）股票。後來他聽到關於該公司和管理階層一些叫人不安的報導。有人告訴他，公司總裁萊恩哈特（Reinhart）先生，其實缺乏為人所稱頌的經營長才，說穿了不過是個揮霍無度的經理人，而且他輕率魯莽的舉動，正迅速將公司推進一團亂局。等到無可避免的最後審判日到來時，公司就要倒大楣了。

對這位賓州荷蘭人來說，這可是攸關生死的大事。他趕到波士頓，見萊恩哈特先生，問了他一些問題。他問的問題，和他所聽到的指責有關。他問這位艾奇森托庇卡聖大菲鐵路公司（Atchison, Topeka and Santa Fe Railroad）的總裁，是否真有其事。

萊恩哈特不只加重語氣，否認相關的指責，更進一步說明。他用數字證明，指責他的人存心不良撒謊。這位賓州荷蘭人要求確切的資訊，總裁給了他，讓他十分詳細地知道了公司目前的經營和財務狀況。

賓州荷蘭人謝謝萊恩哈特總裁，回到紐約後，馬上賣出手上全部的艾奇森持股。大約一個星期後，他利用閒置資金，大量買進德拉瓦雷克萬納西方（Delaware, Lackawanna and Western）的股票。

幾年後，每當我們談起幸運的換股操作時，他就會用自己的例子作說明。他說出了到底是什麼原因，促使他立刻換股操作。

『不瞞你說，』他說，『我注意到，萊恩哈特總裁寫數字時，是從捲蓋式桃花心木辦公桌的文件格裡抽出幾張信紙。那些信紙是用高級重磅數亞麻紙製作，信頭採精美的雕刻銅版雙色印刷，不但很貴，而且更糟的是——貴得十分沒必要。他在一張信紙寫下了幾個數字，讓我知道公司幾個部門的獲利到底有多少，或者證明他們如何縮減費用支出或降低營業成本，接著就把用昂貴紙張做成的信紙揉成一團，丟進字紙簍。不久，他又因為要向我強調他們引進了哪些具有經濟效益的措施，於是再抽了一張雕刻銅版雙色印刷的漂亮信紙。寫了幾個數字，然後——果然沒錯，又進了字紙簍！不假思索，又浪費了更多的錢。我想到如果總裁是這樣的人，他一定不太可能堅持任用或獎勵懂得撙節開銷的左右手。因此我決定相信管理階層揮霍無度的說法，不採信該公司總裁的那套說詞。所以我賣掉手上的艾奇森股票。』

『幾天後，我正巧有機會到德拉瓦雷克萬納西方公司的營業處所。公司總裁是老山姆・史隆（Sam Sloan）。他的辦公室最靠近大門，而且辦公室的門總是開著。那段時期，不管是誰，進到德拉瓦雷克萬納西方的總公司，總是會見到總裁坐在桌子後面忙著。如果有公事要談的話，任何人都可以走進去，馬上和他談公事。財金記者經常告訴我，和老山姆・史隆講話，永遠不必拐彎抹角。有問題儘管問，他都會直截了當給出是或否的答案，不管其他董事的股市利益如何危急，他都是這個樣子。』

山姆・史隆節儉成性

『我走進去時，見到老先生正忙著。起初我以為他正在拆信，但是等到接近辦公桌時，才看清他在做什麼。事後我才知道，那是他每天都要做的事。他要求信件分類開啟之後，不要丟掉空信封，而是搜集起來送到他的辦公室。他利用閒餘時間，把信封沿著邊緣撕開，就成了兩張各有一面空白的紙。他把這些紙疊起來，分發給各單位作為便條紙，就像萊恩哈特在雕刻銅版信紙寫幾個數字那樣使用。這既不浪費空信封，也不浪費總裁的閒餘時間。每樣東西都派上了用場。』

『我因此想到，如果德拉瓦雷克萬納西方的總裁是那種人，全公司上下，所有部門的管理，一定也都講究撙節開銷。總裁一定會盯著這件事！當然我知道這家公司定期發放股利，而且持有良好資產。所以我盡我所能，大買德拉瓦雷克萬納西方的股票。在那之後，公司的股本增為兩倍，再增為四倍。我到現在還持有德拉瓦雷克萬納西方的股票。如今我每年領到的股利，和原始投資金額差不多。至於艾奇森公司，在我看到總裁用數字向我證明他並沒有揮霍無度，卻把一張張亞麻材質、銅版雕刻雙色印刷信頭的信紙往字紙簍丟之後幾個月，就落到了接管人手中。』」

「這個故事最妙的地方，」拉利・李文斯頓總結道，「在於確有其事，而且那位賓州荷蘭人所買的其他股票，沒有一支能像德拉瓦雷克萬納西方一樣，成為那麼好的一項投資。」

Chapter 11

為甚麼投資大眾總是賠錢？

在以前的股票市場中，要賺錢並不是那麼容易，尤其對消息有欠靈通的小額投資人來說更是如此。這一路上有太多的障礙物，包括對於市場如何運作的知識不足，以及所使用的操作策略不當等等，都會阻礙到他們在股票市場上名利雙收的去路。一九二二年的情況，會比十九世紀要好嗎？

勒菲佛坦承，他寫這些文章的原始目的，是想要證明「沒有人能贏得了股票投機的遊戲」，像李文斯頓那麼聰明的交易人，有時也必須賠掉一切，才能體會到成功的交易人整體而言賺多於賠的成果，但是只有做到絕無例外，嚴格遵守策略才能辦得到。真正的冤大頭，往往誤以為他們真的可以贏得這場遊戲，不斷賺錢；但事實上，他們都在很短的時間內失去一切，甚至再也沒辦法回到他們一開始就不瞭解的市場。

這篇文章最引人入勝的部分，是十九世紀末到一九二〇年代初之間市場的變化。就像李文斯頓所說的，從一九〇一年美國鋼鐵公司創立，到一九二二年開始發表這一系列故事為止，紐約證券交易所的掛牌股票數目增加了三倍。市場的流動性提高了，廣度變寬了，而且投資環境也有所改善，很多老式交易人和他們的炒作手法全都消聲匿跡了。但是和現代市場比起來，當時仍然像是股票市場的西大荒時期。某些交易人還是經常採用一些手法，後來落到鋃鐺入獄的下場。

這篇文章的內容中，提到了一件與李文斯頓比較少有直接關聯的事，那就是股票作手對於新聞媒體的運用。「如果批發證券自營商、作手、炒股集團、個人所持有的股票，多於他們打算永久投資的數量，」他指出，「他們就會採用各種不同的工具，幫助他們以儘可能最好的價格，倒出多餘的持股。其中最惡劣的一種，就是透過報紙和新聞收報機（news tickers）發佈利多消息。」傳言和間接發佈的小道消息，是股票作手可以利用的一種好方法，幫助他們以高價把股票倒給不知情、以及消息有欠靈通、卻急於取得熱門資訊的投機大眾。一九二○年代和過去並沒有什麼差別，但是這個年代不知檢點的行為，促使華爾街進行的改革，多於市場一百三十年歷史的總和。

查爾士・蓋斯特

股票作手回憶錄：一九二三年五月十九日

前幾天，我特地去參觀一位外國畫家的人像展。第五街一位畫商正在力捧這位畫家。我本來以為在高尚的藝術領域，可以圖個耳根清靜，不必聽那些骯髒汙穢的投資經。偏偏那名畫商大為看好他的新發現，無意間用了一些股市術語來表達他的好意。他建議我請他的畫家畫個肖像，留給我的繼承人當作資產，每年可望增值百分之二十。對商場人士來說，穩賺百分之二十的投資……

Oh! See the Pretty Sunshine

他還沒講完，我就轉身離開了。我的聽眾地位被另外兩個人取代。他們來看畫展，也是為了聽，以便把他們聽到的事，轉述給從來不看畫展的人知道。

我正要離去，一位有名的海景畫家正好走進來。我和他有三十多年的老交情。看得出來，他十分清楚會在那家畫廊裡看到什麼——一堆垃圾！現場展出的二十八幅畫像，每一幅他都會嗤之以鼻；他當然不會真的出聲，而是像個紳士和畫家，默不作聲的看著。

他看到了我，嫌厭之情立刻消失不見。他伸出一隻手，快步走向我。

恭維

「很高興看到你，老哥！」他顯得那麼熱情，根本不用懷疑那肯定是發自內心的情感。我馬上覺得十分欣慰，卻也感到內疚。我曉得，兩人相見，我並沒有表現出同樣的喜悅。他看出了我內心的歉疚，但一定覺得我在懷疑，所以馬上向我鄭重表示：「真的，很高興！我本來就想要找你。我才剛回來一個星期。我要告訴你，這次出航同行兩個朋友的事。你曉得我剛搭乘驅逐艦從紐波特紐斯（Newport News）去了一趟古巴。這兩個朋友是艦上的軍官。他們很喜歡看你在《星期六晚郵》所寫的文章。他們都唸亞那波利斯（Annapolis）的海軍軍官學校，以優異的成績畢業。其中有一個人幾年來都在讀你所寫的華爾街文章，以及你以華爾街為背景的書。」這位海景畫家代表他的朋友，用引以為豪的神情看著我。他又說：「他向我表示，那是貨真價實的作品。」

「那他對市場應該是有一定的認識，」我客氣的說。「而且或許正因為他不在華爾街，所以旁觀者清。」

畫家並沒有在聽我的話。他繼續說：「哦，我們出航那一天，一個小孩來賣報紙和雜誌。那天是星期四，兩個朋友都跟他要《晚郵》來看。他們想知道那一期是不是有你的連載文章。」

「他們一發現有，就各買了一份，而且馬上就看了起來！」

這時我開始覺得懷疑。我相信凡事都應該作好準備，所以我和氣地笑著，好像很喜歡那類的笑話似的。

畫家繼續認真地說：「後來，兩名軍官跟我說，他們不但津津有味地閱讀每一篇文章，而且還把它們當作教科書，一讀再讀並埋頭研究。他們甚至逐一驗證你所寫的句子，並且試著著手處理股票投機的各種問題，好像他們正在上海軍軍官學校的數學課似的。在他們等候《晚郵》的下一篇文章時，他們會把證券交易所的行情表剪下來保存。唔，看他們那麼做，我真的很以你為豪。我跟他們說，我和你相交多年。在古巴的關達那摩（Guantanamo）下艦時，他們跟我講的最後一件事，就是他們想要實踐李文斯頓所說的話。他們說拜讀你所寫的文章之後，他們決定離開海軍，前往華爾街發展。他們不敢奢望能賺到數百萬美元，但他們說他們相信，和他們的現在比起來，未來的財務狀況一定會好得多。」

「天哪！」我叫道。

「呃，海軍軍官的待遇，其實並沒有那麼好。」

「我並不是那個意思。我是說，他們就這樣離開一直以來接受教育並學習去做的事，驟然轉換跑道到另一個領域，那可不是非常聰明的舉動。」

永遠沒有正確的時間

「他們不是那種食古不化的人。他們都受過高等教育，懂得數學，愛上投機理論，就像他們也有可能愛上航海術或天文學那樣。他們向我表示，他們實在找不到你的說明或論點有什麼瑕疵。他們是運用冷靜的科學態度，得出了這樣的結論。他們念的可不是放牛班。不騙你，老兄，在驅逐艦上，由於你寫的那些文章，你成了響噹噹的人物。」

「你知道我為什麼寫這些文章嗎？」我問他。

「什麼意思？」

「我寫這些文章，有一個目的，你知道嗎？」

「知道呀。不就是把文章賣給《晚郵》嗎？」

「不是。我寫這些文章，是為了證明自己所主張的一個論點——沒有人贏得了股票投機的遊戲。」

「哦。但他們可不是普通人。他們是亞那波里斯的畢業生。」

「他們愈聰明，愈容易被它所愚弄，」我一口咬定。

「你不必為這些傢伙擔心。我會讓你知道他們做得如何，」他笑著保證。

「不必費事了。我知道他們會做得怎麼樣。」

「怎麼知道？」

「你看過那些文章嗎？」

「看過。」

「既然看過，你還是不打算勸你的朋友別碰股市？」

「不勸，為什麼要勸？」

「那麼他們就不是你的朋友。」

「他們當然是我的朋友。」

「那就是你並沒有看過那些文章。」

「我當然看過。文章寫得很好呀。」

「如果這些文章沒有說服你，相信沒有人贏得了這種遊戲，那就表示我的文章寫得不夠好。我之所以會經常這麼說，是因為我知道得十分清楚，曉得為什麼是這麼回事。」

「哦！這些傢伙不會嘗試想要每天每次都贏啦。他們太聰明了，不會去幹那種事。他們知道必須選對時間。」

「永遠沒有正確的時間，」我說，「因為任何一名新手都懂得不夠多，不會只在正確的時間才操作。要學會選對時間，唯一的方法就是先賠掉你所擁有的一切。而要做到這一點，就是在錯誤的時間操作。」

「你不必為這些傢伙擔心啦，」畫家說。「他們聰明得像什麼似的，而且——」

「你覺得這些畫怎麼樣？」我問他。

接著他對那種沒有人贏得了的遊戲，興趣頓時遠揚。他臉上的熱絡表情頓時消失，取而代之的是不屑和鄙視，道盡了他對某類型的聰明畫家，抱持著什麼樣的看法。我也因此脫身而出，開始思考自己多年來所持有的一些見解；其中之一是，我寫了那麼多東西，一直想要揭開股票投機遊戲沒有人贏得了的理論，終究還是徒勞無功。

幾天後，在普爾曼（Pullman）火車的吸菸室，我無意間聽到有人在談華爾街的投資方法和股票市場，證實了我的憂慮有其道理。那些人是典型的吸菸室老菸槍。他們全都是生意人，三個中年人、兩個年輕人，還有一個年紀很輕的小伙子，他和別人不一樣，抽的是雪茄。我猜他們各自從事不同的行業，但顯然有血緣關係。就算他們不是兄弟，曾祖父必定也是同一人。

講話最多的那個胖傢伙，人看起來很精明，心思敏捷，舉止從容。他說：「我從來不投機；倒不是因為太忙的緣故，也不是因為我相信世界上沒有輕鬆賺錢那回事，而是因為我懂得運用自己的腦袋。另一個人的遊戲，絕對不適合我們這種外人去玩。我懂自己做的生意，卻不懂股票投機。而且，我也不曾聽過華爾街內外有什麼人，講起話來讓我確實感覺到他們真的很懂市場。那些外部人士，就像我這種冤大頭，根本沒辦法教我什麼事。而經紀商營業處裡那些自以為聰明的人，也不可能懂很多，否則他們早就已經撈到很多輕鬆得來的錢。至於真正的內部人士，的確知道很多事，但他們卻不會散播什麼消息讓我聽到。他們也許會給人小道消息，但絕對不會傳出很多知識。所以我乾脆敬而遠之。我本來根本不明瞭，一般人到底是什麼地方做錯了。但現在我看得很清楚，因為我知道這個拉利・李文斯頓，他是怎麼賺到他那好幾百萬美元的。他所做的每一件事都有理由，而且是很好的理由。對於這種遊戲，我可能不像他懂得那麼多，就像我也不知道，我的醫生對醫藥懂得多少一樣，但如果他和我談起航運局、紅利或維修，我應該就可以判斷出他有什麼樣的腦袋，以及他是哪一種人。以前我從來不看財金版，但是近來我一直在研究整體情勢。我對於一般景氣瞭解得還算不少，關於我自己的事業可能如何，我總必須稍微猜測一下，而且我知道必須看得夠遠，才能知道何時該買進或賣出股票。如果我現在要進場，可不會矇著眼睛一頭就栽進去。」

「一開始你可能會賺錢，」坐在他旁邊那個人明智地說。「大部分新手都是這樣。但他們遲早都會把錢還回去。」

不懂寓意的人

「你不瞭解我的意思，兄弟，」胖男人反駁說。「他們沒辦法從我身上把錢拿走的，因為他們根本就沒有那個機會。如果我在經紀商的營業處賺到錢，我會把它留著。不管市場是對或錯，想要每次都贏，未免太過貪心。這也是一般人玩輸的原因。其實就我所知的每一種行業來說，都是如此。這些文章告訴我們，最重要的是知識和常識。我認為寫這些文章的作者，很清楚自己在說些什麼。」

這時我忍不住說話了：「但是這些文章堅稱，沒有人贏得了這種遊戲。在我看來，作者想要證明的是這一點。」

「沒錯，但是李文斯頓打敗了它，不是嗎？」

有三個人異口同聲說出了這句話。信不信由你！六個人裡面的三個。

「哦，李文斯頓自己也說，沒有人贏得了這種遊戲。他能夠賺錢，是因為運用了難得一見的情勢研判能力，但是每一次他企圖擊敗遊戲，總是賠錢。大笨蛋才那麼玩，而他也付出了很大的代價。每當他自以為這種遊戲可以打贏時，他的能力、天生的性向和豐富的經驗都救不了他。我剛好認識華爾街上的許多人，卻不曾見過有哪個人能屢屢擊敗市場。李文斯頓也強調這一點。寫那些文章的唯一原因，就是為了證明這一點。李文斯頓的成功證明了這件事——如果你同時也考慮他曾有過的虧損的話。」

「你看過所有的文章嗎？」抽菸斗的一個人問道。他是那種沉默寡言型的人，彷彿只要簡單地問個答案很清楚的問題，便能告訴全世界，他認為你是什麼樣的人。他的語氣和眉毛，說明了這一點。

「我實在不能不去讀他們，」我答道。

「全看過了？」他現在笑著問。

我也笑了回去，並說：「每個字我都必須讀三遍。」

「怎麼說？」看得出他不相信我的話。

我只好招了。「那些文章是我寫的。」

「你寫的？」

「別開槍，上校，」我說。「我只是想告訴《晚郵》的讀者，連李文斯頓那樣的專家，也很容易賠錢。」

「是的，但是你也寫出他不玩傻瓜的遊戲時，是如何賺到錢的。一個人只要懂得睜大眼睛，就不會是大傻瓜，對吧？」胖男人說。

我覺得這個人已經無可救藥。再怎麼費盡唇舌，也阻止不了他。所以我說：「先生，很抱歉剛剛那麼說。經紀商必須生存。儘管去做吧。」說完，我起身回到車廂內的座位。

我不認為只聽我一面之詞，他們就相信那些文章是我寫的。但我想，他們後來問了那位老服務員我的身分，因為他們聽到了他叫我的名字。總之，過了沒多久，胖男人走向他的座位時，經過我身邊。

他停下腳步，愉快的說：「那些文章寫得真好。」

「我敢說它們寫得很爛，」我說。

「我遇見的每個人，都——」他開口要說。

「對不起，」我打斷他的話，「但是以你為例來說。你不曾投機過，因為你相當明智，曉得不要玩另一個人的遊戲。你看了那些文章之後，卻馬上決定不再當個聰明人。我想李文斯頓的事業生涯，正如你聽他親口所說的，十足證明了沒有人能夠不勞而獲，想要輕鬆賺錢只是個幻想。平常幫人做點小工的人，可能認為大公司的律師費是輕輕鬆鬆就能賺到的錢，但是你應該知道得很清楚，根本不是那麼一回事。我寫的那些文章，似乎只撩撥起你想要證明自己是千百萬人中的例外。我認為文章寫到這種地步，可說是其差無比，你真的不這麼認為嗎？」

他沒理會我的最後一個問題，說：「哦，這麼說吧，事實上，無知不是投機虧損的主因嗎？我的意思是說，一個人因為不瞭解遊戲本身，不知道大波動的原因，所以才會發生虧損。你的文章不是消除了不少那方面的無知嗎？如果我追隨拉利・李文斯頓的腳步——不是學他像個冤大頭那樣玩，而是學他操作正確的時候——這樣我難道不會賺錢嗎？」

我可以看出他已經給了自己答案。不過我還是不嫌麻煩，這麼對他說：「朋友，也許你消除了無知，但還沒有消除貪婪。你犯的不是刑事上的貪心罪；你只是希望不勞而獲而已。這就好比你認為只要念教科書，就可以學會當醫生一樣。想要一次就把無知消除殆盡，那可是相當困難的事。經驗可以幫你許多忙，但那是不能速成的。如果那些文章還不能說服你，它們就不可能是好文章，對吧？」

「那些文章真的非常有趣，」他向我保證。

「哦，總之，祝你好運，」我說。

他遲疑了一下，然後說：「我不會去投機的。」講話的語氣軟趴趴，好像那是第十次的保證。

我說：「如果你說你早就開始投機，我也一定不會感覺到驚訝。也許你有興趣知道，李文斯頓看壞後市。」

「真的？唔，我聽人家說，他正買進呢。」

「我是隨便說的！」我說的時候，笑了出來。

他也笑了──不過，是那種皮笑肉不笑的樣子──然後他就走回自己的座位去了。

聽聽李文斯頓怎麼說

此後我在幾乎每一個地方，都一直持續碰到一些聰明的外部人。他們都坦承看了那些文章之後大有收穫，並且覺得自己絕對不會犯下一般交易人常犯的那些錯誤，而且所有的人最後都問我，目前的漲勢是大多頭市場的開端，或者只是一次小反彈。

後來我再見到李文斯頓時，我把自己這些親身的經歷告訴了他。我曉得他和我一樣，相當急切地想要向投機大眾說個明白：股票投機這種遊戲是沒有人贏得了的。

不過，他對這種狀況，並不感到意外。

「我並不認為，」他說，「有個人說了些什麼話，就能打消所有人在他們不懂的遊戲中冒險的念頭。投機永遠不會消失。投機消失並不是好事。我們當然不能用法令規定的方式，或是警告它的危險性而廢止它。而只要有投機，難免就有虧損。

不管人們多能幹或者經驗多豐富，你都無法防止他們猜錯，因為每個人的內心和外在環境一樣，都有許多敵人。

審慎規劃的計畫，有可能執行不當，而且隨時都有可能會出現一些出乎意料、甚至事先無從預料的事。慘劇可能來自地殼的變動或者氣候；來自你本身的貪婪或某些人的虛榮；來自莫名的恐懼或天馬行空的希望。

但是除了那種可以稱為天然意外和不可避免的敵人之外，股票投機客也必須對付一些可以或應該消除的若干有害因素。

我指的是，在道德上和商業上站不住腳的實務或不知檢點的做法。有些人會說，不可能完全抑制這些惡行。每當有人挺身護衛投機大眾（這些人正是華爾街本身最好的顧客！）的利益，就會有人這麼說。

股票市場上大部分的虧損，追本溯源在於一般投機客經常不理會過去的教訓，不理會自身和別人的經驗；簡單地說，就是不理會股票投機的基本面。我已經透過自己的經驗，把這些虧損的來源說得很清楚。每當我活該賠錢，一定會賠，有時連不該賠的時候也賠。但是大體上，傷害華爾街的並不是這些虧損。我接下來要告訴你的一些事情，每年都害投機大眾損失很多錢。華爾街也同受其害。

有益的管制

每當我回想二十五年前，我初到華爾街時經常看到的一些做法，就不得不承認現在很多事已經變得更好了。老式的空桶店如今已經絕跡。這種空桶店任何人都可以走進去，存進一點的保證金，買二股或兩百股的股票。但是我也必須承認，過去兩三年，空殼證券商（bucketeers）或者改良後的新式空桶店仍相當猖獗，騙走投機大眾千百萬美元。我們很難拿這種虧損，和投機大眾傳統的賠錢方式相互比較。你一定還記得，過去那些日子，大型空桶店的利潤有賴於這種遊戲本身。小額操作的顧客，可說是連一點機會也沒有。

如今主管機關努力查緝空殼證券商，交易所也助了一臂之力。光是告訴人們，務必只光顧可靠的經紀商，似乎沒什麼用處。雖然郵政和地方警政機關一直嘗試著取締陰險狡詐的騙徒，但是社會上的男男女女仍舊一心一意想要迅速致富，結果他們還是繼續在這種遊戲中賠錢。證券交易所的表現倒是相當優異，不只查緝那些無法無天的騙子，也堅持本身的會員嚴格遵守它的規定。許多健全的法令規章和限制，現在都能嚴格地施行。

Sitting Pretty

美國的繁榮一直成長得很快，然而居於支配地位的少數人，不只一次被他們的好運氣沖昏頭，而失去了做出理性判斷的能力。利潤成長的速度比預期快十倍，並不是像一些人所認定的那樣，導致非常富有的人更加貪婪，而是使他們的眼光變得不如從前清晰，沒辦法區分可稱為投機大眾天然保護壁壘的東西。這種事發生在一九〇一年。大錢來得太快，沖昏了他們的頭。一直等到最高法院在北方證券（Nothern Securities）一案作出裁決，大戶的好日子才終於結束。

在紐約證券交易所的營業廳裡，我初到華爾街時能做的一些事，如今已經不能再那麼做了；人們常告訴我，和丹尼爾・朱魯、雅各・利圖、吉姆・費斯克所處的時期比起來，現在的情況已經大有改善。

一些老前輩們，經常稱讚交易所取締那些無法無天行為的成果。我之所以提這件事，是因為我雖然相當樂觀，但我還是認為情況仍有進一步改善的餘地，可以減低今天投機大眾賠錢的機率。

你還記得湯姆・歐基爾崔（Tom Ochiltree）的老故事嗎？有一天晚上，這位上校在華爾道夫（Waldorf）大吐苦水，說那一整個月，他的運氣實在背到家。

『哎，昨天晚上，我玩撲克牌輸了二萬七千美元。』

『那可真不少，湯姆，』他的好朋友語帶同情地說。

『對啊，最糟的是，裡面有十一美元是現金！』歐基爾崔大聲嚷嚷。

之所以講這個故事，是因為它和許多年前我在經紀商營業處聽到的另一個故事，有著異曲同工之妙。某個炒作集團的經理正在大肆吹噓，那一天他在自己擅長操作的股票進出的數量有多大。正式的報表上，可以看到他的成交量有兩萬五千股。

唔，該公司的一位營業廳交易員聽到他的話，走到炒作集團經理面前，問道：『喂，比爾，老實說，就我們這幾個知道，你有多少成交量不屬於洗股？』他指的是沖洗買賣[14]（washed sale）。

『哦，有一千多股！』比爾講得眉飛色舞。也就是說，他坦承兩萬五千股正式報告的成交量中，約有兩萬四千股是假交易。但是那位營業員卻只說：『你還真拼命！』大家都笑了起來。現場沒有人表示憤怒。何必呢？這種事經常就是這個樣子。每個人都認為，將來也是如此。

註14 沖洗買賣，即為維持股票交投熱絡假象而進行的交易。

掛牌交易股票數目激增

今天，投機大眾終於不必再面對像那樣明目張膽的手法。不過，他們還是和從前一樣，還是繼續經常賠錢。還有許多交易賠錢的原因，是因為除了沖洗買賣之外，其他不應該被允許的若干做法。證券交易所主管機關能夠且確實抑制了這種變戲法式的欺騙手段，但他們只針對交易所營業廳內的交易所會員。我相信，交易所改善交易環境的努力，不應該止於交易所本身。

在我談到希望制止的事之前，我要指出這種遊戲本來就很難擊敗，而現在更是一天比一天還要難擊敗。知識就是力量，交易人都應該要瞭解他所交易的是什麼。一個人作多或放空某支股票時，他當然應該瞭解那支股票的種種；也就是說，知道那家公司的實際業績和將來的前景，以及整個行業的表現。不久之前，用功的交易人幾乎都對掛牌交易的每一支股票瞭若指掌。一九〇一年，摩根聯合幾家規模比較小、成立大多未滿兩年的公司，合組創立美國鋼鐵公司時，證券交易所只有兩百七十五支股票掛牌交易，未上市類大約有一百支。而且其中有許多公司根本不需要瞭解，因為他們屬於小型股，或者因為是次要股或保證股，交投薄弱，所以缺乏投機吸引力。事實上，絕大多數的股票都是死股一支，幾年內連一筆交易也沒有。今天正常掛牌的股票則有九百支左右，而在最近交投熱絡的市場中，大約六百支股票有交易。

此外，舊的股票類別比較容易追蹤。股類不只比較少，市值也比較低。我們以前有運煤鐵路股，例如瑞丁、德拉瓦哈德遜；農業股，例如聖保羅、百靈頓或岩島；運輸股，只有三、四支個股；工業股，交投熱絡的股票不到十二支，包括美國鋼鐵。由於交投熱絡的股票數目和種類有限，交易人需要留意的新聞，不必涵蓋很廣的領域。但是今天，不妨看看股類的數目有多少，更別提個股的數目。你可以交易世界上幾乎每一種行業的每一支股票。這當然得花更多的時間、更多心力、隨時掌握更多知識。所以投機操作股票比起以前困難多了——我指的是肯動腦筋操作的那些人。即使你取得可靠的資訊，或者企業發佈非常值得信賴的報告，今天的投機大眾要掌握所有股票的最新動態，還是十分困難。

不具名的聲明

投機買賣股票的人成千上萬，但是我們知道，獲利的人為數不多。操作不成功的人，整體的損失很大。他們隨著交易所成交量的增減而浮沉。由於投機大眾或多或少隨時都有人待在市場內，因此我們當然可以推論，隨時都有投機大眾在賠錢。

一般的外部人比較常見的賠錢原因中，聽信小道消息操作可能排在第一位。但是我們不要忘了，也有人會根據刻意造假的消息操作。這種消息與普通的小道消息不同，而且由於他們很容易戴著各式各樣的面具加以偽裝，然後才被送到股票交易人手中，所以比普通的小道消息更加險惡。

普通的小道消息，你可能沒辦法防範。例如：一位相交終生的好朋友衷心期盼你能致富，於是把他正在做的事情告訴你——也就是他正在買進或賣出某支股票。他完全出自一片善意，但如果他報的明牌失靈，你還能怎麼辦？至於在防範傳播小道消息的專家或騙子方面，投機大眾所受到的保護，和防範被假金塊與假酒所騙的程度差不多。即使持續有相關的宣傳報導，但這個世界上總有一些超級大笨蛋會輕易上鉤。我認為，一般的交易人應該懂得夠多，曉得要查證朋友以外報明牌的人是否確實可靠，以及他們的動機。此外，如果傳播小道消息的人說謊或者報錯明牌，讓人覺得不可靠，受害人也只會上當一次才對。

但是如果要防範比較典型的華爾街謠言，投機大眾既得不到保護，也無法獲得救濟。務必把這一點放在心上。一聽到謠言就照單全收的投機客，賠掉的錢可是再也拿不回來。即使大家十分清楚謠言的受益人是誰，但是他們害投機客賠錢，卻不會有人遭到懲罰，因為這種事沒有人需要負責。

如果批發證券自營商、作手、炒股集團、個人所持有的股票，多於他們打算永久投資的數量，他們通常就會採用各種工具，幫助他們以盡可能最好的價格，倒出多餘的持股。其中最惡劣的一種，就是透過報紙和新聞收報機發佈利多消息。

我們可以看到的情況是，報紙財金版上面所刊載的消息，絕對不會和編輯的看法相左。理論上，財金記者應該是別人怎麼說，他們就怎麼寫才對。接受他們訪問的人，都應該曉得自己的目的何在。結果呢？唉！投機大眾往往受害於一個古老且邪惡的系統。這個系統使得華爾街的謠言販子，成了世界上最糟的帶菌者。

如果我們拿財金通訊社任何一天發佈的新聞來看，就會發現上面暗示屬於半官方性質的聲明之多，會叫人跌破眼鏡。我們顯然不缺消息靈通人士，他們總是願意告訴投機大眾，在股票市場和投資的領域應該怎麼做，而這些重量級內部人士、知名董事或高階幹部、權威人士，講的話應該言之有物才對。我從今天的新聞隨便挑出一則：『一位知名銀行家說，斷定市場下跌言之過早。』

關於這則新聞，身為交易人的我，有很多事情想知道。真的有一位知名銀行家那麼說？如果他真的這麼說了，為什麼要那麼說？那位知名銀行家是誰？為什麼不肯透露姓名？發表那樣的看法，如果是和銀行業務有關，或者是為了扶股市一把，何必隱姓埋名？他是不是擔心名字見報後，人們會信以為真，或者他覺得會收到反效果？

另一則消息，談到了一家公司。這家公司的股票，這個星期的交投非常熱絡。這一次，講話的是一位重量級董事。該公司有十二位董事，到底是哪一位董事說的？前面我對那位銀行家想問的問題，也可以搬到這裡來問。他為什麼要用職銜，而不透露姓名，理由很清楚，因為有人想在投機大眾心目中，留下既權威又確實可靠的印象。只要不具名，萬一講的話造成什麼傷害，該怪誰？沒人可怪。

股票交易人除了理智研究各種投機技巧之外，還必須考慮和華爾街遊戲有關的若干事實。除了想辦法確定如何賺錢之外，他也必須設法避免賠錢。知道什麼事不能做，和曉得什麼事應該做，幾乎同等重要。舉例來說，務必記住：有一種炒作方式，是在所有的個股幾乎都上漲時進行。這種漲勢是內部人士策劃的，只有一個目的，那就是賣出股票，賺進最多的利潤。

事實上，交易人似乎總需要有人來解釋市場的波動。但其實我很懷疑，如果一個交易人堅持要聽為什麼某支股票會上漲，那他究竟還能不能算是一個精明的生意人。別人提出什麼解釋，其實並不是那麼重要。但既然人們想聽解釋，那些炒作者自然就會把提出解釋這件事視為自己的職責。他們正是利用各種的解釋，才有可能大量拋出他們手上的持股。

傳播小道消息的無名氏

十多年來，我一直在華爾街操作股票，操作得相當頻繁。我曾在傳統的經紀商營業處中操作，並且混在他們的顧客群之中，所以親眼見到過謠言實際運作的情形。根據我的觀察，我深信一件事：如果不准新聞媒體刊登不具名的利多談話，投資大眾的虧損肯定會大為減低。我指的是那些刻意促使投資大眾買進或持有股票的談話。為了保護投機大眾，我們實在應該要求，這樣的文章都必須具名。有名有姓，才知道責任歸屬。這麼做，也許還是無法讓炒作者所講的話句句屬實，但他們在大放厥詞時，至少一定會更加小心謹慎才對。

發表利多題材的絕大多數文章，經常都會引用某位不具名董事和匿名內部人士的權威談話，藉此傳達出一些不可靠和具有誤導作用的印象給投機大眾。買賣股票的投機大眾，卻把他們的說法視為半官方聲明而認為相當確實可靠，結果因此每年賠掉千百萬美元。這是不爭的事實。投機大眾該做的事，當然是不要去理會這些不具名的利多談話。我們應該要求那些重要的內部人士、著名的銀行家和具有影響力的董事，當他們所說的話要被引用時，務必連名帶姓一起寫出來，至少讓我們知道是誰在講話，尤其是當所說的話是要闡述事實，而不是表達看法時。一個人的看法即便很誠實，仍有可能是錯誤的。但如果他表示自己所講的是事實，那就非得誠實不可，否則的話，他就必須要為所造成的後果負起責任。如果交易人所聽信的，是這些人的看法或建議，那麼無論結果如何，都必須由交易人自己來承擔。但如果他是根據這些人所闡述的事實，判斷可能對股價產生什麼影響而採取行動，那麼事實就必須是正確的才行。要不然，如果事實不正確，他至少知道應該去怪誰。

舉一家公司為例來說。這家公司經營的業務歷經了一段慘淡的時期。它的股票交投冷清，價格也反映了交易人對它真實價值的信念。那種信念普遍存在，而且理論上是正確的。如果在那個價位，股票顯得太便宜，有人就會知道而去買它。如此一來，價格就會上漲。如果價格太貴，也會有人知道而去賣出，進而使價格下跌。但如果什麼也沒發生，就不會有人談論它，也不會有人做任何事。

唔，假設該公司經營的業務終於否極泰來，業績逐漸回升。內部人士或一般大眾，誰會先知道業績好轉？絕對不可能是一般大眾。接下來會發生什麼事？如果業績持續改善，盈餘自然增加。如果盈餘持續增加，公司就會恢復發放股利；或者如果股利的發放原本就不曾中斷，那麼股利率便可望提高；或者公司會決定做出某些事，把逐漸增加的利潤分配出去。這些發展當然有助於股票的價值升高。

假使改善持續下去，管理階層會把這個令人高興的事實公告周知嗎？公司總裁會立刻告訴股東嗎？好心的董事會站出來，具名發表談話，以嘉惠看報紙財金版和通訊社新聞稿的投機大眾嗎？會有一些謙虛的內部人士像平常那樣不願透露姓名，接受訪問，表示公司的未來十分明亮嗎？暫時還不會。報紙或新聞稿上，不會有任何一個人就這件事講任何一句話，或者發表具名或不具名的聲明。

抱滿股票等待漲勢發動

可望使股票價值增加的這些資訊，只會被人小心翼翼地呵護著，不讓投機大眾知道，以便讓暫時保持沉默的重量級內部人士有機會先採取行動。他們會先進入市場，放手買進能夠買到的所有便宜股票。一開始，價格當然會先上漲一點點，而後隨著內部人士持續不動聲色地買進，股價將繼續上漲。接著，財金記者會認為，內部人士應該曉得上漲的原因。不錯！內部人士的確曉得。他們放手買進的行動，就是最好的證據；而他們買進的理由，正是因為公司業績好轉，展望更加明亮。不過當財金記者訪問他們時，這些全體一致要求匿名的內部人士往往會宣稱，他們沒什麼消息可以奉告，他們並不知道到底是什麼原因，促使股價上漲。有時他們甚至會表示，他們對股票市場漲跌不定的走勢，或者股票投機客不負責任的行為，並不是特別感興趣。

股價持續上漲，終於來到了一個令人歡欣鼓舞的日子，此時知道內情的人，總算抱滿了他們想要或者有能力吃下的全部股票。華爾街馬上開始聽到各種傳聞，人們聽到的都是利多消息。新聞稿引述權威人士的話告訴交易人，說該公司的經營狀況確實已經回春。先前非常謙虛，匿名表示不知道股價為什麼上漲的同一位董事，現在一樣不具名指出，股東有非常充分的理由，對公司的前景大感振奮。甚至有時他們還會加上一句——這麼說可能都還略嫌保守。

投機大眾在大量利多消息出籠的刺激和鼓舞之下，開始買進這支股票。這些買盤把股價推得更高。果然不久之後，這位不願透露姓名董事的預測果然成真，公司恢復配發股利或者提高股利率。在這之後，利多題材不只多於以往，也叫人更加興奮。一位重量級董事，在記者要求直接對當時的狀況發表看法時，告訴全世界，公司的經營狀況不只持續改善，而且好轉的速度，連公司最樂觀的高階主管也覺得出乎意料。一位知名的內部人士，在某家通訊社的記者死纏爛打之下，終於坦承盈餘高得驚人。和該公司有業務往來的一名銀行家說，銷售量的擴增，在那個行業的歷史上前所未見。就算再也沒有其他的訂單進來，該公司日以繼夜趕工，恐怕也得好幾個月才趕得完出貨。財務委員會的一位委員在一篇顯著的報導中說，投機大眾對股價的漲勢感到非常驚訝，這樣的反應才令他非常驚訝。他們覺得，如果股價的漲勢放慢下來，那才真叫人驚訝。他們會說，『任何人只要分析即將出爐的年報，都能輕易自行算出這支股票的帳面價值比市價高出多少。』

內部人士會做出每一件該做的事，誘使投機大眾在高價買進更多的股票。而且不管是哪一種狀況，愛講話的好心內部人士永遠都不願意透露姓名。

只要盈餘仍舊維持得不錯，而且內部人士沒有察覺到公司的榮景有衰落的跡象，他們就會繼續抱著那些低價買進的股票。既然沒有什麼事會導致價格下跌，又何必賣出呢？然而一旦公司的業績轉差，又會發生什麼事呢？這時他們會出來發表談話、警告、給出任何一點最微弱的暗示嗎？不太可能。現在趨勢即將向下走了，可是就像公司業績好轉時，他們並沒有敲鑼打鼓，只是悄悄買進股票一樣，現在他們也會不動聲色，先悄悄賣出股票再說。內部人士的賣盤一旦湧出，股價當然會下跌。接著投機大眾就會開始聽到耳熟能詳的解釋。多年來，那樣的解釋一直都沒變過。一位重量級內部人士一口咬定，一切都沒問題，股價下跌只是那些想要壓低大盤的空頭，進行放空的結果。

假使在某個好日子，股價下跌了一陣子之後，居然重挫。這時投機大眾就會吵著要求說明原因或解釋。此時除非有知道內情的某個人出來說些話，否則投機大眾勢必擔心情況會變得更糟。於是通訊社的新聞稿，會印出這樣的文字：『我們訪問這家公司一位知名的董事，請他說明為什麼股價那麼疲軟，他答道，他能做出的唯一結論，就是空頭正在放空這支股票，因此造成今天股價下跌。但是，基本情勢並沒有改變。目前公司的經營狀況很好，除非有什麼完全無法預料的事情發生，否則董事們將會在下一次的會議上，通過調高股利率的決定。市場上空頭陣營氣焰囂張，股價疲軟的狀況，顯然是為了誘使意志不堅的持股人脫手。』這類新聞稿為了安撫比較懦弱的交易人，很可能進一步表示，消息來源非常可靠，而且當天股價下跌時，大多數的股票都是內部人士吃下來的。等到空頭力竭難支，股價自然就會回升。到了那個時候，那些空頭們遲早會吃上苦頭。

內部人士賣盤

投機大眾除了會因為相信利多聲明，盲目買進股票而賠錢之外，也會因為聽從別人的說法，打消賣出的念頭而賠錢。

對重量級內部人士來說，最好的情況就是在他想要賣出股票的時候，大家都搶著去買，再不濟，也要在他不打算支撐或買進某支股票時，阻止大家也想要賣出那支股票的念頭。

看了重量級董事所發表的談話之後，投機大眾會相信什麼事？一般的外部人會怎麼想？他們會認為那支股票不該下跌；它之所以會下跌，完全是空頭賣出的結果；一旦空頭停止拋空，內部人士就會策動一波漲勢，逼得空頭只能以更高的價格回補。投機大眾之所以會這麼相信，是因為如果跌勢真的是由空頭的賣盤所造成，未來的走勢勢必如此。但不幸的是，那其實是內部人士賣出的結果，而這樣的賣盤，只會把股價壓得更低而已。

雖然有那麼多的威脅或承諾，說要把過度放空的空頭軋得死去活來，但那支股票就是不反彈。它還是跌個不停。其實它根本不可能不跌，因為市場根本來不及消化那些內部人士的賣盤。它現在成了專業交易人的燙手山芋。股價的跌勢似乎深不見底，因為內部人士曉得，新的情勢會影響公司未來盈餘，他們當然不會進場支撐股價。他們根本就不敢這麼做，所以絕不會有買盤進場，除非公司業績轉好，這時內部人士才有可能會再次默默買進。

多年來，我一直在從事操作，並且相當密切掌握股票市場的最新動態。我可以很明白地說，我從沒遇過有任何一次，市場是因為空頭摜壓而導致股價跌個不停。那些被稱作空頭摜壓的放空行為，其實都是因為根據對真實情勢的瞭解，而做出賣出股票的動作。如果有人把事實講出來，承認股價下跌是內部人士賣出，或者內部人士沒有進場買進，每個人肯定都會搶著殺出，而如果大家都在賣，卻沒有人買進，股價肯定一瀉千里。

因此投機大眾務必要把這一點牢記在心：空頭摜壓絕對不是股價跌個不停的真正原因。如果一支股票持續下跌，它絕對有什麼不對勁的地方，不是它的市場有問題，就是公司有問題。要是股價下跌得沒有道理，很快就會跌到低於它的實質價值。這時就會引來買盤進場，跌勢就此打住。事實上，只有在股價太高時，空頭才能利用放空股票賺到大錢；這時你可以賭上你的最後一分錢，因為內部人士絕對不敢把股價過高這個事實說出來。

紐海文（New Haven）正是個典型的例子。當時一些只有少數人知道的事，現在大家都知道了。一九〇二年，這支股票的價格是255美元。它是新英格蘭地區首屈一指的投資級鐵路股。住在那個地方的人，是以持有這支股票的多寡，衡量自己在該地區受人尊重的程度和地位的高低。當時要是有人說這家公司就要倒閉了，他也許並不會因為說出這種話而入獄，但卻有可能會被人抓去和其他的瘋子一起關進精神病院。然而，在一位作風激進的新總裁上任之後，悲慘的命運開始了。

起初人們看不清新政策會把公司帶往哪裡。但當一筆又一筆資產以經過灌水的價格，收進這家聯合鐵路公司旗下之後，一些眼光清楚的觀察家開始質疑梅林（Mellen）的政策是不是明智。例如，有人以兩百萬美元買進一組電車系統，再以約兩千萬美元的價格轉賣給紐海文。類似的交易還不只這一樁。當時有一、兩個人，說管理階層行事不用大腦，結果還被人認為很不識相。當時如果有人表示，紐海文的財務經不起如此揮霍，那簡直就像是在懷疑直布羅陀巨岩能否屹立不搖似的。

紐海文的案例

首先察覺股價即將大跌的，當然是內部人士。他們十分清楚真實的狀況，所以早就開始設法減低持股。由於他們賣出股票，加上不進場支撐，新英格蘭地區這支金光閃閃的鐵路股開始下滑。如同往常一樣，交易人難免想提出一些問題並要求解釋，而答案也馬上就來了。重量級內部人士宣稱，就他們所知，沒有什麼地方出問題，股價下跌完全是不要命的空頭賣出所造成的。隨著價格持續下跌，他們也繼續提出解釋，供新聞媒體發表。空頭正在摜壓，但終有一天，這些賭徒會玩火自焚，等到他們在市場上找不到可以回補的股票時，就活該倒大楣。於是新英格蘭的投資人，就這樣繼續抱牢他們的紐約紐海文哈特福（New York, New Haven & Hartford）鐵路股。為什麼不該抱牢？內部人士不是說公司的經營沒問題嗎？股利不是繼續宣佈和發放嗎？

在此同時，股價猛然下跌。內部人士保證的軋空行動並沒有發動，倒是價格寫下了新低紀錄。如果有任何人暗示內部人士正在出貨，他的聲音馬上就會被高分貝的憤怒否認給淹沒。內部人士的賣盤越來越急迫，也越來越不加掩飾。不過我曾經聽說，波士頓有一些公益鬥士因為要求提出真正的解釋，說明為什麼股價慘跌，結果卻遭人譴責，被貼上股票掮客和煽動家的標籤。空頭摜壓仍然被當作股價下跌的禍因，直到投機大眾蒙受驚人的損失為止。賠錢的並不是投機大眾，而是新英格蘭地區那些原本想要有個安全投資和穩定股利收入的幾乎每一個人。最後股利不再發放，到了一九二一年，每股股價只剩 12 美元。那些權威人士的解釋，一直都不是實情，也意在誤導交易人。

如果內部人士的半官方聲明，不把跌勢怪到空頭摜壓頭上，他們就不可能那麼輕易出清持股。而如果公司經營沒出什麼大紕漏，股價根本就不可能持續跌掉那麼多。

這支股票從 255 美元跌到 12 美元的歷史性紀錄，既不是也絕對不可能是空頭摜壓的結果。空頭操作不可能發動並維持這樣的跌勢。一路上都是內部人士在賣，而且他們的賣價，肯定高於如果他們說出事實，或者允許事實被人說出時所能賣到的價格。

在我看來，股票交易大眾試著靠買賣某家公司的股票賺錢，而那家公司的經營狀況，卻只有少數一些在位者知道全部的事實。如果這些投機大眾肯停下腳步，考慮自己所處的劣勢，也許就不會賠那麼慘了。要是投機大眾肯稍微思考這件事，他們一定很難做出結論，相信自己有很高的機會賺到錢並留住那些錢。那樣的機會，就跟和一群郎中玩撲克牌一樣，他們能從做了暗號的撲克牌背面，一清二楚知道投機大眾拿到了什麼樣的牌。

代罪羔羊李文斯頓

如果都會街車（Metropolitan Street Railway）也是普遍持有的股票，情況一定同樣慘不忍睹。內部人士曾把股價哄抬到將近 300 美元的價位。那時據說空頭所蒙受的損失，是准將范德比爾特（Commodore Vanderbilt）發動第二次哈林（Harlem）軋空行情以來，放空者遭到修理最慘的一次。不過後來又聽說，漲勢並不是空頭回補造成的。這是一支很好的股票，而且幾乎獨占了曼哈頓所有的地面運輸設施，所以這個事業的收益，幾乎可說是沒有上限。它既享有營運上的經濟效益，收益也可望與日俱增。然而當股價開始下跌時，並不是邪惡的空頭賣出所造成的。把股票倒出來的，是對公司的業務和前景瞭若指掌的一群人。

我以前曾經說過，過去二十年來，跌得最慘的股票，都不是空頭摜壓造成的。大家太輕易就接受空頭摜壓的解釋，正是投機大眾虧損千百萬美元的原因，因為他們明明不喜歡股價的走勢，卻沒有趁早賣出。如果他們不抱著空頭停止摜壓後，價格會立即回升的期望，應該會儘早脫手才是。

我想起一支股票的例子。這支股票姑且稱為平地石油（Intervale Oil）。有個內線集團在炒作這支股票，取得了某種程度的成功。這支股票的價格被他們哄抬而上漲，而且有些買盤在上漲時進場。因此該集團大感振奮，把價格炒高到 50 美元。之後股價跌得很快。當然，賣盤正是來自那個集團。投機大眾也同樣要求解釋：為什麼平地石油那麼疲軟？問這個問題的人為數不少，因此內部人士的答覆成為重要的新聞。有家財金通訊社訪問了一些經紀商，這些經紀商對平地石油的漲勢知道得最清楚，照理說對於它的跌勢，應該也十分清楚才是。通訊社請他們說明可以刊登出來並向全國傳播的理由時，這些屬於多頭炒作集團成員的經紀商怎麼說的呢？哈，拉利・李文斯頓正在摜壓市場！這麼說還不夠，他們又補上一句，說已經準備好要好好修理他。他們一定會把他修理得永遠抬不起頭來。我想他們應該認為，每當他們需要給人解釋，以防投機大眾賣出時，空頭摜壓是最靈光的一種說法。實際上，平地石油的炒作集團當然繼續賣出股票。他們的每股進價只有 12 美元左右，所以可以把他們賣到 10 美元或更低的價格，因為這樣的話，平均賣價還是高於成本。

哦，我不否認內部人士在價格下跌時賣出股票，是一種聰明且合適的做法。但是對於在四十多美元買進平地石油的外部人來說，情況卻完全不同。外部人看了通訊社的報導之後，很可能決定抱牢持股，等待李文斯頓被憤怒的內線集團逮住，狠狠修理一頓。這樣的解釋害投機大眾損失很多錢。如果通訊社要求經紀商在解釋時具名，就不會發生那麼多損失了。

在多頭市場中，特別是景氣欣欣向榮時，投機大眾往往一開始可以賺到錢，卻因為在多頭市場待得過久，到頭來還是賠錢。通常正是這些空頭摜壓的說法，害他們留連太久。有一些解釋，只能解釋那些不具名的內部人士希望投機大眾相信的事。對於這些解釋，投機大眾務必當心。」

Chapter 12

國王、窮人和股市投機的風險

和優秀的小說作家一樣，勒菲佛把系列文章最好的一篇留到最後才發表。他在這篇文章中，向李文斯頓道再見，並且回顧以往一些出色的股票作手，其中有一些大家耳熟能詳，也有一些不是那麼有名。讀者可以從這篇文章中，深刻感受到作者對這些市場作手敬重有加。這些人賺多於賠、長袖善舞。

勒菲佛談到第一次世界大戰之後，一直到今天都還存在的問題，特別是股票估價和股票分割（stock splits）的問題。他強調未來的盈餘相對於一支股票目前情勢的重要性；他也指出，好經紀商重視未來的期望值，但不用腦筋思考的經紀商，則會只為了賺取手續費收入，一味鼓勵顧客買賣股票。他說的話，不論今昔，聽來如醍醐灌頂。這也證明了華爾街上沒什麼新鮮事，今天發生的事，以前都發生過。

最後這篇文章，也給人真實和虛構混淆不清的印象。顯然作者想將他的受訪對象，放進傑出交易人的「萬神殿」之中。他在文章的最後，提到了一些出色的操盤高手，其中一些在華爾街上名氣響亮。他將查爾士・維里修佛（Charles Woerishoffer）、雅各・利圖（Jacob Little）等，和摩根（J.P. Morgan）、傑伊・古爾德（Jay Gould）、吉姆・費斯克（Jim Fisk）等銀行家和企業家相提並論。雅各・巴克（Jacob Barker）和安東尼・莫斯（Anthony Morse）等人並不是那麼有名，但在勒菲佛筆下卻將他們描繪成所處時代的市場巨人。雖然他只是簡略提到他們，但在一九二〇年代，老交易人的故事已經開始形成一個小小的「家庭工業」。

一九二〇年代中期，在多頭市場展開的同時，談論華爾街傳奇交易高手的許多著作，以及也想躋身其間的人所寫的回憶錄紛紛上市。就像所有的市場都會膨脹形成泡沫一樣，傳奇和無稽之談很快就如雨後春筍般湧現，讓人以為在市場上付出高代價是天經地義的事，不少人因此膽氣陡增，大剌剌只靠操作股票維生，卻沒想到不久後便遇上股價暴跌。大部分人受到勒菲佛所寫文章的鼓舞，使得李佛摩的名聲比以前更加響亮。《股票作手回憶錄》一書的主角去世後很久，這本書仍然流傳不朽。它見證了這位志大心高的交易人，堅信他自己能在一個獨特的系統內生存，同時也願意承受一些挫敗的代價。

查爾士・蓋斯特

股票作手回憶錄：一九二三年五月二十六日

「投機大眾喜歡聽人說長道短，」最近有一天，我向李文斯頓請教華爾街上正確和錯誤資訊的問題，他一開口就這麼說。「華爾街和其他每個地方都是如此，所以給小道消息和聽小道消息幾乎成了全民運動。他們認為，顧客需要什麼——也就是操作建議——經紀商就應該給他們什麼。經紀商可以透過他們的市場通訊刊物和口耳相傳，做到這件事。但是經紀商不應該過於重視眼前的情勢，或者根據目前的盈餘判斷價格應該會上漲，而表示現在股價很便宜，或者建議顧客在價格拉回時買進。

他們不應該做這些事，原因很簡單，因為依據他們本身的經驗，他們曉得市場走勢總是領先實際的情勢六到九個月之久。經紀商根本不能根據目前的盈餘，建議顧客買進股票，除非他們相當肯定六到九個月之後，那家公司的經營展望仍然可以維持相同的獲利率。如果未來的獲利率無法維持，那他們所謂股價相當便宜的論點就站不住腳。如果真是這樣，經紀商就必須建議顧客賣出，因為情勢不再有利。交易人必須過一段時間，實際觀察價格的趨勢變化，才能知道哪個建議是對的，可是經紀商關心的是現在就要賺進手續費收入；因此一般的市場通訊刊物所提的建議，必然都帶有謬誤。如果市場通訊刊物和新聞通訊社無法以目前的情勢看起來不錯為由，隨意建議一般大眾在多頭市場的最高點買進股票，內部人士和少數的聰明人就比較難在高價位，將他們的股票轉手給一般大眾承接了。

經紀商如何幫助內部人士

經紀商是靠投機大眾支付他們的手續費維生。但有不少經紀商為了從炒作集團或內部人士那裡賺得一點手續費，於是便透過他們的市場通訊刊物或口耳相傳的方式，勸誘投機大眾買進內部人士或炒手向他們下賣單的同一支股票。這種做法讓我覺得很奇怪。這種『不計任何代價賺取手續費』的做法，很可能反而使他們必須付出更高的代價。

而下面所說的行為，我們也不可能找到任何理由說它是適當的：有些經紀商偶爾會建議他的顧客買進某支股票，藉此為該股票創造出一個市場，而其原因只是因為某個持股太多的內部人士，答應給他遠低於市價的買權（call）。這麼做，經紀商不只能從顧客的買單那邊賺得手續費，還可以靠買權賺進不錯的利潤。這種做法的執行方式如下：

內部人士找上一家經紀公司的老闆，告訴他：『我要麻煩你創造一個市場，幫我脫手五萬股股票。』

假設那支股票的報價是50美元。內部人士說：『我給你五千股的價格45美元的買權，每漲一點，再給五千股，一共給你五萬股。』經紀商覺得這樣的條件已經相當不錯，偏偏內部人士又錦上添花：『我也會給你用市價賣回五萬股的賣權。』

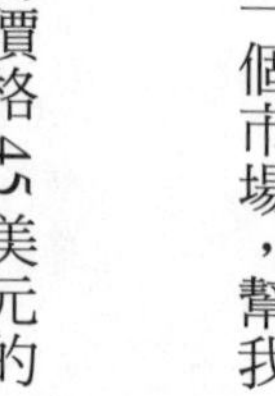

如果這家經紀商一呼百應，所說的話有很多人聽信，那麼這錢實在賺得相當輕鬆。而這正是內部人士喜歡找上的經紀商，因為如果光靠他自己，根本無法出那麼多貨，所以只好提出誘人的條件。有些大型經紀公司隨時都有網絡直通全國各地的分處和一些有關係的經紀商，能夠勸誘廣大的追隨者，處理這種交易。你一定要記住的是，由於經紀商擁有賣權，所以不管發生什麼事，經紀商玩這種遊戲絕對安全。要是他能成功勸誘投機大眾照他所說的做，就能在正常的手續費收入之外，因為賣出全部的股票而賺進龐大利潤。

我想起華爾街一位非常有名的內部人士所使用的牟利手法。他對許多股票都感興趣，為了創造其中一些股票的市場，他會採用這樣的方法：他找上一家經紀公司的大牌營業員。甚至有時更進一步，找上公司的小股東，對他們說：『嘿，老哥！我想表達對你多次幫忙的謝意，給你賺大錢的機會。我們正在籌設一家新公司，把我們旗下一家公司的資產接收過來。我們準備把那支股票的價格拉高，比目前的價位高上一大段。你一直對我很好，總是幫我把消息放給你的客戶，這樣的恩情，我永遠忘不了。現在我有機會為你做點事。我打算用 65 美元的價格，轉給你五百股雄雞商店的股票。這支股票目前的行情是 72 美元。』

滿懷感激之情的內部人士，把同一套說詞，講給好幾家大型經紀公司的大牌營業員聽。由於收到內部人士好處的都是凡人，也都在華爾街混一口飯吃，他們拿到已有利潤的股票時，會怎麼做？他們一定會建議所有能夠接觸到的每一位男男女女去買那支股票。好心送禮的內部人士當然曉得這一點。這就是為什麼他一開始就那麼感謝這些人的原因。他知道他們一定會幫忙創造出一個市場，讓他可以用高價把他的好東西賣給可愛的投機大眾。

想要出脫股票的內部人士，還有其他的花招可用，而這些花招其實都應該在禁止之列。交易所不應該任由自己成為被利用的管道。比方說，我認為證券交易所不應該允許已掛牌交易的股票，讓人可以分期付款的方式購買股票。任何一支掛牌股票的正式報價，都應該具有某種約束力才對。一支股票在證券交易所正式掛牌後，就等於參與了自由市場，全國人民都能研究它，如果股票發行人進一步提供分期付款的辦法，等於提供了更低的買進門檻，這種做法就可以被他們拿來勸誘一般大眾進場買進，接手他們想要出脫的股票。

另一種常見的售股花招，也造成不用大腦思考的一般大眾損失千百萬美元，卻沒人因此坐牢，因為它完全合法。這種方法就是以市場需求殷切為由，增加股本。

切西瓜

許多情況下，企業會將每一股舊股分割，改為二股或更多股的新股。這個過程絕對不只是更換股票的顏色而已。只要從嚴格的資本規定來看，就可以知道為什麼以前一家公司的股本有時增加得很沒必要。不過我們很容易找到其他的理由。比方詹姆斯・希爾（James J. Hill）切割大北方鐵路（Great Northern）的股票時，按面值發行很多新股。這支股票的市價在200美元以上，因此每一位股東都很高興，可以用100美元的價格買200美元的股票。個中理由不難理解。這支股票的股利率是百分之七，但是獲利率實在高太多，可是一家鐵路公司發放高於百分之七的股利率並不恰當。如果這麼做，一定會有人高分貝要求降低股利率。所以希爾不提高股利率。他打算隱瞞實際的盈餘。

變戲法將一股舊股換成二股、四股或甚至十股新股的理由，往往是為了讓舊股更容易賣出去。包裝紙的顏色改了，新包裝只有舊包裝的1/4大小，而舊包裝並不好賣。舊價格是一磅一美元，銷路不好。採1/4磅包裝，只賣二十五美分，也許比較好賣，甚至還可以賣到二十七或三十美分。一般來說，股票發行人或市場炒手先前都把價格哄抬到買盤卻步的水準。然後他們再改弦易轍，就能夠賣出更多股票。不明就理的一般大眾因此抱滿一堆股票，日後則可能蒙受巨大的虧損。

為什麼投機大眾不問，為什麼要把股票變得小一點，用一點小錢就容易買到？為什麼要在那個特別的時刻，讓它很容易買到？會選在那個時刻，主要是要讓投機大眾沒有獲利的機會。聰明的交易人要提防希臘人給的禮物[15]，投機大眾務必要留意這件事。那只是一種廣告宣傳形式，投機大眾很容易被它說服，因此每年就這樣損失數百萬美元。不願意透露姓名的內部人士，慷慨大方地邀請所有的人入甕。

沒錯！我們合適的法律可用來懲罰那些編造或散佈謠言，企圖損害個人或公司信用或業務，也就是意圖藉影響一般大眾賣出證券，從而壓低證券價值的人。法律的原始用意，可能是為了減低爆發恐慌的危險，所以要處罰那些在情勢緊張時，高聲質疑銀行資金周轉能力的人。但是它也能保護一般民眾，不致將股票賣到價格低於其實質價值。換句話說，美國的法律處罰的是散佈利空消息的人。

註15 指要提防希臘人留下的木馬會不會演出屠城記。

那麼，又該如何保護民眾不致以高於實質價值的價格買到股票？誰來懲罰散佈同樣不實利多新聞的人？沒有人會這麼做；結果就是，一般民眾根據不具名的內部人士建議，在太高的價格買進股票而蒙受的損失，比起在所謂的空頭摜壓期間，因為利空談話，而在實質價值以下的價位賣出股票所發生的損失，高出數百萬美元之多。

內部人士的具名聲明

如果能夠立法懲罰散佈不實利多傳言的人，就像現在法律懲罰散佈不實利空傳言的人，我相信民眾可以少損失數百萬美元。但是不妨想想，股票發行人或許會因此而發出怒吼，因為如果不准報紙或財金通訊社刊載不具名的樂觀談話，他們的股票很難有市場。

這些人和其他的受益人當然會告訴你，如果任何人根據傳聞和不具名的聲明而交易股票，一旦發生損失，只能怪自己。我們可能也同意這樣的說法：任何人如果笨到染上毒癮，根本沒資格受到保護。

但證券交易所應該協助遏阻這些做法。它一直大力保護民眾不受

有欠公平的做法傷害。如果熟悉內情的人希望說服民眾接受他所闡述的事實，甚至他的看法和意見，那麼就請透露身分。具名發表利多消息，不見得會使那些談話句句屬實，但是內部人士和董事肯定會更加小心謹慎。投機大眾會記得過去發生的事，下次同樣那個人再發表另一次談話時，他們就會知道要不要相信了。

此外，投機大眾務必要把股票交易的要素時時謹記在心。當一支股票正在上漲時，根本不需要有人刻意詳細解釋它為什麼上漲。持續不斷湧進的買盤，當然就會導致股價繼續上漲。只要它這麼走，即使偶爾出現自然的小幅回檔，一路買進絕對相當安全。但如果股價已經持續上漲一段很長時間，然後反轉，開始逐步下滑，偶爾才見小幅反彈，那麼最低阻力線顯然就已經從向上轉為向下。既然如此，何必要求有人出面解釋？股價下跌也許有非常好的理由，但這些理由通常只有少數人知道；他們並不會主動說出那些理由，甚至不想讓別人知道。事實上，他們倒是比較有可能告訴投機大眾，說那支股票看起來很便宜，理由無它，因為他們需要有個市場，讓他們能夠脫身。換句話說，玩這種遊戲時，投機大眾應該瞭解，知道內情的少數人不可能坦白說出事實真相，否則他們就無法因為知道內情而受益了。

許多號稱是內部人士或高階主管所發佈的聲明，背後幾乎都沒有任何事實的根據。我甚至認為，那些被引用的話，有很多根本就不是出自任何董事或內部人士之口。那些話很可能是某個人，或者在市場上有龐大利益的某些人所編造出來的。當股票價格漲到某個階段時，內部人士並不會反對有專業交易人進來交易。內部人士甚至有可能會把正確的買進時點，告訴這些大棒槌；不過，我敢保證，他絕對不會說何時該賣。這麼一來，那些專業交易人的處境也就和一般投機大眾沒有差別了。他們手上抱了一大堆股票想要脫手，所以肯定需要一個夠大的市場，讓他們做這件事。而這個時候，那些具有最強誤導作用的資訊，就會紛紛出籠。當然，不可否認的是，雖然有些內部人士所講的話沒有什麼可信度，但一般來說，大公司的最高主管並不會刻意假造事實，故意害投機大眾損失不貲。這些人大可利用他們的內線知識從市場中獲利，所以他們根本不需要說謊，只需要保持沉默就可以了。他們早就知道，只要有利益競爭存在，沉默是金這句話就再正確不過了。而在股票市場上，慘烈的競爭隨時都在上演。

我已經說過很多次，但再怎麼說也不嫌多：多年來身為股票作手的經驗使我相信，沒有人能持續戰勝股市這種遊戲。我們也許有時可以靠某支股票賺到錢，但終究無法每次都擊敗市場。我花了很多時間，嘗試弄清楚自己是怎麼賺到錢的，而這些錢又是怎麼賠掉的。交易人不管經驗多麼豐富，賠錢的機率總是存在，因為投機不可能百分之百安全。但我並不認為，我們可以放任有心人，提高這種遊戲的風險。我認為發表利多談話的人，都必須要負起責任，這樣的要求並不過分。華爾街的專業人士都曉得，根據內線情報採取行動的做法，毀掉一個人的速度，比任何饑荒、瘟疫、穀物欠收、政權更迭等意外事件都要來得快很多。華爾街並沒有一條保證可以通向成功的陽關大道，想成功已經夠困難了，又何必再讓人隨意增設更多障礙呢？」

離開李文斯頓的辦公室時，我一直在想，他的警世之言能不能提醒投機大眾，別再想不勞而獲。關於他對一般人操作賠錢的原因所作成的結論，任何人只要用客觀冷靜的態度好好研究，應該也會做出相同的結論。依我來看，他的成功與失敗，都具有相同的說服力，可以用來說明這種遊戲是沒有人贏得了的，因為他的失敗，是每個人都會遭遇的失敗，而他的成功，卻只是百萬人中難得一見的成功。

成千上萬不知名的投機客，一再嘗試想要擊敗這種遊戲，但結果卻一再被它打得鼻青臉腫。這樣的故事讀來不免令人興味索然，因為這種事既不新鮮，也是不可避免的結果。華爾街上的受害人，和死於傳染病的成千上萬人，可說都有同病相憐之處。他們變成了統計數字，而不再是活生生的人。死亡率變成數字之後，就不會特別讓人感到痛苦了。人難免一死的事實，也無法激起人們的同情。而股票投機客終究會賠錢這種大家都知道的事，更是老掉牙的題材。

但我們無法停止思考，為什麼還是有那麼多的人，愚蠢地追逐著不可能達成的願望。我們很驚訝地發現，人們千篇一律地認為，在華爾街賺錢，比在其他任何地方都要來得容易、快速，而且賺得多。人們經常以拉利．李文斯頓等這些成功的百萬富翁為榜樣。通常他們總能夠說出一長串人名，令你啞口無言。這些人都是出現在週日報紙增刊號上面的棒槌，也都賺了好幾百萬美元。即使李文斯頓親身說法，告訴一般大眾，沒有人能夠擊敗這種遊戲，但他的話只讓人們更相信，華爾街雖然是許多人賠錢的地方，卻也是讓少數人有可能賺到大錢的地方。人們相信，這些少數人正是聽明人所應該學習的對象。許多人的虧損愈多，少數人賺得愈多！他們對於大多數人的痛苦、不幸、家毀、人亡視若無睹，因為他們眼裡只有熠熠閃亮的華爾街之王。

市場收回財富

唉！但是這些王者統治的時期，全都相當地短暫。他們畢竟是凡人、是那些冤大頭的兄弟，難免還是會犯錯，而在華爾街，犯錯就表示必須讓位了。我從不記得有哪一個王者，死的時候還能戴著皇冠。我這裡所說的王者，指的是那些曾經昂首闊步於股票市場的行情研判高手，而不是指像摩根（J. P. Morgan）那樣的金融家，或是像詹姆斯・希爾（James J. Hill）那樣的帝國建立者，或者是像傑伊・古爾德（Jay Gould）那樣的鐵路業大亨。

我認為李文斯頓是傑出的股票操作者。每一名成功人士，都必須建立足夠具有說服力的成功事蹟，才能征服敬仰者的心，而這些對李文斯頓來說，一樣也沒少。那是當然的，他確實賺進了數百萬美元，而且這些錢全都不是用瞎猜的方式到手的。他也花了好幾百萬美元的學費。在他的華爾街生涯中，除了有賺錢的章節，也有幾章是賠錢的。他現在還年輕，將來還可以寫下更多的篇章。最後一章的內容，究竟會是如何呢？他很聰明，為了防範可能的滑鐵盧，所以他買了年金，把幾百萬美元交付信託，就像王位岌岌不保的外國君主，也會把珍寶送到英格蘭銀行保管一樣。

根據我對華爾街歷史的研究，我相信給予財富的報價機，也會把財富收回去。身為王者，如果想要逃過狼狽下台的惡運，唯一的方式就是懂得及時讓位，以免落到困乏終老的下場。這類的市場王者，其實為數不少。我自己就認識其中的一些人，他們所經歷的歷史，就和他們的前輩如出一轍。

股票市場上第一位傑出的領導人雅各・巴克（Jacob Barker），的確是位了不起的人物。他的一生讀起來比較像是美國的冒險傳奇，而不太像是商場人物的故事。一七七九年，他生於緬因州，父母是桂格會教徒（Quaker）。歷史學家一致認為，他的商業腦筋之精明，美國歷史上無人能出其右。如果有人能夠擊敗市場，那麼絕對是像巴克這樣的人。他在二十一歲之前，就擁有一隊商船，並且控制龐大的信用。這在當時的新英格蘭地區可說是成就非凡。一八〇一年，他經營失敗，但是透過某些管道，他供應石油給政府，又賺進另一筆財富。一八一二年的戰爭期間，他受託為山姆大叔募集五百萬美元的貸款。他在紐約設立總部，成為坦慕尼協會（Tammany）的創始人之一。一八一五年，他創設眾州銀行（States Bank），一八一九年倒閉。他的興趣轉移到人壽和火災保險公司，也進入股票市場操作，成為眾所公認的領導人。在一些事業經營失敗後，他所使用的財務運作手法遭人詬

"Next!"

病。不再賺錢之後，他的市場操作方法也遭致指責，甚至被告上法庭。第一次受審時，陪審團判他有罪。他不服提出上訴，第二個陪審團不認為他有罪。控訴他的案子最後就被撤銷了。他在股票市場賺得大錢，雖然能力過人，卻還是保不住那些財富。一八三五年，他前往紐奧良（New Oreleans）研習法律成為律師，再度成為巨富，但內戰時又賠光了。一八六七年，路易斯安納州選他為美國參議員，卻不被允許就職。一八六九年，他被裁定破產，一八七一年死於費城。他是華爾街上的第一位王者，不過死的時候，王冠並沒能繼續戴在頭上。我們不妨想想，這個人的一生，當過水手、船東、貿易商、商人、銀行家、政治家、股票投機客、股票發行人、律師、美國參議員；在緬因、紐約、路易斯安納、賓州，都寫下成功的事蹟，三番兩次成為百萬富翁，但他九十多歲去世時，卻一文不名。

他是第一批金融家之一。根據紀錄，在擔任律師期間，身為誤審法庭（Court of Errors）的一員，他做出的一項裁決曾獲得採用，駁回首席法官康特（Chancellor Kent）的見解；他真的是一位十分了不起的人物。但是，他終究沒有贏得這場遊戲。

雅各．利圖亮麗的事業生涯

巴克之後，一些重量級人物的市場見解，被人重視的程度，超過了傳教士、教師或政治家的看法。他們只要稍開金口，那些汲汲營營於財富的人就為之震顫不已。他們的追隨者成百上千，但名人辭典中卻找不到他們的姓名。今天還有誰記得雅各・利圖（Jacob Little）呢？然而，他的一生是多麼精彩耀眼！他賺過也賠過九次巨額的財富。九次！他是雅各・巴克在股票市場中領導地位的接班人。他早年曾在巴克的辦公室接受過訓練，一八三五年才自立門戶，獨自操作。兩年後，在幾個原因匯集之下，出現一段通貨膨脹猖獗的時期之後，一八三七年發生了十分有名的恐慌。那是非常可怕的時光。單單在紐約市，破產金額就高達一億美元。相對來說，今天的十億美元也還沒有那麼糟。全美八百五十家銀行，有三百五十家永久歇業。通貨緊縮加上深沉的經濟蕭條，情況異常嚴重。當時一些叫人驚異的事件，其實是當時人們的心態所造成的；例如，當時的商人竟像精神錯亂般，起而和銀行對抗。銀行不願兌現存款人的取款單，存款人因而搶著把錢從銀行裡提出。結果銀行關門，存款人也一樣。

就在那個時候，利圖開始放空。並且成為全美家喻戶曉的人物。恐慌情緒既深且廣，接下來則是一段漫長的經濟蕭條。由於利圖長期看壞後市，因此他在恐慌時期登基稱王，不過，後來他在經濟欣欣向榮之際，還是從王座上摔了下來。當時與他為敵的一個人宣稱，他散播人與人之間的不信任，一天到晚看壞未來；但在恐慌爆發之後的那個年代，散播那樣的情緒確實讓他很有斬獲。到了一八四五年，他的身價高達兩百萬美元。一位飽學的銀行家告訴我，這樣的財富相當於今天的三千萬美元左右。但這對他來說，只不過是小意思而已：他是偉大的雅各・利圖，股市之王。他是極少數的幸運兒之一，而他在股市上的成就，激勵了許多想要一夕致富的人。

一八四六年，他和波士頓一些作手聯手，試圖取得諾威奇伍斯特鐵路公司（Norwich and Worcester Railroad）的控制權。他們大量買進這支股票，而且每個人都交出兩萬五千美元的保證金，如有任何人在90美元以下的價位賣出股票，就要沒收那筆保證金。這幫人把價格哄抬起來，但是利圖覺得要炒高股價很難。他研判價格勢在必跌，於是向波士頓的營業員下賣單認賠。同伙們把所有的股票都吃下後，才發現股票是利圖賣的。他們還來不及指責他背信，就收到了他的兩萬五千美元支票——被沒收的保證金。那一次交易，利圖第一次損失了一百萬美元。那是他第一次、也是唯一的一次多頭操作。他說這件事教會了他，務必要留在空方陣營中。談到這一點，或許我們可以這麼說：雖然在美國賺得大錢的人，總是那些對未來滿懷信心的創造者和樂觀者，在市場中也有人因為作多而賺進數百萬美元，不過，股票大作手大多比較偏愛放空。雅各・利圖（Jacob Little）、丹尼爾・朱魯（Daniel Drew）、比爾・崔佛（Bill Travers）、艾迪生・甘麥克（Addison Commack）、查爾士・維里修佛（Charles Woerishoffer）、吉姆・吉恩（Jim Keene），以及一些營業廳交易員，都承認他們偏愛放空。股票交易人很容易理解這一點。

利圖從他非常有名的伊利鐵路（Erie）股票操作一役，把伍斯特的虧損補了回來。朱魯後來抄襲了他的做法。我來詳細說明整件事的來龍去脈，讓讀者知道那個時候的華爾街，行為舉止和現在一樣輕率大意。有個炒作集團成立，目的是要炒高伊利的股價。在大量買盤進場下，價格上漲，看起來就要衝破以前所有的高價紀錄。利圖見機不可失，開始放空。價格漲得愈高，他賣的伊利股票就愈多。但是炒作集團吃下了他所賣出的所有股票，而且滿懷信心地把價格炒得更高，不久華爾街上開始談起軋空行動，所有的空頭寧可信其有，相繼停止賣出股票。炒作集團又把價格推得更高，所有的空頭紛紛回補，只有利圖例外。最後，情況看起來很明顯，幾乎所有的股票都被吃光了，華爾街幸災樂禍地估計著，炒作集團會害利圖損失多少錢。每個人的估計金額，全都高於一百萬美元。大家都在等著好戲落幕的那一天到來，以便可以向別人炫耀：「你看，我說得沒錯吧。」可是利圖依然不為所動，連冷酷無情的交易人也開始為他感到難過。這將是一場世紀大軋空，而這個有名的作手，無疑就要永遠消聲匿跡。華爾街上勢必再也沒有這一號人物。

炒作集團頭子辦公室的一幕

最後一幕的布簾拉了起來。炒作集團又把價格哄抬了幾點。這絕對是最後的機會了。但是利圖並沒有衝進交易室買回他所放空的股票，而是到了伊利公司的股票轉讓辦公室，據推測是要打探誰持有流通在外的股票。他出來時，臉上一副瞧不起全世界的樣子。從他的表情可以判斷，他一定覺得人類是卑劣可鄙的動物。一些好朋友看到了他。這些人都擅長於察言觀色——就和營業員猜測其他營業員手上拿的是什麼樣的單子差不多——認為老傢伙這下恐怕至少得賠掉三百萬美元。炒高伊利股票的那個勝利集團，已經向所有的空頭明白表示，冥頑不靈稱不上勇敢，也不能說是有智慧。但是這位傑出的作手繼續往前走，臉上的冷笑愈來愈明顯。

「你要去哪裡，雅各？」一位老朋友問他。

利圖停下腳步。「你想知道？」他說。

「是啊。」

「你真的很感興趣？」

「咦—呃—當然是真的！」

「哦，我正要去見軋空伊利的那些該死的笨蛋。這麼說，你高興了吧？」

「不會的，雅各。」

「喔，一定會的！就是他們逼得你非回補股票不可。你本來痛得要命，但他們又把價格推高七點之後，你就不痛了。現在你的一位朋友必須把股票買回來，支付的價格比你高七點，回補的數量比你多七十倍。你一定忍不住想要笑出來。我看你就一起來吧，看你可以笑得多開心。」

雅各昂首闊步，狀極嚴肅，踏進多頭集團主要成員的辦公室。

「我來交割我當初用很便宜的價格，賣給你們這些人的伊利股票，」他劈頭就說。他現在的臉色看不出任何不悅。連他的語氣聽起來也很客氣。

「很高興見到你，利圖先生，」多頭的頭子擺出笑臉，鄭重表示。「是的，我們向你買了不少。我們想，大概有——」

「不必講得那麼模稜兩可，」利圖打斷他的話。「我知道確切的數目。我都帶來了。」

「什麼？」

「你們的股票在這裡，一張不少！」

利圖邊說著，邊拿出一大疊股票。這天早上，他去過伊利公司，用他在倫敦買的許多可轉換債券，換到這些股票。多頭炒作集團並不知道那些債券附有可轉換條款，但是雅各知道。

內戰爆發之前，他是在華爾街上操作的最大棒槌。我聽一些老前輩講得非常斬釘截鐵，他們說利圖出手之大，前無古人，後無來者。而且他們表示，包括吉恩一八七九年一役獲利九百萬美元在內，沒有人賺到的錢能和利圖全部的獲利相提並論。如果再考慮當時和現在的相對幣值，我們大可這麼說：「利圖在股票市場的獲利紀錄，沒人破得了。」我是經過深思熟慮後，才敢這麼說的。

他是天生的投機客——有史以來最出色的投機客之一。他的腦筋動得很快、足智多謀、藝高人膽大。他把這種遊戲的技巧，推進到出神入化的境界。證券交易所的法令規定，很少有一條不被他用來賺錢；他會設計種種方法，從法令規定所創造的情況中牟利。他所用的方法對紐約證券交易所的操作技巧所產生的影響，如果要細細談來，恐怕得花很長的時間才講得完。

全額還款

他的數字記憶力驚人。所有傑出的股票作手，似乎都具備這種能力。這和職業賭徒記牌的能力一樣傑出。市場收盤後，他能夠不費吹灰之力，細數他的上百筆或更多筆交易每一筆的確切數量和價格、所有賣出和買進動作的每一個細節。他不需要記帳。順便一提，准將范德比爾特和朱魯也都不記帳。他們兩人都曾經表示，自己並不相信帳簿上的數字。

不管是賺或賠，對利圖來說全都是一樣的。他純粹是喜歡玩這種遊戲，他從玩投機遊戲中得到樂趣。「我不在乎發生什麼事，只要能在場內玩就行」，他不只一次這麼說。而且他不是那種盲目的賭徒——傑出的投機客從來都不是那種人——他是個純正的交易人。在他四十年的操作生涯中，曾經八次大賺，九次大賠，而這可說是他的一大敗筆。他第一次大獲成功的經驗，永遠毀了他的眼光。他在一八三五年開始操作，接下來十年，大錢都是放空賺來的。他把個人的財富和全國的苦難連結在一起，這種無意間養成的習慣，對他並不好，因為他對未來總是感到悲觀，而對投機客來說，固執於一種觀點是個致命傷。對於基本情勢的研判如果要正確，就必須不帶偏見才行，而唯有研判正確，才可望獲利。

前後二十五年的時間內，利圖是美國首屈一指的股票作手。他有個願望、一個野心：控制股票市場。他們都有這樣的野心——想要稱王。或許這些人覺得，當個叱吒風雲的王者，才能積攢夠大的老本，經得起我們稱之為正常災難的打擊——這是一種投機謬論，偏偏許多經驗豐富的交易人不認為它是謬論。或者說穿了，稱王的大夢不過是夢想著要翻本，一雪前恥而已。畢竟那是合情合理的衝動，而且腰纏萬貫的王者，當然希望永遠統治下去。自從一百多年前的雅各・巴克以來，華爾街上的每一個拿破崙，都知道在奧斯德立茲[16]（Austerlitz）之後可能慘遭滑鐵盧（Waterloo），但每個巴克的接班人，還是沒有人放棄成為拿破崙，夢想建立起屹立不搖的帝國。利圖因為懷抱這樣的野心，所以勇於承受比他能夠承受還高的風險。對他來說，如果想要到達某個境界，那就要趕快到達。因此，他成為了華爾街最大的棒槌，也因此九次賠個精光。其中有八次，他順利東山再起，恢復了他的統治權。但他第九次從王位上摔下來之後，就此一蹶不振，最後走上了所有人都要走的那條路：死亡。

他失敗時，總有個習慣，堅持要開給債權人借據。等他重新站起來，再把這些借據收回來。他避免和債主有密切的往來，等到還完錢之後，老關係才恢復。有一次，當他把錢賺回來之後，他跑到

註16 奧斯德立茲是捷克斯洛伐克中部的一個城市，拿破崙於1805年在這裡擊潰俄奧聯軍。滑鐵盧則是比利時城鎮，1815年拿破崙軍隊在此地戰敗。

一家大型經紀商的營業處，告訴他們，要把他們所持有的借據全收回來。營業員愉快地告訴他，早就勾消了那些債務，手上已經沒有他的借據了，所以他大可把這件事忘掉。而且他們很高興，見到他捲土重來，祝他操作順利。

「不行，先生，」利圖像發瘋般吼道。「你們必須收下這些錢！」他好說歹說，說服他們收下全額的欠款，外加利息。

一代巨星的隕滅

他身材高瘦，行動迅速。我剛到華爾街時，一位老營業員告訴我，利圖有著哲學家般沉思憂鬱的眼睛、賺錢高手般的下垂鼻子、演員般富有彈性的嘴唇。他的表情動作十分誇張，容貌會因為情緒而改變。我的老朋友說，他年輕時，經常看到利圖進出擁擠的交易室。他習慣嘟著雙唇，好像要用味覺測試市場似的。或者，他抿唇的樣子，看起來就像是要接觸情人。營業員常說，雅各親吻的是他的利潤。他會站在人群的邊緣，用腳尖平衡，身體前後搖晃。他可能點十來次頭，若有所思地緩緩點頭，並且把頭從一邊轉到另一邊，好像要保護兩側，以防有人突襲。然後，突然之間，他會衝進情緒沸騰的人群，賣出幾千股股票——就像猛禽急急撲向牠的獵物。

哦，是安東尼・莫斯（Anthony W. Morse）那位年輕的多頭，毀掉了雅各・利圖這名經驗豐富的空頭。事實上，是這名空頭毀掉自己的，因為他經常只當空頭，而不是一直在當個交易人。就像莫斯始終是個魯莽的多頭一樣，他也不是一個冷靜的投機客，後來同樣也自毀長城。

利圖第九次、也就是最後一次的失敗，損失的金錢遠高於一百萬美元。在跨越前後一個世代或更長的一段期間內，他一直是投機競技場上最引人注目的人物，也是財富完全取自證券交易所，最會賺錢的高手。踏進紐約，想要不勞而獲的每一位業餘玩家，都知道他的名字、音容和事蹟。他是玩弄各種花招的高手，企圖贏得股票投機這種遊戲。他發明不少投機手法，為他自己、追隨者和模仿者，賺進了好幾百萬美元。

他的敗因，就是在多頭市場中執意放空。這種病並不難察覺。他經驗那麼豐富，技巧那麼高超，怎會染上這種病？因為他終究是個凡人，而這就是投機遊戲能打敗所有人的原因。

我的老營業員朋友告訴我，他記得十分清楚，看過一名衣衫襤褸、神情疲憊的老傢伙——他曾經是偉大的雅各・利圖——徘徊在交易室。他不只一次聽到這名曾經是最大棒槌的人，下單買進或賣出五股的股票——那些股票的市場命運，曾經被他牢牢握在掌心；如今，他竟只能掌握五股的股票！一八三七年他去世時，當時人們對他的認識，還停留在他曾是這個偉大國家中知名的百萬富翁——財富全部賺自股市——但最後他說了一句話：「我窮困而死！」

他玩這種遊戲經常贏，也賺得了好幾百萬美元，但是不可避免的，最後遊戲還是贏過了他。他什麼都沒留下，只有最後講的那句話是真的。他的一位密友，起初在他的辦公室當辦事員，他去世後，從他的保險箱裡找不到任何證券，只找到一堆紙，而利圖在上面註明的是「不重要」。這位密友發現的是幾百張借據，金額大小不等。利圖在華爾街那麼多年，不曾向債務人催討過債款。他借出去的錢，或者被他勾消債務的錢，多達數百萬美元。後來他的另一位摯友大衛・葛洛斯貝克（David Groosbeck），向借據並未失效的債務人，追回了十五萬美元，轉交給了利圖的家人。

利圖生前，是投機舞台上的明星演員。有好幾年，他的所作所為，以及他的看法，報紙每天報導。現在市場上卻已經不記得有過這個人了。

「如今，沒有人知道他的墳墓在哪裡。」[17] 前幾天，我問紐約證券交易所的九位會員——他們的年紀都有一把了——是不是聽過雅各・利圖這個人。六個人答說沒聽過，三個人說聽過，但沒有一個人知道他做過什麼事。這三個人只說，曾經在什麼地方聽過這個名字。畢竟發生在利圖身上的事，每一年也都會發生在數千人身上。程度上的差異，並沒有使人更容易記住利圖這個人。

註17 語出聖經申命記。

安東尼・莫斯的操作，毀了雅各・利圖。已故的亨利・克魯茲（Henry Clews）曾經告訴我，莫斯是他認識的所有作手中，最勇猛的一個，甚至連詹姆斯・吉恩在他如日中天的時期也比不上。他就像其他作手一樣大膽，但因為他慷慨又隨和，因此頗受人喜愛。

莫斯的岩島炒作集團

他和曾經活躍在股市的任何股票作手一樣，都是生來就適合玩這種遊戲的。他從童年開始，算術性向就叫人刮目相看。後來，他被稱作「閃電計算器」。數字對他來說，就像字母對一般人那樣。大部分人能把一行數字加起來，但他卻能輕輕鬆鬆就加四行數字。他念大學時——念的是達特茅斯（Dartmouth）——就曾經成功地運用股票營業員和股票交易人都覺得很有用的一些特質。和同學打牌，他經常是贏家。

離開大學後，他在紐約市一家商行當辦事員。雇主經常派他前往華爾街，磋商他們的合約，以及照料公司的一般財務。有一天，有一位對莫斯的數學能力，以及思慮敏捷和準確度，印象深刻的一家大型經紀公司資深合伙人，建議他當股票營業員。他預測這位數學金頭腦很快就會大放異彩。

這時的莫斯，有七百美元積蓄。另一種說法是，他是向太太借到了這筆錢。總之，他辭去辦事員的工作，前往華爾街，創立莫斯公司（Morse & Co.）。

他就像鴨子跳進水中一樣，展開了股票投機的事業生涯。他操作得非常成功，在相當短暫的時間內，幾次作多下來，就賺到了二十五萬美元。

在那之前，他一直是隨勢操作，也就是跟在交易大戶背後，掌握每一個可能的好機會。今天，我們會把這種做法稱作研判行情（reading the tape，研讀行情紙帶）。但有了二十五萬美元的本錢之後，他覺得自己再也沒有必要，跟在一些二線領導人後面亦步亦趨操作。他決定做一開始就想做的事，他選上克利夫蘭匹茲堡公司（Cleveland & Pittsburgh）做為作多的好股票。那時它的價格是65美元，盈餘不錯，近期內可望繼續發放股利。莫斯研判大盤動向，相信下一波的大走勢是向上。因此他開始買進匹茲堡。但是價格欲振乏力，因為大盤搖擺不定。接下來，資金趨緊，所有的股票價格都下跌。只有微薄保證金的莫斯，差一點被洗出場。和他對作的營業員相信他會敗退，所以用力放空匹茲堡。莫斯卻若無其事，吃下他們所賣出的所有股票，而且更大量敲進。空頭沒有因此而膽怯，又放空了更多的數量，藉以向他表示，他們滿懷信心，相信他大難臨頭。

後來財政部宣佈發行新鈔，銀根變得寬鬆，股價開始上揚。當時股市的大行情，取決於戰將喬・胡克（Joe Hooker）的勝敗。如果他打贏，內戰就會很快結束，通貨膨脹也會隨之消失，物價會回軟。但胡克並沒有成功，當消息從千塞勒維爾（Chancellorsville）傳來時，莫斯看到了他的機會。他開始推高匹茲堡的價格。即使過了很多年，還是有人記得，那一天，他跳進買賣匹茲堡的場子，用盡全力高喊要以105美元吃下全部的股票。他的姿態再明顯不過了，顯然他願意、也有能力支付那麼多錢，可是他的買單卻沒有人肯接。

「這一年內，只要有人願意賣，我都願意以100美元買進！」結果還是沒人接他的單子。他看起來有點失望，因為其他交易人不但沒把他想要的股票賣給他，反而開始買進。但就在同一時間，他的營業員幫他賣出了全部的匹茲堡股票，價格也沒有因此重跌。當大家都想買股票時，正是把他的帳面利潤化為現金的好時機。他果然這麼做了，最後賺進了一百萬美元以上。

莫斯因為這一役而在華爾街成名。他有了可以大進大出的操作資金，也有了成功的信心。在那之後，因為千塞勒維爾戰役而竄起的英雄們——不管是在軍事、政治，還是金融領域——都對自己滿懷信心。所有拿破崙之流的人物，都有這個共同的缺點。有了信心之後，勇氣也會陡增，但過度自信也會使人低估眼前的危險。這些人一旦養成了習慣，就只能任由命運對他們痛下毒手。

莫斯的下一戰是在岩島（Rock Island）。他組成了一個炒作集團作多，並且悄悄大量進貨。接著他不只公開買進，而且看起來既狂妄又輕率。交易人當然很高興把股票倒給他。他們看得很清楚，莫斯操作匹茲堡成功，使他自以為了不起，因此可以合理推斷，華爾街新近崛起的這個凱子，下場也會和過去其他人一樣。交易人的賣單擁出，價格回跌到105美元。但是莫斯比以前更加拼命買進，價格回升到114美元。他通常會一次買進五萬股或十萬股。有一個星期，整個股本來回交易了數次之多，而莫斯還是不停地用他能用的各種方法買進岩島，卻還是不見大難臨頭。炒作集團很快就持有流通在外股數的四分之三，但似乎一點也不感到憂慮。他們的資金多得是，就算吃下全部的股本也不成問題。

操作伊利

莫斯這位行動輕率的作手，神氣活現，卻操作得非常之好。他努力不讓他炒作的股票暴漲，只操縱股價上漲和下跌幾點，小心翼翼地維持這支股票有個公開交易的市場。炒作集團的一些成員，當然發現這種操作手法有問題。他們想要知道，為什麼他不把價格哄抬到高價，逼得空頭非回補不可。但是莫斯只是笑笑，告訴他們，一切留給他來辦就好。每當有一位成員堅持要知道到底發生了什麼事，莫斯就會跟他說，等到岩島的價格漲到 175 美元，再來問他相同的問題。

華爾街嘲笑這個炒作集團，說它是「盲目信心集團」，因為知道它的市場地位或操作成績的唯一成員，就是安東尼・莫斯。其他的成員，只在莫斯要他們在紙上簽名時簽名，在莫斯宣佈需要多少錢時乖乖交錢就是。他們很快就學會，不要浪費口舌，要求莫斯提供什麼資訊。由於不知道每個階段莫斯正在做什麼事，所以他們也不敢輕舉妄動，買進或賣出股票，因此他們也沒辦法做好避險動作，或是出賣他。

大約就在那個時候，財政部決定發行新的貨幣。幾個月前，政府就獲得授權做這件事。這表示通貨膨脹會上漲，股價會升高。大量放空岩島的一位知名空頭作手，在華盛頓有內線關係。那邊有個人在消息公佈之前，發了電報給他，說財政部長蔡斯（Chase）已經決定做什麼事。這封電報，陰錯陽差，因為送電報的小弟不小心掉到地上，而被莫斯的機密營業員撿到了。這簡直就像是小說中寫的橋段，但華爾街真的經常發生這種事。

莫斯接到電報後不到一分鐘，就指示他在公開交易場的主力營業員和他的主要外場代理人：不要讓岩島的賣價低於124美元。他則趕往普通交易場，開始緩慢但堅定地推高價格。價格漲到140美元，每個人都相信它還會漲得更高。但是到了那個價位，莫斯卻開始賣出。在他毫不保留的殺出之下，價格跌到了118美元。莫斯現在有個遠比岩島還要大的操作計畫。他計畫發動全面性的多頭攻勢，進行廣泛且積極的操作。他故意大賣岩島，壓低其他股票的價格，然後大量進貨。在這樣的做法下，他仍擁有不錯的利潤。

後來他轉向伊利鐵路公司的股票，開始積極作多。這個舉動，踩到了丹尼爾・朱魯的地盤。以前每個企圖這麼做的人，都付出過非常慘痛的代價，讓朱魯這位老空頭深感滿意。但是莫斯似乎一點也不害怕丹尼爾叔叔的不悅，大量買進伊利，直到交易人感到害怕而不敢再賣為止。他在一波漲勢中，叫進了一萬股。朱魯告訴他的營業員，賣給他就是了，而且可以讓對方知道，這個令人不寒而慄的賣方是誰。他們照做了，不過莫斯並沒有望之卻步，反而又爽快地敲進了二萬股。老先生的營業員繼續賣給莫斯，並且「透露」了丹尼爾・朱魯的身分。莫斯笑了笑，又放手大量買進。整個華爾街都想不透，他哪來的膽子，竟敢大買曾經叫許多多頭鎩羽而歸的這支股票。但是過去呼風喚雨，因為放空伊利而大獲其利的殺手，這次不敵莽撞的多頭，損失超過二十五萬美元。

莫斯因為這次勝利，聲勢扶搖直上。而他接著展開的其他操作，也相當成功，不久之後，一八六四年的大行情如火如荼展開之際，安東尼・莫斯成為了股票市場中受人歡呼喝采的多頭總司令。

從來沒有一位股票作手比他更勇猛。和這位新的股市領導人相比，偉大的利圖顯得似乎有點動作遲緩和古板。這個莫斯，身材瘦弱，肩微屈，鷹鉤鼻，眼神銳利，對任何事經常顯得一知半解的樣子。他的行為舉止，看起來比較像是度假中的大學生，而不是忙碌的股票營業員。

剛開始，交易場內的同事還被他的行事調調所騙。他們以為這個人不會活太久。投機遊戲會打敗他，因為他根本不懂得怎麼玩。還有他看起來一點也不急著想學習怎麼玩。他大剌剌公然買進和賣出，破產肯定只是幾小時內的事。他拒絕隱藏自己如何操作。不過他還是接連不斷操作成功，而且當時全國掀起股票投機熱，並且公認莫斯是多頭陣營的總司令。多頭陣營堅持抬轎，幫助他賺進了好幾百萬美元。

君王退位

一八六四年，他的辦公室是全美國最忙碌的地方。每個人都急著加入他的操作基金。找上門的帳戶之多，他根本處理不來。他給的明牌，就像是銀行裡的現金。百萬富翁和小額交易人都拿錢來求他，只要他覺得怎麼做最好，儘管做就是。如果不能接受他們成為合伙人或伙伴，再不濟也不妨接納他們作為轎夫，把他正在買什麼股票告訴他們，他們一定跟著買。他辦公室前面的人行道上，整天都有人群耐心守候著，想要看一眼這個能夠點石成金的人，或者聽到他對市場發表什麼高見，因為那就好像拿到一張保付支票。老前輩告訴我，早在莫斯進辦公室之前，就有人在等他。他們跟著他進入辦公室，彼此推擠，只為了靠得夠近，以便問他問題，或者聽他回答別人的問題。他的追隨者高達數千人，從富到貧，三教九流都有。這些人對別人的警告充耳不聞。在他們眼裡，空頭比豬狗還不如；那種人混蛋至極，理該抓去關起來才是。莫斯一天之內把韋恩堡（Fort Wayne）從 118 美元推高到 152 美元。對這樣的人說三道四，到底有什麼道理？

幾分鐘之內，馬上就可以賺得可觀的財富。

實在妙不可言！

財政部長蔡斯想要撲滅這股投機歪風，於是發出警告：他要出售黃金。多頭市場戛然而止。莫斯卻拍電報給這位大部長，說美國政府要賣的黃金，他通通吃下！他相信自己吉星高照，最後一定打勝仗。但是蔡斯的答覆，是隔天就賣黃金換現金，並把現金鎖在國庫。

因此，銀根趨緊，銀行收回放款，持股人只好賣出股票，股價開始下跌。

莫斯從早報得知蔡斯決定做什麼事之後，進到辦公室。合伙人都在那裡。他對其中一個人表示：「一切都玩完了。」一個小時後，他宣佈停止操作。他曾經在一天之內推升三十餘點的韋恩堡，從 153 美元掉到 110 美元。

幾秒之內，財富就化為雲煙。簡直慘不忍睹！

這個市場之王，他的名字就此和災難畫上了等號。那實在可以稱之為莫斯恐慌。

他當了一日之王。現在失勢之後，他只聽到別人的咒罵。在他慘敗的那一天，回家的路上，後面一樣跟著以前的追隨者，只是他們變得群情激昂，每個人都在詛咒他、吐他口水、打他——這麼一個瘦弱的人，樹倒猢猻散，最後連一個朋友也沒有。

從絢爛到貧困

我想所有偉大的股票作手中，莫斯是最討人喜歡的一個。他為人慷慨、誠實。曾經有個交易人向他訴說自己的不幸，請求幫忙。莫斯跟他說，去買某支股票兩百股，然後送到莫斯公司，幫他操作。結果那個人買了七百股。莫斯覺得他胃口未免太大，但只是笑了笑。他操作了三、四次，兩個星期後，就寄了一張五萬美元的支票給那個人。

最後呢？莫斯在股票投機和虧損的煎熬之下，染上結核病，就此一蹶不振。他所有的努力都失敗了。不過他的大名仍然具有威力。有一天，這個時乖運蹇的人被人看到出現在華爾街上，韋恩堡竟然因此漲了五點。他住在一間破爛的出租公寓，缺乏足夠的毯子保暖。他再也買不起更多的東西。之後，他偶染風寒，惡化成肺炎，被死神奪走生命。但這還不夠。由於積欠房租，女房東還扣押了他的遺體。一位朋友替他償還了幾美元之後，這位曾經是股市之王、偉大的安東尼・莫斯才得以體面地入土為安。

我問過紐約證券交易所十一位中、老年會員，是不是聽過安東尼・莫斯這個人。其中兩個人以為我講的是查爾士・維里修佛（Charles W.）。十一個人都不知道他的任何事，而這名作手，生前的追隨者多於美國歷史上其他任何作手；也許三十五年後的佛勞爾州長（Governor R. P. Flower）會比他多也說不定。

然後，我又想到了其他的一日之王。這些人都曾經是市場上的領導人，擊敗市場賺得數百萬美元，但最後仍然不可避免地被市場擊敗。他們意氣風發時，所作所為全都是眾所矚目的焦點，但是一轉眼，卻遭人遺忘。有誰還記得我們之前那個世代中，十分能幹和十分成功的作手呢？例如伍華德（W. S. Woodward）；還有狠狠敲進六萬股老南方（Southern）股票，因而破產的艾迪生・傑勒姆（Addison G. Jerome）；或是亨利・史密斯（Henry N. Smith）和約翰・托賓（John M. Tobin）？這些人生前都像一九〇一年的詹姆斯・吉恩，或是像今天的李文斯頓一樣赫赫有名。他們都曾經因為運用非凡的能力和勇敢大膽的手法，賺進數百萬美元。可是他們也因為堅持要繼續打敗這種沒有人贏得了的遊戲，結果全都賠了個精光。以吉恩為例，這位一九〇一年炒作美國鋼鐵股票時的偉大作手，和幾年之後的霍金（Hocking）炒作集團作手相比，竟然判若兩人。

曾經有個叫歐爾登・史托克渥爾（Alden B. Stockwell）的人，娶了一位繼承不少財富的妻子，渴望登上華爾街的王座。他缺乏經驗，卻有很多錢。後來他取得太平洋郵遞（Pacific Mail）的控制權，掛上了一個好聽的職銜。之後，他獲得了豐富的經驗，但卻沒有錢了。讀他的自傳，總讓我覺得，用他的經歷來形容我所聽過的華爾街生涯，再貼切不過了。

「我剛到這裡來時，」他說。「不過是叫歐爾登・史托克渥爾的一個人。後來我買下太平洋郵遞，成了准將史托克渥爾。接著，市場從我身上把錢拿走，我又成了那個該死的克利夫蘭紅髮傢伙。」

像史托克渥爾那樣的人，簡直多得不勝枚舉呀！

後記

每個人都喜歡聽好聽的故事。《股票作手回憶錄》是個令人拍案叫絕的故事，自初版後數十年來，一直那麼感動和震撼人心。本書的插畫新版付梓出書的過程，也是個精彩的故事。

這個故事其實可分成兩部分。一九九〇年代初，一家叫做交易人圖書（Trader's Library）的小公司，開始銷售投資書籍給專業交易人和自學型投資人。短短的時間內，《股票作手回憶錄》就成為銷路最好的一本書。專業人士對勒菲佛的經典之作愛不釋手——一讀再讀，還送給同事和新進員工，推薦給客戶，恪遵書內的金玉良言，並且表示裡面所說的每一句話，即使到了今天，還是和當初寫成時一樣擲地有聲。直到現在，它仍然是交易人圖書公司最暢銷的著作之一。但是這麼多年來，要找到一本好書並不是那麼簡單。許多小出版社開始重印勒菲佛的經典名著，以為年代那麼久遠，它應該已經屬於「公共財」了。不過在大部分書店，仍然很難看到它的蹤影。

交易人圖書公司為了合法出版《股票作手回憶錄》，著手向勒菲佛的後人取得著作權。要找到這些人並不難。雖然艾德溫・勒菲佛早已溘然長逝，但是九十二歲的兒子仍然住在老勒菲佛先生住過的佛蒙特州小鎮。當小勒菲佛先生聽到人們仍在讀他父親的鉅作時，感到驚訝不已！他半信半疑，不敢相信這本書那麼受歡迎，但最後還是同意允許這本書重新出版，因此這本書的古典新版才有機會發行。其中一個決定性因素，是因為如果這麼做，他自己的孩子和孫子——也就是艾德溫的孫子和曾孫——就能夠因為自己父親所寫下的暢銷書，而賺得版稅收入。透過這種方式緬懷祖父的恩澤，再適當不過了：一九九四年，John Wiley & Sons公司和交易人圖書公司在John Wiley & Sons新闢的〈投資經典〉（Investment Classic）系列中，發行了《股票作手回憶錄》這本「市場圖書」。

接下來的十年，股票市場展開前所未見的大多頭行情，無數新投資人湧進市場，人數之多，創下空前紀錄。由於新科技一日千里，任何人只要有那個意願和一點小錢，都有機會參與市場。《股票作手回憶錄》這本七十年的老書，教導這些市場上的新面孔，瞭解歷久彌新的一些投資概念——人性心理面、賺得大錢的喜悅，以及賠錢的苦惱。雖然一九九三年和一九二三年的世界不同，不少事卻還是沒變。這本書的銷路大增，依舊是歷年來最暢銷的投資書籍之一，勒菲佛的後人也意外得到可觀的版稅收入。

大家都以為事情就這樣圓滿結束——重新發現一本經典名作，得以在市場重見天日，作者的繼承人也獲得應有的酬償。可是到了二〇〇三年，比爾・麥爾斯（Bill Myers）先生拿出一套原版

《星期六晚郵》，讓他的兒子，也就是交易人圖書公司的創辦人克利斯．麥爾斯（Chris Myers）大吃一驚。這些原始資料，不只忠實呈現自一九二二年起連載的《股票作手回憶錄》，更有《星期六晚郵》著名的插畫，使得傑西．李佛摩的故事，能以全新方式栩栩如生展現出來。那些插圖既豐富又生動，文字內容因而增光生輝。沒多久，我們就相信插畫版《股票作手回憶錄》將會使這個鏗鏘有力的故事更具意義。為了進一步豐富讀者的閱讀經驗，John Wiley & Sons 公司取得作家和金融歷史家查爾士．蓋斯特（Charles Geisst）的評論，刊於每一章之前。這些評論引導我們用全新的眼光看李佛摩，以及他生存其中的多采多姿時代。最後的結果就是一本漂亮的新書，更能彰顯這本美國經典巨作歷久不衰的地位。

因此，偉大的故事得以繼續流傳，書內的金石之言不分時地，讀來仍叫人嘆服不已。財金新聞媒體持續讚譽它是有史以來最重要的投資著作之一，投資界的重量級人物也不斷給予好評。不管處於哪個時期或市場環境，勒菲佛和李佛摩所留下的教訓，終將永傳不朽。

強檔上線
全新改版
Invest your profession
歡迎大家加入IPC
即可享有會員專屬優惠
我的IPC
書城
BLOG
財金觀點
NEWS
哈燒快訊
課程
www.ipci.com.tw
即刻選購寰宇
折優惠叢書
立即加入會員，獲得會員專屬價格
熱門排行 MOST POPULAR ITEMS
寰宇嚴選
IPC 寰宇財金網
財金趨勢與產業動態的領航家

寰宇圖書分類

技　術　分　析

分類號	書名	書號	定價
1	波浪理論與動量分析	F003	320
2	股票 K 線戰法	F058	600
3	市場互動技術分析	F060	500
4	陰線陽線	F061	600
5	股票成交當量分析	F070	300
6	動能指標	F091	450
7	技術分析 & 選擇權策略	F097	380
8	史瓦格期貨技術分析 (上)	F105	580
9	史瓦格期貨技術分析 (下)	F106	400
10	市場韻律與時效分析	F119	480
11	完全技術分析手冊	F137	460
12	金融市場技術分析 (上)	F155	420
13	金融市場技術分析 (下)	F156	420
14	網路當沖交易	F160	300
15	股價型態總覽 (上)	F162	500
16	股價型態總覽 (下)	F163	500
17	包寧傑帶狀操作法	F179	330
18	陰陽線詳解	F187	280
19	技術分析選股絕活	F188	240
20	主控戰略 K 線	F190	350
21	主控戰略開盤法	F194	380
22	狙擊手操作法	F199	380
23	反向操作致富術	F204	260
24	掌握台股大趨勢	F206	300
25	主控戰略移動平均線	F207	350
26	主控戰略成交量	F213	450
27	盤勢判讀的技巧	F215	450
28	巨波投資法	F216	480
29	20 招成功交易策略	F218	360
30	主控戰略即時盤態	F221	420
31	技術分析 ‧ 靈活一點	F224	280
32	多空對沖交易策略	F225	450
33	線形玄機	F227	360
34	墨菲論市場互動分析	F229	460
35	主控戰略波浪理論	F233	360
36	股價趨勢技術分析—典藏版 (上)	F243	600
37	股價趨勢技術分析—典藏版 (下)	F244	600
38	量價進化論	F254	350
39	讓證據說話的技術分析 (上)	F255	350
40	讓證據說話的技術分析 (下)	F256	350
41	技術分析首部曲	F257	420
42	股票短線 OX 戰術 (第 3 版)	F261	480
43	統計套利	F263	480
44	探金實戰 ‧ 波浪理論 (系列 1)	F266	400
45	主控技術分析使用手冊	F271	500
46	費波納奇法則	F273	400
47	點睛技術分析—心法篇	F283	500
48	J 線正字圖 · 線圖大革命	F291	450
49	強力陰陽線 (完整版)	F300	650
50	買進訊號	F305	380
51	賣出訊號	F306	380
52	K 線理論	F310	480
53	機械化交易新解：技術指標進化論	F313	480
54	趨勢交易	F323	420
55	艾略特波浪理論新創見	F332	420
56	量價關係操作要訣	F333	550
57	精準獲利 K 線戰技 (第二版)	F334	550
58	短線投機養成教育	F337	550
59	XQ 洩天機	F342	450
60	當沖交易大全 (第二版)	F343	400
61	擊敗控盤者	F348	420
62	圖解 B-Band 指標	F351	480
63	多空操作秘笈	F353	460
64	主控戰略型態學	F361	480
65	買在起漲點	F362	450
66	賣在起跌點	F363	450
67	酒田戰法—圖解 80 招台股實證	F366	380
68	跨市交易思維—墨菲市場互動分析新論	F367	550
69	漲不停的力量—黃綠紅海撈操作法	F368	480
70	股市放空獲利術—歐尼爾教賺全圖解	F369	380
71	賣出的藝術—賣出時機與放空技巧	F373	600
72	新操作生涯不是夢	F375	600
73	新操作生涯不是夢—學習指南	F376	280
74	亞當理論	F377	250
75	趨向指標操作要訣	F379	360
76	甘氏理論 (第二版) 型態 - 價格 - 時間	F383	500
77	雙動能投資—高報酬低風險策略	F387	360
78	科斯托蘭尼金蛋圖	F390	320
79	與趨勢共舞	F394	600
80	技術分析精論第五版 (上)	F395	560

技術分析(續)

分類號	書名	書號	定價
81	技術分析精論第五版(下)	F396	500
82	不說謊的價量	F416	420

智慧投資

分類號	書名	書號	定價
1	股市大亨	F013	280
2	新股市大亨	F014	280
3	新金融怪傑(上)	F022	280
4	新金融怪傑(下)	F023	280
5	金融煉金術	F032	600
6	智慧型股票投資人	F046	500
7	瘋狂、恐慌與崩盤	F056	450
8	股票作手回憶錄(經典版)	F062	380
9	超級強勢股	F076	420
10	約翰・聶夫談投資	F144	400
11	與操盤贏家共舞	F174	300
12	掌握股票群眾心理	F184	350
13	掌握巴菲特選股絕技	F189	390
14	高勝算操盤(上)	F196	320
15	高勝算操盤(下)	F197	270
16	透視避險基金	F209	440
17	倪德厚夫的投機術(上)	F239	300
18	倪德厚夫的投機術(下)	F240	300
19	圖風勢—股票交易心法	F242	300
20	從躺椅上操作:交易心理學	F247	550
21	華爾街傳奇:我的生存之道	F248	280
22	金融投資理論史	F252	600
23	華爾街一九〇一	F264	300
24	費雪・布萊克回憶錄	F265	480
25	歐尼爾投資的 24 堂課	F268	300
26	探金實戰・李佛摩投機技巧(系列 2)	F274	320
27	金融風暴求勝術	F278	400
28	交易・創造自己的聖盃(第二版)	F282	600
29	索羅斯傳奇	F290	450
30	華爾街怪傑巴魯克傳	F292	500
31	交易者的 101 堂心理訓練課	F294	500
32	兩岸股市大探索(上)	F301	450
33	兩岸股市大探索(下)	F302	350
34	專業投機原理 I	F303	480
35	專業投機原理 II	F304	400
36	探金實戰・李佛摩手稿解密(系列 3)	F308	480
37	證券分析第六增訂版(上冊)	F316	700
38	證券分析第六增訂版(下冊)	F317	700
39	探金實戰・李佛摩資金情緒管理(系列 4)	F319	350
40	探金實戰・李佛摩 18 堂課(系列 5)	F325	250
41	交易贏家的 21 週全紀錄	F330	460
42	量子盤感	F339	480
43	探金實戰・作手談股市內幕(系列 6)	F345	380
44	柏格頭投資指南	F346	500
45	股票作手回憶錄 - 註解版(上冊)	F349	600
46	股票作手回憶錄 - 註解版(下冊)	F350	600
47	探金實戰・作手從錯中學習	F354	380
48	趨勢誡律	F355	420
49	投資悍客	F356	400
50	王力群談股市心理學	F358	420
51	新世紀金融怪傑(上冊)	F359	450
52	新世紀金融怪傑(下冊)	F360	450
53	金融怪傑(全新修訂版)(上冊)	F371	350
54	金融怪傑(全新修訂版)(下冊)	F372	350
55	股票作手回憶錄(完整版)	F374	650
56	超越大盤的獲利公式	F380	300
57	智慧型股票投資人(全新增訂版)	F389	800
58	非常潛力股(經典新譯版)	F393	420
59	股海奇兵之散戶語錄	F398	380
60	投資進化論:揭開"投腦"不理性的真相	F400	500
61	擊敗群眾的逆向思維	F401	450
62	投資檢查表:基金經理人的選股秘訣	F407	580
63	魔球投資學(全新增訂版)	F408	500
64	操盤快思 X 投資慢想	F409	420

智慧投資(續)

分類號	書名	書號	定價
65	文化衝突:投資,還是投機?	F410	550
66	非理性繁榮:股市。瘋狂。警世預言家	F411	600
67	巴菲特 & 索羅斯之致勝投資習慣	F413	500
68	客戶的遊艇在哪裡?	F414	350

共同基金

分類號	書名	書號	定價
1	柏格談共同基金	F178	420
2	基金趨勢戰略	F272	300
3	定期定值投資策略	F279	350
4	理財贏家 16 問	F318	280
5	共同基金必勝法則 - 十年典藏版(上)	F326	420
6	共同基金必勝法則 - 十年典藏版(下)	F327	380

投資策略

分類號	書名	書號	定價
1	經濟指標圖解	F025	300
2	史瓦格期貨基本分析(上)	F103	480
3	史瓦格期貨基本分析(下)	F104	480
4	操作心經:全球頂尖交易員提供的操作建議	F139	360
5	攻守四大戰技	F140	360
6	股票期貨操盤技巧指南	F167	250
7	金融特殊投資策略	F177	500
8	回歸基本面	F180	450
9	華爾街財神	F181	370
10	股票成交量操作戰術	F182	420
11	股票長短線致富術	F183	350
12	交易,簡單最好!	F192	320
13	股價走勢圖精論	F198	250
14	價值投資五大關鍵	F200	360
15	計量技術操盤策略(上)	F201	300
16	計量技術操盤策略(下)	F202	270
17	震盪盤操作策略	F205	490
18	透視避險基金	F209	440
19	看準市場脈動投機術	F211	420
20	巨波投資法	F216	480
21	股海奇兵	F219	350
22	混沌操作法 II	F220	450
23	傑西・李佛摩股市操盤術(完整版)	F235	380
24	智慧型資產配置	F250	350
25	SRI 社會責任投資	F251	450
26	混沌操作法新解	F270	400
27	在家投資致富術	F289	420
28	看經濟大環境決定投資	F293	380
29	高勝算交易策略	F296	450
30	散戶升級的必修課	F297	400
31	他們如何超越歐尼爾	F329	500
32	交易,趨勢雲	F335	380
33	沒人教你的基本面投資術	F338	420
34	隨波逐流～台灣 50 平衡比例投資法	F341	380
35	李佛摩操盤術詳解	F344	400
36	用賭場思維交易就對了	F347	460
37	企業評價與選股秘訣	F352	520
38	超級績效—金融怪傑交易之道	F370	450
39	你也可以成為股市天才	F378	350
40	順勢操作—多元管理的期貨交易策略	F382	550
41	陷阱分析法	F384	480
42	全面交易—掌握當沖與波段獲利	F386	650
43	資產配置投資策略(全新增訂版)	F391	500
44	波克夏沒教你的價值投資術	F392	480
45	股市獲利倍增術(第五版)	F397	450
46	護城河投資優勢:巴菲特獲利的唯一法則	F399	320
47	賺贏大盤的動能投資法	F402	450
48	下重注的本事	F403	350
49	趨勢交易正典(全新增訂版)	F405	600
50	股市真規則	F412	580

程式交易

分類號	書名	書號	定價
1	高勝算操盤(上)	F196	320
2	高勝算操盤(下)	F197	270
3	狙擊手操作法	F199	380
4	計量技術操盤策略(上)	F201	300
5	計量技術操盤策略(下)	F202	270
6	《交易大師》操盤密碼	F208	380
7	TS 程式交易全攻略	F275	430
8	PowerLanguage 程式交易語法大全	F298	480
9	交易策略評估與最佳化(第二版)	F299	500
10	全民貨幣戰爭首部曲	F307	450
11	HSP 計量操盤策略	F309	400
12	MultiCharts 快易通	F312	280
13	計量交易	F322	380
14	策略大師談程式密碼	F336	450
15	分析師關鍵報告 2─張林忠教你程式交易	F364	580
16	三週學會程式交易	F415	550

期貨

分類號	書名	書號	定價
1	高績效期貨操作	F141	580
2	征服日經 225 期貨及選擇權	F230	450
3	期貨賽局(上)	F231	460
4	期貨賽局(下)	F232	520
5	雷達導航期股技術(期貨篇)	F267	420
6	期指格鬥法	F295	350
7	分析師關鍵報告(期貨交易篇)	F328	450
8	期貨交易策略	F381	360

選擇權

分類號	書名	書號	定價
1	技術分析 & 選擇權策略	F097	380
2	交易，選擇權	F210	480
3	選擇權策略王	F217	330
4	征服日經 225 期貨及選擇權	F230	450
5	活用數學・交易選擇權	F246	600
6	選擇權賣方交易總覽(第二版)	F320	480
7	選擇權安心賺	F340	420
8	選擇權 36 計	F357	360
9	技術指標帶你進入選擇權交易	F385	500
10	台指選擇權攻略手冊	F404	380
11	選擇權價格波動率與訂價理論	F406	1080

債　券　貨　幣

分類號	書名	書號	定價
1	賺遍全球：貨幣投資全攻略	F260	300
2	外匯交易精論	F281	300
3	外匯套利 I	F311	450
4	外匯套利 II	F388	580

財　務　教　育

分類號	書名	書號	定價
1	點時成金	F237	260
2	蘇黎士投機定律	F280	250
3	投資心理學 (漫畫版)	F284	200
4	歐丹尼成長型股票投資課 (漫畫版)	F285	200
5	貴族 · 騙子 · 華爾街	F287	250
6	就是要好運	F288	350
7	財報編製與財報分析	F331	320
8	交易駭客任務	F365	600

財　務　工　程

分類號	書名	書號	定價
1	固定收益商品	F226	850
2	信用衍生性 & 結構性商品	F234	520
3	可轉換套利交易策略	F238	520
4	我如何成為華爾街計量金融家	F259	500

國家圖書館出版品預行編目 (CIP) 資料

股票作手回憶錄 / Edwin Lefèvre 著 ; 魯樂中譯 .
-- 二版 . -- 臺北市 : 寰宇 , 2015.07
面 ; 14.8 x 21 公分 . -- (寰宇智慧投資 ; 374) 完整版
譯自 : Reminiscences of a stock operator, illustrated ed.

ISBN 978-986-6320-83-5(精裝)

1. 股票投資 2. 投資分析

563.53　　　　104011077

寰宇智慧投資 374

股票作手回憶錄（完整版）

作　　者	Edwin Lefèvre
譯　　者	魯樂中
主　　編	藍子軒
美術設計	富春全球股份有限公司
封面設計	鼎豐整合行銷
發 行 人	江聰亮
出 版 者	寰宇出版股份有限公司 臺北市仁愛路四段 109 號 13 樓 TEL: (02) 2721-8138 FAX: (02) 2711-3270 E-mail:service@ipci.com.tw http://www.ipci.com.tw 劃撥帳號 1146743-9
登 記 證	局版台省字第 3917 號
定　　價	650 元
出　　版	2015 年 7 月二版一刷 2017 年11月二版五刷

ISBN 978-986-6320-83-5（精裝）